WER SPRACH DAS ERSTE WORT?

MARTIN KUCKENBURG

WER SPRACH DAS ERSTE WORT?

DIE ENTSTEHUNG VON SPRACHE UND SCHRIFT

THEISS

DANKSAGUNG

Mein herzlicher Dank gilt Jürgen Beckedorf und Dr. Wolf-Heinrich Kulke vom Konrad Theiss Verlag, die diese Neuausgabe ermöglicht und redaktionell betreut haben; Dr. Volker Held für sein umsichtiges und kompetentes Lektorat; und Dr. Peter Vértesalji für hilfreiche Auskünfte zu Fragen der altorientalischen Chronologie.

Tübingen im April 2004 Martin Kuckenburg

Meinem Vater Heinz Kuckenburg in dankbarer Erinnerung gewidmet.

Bibliografische Information Der Deutschen Bibliothek
Die Deutsche Bibliothek verzeichnet diese Publikation in der Deutschen Nationalbibliografie; detaillierte bibliografische Daten sind im Internet über http://dnb.ddb.de abrufbar

Umschlaggestaltung: Neil McBeath, Stuttgart, unter Verwendung einer Zeichnung von Martin Kuckenburg.

Lektorat und Bildredaktion: Dr. Volker Held, Ludwigsburg
Satz: UMP Utesch Media Processing GmbH, Hamburg
Druck und Bindung: Druckerei Himmer, Augsburg
ISBN 3-8062-1852-8

Die Bezeichnung durch Töne und Striche
ist eine bewundernswürdige Abstraktion.
Vier Buchstaben bezeichen mir Gott;
einige Striche eine Million Dinge.
Wie leicht wird hier die Handhabung
des Universums, wie anschaulich
die Konzentrizität der Geisterwelt!
Ein Kommandowort bewegt Armeen;
das Wort Freiheit Nationen.

Friedrich von Hardenberg, genannt Novalis

INHALT

I DIE ENTSTEHUNG DER SPRACHE

DER URSPRUNG VON SPRACHE UND SCHRIFT

ÜBER DIE ERSTAUNLICHE AKTUALITÄT EINES ALTEN THEMAS

Noch vor 15 Jahren galt die Frage nach dem Ursprung unserer wichtigsten Kommunikationsmittel Sprache und Schrift zumindest hierzulande als ein esoterisches Außenseiterthema, und ein Buch darüber stellte eine ausgesprochen extravagante Unternehmung dar.[1] Mittlerweile hat sich das jedoch gründlich geändert: Der Fragenkomplex gehört heute zu den Lieblingsthemen von Wissenschaftszeitschriften und -magazinen, eine ganze Reihe populärer Sachbücher sind darüber erschienen, und eine im Oktober 2002 veröffentlichte Titelgeschichte des „Spiegel" zum Sprachursprung bescherte dem Nachrichtenmagazin eine der am besten verkauften Nummern des Jahres.

Der Blick auf unsere Ursprünge hat angesichts unsicherer Weichenstellungen für die Zukunft offenkundig wieder Konjunktur, und die beispiellose Revolution, die sich während der letzten Jahrzehnte im Bereich der Kommunikations- und Datenspeicherungstechniken vollzog, hat ein breites Interesse an der Geschichte dieser Techniken geweckt.

Gleichzeitig ist die Frage nach der Entstehung von Sprache und Schrift aber auch in den Sog allgemeinerer und grundsätzlicherer Debatten über unsere Ursprünge geraten. Eines ihrer zentralen Themen ist die Frage, seit wann man eigentlich mit Fug und Recht vom Menschen als handelndem Subjekt der Natur- und Kulturgeschichte sprechen kann. Trifft diese Bezeichnung bereits auf unsere älteren Vorfahren vor 400 000 oder 1 Million Jahren zu, oder betrat erst vor 150 000 bis 40 000 Jahren mit dem modernen Homo sapiens ein Wesen die Erdenbühne, das über die charakteristischen Merkmale des Menschseins – Sprache und Kultur – verfügte? Und: Entstanden diese für uns so kennzeichnenden Merkmale nur einmal und in einer einzigen Region der Erde, nämlich im südlichen Afrika, von wo aus sie sich mit ihren Trägern in großräumigen Wanderungsbewegungen über die ganze restliche Welt verbreiteten? Oder ist ihre gleichzeitige Entstehung in mehreren Erdteilen und unter ganz verschiedenen Frühmenschengruppen denkbar – ähnlich, wie ja zum Beispiel auch die Gewohnheit des Fleischverzehrs und der Jagd nicht nur ein einziges Mal in der Urgeschichte entstanden sein wird und wie auch das Gehirn unserer Urahnen in den verschiedenen Weltregionen zur gleichen Zeit wuchs? (vgl. S. 53–55).

Ähnliche Fragen stellen sich auch im Hinblick auf unser zweites grundlegendes und sehr viel jüngeres Kommunikationsmittel – die Schrift. Wurde sie nur einmal oder mehrmals in der Menschheitsgeschichte erfunden, und wo geschah dies zum ersten Mal? Gilt noch der alte Lehrsatz, nach dem die Wiege des Schriftgebrauchs und der Zivilisation in Mesopotamien, an den Ufern von Euphrat und Tigris, stand? Oder besaßen die alten Ägypter und die vorgeschichtlichen Völker des Balkanraums bereits lange vor den Mesopotamiern erste Schriftsysteme, wie man dies in den letzten Jahren immer wieder lesen und hören konnte?

Was waren schließlich die entscheidenden Motive für die Erfindung dieses gänzlich neuen, visuellen Kommunikationsmittels? Stand dahinter ein spirituelles Streben nach persönlicher Verewigung, ein historisches Bemühen um die Fixierung von Ideen und Ereignissen oder aber ein eher praktisches Bedürfnis nach nüchterner Datenspeicherung, wie sie uns im heutigen Computerzeitalter ja gigabyteweise zur alltäglichen Selbstverständlichkeit geworden ist?

Fragen über Fragen, die alle seit ungefähr zehn Jahren mit verstärktem Interesse diskutiert werden. Die Ansätze zu ihrer Beantwortung sind dabei völlig unterschiedlich, denn während das Problem des Sprachursprungs heute zunehmend von Naturwissenschaftlern mit den ihnen eigenen nüchternen Fragestellungen und technisch-präzisen Methoden angegangen wird, speist sich das Interesse an den alten Schriften immer noch großenteils aus der Aura des Geheimnisvollen und Erhabenen, die ihre glyphischen Zeichen umgibt.

Doch einerlei, welche Motive im Vordergrund stehen mögen – entscheidend ist, dass diese alten Fragen endlich in unserer Zeit „angekommen" sind, dass sie wieder ein breites Interesse unter den Wissenschaftlern wie in der Öffentlichkeit finden und dass man ihnen mit den heute zur Verfügung stehenden, vielfach phantastisch erweiterten Möglichkeiten auf der Spur ist.

AUF DER SUCHE NACH DEM URSPRUNG DER SPRACHE

Und um sehr alte Fragen mit einer zum Teil Jahrtausende zurückreichenden Geschichte handelt es sich zumindest bei der Sprachursprungsdiskussion in der Tat. Schon im 7. Jahrhundert v. Chr. führte der ägyptische König Psammetich I., wie der griechische Geschichtsschreiber Herodot berichtet, ein Experiment durch, um herauszufinden, welches die älteste Sprache und das älteste Volk der Menschheit sei. Er ließ zwei neugeborene Knaben in einer einsamen Hütte aussetzen, bei einem Hirten, der nicht mit ihnen sprechen durfte, sondern nur zu bestimmter Zeit die Ziegen zu ihnen führte, damit sie von deren Milch tranken. „Das tat und befahl Psammetichos", so Herodot, „weil er bei diesen Knaben hören wollte, was für ein Wort, wenn das undeutliche Lallen vorüber wäre, sie zuerst von sich geben würden." Er hoffte, sie würden ohne Beeinflussung durch andere Menschen in der Sprache ihrer ältesten Vorfahren zu reden beginnen, die – so seine Überzeugung – noch in ihnen schlummere.

Als die beiden Knaben nach zwei Jahren immer wieder einen Laut ausstießen, der wie das phrygische Wort *bekos* (Brot) klang – tatsächlich aber vielleicht nur dem Meckern der Ziegen nachempfunden war-, hielt der König den Fall für entschieden: Das Phrygische musste die Ursprache der Menschheit sein, und die Phryger in Kleinasien (und nicht, wie zuvor angenommen, die Ägypter) waren das älteste Volk. „So gaben es die Ägypter denn zu und richteten sich darin nach diesem Geschehnis, dass die Phryger älter seien als sie selber", schließt Herodot nicht ohne Ironie seinen Bericht.[2]

Jüngeren Quellen zufolge wurde dieser grausame Menschenversuch im Mittelalter noch zweimal wiederholt, und zwar im 13. Jahrhundert von dem Stauferkaiser Friedrich II. und um 1500 von Schottlands König Jakob IV. Im ersten Fall starben die Kinder, im zweiten Fall gaben sie nach einiger Zeit Laute von sich, die man als hebräisch deutete. Später soll das Experiment von einem indischen Großmogul wiederholt worden sein, und noch im 18. Jahrhundert forderten europäische Gelehrte eine erneute Durchführung.

Die Frage nach der „Ursprache" und damit nach den Anfängen der artikulierten Verständigung hat die Menschen also seit jeher bewegt und durch die Jahrtausende hindurch nicht mehr losgelassen. Die dazu verfasste Literatur ist immens: Eine Bibliographie von 1975 führt nicht weniger als 11 000 historische und moderne Arbeiten zu diesem Themenkreis auf,[3] und seither sind, wie erwähnt, zahlreiche neue hinzugekommen. Die Art und Weise, wie man sich dem Problem näherte und es zu lösen versuchte, hing dabei vom Weltbild und den geistesgeschichtlichen Voraussetzungen in den verschiedenen Epochen und Kulturkreisen ab und war höchst unterschiedlich.

Die einfachste Antwort auf die Frage, wie die Sprache entstand, ist die Annahme, sie sei überirdischen Ursprungs, ein Werk der Götter, von denen sie der Mensch bei seiner Erschaffung fertig verliehen bekam. Und in der Tat kannten die meisten frühen Kulturen einen Schöpfungsmythos, der – ebenso wie den Ursprung der Welt und des Menschen – auch die Sprachentstehung, ja oft sogar die Benennung der einzelnen Dinge und damit die Herkunft der Wörter aus göttlichem Wirken erklärte. Für die alten Ägypter waren die Sprachenspender der Gott Ptah, „der den Namen aller Dinge verkündet hat", Amun, der „seine Rede inmitten des Schweigens öffnete", oder der Schreiber- und Wissensgott Thot. Nach dem babylonischen Weltschöpfungsepos *Enuma elisch* traten alle Dinge – Himmel, Erde und Götter – ins Dasein, als der Schöpfergott Apsu ihnen Namen gab: „Mit Namen wurden sie genannt." Im *Rigveda,* einem Hymnenbuch aus dem Indien des späten 2. Jahrtausends v. Chr., heißt es: „Die Göttin Vac (die Rede) haben die Götter erzeugt", und in einem anderen altindischen Hymnus wird der Gott Brahma als der Schöpfer der menschlichen Sprachfähigkeit verehrt: „In Kinnladen die vielgewandte Zunge baut er, der Rede Kunst in sie zu legen." Nach der germanischen *Snorra-Edda* wurden die Menschen von den göttlichen Söhnen des Allvaters geschaffen und neben den anderen Lebenskräften mit „Antlitz, Rede, Gehör und Sehkraft“ ausgestattet, und im altenglischen Runenlied der Angelsachsen heißt es: „Der Ase (Wodan) ist der Urheber aller Rede.“[4]

„IM ANFANG WAR DAS WORT“

Am stärksten wurde unser Kulturkreis natürlich durch den biblischen Schöpfungsmythos geprägt. „Im Anfang war das Wort, und das Wort war bei Gott, und Gott war das Wort“, heißt es zu Beginn des Johannes-Evangeliums. „Alle Dinge sind durch dasselbe gemacht, und ohne dasselbe ist nichts gemacht, was gemacht ist“. Die *Genesis* schildert im Einzelnen, wie Gott die Welt und alle Dinge durch sein Wort erschuf und sie benannte. „Und Gott sprach: Es

^

„Im Anfang war das Wort, und das Wort war bei Gott, und Gott war das Wort“. Holzstich zur Schöpfungsgeschichte von Gustave Doré (1832–83).

werde Licht! Und so ward Licht. (...) Und Gott ... nannte das Licht Tag und die Finsternis Nacht. Da ward aus Abend und Morgen der erste Tag." Bei der Erschaffung Adams – des ersten Menschen – „zu seinem Bilde" gab Gott ihm auch die Sprache: Er führte Adam „alle die Tiere auf dem Felde und alle die Vögel unter dem Himmel" vor, „dass er sähe, wie er sie nannte; denn wie der Mensch jedes Tier nennen würde, so sollte es heißen. Und der Mensch gab einem jeden ... seinen Namen" – so die *Genesis*. Gott aber blieb der Herr über die Dinge und damit auch über das Wort: Als Adams und Evas Nachkommen, die zu Anfang auf der ganzen Welt „einerlei Zunge und Sprache" geredet hatten, den Turm zu Babel erbauten, „verwirrte" Gott als Strafe für diese Anmaßung ihre Sprache, so dass sie einander nicht mehr verstehen konnten, und „zerstreute" sie „in alle Länder". Damit begann die Sprachen- und Völkervielfalt.[5]

Die biblische Überlieferung steckte auch den Rahmen ab, in dem sich die Sprachphilosophie des christlichen Abendlandes bis zur Zeit der Aufklärung überwiegend bewegte. Zwar gab es vereinzelt Häretiker, unabhängige Geister und Querdenker, die einen natürlichen oder menschlichen Sprachursprung erwogen (unter ihnen Thomas von Aquin), insgesamt aber standen die Erörterungen des christlichen Mittelalters ganz im Zeichen der göttlichen Offenbarungslehre und der biblischen Exegese. Diskutiert wurde über Einzelheiten, die die Bibel offen ließ – etwa, ob Gott den Menschen nur mit einer allgemeinen Sprachfähigkeit oder aber mit einer konkreten Sprache ausgestattet hatte und ob dies tatsächlich das Hebräische war, wie man traditionsgemäß annahm. Die göttliche Herkunft der Sprache als solche wurde aber nicht in Zweifel gezogen, so dass auch kaum jemand über alternative Möglichkeiten nachdachte. Die christlichen Dogmen hemmten hier, wie auf vielen anderen Gebieten, die Neugier, den Forschungsdrang und die schöpferische Phantasie der mittelalterlichen Denker und Gelehrten.

Die kreative Phantasie wurde dagegen freigesetzt, wo kritische, vernunftgemäße Betrachtung der Dinge die Oberhand über religiöse Dogmen gewann. Dies geschah erstmals in der antiken Philosophie, und so entwickelte sich schon hier eine jahrhundertelange, kontroverse und fruchtbare Diskussion über sprachphilosophische Fragen. Zwar galt auch im alten Griechenland der Überlieferung nach ein Gott, nämlich Hermes, als der Bringer der Sprache, doch schon unter den klassischen Philosophen des 4. Jahrhunderts v. Chr. war von diesem göttlichen Ursprung kaum mehr die Rede. Statt dessen entbrannte ein heftiger Streit (wiedergegeben in Platons Dialog *Kratylos*) über die Frage, ob die Wörter und Begriffe der Sprache ihre Geltung *physei* hätten, das heißt mit Naturnotwendigkeit aus dem Wesen der Dinge selbst resultierten, oder ob sie *thesei,* also durch menschliche Übereinkunft gesetzt seien.

Die hellenistischen Philosophenschulen der Epikureer und der Stoiker verfochten dann mit Nachdruck die Lehre einer Sprachentstehung aus der Natur bzw. aus dem menschlichen Wesen, und die Legende vom Sprachbringer Hermes war für die Epikureer nurmehr „unnützes Gerede". Der in ihrer

Tradition stehende römische Dichter Lukrez schrieb im 1. Jahrhundert v. Chr. in seinem Lehrgedicht *De rerum natura*, dass „der Zwang der Natur verschiedene Laute der Sprache bildete und das Bedürfnis die Namen der Dinge hervorrief", so dass es „Wahnsinn" sei, „an einen Erfinder zu glauben, der einst Namen den Dingen verliehn und die Menschen die ersten Wörter gelehrt".[6]

Diodor von Sizilien schließlich, der ebenfalls im 1. Jahrhundert v. Chr. lebte, gab in seiner „Bibliothek der Geschichte" zeitgenössische Auffassungen wieder, die man bereits als eine regelrechte Entwicklungstheorie der Sprache bezeichnen kann. „Die Menschen, die im Anfang entstanden waren", so schrieb er, „hatten eine ungeregelte, tierische Lebensweise. (…) Ihre Stimme war ein Gemisch von undeutlichen Tönen, die aber allmählich in artikulierte Laute übergingen, und indem sie sich über bestimmte Zeichen für jeden Gegenstand einigten, fanden sie ein Mittel, sich gegenseitig über alles verständlich auszudrücken. Weil solche Gesellschaften überall auf der Erde zerstreut waren, hatten sie nicht alle eine gleichlautende Sprache; denn jede derselben setzte, wie es der Zufall gab, die Laute zusammen. Daher entstanden die vielerlei Arten von Sprachen, und jene ersten Gesellschaften machten die Urstämme aller Völker aus."[7]

SPRACHURSPRUNGSDEBATTE IM ZEICHEN DER AUFKLÄRUNG

Die große Zeit des Nachdenkens über das Sprachproblem aber begann, als im Europa des 17. und 18. Jahrhunderts die traditionelle christliche Weltsicht auf nahezu allen Gebieten ins Wanken geriet und die Aufklärung einer neuen geistigen Epoche den Weg ebnete – der Epoche des Rationalismus. Eine forschende, kritische Denkweise trat nun an die Stelle der vermeintlichen Sicherheit über den Charakter und Ursprung der Dinge, und die althergebrachten Traditionen und Dogmen wurden schonungslos verworfen, wenn sie nicht den Maßstäben einer vernunftgemäßen Überprüfung standhielten. In diesem geistigen Klima bereiteten sich große gesellschaftliche Umwälzungen vor, es wurden die Grundlagen der modernen Wissenschaft und Forschung gelegt und man führte auch die Sprachdiskussion in neuem, rationalistischem Geiste fort. Konservative Denker versuchten zwar, die überkommenen Positionen zu retten – so etwa der deutsche Theologe Johann Peter Süßmilch, der 1766 eine Schrift mit dem programmatischen Titel veröffentlichte: „Versuch eines Beweises, dass die erste Sprache ihren Ursprung nicht vom Menschen, sondern allein vom Schöpfer erhalten habe";[8] doch derartige Bekenntniswerke vermochten die neu entbrannte Debatte nicht zu stoppen. Eine große Zahl von Philosophen und Gelehrten – viele davon durchaus fromme Männer – gaben sich nicht mehr mit der Lehre von der fertig in den Menschen verpflanzten Sprache, mit dem Dogma vom „Gottesgeschenk" zufrieden, sondern bemühten sich in ausführlichen Schriften und Traktaten darum, natürliche, vernunftmäßig erklärbare Möglichkeiten des Sprachursprungs herauszuarbeiten. Stellvertretend für diese

(8)

die Katz mautzet / *Felis* f. 3. clamat,	nau nau	Nn
der Fuhrmann rufft / *Auriga* m. 1. clamat,	ó ó ó	Oo
das Küchlein pipet / *Pullus* m. 2. pipit,	pi pi	Pp
der Kukuck kucket / *Cucúlus* m. 2. cucúlat,	kuk ku	Qq
der Hund marret / *Canis* c. 3. ringitur,	err	Rr
die Schlange ziſchet / *Serpens* c. 3. ſibilat,	ſi	Ss
der Heher ſchreyet / *Gráculus* m. 2. clamat,	tae tae	Tt
die Eule uhuhet / *Bubo* m. 3. úlulat,	ú ú	Uu
der Haſe quäcket / *Lepus* m. 3. vagit,	vá	Ww
der Froſch quacket / *Rana* f. 1. coáxat,	coax	Xx
der Eſel ygaet / *Aſinus* m. 2. rudit,	y y y	Yy
die Breme ſummet / *Tabánus* m. 2. dicit,	ds ds	Zz.

^
Eine Seite aus dem 1679 erschienenen Buch „Orbis sensualium pictus“ des tschechischen Pädagogen Joh. Amos Comenius, die die Theorie des Naturlaute nachahmenden (= onomatopoetischen) Sprachursprungs illustriert.

vielfältigen Bemühungen, die sich oft noch mit der Annahme einer letztlich göttlichen Inspiration verbanden, seien hier nur die Namen Jean-Jacques Rousseau, Étienne Bonnot de Condillac und Lord Monboddo genannt – sie alle lebten und wirkten im 18. Jahrhundert.

Als berühmtester Versuch dieser Art darf Johann Gottfried Herders 1772 veröffentlichte „Abhandlung über den Ursprung der Sprache“ gelten. Mit ihr gewann der deutsche Philosoph und Theologe einen 1769 von der Preußischen Akademie der Wissenschaften ausgeschriebenen Wettbewerb, dessen vorsichtig formulierte Fragestellung lautete: „Sind die Menschen, wenn sie ganz auf ihre natürlichen Fähigkeiten angewiesen sind, imstande, die Sprache zu erfinden? Und mit welchen Mitteln gelangen sie aus sich heraus zu dieser Erfindung?“[9]

Herder plädierte in seiner preisgekrönten Schrift vehement für eine natürliche Entstehung der Sprache aus einfachsten Anfängen und bezeichnete „die Hypothese eines göttlichen Ursprungs“ als „Unsinn“, als „fromm, aber zu nichts nütze“. – „Hätte ein Engel oder ein himmlischer Geist die Sprache erfunden“, so schrieb er, dann müsste „ihr ganzer Bau ein Abdruck von der Denkungsart dieses Geistes sein. (...) Wo findet das aber bei unsrer Sprache statt? Bau und Grundriss, ja selbst der ganze Grundstein dieses Palastes verrät Menschheit.“ Die ersten Worte, so vermutete Herder, seien wahrscheinlich Naturlauten nachempfunden gewesen – der Mensch habe Tiere und Naturerscheinungen zunächst ganz einfach nach ihren Tönen bezeichnet. „Das Schaf blökt, (...) die Turteltaube girrt, der Hund bellt! Da sind drei Worte. (...) Der Baum wird der Rauscher, der West Säusler, die Quelle Riesler heißen – und da liegt ein kleines Wörterbuch fertig (...) – die ganze vieltönige, göttliche Natur ist Sprachlehrerin und Muse.“ – „Was war diese erste Sprache“, so Herder weiter, „als eine Sammlung von Elementen der Poesie? Nachahmung der tönenden, handelnden, sich regenden Natur! Aus den Interjektionen aller Wesen genommen und von Interjektionen menschlicher Empfindung belebt! Die Natursprache aller Geschöpfe vom Verstande in Laute gedichtet“. Sein Fazit: „Der Mensch erfand sich selbst Sprache! – aus Tönen lebender Natur! – zu Merkmalen seines herrschenden Verstandes!“[10]

SPEKULATIVE UND WISSENSCHAFTLICHE SPRACHURSPRUNGSHYPOTHESEN

Die von Herder hier vertretene „Nachahmungstheorie“, die den Ursprung der Sprache in der Nachempfindung von Naturlauten (griech. *onomatopöie)* sah und daher später spöttisch auch als *Wau-Wau-* oder *Mäh-Mäh*-Hypothese bezeichnet wurde, war nur eines von mehreren im 18. Jahrhundert gängigen Erklärungsmodellen der Sprachentstehung. Daneben gab es die bei Herder gleichfalls anklingende „Interjektionstheorie“, die eine Entstehung der ersten Wörter aus emotionalen Ausrufen der Freude, der Angst, des Schmerzes, der Lust usw. annahm und deshalb von Spöttern *Puh-Puh-* oder *Aua-Aua*-Hypothese genannt wurde. Zahlreiche Anhänger hatte auch die sog. „Gestentheorie“, der zufolge die früheste menschliche Verständigung überhaupt nicht aus Lauten, sondern aus stummen Handzeichen und Gebärden bestand. Diese drei „klassischen“ Theorien tauchten in der an

Ideen und Positionen reichen Sprachursprungsdebatte des 18. Jahrhunderts immer wieder in den unterschiedlichsten Kombinationen und Variationen auf.

Allen diesen Erklärungsmodellen war gemeinsam, dass sie sich mehr auf allgemeine philosophische Erwägungen stützten als auf konkretes Tatsachenmaterial, das damals noch kaum verfügbar war. Dies begann sich im 19. Jahrhundert allmählich zu ändern: War die Beschäftigung mit der Sprachentstehung – der Glottogenese – bis dahin fast ausschließlich eine Domäne universal gebildeter Philosophen, Gelehrter und Literaten gewesen, so nahmen sich nun verschiedene wissenschaftliche Spezialdisziplinen einzelner Teilaspekte des Problems an und versuchten, auf dem Wege empirischer Forschungen einer Lösung näher zu kommen.

Die zu Beginn des 19. Jahrhunderts begründete historisch-vergleichende Sprachwissenschaft bemühte sich, durch die Analyse von Aufbau und Wortschatz die Verwandtschaftsverhältnisse zwischen den verschiedenen modernen und historisch überlieferten Sprachen auf der Welt zu klären. Sie identifizierte auf diese Weise eine ganze Reihe unterschiedlicher „Sprachfamilien“ und versuchte bei einigen von ihnen, die den Einzelsprachen ursprünglich zugrunde liegende gemeinsame „Stammsprache“ zu rekonstruieren (vgl. S. 21–23). Darüber hinaus hofften viele Linguisten des 19. Jahrhunderts aber, noch weiter ins Dunkel der Vergangenheit – in Richtung auf die gemeinsame Ursprache der Menschheit – vordringen zu können. „Die Sprachwissenschaft“, schwärmte 1866 etwa der in Oxford lehrende Professor Max Müller, „führt uns so zu jenem höchsten Gipfelpunkt empor, von dem wir in das erste Frührot des Menschenlebens auf Erden hinabblicken und wo die Worte ‚Es hatte aber alle Welt einerlei Zunge und Sprache‘ eine natürlichere, verständlichere, überzeugendere Bedeutung annehmen, als sie je zuvor besaßen.“[11]

Solche hochfliegenden Erwartungen wichen jedoch bald der Ernüchterung. Je größer die Fortschritte bei der Erforschung konkreter Sprachfamilien wie der „indoeuropäischen“ waren, desto deutlicher wurde, dass ihre „Stammsprachen“ vor höchstens 6000 oder 8000 Jahren existiert haben konnten und nichts mit der vermuteten „Ursprache der Menschheit“ zu tun hatten (vgl. S. 23–25). Der Versuch, mit vergleichenden Analysen noch weiter in die Vergangenheit vorzustoßen, scheiterte völlig, und um die Jahrhundertwende stellte der Sprachforscher Berthold Delbrück desillusioniert fest: „Ob es eine Ursprache des Menschengeschlechts gegeben hat, wissen wir nicht; das aber wissen wir sicher, dass wir sie durch Vergleichung nicht wiederherstellen können.“[12] Dieses Urteil wird bis heute von den meisten Sprachwissenschaftlern geteilt, und neuere Versuche einer Minderheit unter ihnen, der postulierten Ursprache doch noch auf die Spur zu kommen (vgl. S. 94–96), werden überwiegend mit Skepsis und Ablehnung betrachtet.

Ebenso zerschlug sich die nicht zuletzt aus ethnozentrischen Vorurteilen gespeiste Hoffnung, man könne unter den sog. „wilden“ Völkern vielleicht Relikte einer primitiven, älteren Stufe der Sprachentwicklung finden und so die Erforschung urtümlicher Verständigungsweisen gleichsam „am lebenden Objekt“ vornehmen. Dieser Forschungsansatz war, wie eine Reihe von völkerkundlichen und linguistischen Studien zeigte, schon von seinen Voraussetzungen her verfehlt, denn die Sprachen der überlebenden „Naturvölker“ erwiesen sich in ihrer Grundstruktur als ebenso hoch entwickelt wie diejenigen der sog. zivilisierten Welt und waren also keineswegs urtümliche Überbleibsel. „Was die linguistische Form anbelangt, geht Plato Seite an Seite mit dem mazedonischen Schweinehirten, Konfuzius mit dem Kopfjäger von Assam“, fasste der amerikanische Linguist Edward Sapir diese Einsicht 1921 zusammen.[13] Insgesamt trugen die genannten Studien daher viel zur Entwicklung der Sprachwissenschaft als Disziplin bei, erbrachten im Hinblick auf das Problem der Sprachentstehung aber eher enttäuschende Ergebnisse.

Neue Hoffnungen wurden dagegen von naturwissenschaftlicher Seite geweckt. Zwei medizinische Teildisziplinen, die Anatomie und die Neurologie, befassten sich eingehend mit den Sprachorganen und dem Gehirn des Menschen, um ihre Funktionsweise und ihr Zusammenwirken beim Sprechen zu ergründen. Dies schien die Möglichkeit zu eröffnen, durch einen Vergleich mit den entsprechenden Organen der Tiere – und später mit fossilen Frühmenschenfunden – Hinweise auf die Entwicklungsgeschichte der anatomischen Sprachgrundlagen, sozusagen auf die Phylogenese (Stammesgeschichte) der Sprachfähigkeit, zu gewinnen. Und dass es eine solche Phylogenese gegeben haben musste, war ein nahezu unvermeidlicher Schluss aus der 1859 von Charles Darwin veröffentlichten biologischen Evolutionstheorie, deren rascher Siegeszug die Forschung dazu zwang (und zugleich dazu befähigte), über die Entwicklung aller Erscheinungen in der Natur – auch der Kommunikation und der Sprache – von niederen zu höheren Formen nachzudenken.

Dieser naturwissenschaftliche Zugang zum Sprachursprungsproblem sollte sich als äußerst zukunftsträchtig erweisen. Man beginnt die in ihm steckenden Möglichkeiten erst heute richtig auszuschöpfen, wie wir an anderer Stelle noch genauer sehen werden (vgl. S. 55–65).

EIN FORSCHUNGSZWEIG GERÄT INS ZWIELICHT

Auch die philosophischen Spekulationen und Debatten über den Sprachursprung waren im 19. Jahrhundert aber keineswegs beendet, sie schossen vielmehr geradezu ins Kraut. Neben den bereits erwähnten „klassischen“ Theorien und Erklärungsmodellen (vgl. S. 17) entstanden zu dieser Zeit eine Reihe weiterer, deren Spannweite vom Einleuchtend-Genialen bis zum Skurrilen reichte. So erklärte man die Sprachentstehung beispielsweise aus unwillkürlichen Begleitlauten bei körperlicher Bewegung und Arbeit (wegen des vermuteten physiologischen Zusammenspiels unterschiedlicher Körperorgane als „Sympathie-Theorie“ bezeichnet), aus koordinierenden Lauten oder Gesängen bei kollektiver Tätigkeit (sog. „Arbeitsgesang-Hypothese“ oder „*Yo-he-ho*“- bzw. „Hauruck-Theorie“), aber auch aus der gesanglichen Begleitung von Tänzen und der Anbetung des Mondes.

Die Spekulationen nahmen derart überhand und bewegten sich zum Teil auf einem solch „phantastischen“ Niveau, dass die Beschäftigung mit dem Sprachursprung schließlich einen unseriösen Beigeschmack bekam und in Verruf geriet, besonders bei der nunmehr streng positivistisch und empirisch ausgerichteten Sprachwissenschaft. So verbot 1866 die Linguistische Gesellschaft von Paris in ihren Statuten alle Erörterungen dieses Themas, ebenso wie die Diskussion von Vorschlägen für eine Weltsprache. Und 1873 erklärte der Präsident der Philologischen Gesellschaft in London, Alexander J. Ellis, derartige Fragen lägen „außerhalb des Arbeitsgebiets der seriösen Philologie“. – „Wir leisten mehr“, so fuhr der Gelehrte fort, „wenn wir die historische Entwicklung eines einzigen Alltagsdialekts zurückverfolgen, als wenn wir Papierkörbe mit spekulativen Abhandlungen über den Ursprung aller Sprachen füllen.“[14] Bei dieser selbst auferlegten Zurückhaltung der Linguistik ist es bis heute im wesentlichen geblieben – nur in den USA wird die Sprachursprungsforschung seit einiger Zeit auch von angesehenen Sprachwissenschaftlern wieder betrieben (vgl. S. 95).

Nun ist es ja in der Tat unbestreitbar, dass viele der erwähnten Theorien mit Wissenschaft nur wenig oder gar nichts zu tun haben. Sie stützen sich jeweils auf sehr spezielle Erscheinungen des heutigen Sprach- und Kommunikationsverhaltens wie lautmalerische Wörter, Empfindungslaute, Zeichensprache oder begleitendes Singen bei körperlicher Arbeit, und projizieren diese recht unbekümmert in die frühe Entwicklungsperiode der Gattung Mensch zurück, um sie als die dort maßgeblichen Triebkräfte der Sprachentstehung zu proklamieren. Überdies lassen sich alle diese Theorien weder beweisen noch widerlegen, sind also rein spekulativ. Denn die ersten Sprachäußerungen des Menschen haben nun einmal keinerlei Spuren hinterlassen, sie sind für alle Zeiten verklungen, und keine Methode ermöglicht es herauszufinden, ob sie sich aus Empfindungslauten entwickelten, Naturtöne nachahmten, von einem Arbeitsrhythmus inspiriert wurden oder vorwiegend aus Gesten bestanden. Mehr als gewisse Anregungen geben und Möglichkeitsfelder abstecken können diese Theorien also nicht, und deshalb wird im Folgenden auch kaum mehr von ihnen die Rede sein.

NEUE FRAGESTELLUNGEN

Die Beschäftigung mit den Ursprüngen der Sprache ist heute dennoch wieder lohnend und auf fundierter Grundlage möglich, wenn man weniger die Frage nach dem „Wie“ als vielmehr die nach dem „Wann“ und dem „Warum“ der Sprachentstehung in den Vordergrund stellt – die Frage also, mit welcher Zeittiefe für die artikulierte menschliche Verständigung zu rechnen ist und aus welchen Bedürfnissen heraus sie am wahrscheinlichsten entstand. Zu diesen Fragen haben unterschiedliche Wissenschaftszweige wie die Biologie und die Archäologie, die Paläanthropologie (Wissenschaft von den fossilen

Menschenfunden) und die Gehirn- und Kehlkopfforschung in den letzten Jahrzehnten ein reiches Wissensmaterial zusammengetragen, das die Grundlage aller aktuellen Forschungsdiskussionen bildet – ohne einen solchen fächerübergreifenden Ansatz ist an eine sinnvolle Erörterung des Sprachentstehungsproblems heute überhaupt nicht mehr zu denken. Einigkeit und endgültige Klarheit hat zwar auch dieses Material bislang nicht erbracht, denn wesentliche Fragen sind umstrittener denn je – doch anders als früher kreist die Debatte nicht mehr nur um Spekulationen und Hypothesen, sondern um Fakten und ihre Interpretation.

Zu den wichtigsten unter ihnen gehören die Erkenntnisse, die die Biologie und die Verhaltensforschung mittlerweile über die Verständigungweisen im Tierreich gewonnen haben. Sie vermitteln ein Bild davon, was die menschliche Sprache von der tierischen Kommunikation unterscheidet und was sie mit ihr gemeinsam hat – wie also gewissermaßen der Ausgangspunkt aussieht, von dem aus sich unsere Sprache in den frühesten Anfängen der Menschwerdung einmal entwickelt haben muss. Und sie helfen die Frage zu klären, ob der Mensch tatsächlich das einzige Wesen ist, das Sprache besitzt, oder ob es bereits im Tierreich Verständigungsformen gibt, die diese Bezeichnung verdienen – Themen, denen wir uns im nächsten Kapitel zuwenden wollen.

Die Debatte um das Indoeuropäische

Im Jahr 1786 schrieb Sir William Jones, ein britischer Richter in Indien, über die alte Sprache dieses Landes: „Wie alt das Sanskrit auch sein mag – es ist eine Sprache mit einer wunderbaren Struktur: Vollkommener als Griechisch, reichhaltiger als Latein, von erlesenerer Feinheit als beide. Und doch ist die Ähnlichkeit mit diesen beiden Sprachen (…) zu groß, als dass sie auf einem Zufall beruhen könnte, ja so groß, (…) dass alle drei einer gemeinsamen Quelle entsprungen sein müssen, die vielleicht nicht mehr existiert. Es gibt einen vergleichbaren (…) Grund zu der Annahme, dass Gotisch und Keltisch (…) denselben Ursprung haben wie Sanskrit, und auch Altpersisch könnte man der gleichen Familie zurechnen.“[15]

Diese mittlerweile berühmt gewordenen Sätze gelten als die Geburtsurkunde eines ganzen Forschungszweiges – der vergleichenden Sprachwissenschaft. Dieser Disziplin gelang es im Verlauf des 19. Jahrhunderts, die tatsächliche Verwandtschaft zwischen den von Jones genannten Sprachen durch minutiöse Vergleiche ihres Wortschatzes und ihrer Grammatik hieb- und stichfest zu beweisen. Nicht nur das Altindische, das Altiranische, das Griechische, Lateinische, Keltische und Germanische gehörten – wie die linguistischen Studien ergaben – zu der von dem Richter entdeckten Sprachfamilie, die man nach ihren östlichsten und westlichsten Vertretern bald als „indogermanisch“ bzw. „indoeuropäisch“ bezeichnete; ihr waren darüber hinaus auch das im antiken Anatolien beheimatete Hethitisch, die slawischen und baltischen Sprachen sowie eine Anzahl kleinerer Sprachgrup-

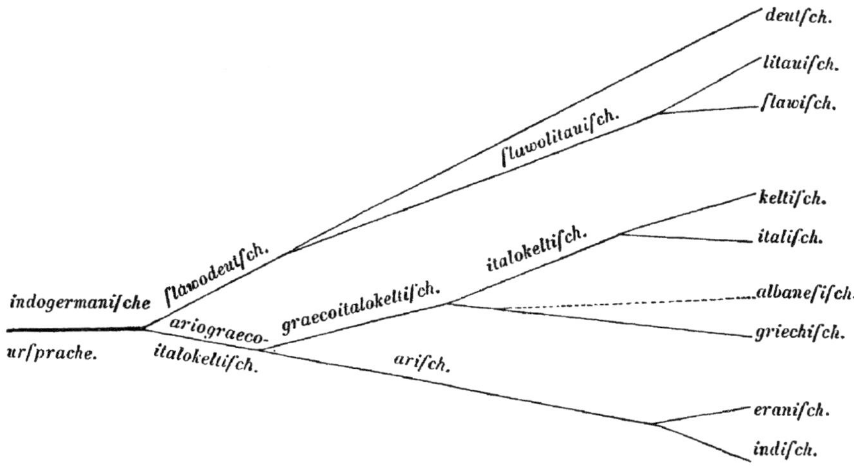

^

Stark vereinfachter Stammbaum der indoeuropäischen Sprachfamilie, wie ihn der Linguist August Schleicher im 19. Jahrhundert rekonstruierte.

pen und Einzelidiome zuzurechnen (Abb. oben).

Alle diese Sprachen stammten, wie die vergleichenden Forschungen vermuten ließen, von einer gemeinsamen Vorläuferin ab – der sog. indoeuropäischen Ursprache, die sich noch in vorgeschichtlicher Zeit über einen weiten Raum ausgebreitet haben muss und dabei offenbar in eine Reihe regionaler Idiome zerfiel. Diese „Tochtersprachen" entwickelten sich dann nach Vermutung der Sprachwissenschaftler immer weiter auseinander, woraus im Laufe mehrerer Jahrtausende die verschiedenen modernen und historisch bekannten Sprachgruppen entstanden. Es wäre ein ganz ähnlicher Prozess gewesen wie jener, der in historischer Zeit zur Entstehung der romanischen Sprachen aus ihrer gemeinsamen Ursprungssprache, dem Latein, führte.

So wie das heutige Italienisch, Französisch und Spanisch bewahrten aber auch die indoeuropäischen Sprachen eine ganze Menge an Gemeinsamkeiten im Vokabular und in den grammatischen Strukturen, und das schien die Möglichkeit zu eröffnen, die den einzelsprachlichen Wörtern zugrunde liegenden gemeinsamen Ursprungsformen („Wurzeln") durch vergleichende Studien zu rekonstruieren. Das Wort ‚Vater' beispielsweise lautete im Altindischen *pitár*, im Lateinischen *pater*, im Altirischen *athir* und im Gotischen *fadar* – unter Berücksichtigung gewisser Gesetzmäßigkeiten in der Lautentwicklung der einzelnen Sprachen folgerten die Fachleute, dass seine gemein-indoeuropäische Ursprungsform vermutlich *patér* gelautet hatte. Aus den einzelsprachlichen Worten für ‚Schaf' – altindisch *avis*, griechisch *o(w)is*, lateinisch *ovis*, altirisch *oi*, englisch *ewe* – erschloss man die indoeuropäische Wurzel *owis*, und ähnliche Rekonstruktionen ließen sich für Hunderte weiterer Wörter vornehmen.

Da man überdies bestimmte grammatische Strukturen der vermuteten Ursprache rekonstruieren zu können glaubte, schien dieses längst verschwundene

Idiom plötzlich in Umrissen wiedererschließbar zu sein. Über den Realitätsgehalt dieses rekonstruierten Ur-Indoeuropäisch, in dem die Pioniere der vergleichenden Sprachforschung sogar Gedichte verfassten, sind die Meinungen heute allerdings geteilt. Während manche Sprachwissenschaftler es für ein bloßes gelehrtes Konstrukt halten, betrachten andere Experten es als weitgehend authentische Blaupause einer einstmals real existierenden Sprache.

Eine solche Sprache muss natürlich zu irgend einem Zeitpunkt einmal von Menschen aus Fleisch und Blut gesprochen worden sein, und daher ist die Suche nach dem indoeuropäischen Urvolk und seiner Heimat so alt wie die indoeuropäische Sprachforschung. Das linguistische Material selbst lieferte in dieser Hinsicht einige Fingerzeige. So legten die rekonstruierten Naturbezeichnungen beispielsweise die Vermutung nahe, dass die indoeuropäische Ursprache irgendwo in der gemäßigten Klimazone entstanden sein muss, denn unter den Pflanzennamen sind zwar Birke, Ulme und Weide in ihrem Vokabular vertreten, nicht aber Olive oder Palme, und auch die Tiernamen verweisen mit Bär, Hirsch oder Elch eher in nördliche Breiten.

Die ur-indoeuropäischen Kulturbegriffe wiederum deuten auf eine Gesellschaft, in der der Ackerbau zwar bekannt war, wie Wortwurzeln für ‚Getreide', ‚Pflug' oder ‚Sichel' belegen, an Bedeutung jedoch offenbar bei weitem von der Viehzucht übertroffen wurde, der ein reiches und vielfältiges Vokabular entstammt. Man hielt danach vor allem ‚Herden' von ‚Rindern' und ‚Schafen', doch auch das ‚Schwein' ist im Wortschatz präsent. Für die Lokalisierungsfrage als besonders aufschlussreich gilt jedoch der Umstand, dass das Pferd von Anbeginn eine besondere Rolle im Weltbild der Indoeuropäer gespielt zu haben scheint, taucht sein Name (*ekwos*) doch als Wortelement in zahlreichen Personen- und Götternamen auf.

Da das Pferd nach Vermutung vieler Archäologen aber im 5. Jahrtausend v. Chr. in der Zone nördlich des Schwarzen Meeres domestiziert worden sein soll und die dortigen prähistorischen Kulturen überdies vorwiegend von der Viehzucht lebten, sahen und sehen viele Fachleute die weiten Steppengebiete der Ukraine und Südrusslands als die wahrscheinlichste Ursprungsheimat der indoeuropäischen Sprache und Kultur an. Die aus Litauen stammende und bis zu ihrem Tod 1994 in den USA lehrende Prähistorikerin Marija Gimbutas hat diese Hypothese in den 1970er und 1980er Jahren zu einem umfassenden und spektakulär aufbereiteten Modell ausgebaut.

Nach ihrer Auffassung handelte es sich bei den nordpontischen Viehzüchtern um halbnomadische, patriarchalisch strukturierte und ausgesprochen expansive Gruppen, die „wie alle historisch bekannten Indoeuropäer die todbringende Macht der scharfen Klinge verherrlichten". In drei Wellen, so Gimbutas, überrollten berittene Krieger aus diesen Kulturen zwischen 4400 und 2800 v. Chr. die umliegenden Regionen Europas und Asiens, vertrieben und unterjochten die dortigen Bevölkerungen und zwangen ihnen ihre Sprache, Lebensweise und Kultur auf. „Der Prozess der Indoeuropäisierung" müsse, wie die Forscherin hervorhob, also „verstanden werden als ein militärischer Sieg, durch den den einheimischen Gruppen ein neues administratives System sowie eine neue Sprache und Kultur aufgezwungen wurden."[16] Als Folge dieser Unterjochung seien vielerorts in Europa die angestammte Ackerbauwirtschaft und sesshafte Lebensweise einer eher halbnomadisch-viehzüchterischen Kultur gewichen und jahrtausendealte Traditionen der Geschlechtergleichheit und des friedlichen Zusammenlebens durch eine aggressive, von Männern dominierte Gesellschaftsordnung verdrängt worden. Der Begriff „indoeuropäisch" erhält in diesem Szenario also einen wenig schmeichelhaften Gleichklang mit der Charakterisierung „kriegerisch-expansiv".

Seit etwa zwei Jahrzehnten macht indessen ein gänzlich anders gearteter Erklärungsansatz des britischen Prähistorikers Colin Renfrew von sich reden. Gleichsam als Gegenentwurf zu Gimbutas' kriegerischem Szenario präsentierte der Forscher 1987 ein Modell, das ganz auf der Annahme einer friedlichen, durch wirtschaftliche Faktoren bedingten Sprach- und Kulturausbreitung basiert. Nach Renfrew gab es „in der europäischen Vorgeschichte nur ein Ereignis, das weitreichend und in den Folgen radikal genug war", um als Auslöser für die Ausbreitung der indoeuropäischen Sprachen in Frage zu kommen, nämlich „die Einführung der Landwirtschaft".[17] Diese löste erstmals um 8000 v. Chr. im Nahen Osten die zuvor überall auf der Welt praktizierte Nahrungsgewinnung durch Jagen und Sammeln ab (vgl. S. 141 f.) und breitete sich in den folgenden 2500 Jahren über Anatolien, Griechenland und den Balkan bis nach Mitteleuropa aus – um 5500 v. Chr. war die bäuerliche Kultur am Rhein angelangt und im Laufe des 5. und 4. Jahrtausends fasste sie auch in Nordeuropa Fuß.[18]

Ist dies alles bereits seit langem wohlbekannt, so war Renfrews Verknüpfung dieses weiträumigen „Neolithisierungsprozesses" mit der indoeuropäischen Frage ein neuer und faszinierender Gedanke. Nach seiner Theorie wurde die früheste indoeuropäische Sprache um 7000 v. Chr. von Bauern in Anatolien gesprochen, die sie 500 Jahre später zusammen mit dem Ackerbau nach Griechenland und von dort aus donauaufwärts nach Mitteleuropa trugen. Im Verlauf dieser Ausbreitung bildeten sich nach Renfrew unterschiedliche regionale Dialekte heraus, aus denen später die verschiedenen indoeuropäischen Sprachen und Sprachgruppen hervorgingen. Nicht aggressive Reiterkrieger, sondern friedliche Bauern hätten also die „Indoeuropäisierung" Europas vollzogen, und dieser Vorgang wäre nicht in Form einer abrupten Invasion, sondern als allmählicher, fast unmerklicher Prozess erfolgt – der Gegensatz zu Gimbutas' Unterwerfungsszenario könnte kaum größer sein.

Unterstützung hat diese Theorie in jüngster Zeit durch eine computergestützte statistische Auswertung von 87 indoeuropäischen Einzelsprachen gefunden. Die neuseeländischen Evolutionsbiologen Russell D. Gray und Quentin D. Atkinson untersuchten im Jahr 2003 die Gemeinsamkeiten im Vokabular dieser 87 Idiome nach einer allerdings umstrittenen linguistischen Methode namens „Lexikostatistik" und konstruierten danach mit Computerprogrammen, wie sie in der Evolutionsbiologie Verwendung finden, den wahrscheinlichsten Entwicklungsstammbaum der indoeuropäischen Sprachen. Auch bei ihnen befindet sich das einst in Anatolien gesprochene Hethitisch ganz an der Wurzel, und bei der Datierung des Stammbaums mit einer gleichfalls umstrittenen Methode namens „Glottochronologie" ergab sich auch bei ihnen ein Alter der hethitischen „Ursprache" von „zwischen 7800 und 9800 Jahren".[19]

Viele Sprachwissenschaftler stehen dieser „anatolischen Theorie" aber nach wie vor ablehnend gegenüber, weil sie die von der vergleichenden Linguistik erschlossenen Fakten zu wenig berücksichtige. So seien dem erst im 2. Jahrtausend v. Chr. durch Schriftfunde belegten Hethitisch in Anatolien *nichtindoeuropäische* Sprachen vorausgegangen, und das Altgriechische besitze weniger Ähnlichkeit mit dem Hethitischen als mit dem Altiranischen, was unerklärlich sei, wenn die Sprachausbreitung von Anatolien aus über Griechenland erfolgt wäre.

Der gewichtigste Einwand ergibt sich aber aus dem rekonstruierten urindoeuropäischen Wortschatz selbst. Dieser enthält nämlich eine ganze Reihe von Bezeichnungen für Kulturgüter, die nach heutigem Wissen erst seit dem 5. oder 4. Jahrtausend v. Chr. bekannt waren bzw. genutzt wurden – neben dem bereits erwähnten domestizierten Pferd zum Beispiel auch Begriffe wie ‚Kupfer', ‚Silber', ‚Rad', ‚Wagen', ‚Pflug', ‚Joch' und andere. Wenn die Ur-Indoeuropäer diese erst im 5./4. Jahrtausend erfundenen bzw. verwendeten Dinge aber bereits kannten und benannten, dann kann ihre Kultur auch erst um diese Zeit existiert haben und nicht mit der Erfindung und frühesten Ausbreitung der Landwirtschaft im 8. bis 6. Jahrtausend v. Chr. in Verbindung gebracht werden – so lautet das einfache, aber schlagende Gegenargument.

Die indoeuropäische Frage bleibt also vorläufig offen und der Ursprung dieser großen asiatisch-europäischen Sprachfamilie rätselhaft – Gott sei dank, möchte man fast sagen, denn sonst käme womöglich einem ganzen Wissenschaftszweig und zahlreichen Spezialisten ihr spannendster Diskussionsstoff abhanden.

GRILLENZIRPEN, VOGELGESANG UND AFFENGEKREISCH

KOMMUNIKATIONSSYSTEME IM TIERREICH

Jeder Spaziergang in der freien Natur vermittelt einen Eindruck von der Vielfalt tierischer Laute – man hört den Vogelgesang oder das Zirpen der Grillen, das Blöken der Schafe oder das Pferdegewieher. Am vertrautesten sind uns natürlich die Lautäußerungen unserer Haustiere, das Miauen der Katze und das Bellen des Hundes. Hunde knurren, winseln oder heulen freilich auch, je nach Stimmungslage und Situation, und machen dadurch deutlich, dass diese Laute Empfindungen zum Ausdruck bringen und etwas mitteilen. Es handelt sich also um Signale, die der Verständigung dienen und die bei Artgenossen bestimmte Reaktionen auslösen: Ein angebellter Hund bellt heftig zurück, Entenküken folgen den Locklauten ihrer Mutter, ein ganzer Vogelschwarm erhebt sich auf einen Warnruf hin in Sekundenschnelle in die Luft und fliegt davon.

Nicht ohne Grund umfassten die eben genannten Beispiele ausschließlich akustische Signale, denn diese nehmen wir Menschen, die wir an eine Lautsprache gewöhnt sind, am deutlichsten wahr. Tatsächlich aber spielen in der Tierwelt – und zum Teil auch bei uns selbst – visuelle bzw. optische Signale (Formen, Farben und Bewegungen, Gesten und Gesichtsausdrücke), chemische bzw. olfaktorische Signale (mittels Geruchs- oder Geschmacksstoffen) und taktile Signale (durch Berührungen) eine ebenso wichtige Rolle für die Verständigung. Beim Hund gehört beispielsweise nicht nur das Bellen oder Knurren zum Kommunikationsverhalten, sondern ebenso die Körperhaltung, das Wedeln mit dem Schwanz oder das Fletschen der Zähne. Das ist ohne weiteres verständlich, denn Körpersprache, Gestik und Mimik sind ja auch in unserem eigenen Sozialverhalten und unserer nichtverbalen Verständigung keinesfalls zu unterschätzende Ausdrucksformen. Dagegen vermögen wir kaum nachzuvollziehen, welche immense Bedeutung Duftstoffen (etwa dem Absondern und Beschnuppern von Urin) bei einem so stark geruchsorientierten Tier wie dem Hund zukommt und wie sie sein Verhalten zu beeinflussen vermögen. Die Harnmarke einer läufigen Hündin kann einen Rüden in heftige Erregung versetzen, der Geruch eines Rivalen in Furcht oder Aggressivität. In ähnlicher Weise besitzen bei so unterschiedlichen Tieren wie Fischen und Vögeln die Körperfarben, die nicht umsonst während der Balz- und Brunftzeit oft zu besonders auffälligen Tönen wechseln, eine enorme Signalfunktion im Konkurrenz- und Paarungsverhalten.

EIN UNIVERSUM AN AUSDRUCKSFORMEN

Die Mittel und Methoden der Verständigung im Tierreich sind, kurz gesagt, unermesslich, und zahlreich sind auch die Funktionen, die diese Verständigung erfüllt: Sie reguliert den Zusammenhalt oder die gleichmäßige räumliche Verteilung der Tiere, grenzt Reviere und Territorien gegeneinander ab, begründet soziale Ordnungen und Hierarchien, stiftet Kampf oder Frieden, erleichtert das schnelle Reagieren auf Bedrohungen durch natürliche Feinde, dient der Fortpflanzung und der Aufzucht der Jungen und ermöglicht den Ausdruck so unterschiedlicher Empfindungen wie Aggressivität und Zuneigung, Angst und Wohlbefinden.

Zur Erfüllung all dieser Aufgaben hat die Natur wahrhaft bewundernswerte Kommunikationsformen hervorgebracht: Die Duftstoffe weiblicher Schmetterlinge, vom Winde verweht, vermögen Männchen aus kilometerweiter Entfernung anzuziehen. Die Rufe und Gesänge von Blau- und Buckelwalen lassen sich im Ozean noch in 100 km Entfernung auffangen, und als die Weltmeere noch nicht von lärmenden Motorschiffen befahren waren, müssen sie im Wasser mehrere hundert Kilometer weit vernehmbar gewesen sein. Bei vielen Tieren ist der Austausch eines genau festgelegten Kanons von wechselseitigen Signalen und Schlüsselreizen unabdingbar, damit Männchen und Weibchen die Paarung vollziehen können (das bekannteste Bei-

^
Sehr ausgeprägt ist das Ausdrucksverhalten bei Wölfen. Es regelt durch Dominanz- und Drohgebärden wie durch Unterwürfigkeitsgesten das Sozialverhalten innerhalb der Gruppe.

spiel ist der „Hochzeitstanz“ der Stichlinge), und bei einigen helfen vom Männchen abgesonderte Stoffe (Pheromone) sogar, den Sexualzyklus des Weibchens zu regulieren. Die noch im Ei befindlichen Jungen einiger Vogelarten bereiten sich durch Lautsignale auf ein gemeinsames Schlüpfen vor, und bei einem koloniebrütenden Vogel, der Lumme, nimmt der Nachwuchs schon im Ei Lautkontakt mit den Eltern auf und erkennt sie an der Stimme, noch bevor er sie zum ersten Mal gesehen hat. Selbst der sprichwörtliche stumme Fisch ist in Wahrheit keineswegs stumm, sondern vermag mit Hilfe seiner Schwimmblase und anderer Körperteile rhythmische Töne zu erzeugen, die Signalcharakter besitzen.

Die aus der vergleichenden Verhaltensforschung hervorgegangene „Zoosemiotik“ (Wissenschaft von den Signalen im Tierreich) hat vor einigen Jahrzehnten begonnen, in dieses verwirrende Universum an Kommunikationsformen hineinzuleuchten. Sie versucht, den Kosmos ein wenig zu ordnen, indem sie die zahllosen unterschiedlichen Verständigungsweisen nach ihrem Medium bzw. „Kanal“ (akustisch, optisch, chemisch, taktil), nach ihrer Funktion (Fortpflanzung, Revierabgrenzung, Warnung vor Feinden usw.), nach ihrem Wirkungsradius (Nah- und Fernkommunikation) und einigen anderen Kriterien unterteilt. Neben der Entschlüsselung und beschreibenden Klassifizierung dieser Systeme versucht sie aber auch, Unterschiede bzw. Gemeinsamkeiten mit der menschlichen Sprache herauszuarbeiten. Dabei geht es natürlich nicht zuletzt um die Frage, ob angesichts der immensen Vielfalt und des Variantenreichtums der tierischen Verständigungsformen die traditionelle Auffassung noch haltbar ist, nach der der Mensch als einziges Wesen über Sprache verfügt und dieser Sprachbesitz sein wichtigstes Unterscheidungsmerkmal gegenüber den Tieren bildet.

DIE PHILOSOPHEN UND DIE TIERSPRACHE

Diese Auffassung lässt sich bis in die Antike zurückverfolgen. Der griechische Philosoph Aristoteles schrieb im 4. Jahrhundert v. Chr., dass „der Mensch unter allen tierischen Wesen allein im Besitz der Sprache [ist], während die Stimme, das Organ für Äußerungen von Lust und Unlust, auch den Tieren eigen ist. Denn soweit ist ihre Natur gelangt, dass sie Lust- und Unlustempfindungen haben und dies einander mitteilen können. (…) Tierische Rufe lassen sich aber“, so führte er weiter aus, „nicht zu Silben vereinigen, noch lassen sie sich – wie die menschliche Sprache – auf Silben zurückführen“. Und: „Ein Laut ist nicht durch sich selbst ein Wort, sondern wird es erst, wenn er vom Menschen als Zeichen verwendet wird.“[1]

Waren diese bemerkenswerten Einsichten bei Aristoteles das Resultat sorgfältiger Beobachtung, so verfocht das christliche Mittelalter die Lehre von der Einzigartigkeit der menschlichen Sprache auf dogmatischer Grundlage: Gott habe den Menschen als sein Ebenbild geschaffen und nur ihn, als die Krone der Schöpfung, mit Bewusstsein, Sprache und Religiosität ausgestattet. Dadurch sei er weit aus der Tierwelt herausgehoben, und es komme einer Gotteslästerung gleich, irgendein anderes Wesen mit ihm auf eine Stufe zu stellen.

In der Zeit der Aufklärung wurden viele tradierte Dogmen zerstört; die Überzeugung, dass allein der Mensch über Sprache und Vernunft verfüge, blieb dagegen unangetastet – sie wurde nur in ein anderes Gewand gekleidet. Der Vater des modernen Rationalismus, der französische Philosoph René Descartes, begründete sie im 17. Jahrhundert neu, indem er die Tiere als vernunft- und seelenlose, allein nach den mechanischen Gesetzen ihres Körpers funktionierende „Automaten" bzw. „Maschinen" beschrieb und nur dem Menschen eine „vernünftige Seele" zubilligte, „deren Natur das Denken ist". In seinem 1637 veröffentlichten „Discours de la Méthode" führte er als Beweis dafür die Sprache ins Feld: „Denn es ist ganz auffällig, dass es keinen so stumpfsinnigen und dummen Menschen gibt (...), dass er nicht fähig wäre, verschiedene Worte zusammenzuordnen und daraus eine Rede aufzubauen, mit der er seine Gedanken verständlich macht; und dass es im Gegenteil kein anderes Tier gibt, so vollkommen und glücklich veranlagt es sein mag, das ähnliches leistet." Descartes' Schlussfolgerung: „Dies zeigt nicht bloß, dass Tiere weniger Verstand haben als Menschen, sondern vielmehr, dass sie gar keinen haben."[2]

In eine ähnliche Kerbe hieb Mitte des 19. Jahrhunderts der Sprachwissenschaftler Max Müller, der den Evolutionstheoretikern entgegenhielt: „So weit nun auch die Grenzen des Tierreichs ausgedehnt worden sind, so dass zu Zeiten die Demarkationslinie zwischen Tier und Mensch nur von einer Falte im Gehirn abzuhängen schien, *eine* Schranke ist doch stehen geblieben, an der bisher noch niemand zu rütteln gewagt hat – die Schranke der Sprache." Selbst die ärgsten Zweifler sähen sich nämlich „gezwungen einzugestehen, dass bis jetzt noch keine Tierrasse irgendeine Sprache hervorzubringen vermocht hat", und dabei werde es auch bleiben[3] – eine Auffassung, die bis in unsere Tage hinein weit verbreitet ist.

Ganz unangefochten war diese Position freilich nie. Der Volksglaube neigte immer dazu, den Tieren menschenähnliche Züge zuzuschreiben, wie eine Unzahl von Sagen, Märchen und Geschichten bezeugen, in denen Tiere sich wie selbstverständlich nicht nur untereinander, sondern ebenso mit den Menschen unterhalten. Und auch unter den Philosophen, Literaten und Naturforschern regte sich hier und dort Widerstand gegen die menschliche Überheblichkeit den anderen Geschöpfen gegenüber. Wenn wir die Tiere nicht verstehen, so fragte im 16. Jahrhundert etwa der französische Schriftsteller Michel de Montaigne, warum unterstellen wir ihnen dann Sprachlosigkeit, wo die Ursache doch auch in unserem eigenen Unvermögen liegen kann? „Wenn die Tiere sprechen, dann sicher nicht mittels einer [der unseren] ähnlichen Sprache", bemerkte der jesuitische Gelehrte Abbé Guillaume Bougeant 1739 in einem Büchlein, das ihm einen Skandalerfolg und beträchtliche Schwierigkeiten mit seinen geistlichen Vorgesetzten einbrachte. „Aber kann man sich", so fragte er weiter, „nicht auch ohne dieses Hilfsmittel hinreichend verständigen und im wahrhaften Sinne sprechen?"[4] Diese

Sichtweise wurde von manchem Zeitgenossen und später Lebenden geteilt, und so veröffentlichte zu Beginn des 19. Jahrhunderts der französische Adlige Dupont de Nemours zwei Wörterbücher für „Krähensprache-Französisch" und „Nachtigallensprache-Französisch" – es sollten nicht die einzigen derartigen Werke bleiben.

Von einem wissenschaftlichen Standpunkt aus rückten dann seit 1859 Charles Darwin und seine Mitstreiter dem Dogma von der unüberbrückbaren Kluft zwischen Mensch und Tier zu Leibe. Darwin selbst belegte in einem 1874 erschienenen Werk mit dem Titel „Der Ausdruck der Gemütsbewegungen bei dem Menschen und den Tieren" ausführlich, dass die menschliche Körpersprache und Mimik Vorläufer und Parallelen im Tierreich hat, und er nahm solche Vorstufen auch für die Sprache an, ohne die „unendlich größere Fähigkeit" des Menschen in diesem Bereich zu leugnen.[5] Der deutsche Zoologe Ernst Haeckel, einer der glühendsten Verfechter der Entwicklungstheorie in damaliger Zeit, ging noch einen Schritt weiter. „Die verschiedenen Laute, durch welche die Affen ihre Empfindungen und Wünsche, Zuneigung und Abneigung mitteilen", schrieb er, „müssen von der vergleichenden Physiologie ebenso als ‚Sprache' bezeichnet werden wie die gleich unvollkommenen Laute, welche kleine Kinder beim Sprechenlernen bilden, und wie die mannigfaltigen Töne, durch welche soziale Säugetiere und Vögel sich ihre Vorstellungen mitteilen. (...) Das alte Dogma, dass nur der Mensch mit Sprache und Vernunft begabt sei, wird auch heute noch bisweilen von angesehenen Sprachforschern verteidigt. (...) Es wäre hohe Zeit, dass diese irrtümliche, auf Mangel an zoologischen Kenntnissen beruhende Behauptung endlich aufgegeben würde."[6]

REINE REFLEXLAUTE?

Der Streit um die Sprachfähigkeit der Tiere, den dieser kurze Blick in die Forschungsgeschichte hat deutlich werden lassen, dauert im Prinzip bis heute an. Auch in der modernen Kommunikationsforschung stehen sich in dieser Frage zwei Lager gegenüber: Das eine sieht, ohne die prinzipielle Überlegenheit der menschlichen Sprache in Zweifel zu ziehen, Vorstufen, Ansätze und Elemente sprachlicher Verständigung bereits im Tierreich und hofft, durch ihre Erforschung Hinweise auf eine stufenweise Entwicklung unserer artikulierten Sprache aus solchen tierischen Anfängen gewinnen zu können (sog. „Kontinuitätstheorie"). Die Vertreter der anderen Forschungsrichtung lehnen die Vorstellung eines Entwicklungskontinuums und einer letztlich nur graduellen Abstufung dagegen strikt ab und bestreiten die Existenz jeglicher wirklich sprachlicher Elemente in der tierischen Kommunikation. Ihnen gilt die menschliche Sprache als ein völlig anders strukturiertes und einzigartiges System, das nicht auf irgendwelche Vorläufer im Tierreich zurückgeführt werden könne (sog. „Diskontinuitätstheorie").

Bis in die 1960er Jahre hinein war die letztgenannte Denkrichtung weithin vorherrschend. Nach ihr beruhen fast alle Signale in der Tierwelt auf

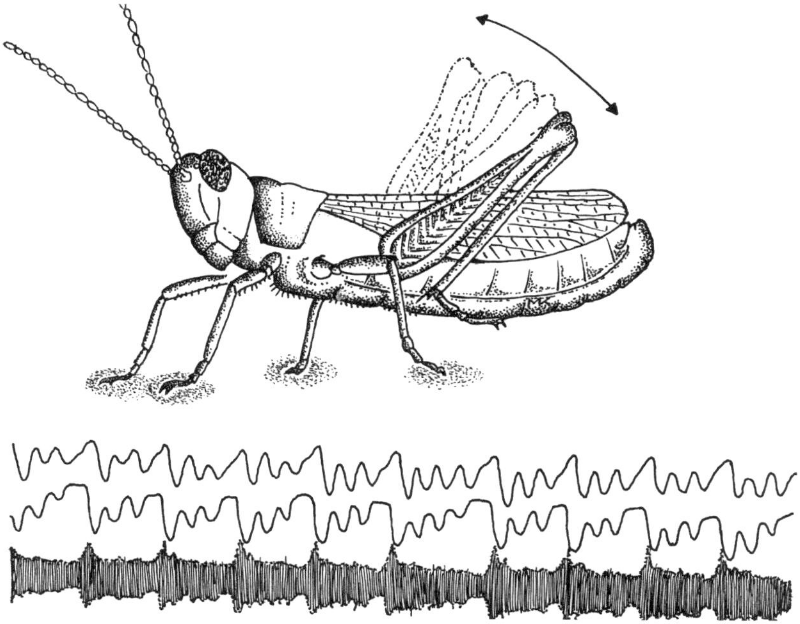

^
Feldheuschrecken erzeugen charakteristische Gesangsmuster, indem sie eine „Feile" an der Innenseite ihrer Hinterbeine gegen die „Schrilladern" der Vorderflügel reiben. (Oben: Oszillogramme der Beinbewegung, unten: Oszillogramm des „Gesangs".)

gleichsam automatisch ablaufenden Reiz-Reaktions-Mechanismen, deren Auslöser besondere emotionale Zustände wie Angst oder Lust sein können, aber auch äußere Faktoren wie die Annäherung natürlicher Feinde, und die Lautsignale als begleitenden Ausdruck einer entsprechenden Empfindungsreaktion auslösen. In jedem Fall erfolgt die Signalaussendung nach diesem Modell aus dem Gefühl heraus (= emotional) bzw. im Affekt (= affektiv) und ohne bewusste Kommunikationsabsicht (= nichtintentional). Als Beleg dafür werden etwa Beispiele von Tieren ins Feld geführt, die beim Anblick von Futter oder in Gefahrensituationen auch dann Freuden- oder Alarmlaute ausstoßen, wenn kein Artgenosse als Adressat und Kommunikationspartner in der Nähe ist. Gehirnuntersuchungen an Rhesusaffen schienen diese Sichtweise ebenfalls zu stützen: Sie ergaben, dass die Lautäußerungen dieser Tiere nicht vom Neocortex gesteuert werden – also von der Großhirnrinde, die die meisten intellektuellen Prozesse lenkt –, sondern vom sog. Limbischen System, das mehr für den Gefühls- und Instinktbereich zuständig ist. Dementsprechend gingen die Anhänger dieser Schule auch zumeist davon aus, dass die Kommunikationssignale der Tiere zum angeborenen Instinktverhalten gehören und nicht von ihnen erlernt zu werden brauchen, sondern vollständig genetisch verankert sind.

KOMPLEXE TIERKOMMUNIKATION

Das in den letzten Jahrzehnten von der Zoosemiotik zusammengetragene Material hat indessen gezeigt, dass das beschriebene Modell die tatsächlichen Sachverhalte unverhältnismäßig vergröbert und dass viele tierische Kommunikationssignale auf sehr viel komplexeren Vorgängen und Wirkungsmechanismen beruhen. So vermögen diese Signale den Artgenossen beispielsweise nicht nur wichtige Informationen über Gefühlszustände wie Paarungsbereitschaft, Hunger oder Aggressivität zu vermitteln (sog. Empfindungs- und Motivationsübermittlung), sondern auch Hinweise auf äußere Faktoren wie Bedrohungen, Futterquellen und anderes mehr (sog. Umweltinformation). Und diese Informationen werden zum Teil in sehr viel präziserer Form gegeben, als es bei reinen Stimmungsäußerungen und Gefühlsbekundungen zu erwarten wäre. So reagieren etwa viele Vogelarten auf das Herannahen eines Feindes nicht mit einem unspezifischen Angstlaut, sondern verfügen über verschiedene Warnrufe für Luft- und Bodenfeinde, die bei den Artgenossen jeweils ein unterschiedliches Verhalten auslösen. Auch bei einer Affenart, der afrikanischen Meerkatze, wurden drei derartige spezifische Alarmrufe nachgewiesen: Einer warnt vor Leoparden und anderen am Boden jagenden Raubtieren und veranlasst die Affen zur Flucht auf die Bäume; ein zweiter meldet Raubvögel, wie beispielsweise Adler, vor denen sie im Gebüsch Schutz suchen; und ein dritter macht die Artgenossen auf Schlangen aufmerksam, die in der Folge nicht mehr aus den Augen gelassen oder gemeinsam attackiert werden.

Die Primatenforscher Peter Marler, Dorothy L. Cheney und Robert M. Seyfarth haben diese Laute der Meerkatzen intensiv studiert und jahrelange Versuche mit den Tieren durchgeführt, die nach ihrer Auffassung nahezu alle früheren Annahmen über den Charakter derartiger Kommunikationssignale hinfällig machen. So beobachteten die Wissenschaftler etwa, dass einzeln umherschweifende Meerkatzen beim Zusammentreffen mit einem Raubtier keinerlei Alarmrufe von sich gaben und dass die Häufigkeit und Intensität der Signale auch sonst von der Art und Zusammensetzung der jeweils anwesenden „Zuhörerschaft" abhing – Meerkatzenmütter gaben beispielsweise „signifikant häufiger Alarm, wenn sie ihre Kinder bei sich hatten, als wenn sie mit nichtverwandten Jugendlichen zusammen waren."

Die Forscher schlossen aus diesen Beobachtungen, dass „die Erzeugung von Alarmrufen nicht obligatorisch geschieht, sondern durch die Anwesenheit von Nachkommen, möglichen Geschlechtspartnern und ranghöheren Rivalen beeinflusst wird."[7] Offenkundig handelt es sich also keineswegs um einen starren Reflexmechanismus, sondern um ein bewusst kontrolliertes, modifiziert und abgestuft angewandtes Signalinventar, und eine ähnliche Modifizierung von Alarmlauten je nach der anwesenden Zuhörerschaft wurde jüngst auch bei so unterschiedlichen anderen Tieren wie Erdhörnchen und Hühnern festgestellt.

Die Meerkatzen scheinen auch keineswegs von Geburt an zur richtigen Anwendung des Lautrepertoires in der Lage zu sein, denn Affenkinder stoßen nach den Beobachtungen Cheneys und Seyfarths die Alarmrufe anfangs beim Auftauchen aller möglichen Tiere aus und lernen erst später, die gefährlichen von den ungefährlichen Arten zu unterscheiden, das heißt richtige Kategorien zu bilden. Hier fällt einem unwillkürlich die Bedeutungsüberdehnung bei unseren eigenen Kindern ein, die in den ersten Monaten des Sprechenlernens ja gleichfalls jeden Vierbeiner als „Wauwau“ zu bezeichnen pflegen – wohl kaum eine rein zufällige Analogie. Hirnuntersuchungen an Affen haben darüber hinaus gezeigt, dass bei ihrer Lautwahrnehmung der linke Schläfenlappen des Gehirns eine wichtige Rolle spielt, der ja auch einen Teil der Sprachzentren des Menschen beherbergt (vgl. S. 56).

Diese Forschungsergebnisse haben die Diskussion über mögliche sprachliche Ansätze im Tierreich wieder ins Rollen und viele jahrzehntelang als gesichert geltende Lehrsätze ins Wanken gebracht. Doch auch jenseits dieser neuen Erkenntnisse gibt es viele schon seit langem bekannte Beispiele, die zeigen, dass die tierische Verständigung sehr viel komplexer sein kann als in den simplen Reiz-Reflex-Theorien angenommen und dass sie in der Tat verschiedentlich Züge aufweist, die lange Zeit als ausschließliches Merkmal der menschlichen Sprache galten.

DER VOGELGESANG

Das beginnt schon beim vertrauten Gesang des Vogels vor dem Fenster. Auch hier handelt es sich um ein kommunikatives Signal, jedoch um ein vergleichsweise kompliziert aufgebautes. Der Vogel reiht beim Singen einzelne Lautelemente von unterschiedlicher Höhe, Dauer und Intensität zu Sequen-

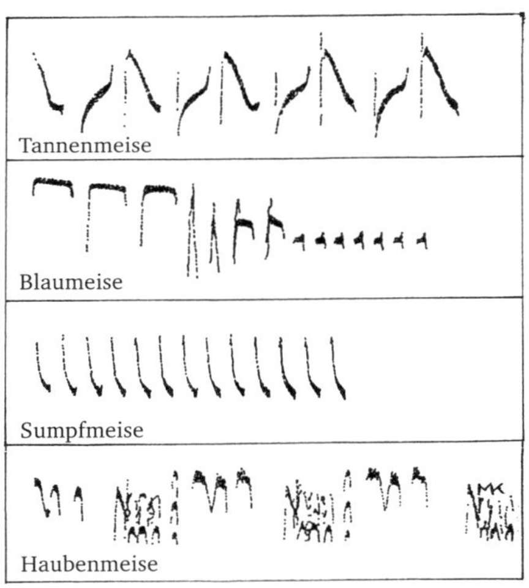

^

Gesangstrophen mehrerer Meisenarten in der Aufzeichnung des Klangspektografen; sie veranschaulichen die Unterschiedlichkeit des Gesangs auch verwandter Vogelarten.

zen aneinander, die als „Phrasen“ und „Strophen“ bezeichnet werden, und zwar mit einer solchen Geschwindigkeit, dass das menschliche Ohr die Feinheiten erst beim langsamen Abspielen von einem Tonträger wahrzunehmen vermag. In seiner Grundstruktur ähnelt der Vogelgesang damit der Musik, in einem allgemeineren Sinne aber auch der menschlichen Sprache, die ja ebenfalls auf gegliederten Lautfolgen basiert.

Bemerkenswerterweise ist der Gesang vielen Arten nicht angeboren, sondern muss auf der Basis einer ererbten Disposition von älteren Artgenossen erlernt werden. Fehlt dieses Vorbild, wächst also ein solcher Vogel isoliert heran, dann singt er in der Regel nur sehr unvollkommen. Umgekehrt können bekanntlich manche Vögel artfremde Gesangsmotive oder auch menschliche Wörter und Sätze erlernen und täuschend ähnlich nachahmen – ein Vorgang, der als „Spotten“ bezeichnet wird. Ein im Experiment von Kanarienvögeln aufgezogener Gimpel übernahm beispielsweise den Gesang seines Pflegevaters und gab diesen Kanariengesang später an seine eigenen Jungen weiter.

Derartige Beispiele zeigen zusammen mit den beschriebenen Beobachtungen bei Affen, welche Rolle Lernelemente in der tierischen Kommunikation spielen können, und widerlegen die früher verbreitete Auffassung, es lasse sich ein klarer Trennungsstrich zwischen der „Lernsprache“ des Menschen und der „Erbsprache“ der Tiere ziehen. Dennoch hat der Vogelgesang mit Sprache im eigentlichen Sinne des Wortes wenig zu tun, denn die meisten Vögel reihen ihre Gesangselemente immer wieder zu denselben Strophen zusammen und ihr Repertoire (das je nach Art eine, mehrere oder Dutzende solcher Strophen umfassen kann) ist so festgelegt und eingeschränkt, dass sie daran nicht nur als Angehörige einer bestimmten Art und „Dialektgruppe“, sondern sogar als Individuen identifizierbar sind. Und der Informationsgehalt dieser immer aufs neue wiederholten Strophen ist nach heutigem Wissen fast so begrenzt wie der anderer, ungleich einfacher strukturierter Tiersignale: Er beschränkt sich offenbar auf die Mitteilung „Männchen XY im Besitz eines Reviers“ – eine Botschaft, die potenzielle Rivalen vor dem Eindringen warnt, ledige Weibchen dagegen während der Paarungszeit anlockt und damit der Revierabgrenzung und der Fortpflanzung dient.

DIE TANZSPRACHE DER HONIGBIENE

Die in den 1940er Jahren von Karl von Frisch und Martin Lindauer entdeckte Tanzsprache der Honigbiene – vielleicht das differenzierteste unter den bislang dargestellten tierischen Kommunikationssystemen – vermag bei der Informationsübermittlung hingegen Erstaunliches zu leisten. Mit ihrer Hilfe kann eine Sammlerin ihren Stockgenossinnen nicht nur das Vorhandensein einer lohnenden Futterquelle, sondern auch deren Entfernung und Himmelsrichtung präzise mitteilen.

Liegt das entdeckte Nahrungsvorkommen weniger als 80 m vom Stock entfernt, so führt die Biene den sog. Rundtanz auf (Abb. 35 links). Sie trippelt dabei in kleinen Kreisen links und rechts auf der Wabe herum, wobei andere Sammlerinnen mit den Fühlern ihren Hinterleib berühren und ihren Bewegungen folgen. Dieser je nach Ergiebigkeit der Futterquelle wenige Sekunden oder bis zu einer Minute dauernde Tanz veranlasst die alarmierten Bienen, im näheren Umkreis nach dem gemeldeten Nahrungsvorkommen zu suchen. Dabei dienen ihnen der der Kundschafterin anhaftende Blütengeruch sowie Nektar-Geschmacksproben, die diese an die anderen Bienen verteilt, als Anhaltspunkte.

Liegt die Futterquelle in größerer Entfernung, so führt die Entdeckerin den komplizierteren Schwänzeltanz auf (Abb. unten rechts). Die Bewegungsfigur ähnelt dabei einer Acht, wobei die Sammlerin auf der geraden Strecke zwischen den beiden Schleifen heftig mit dem Hinterleib „schwänzelt", d. h. hin- und herwackelt. Die Länge des Weges bis zu der entdeckten Nahrungsquelle teilt sie ihren Stockgenossinnen durch das Tempo ihres Tanzes mit, das sich bei zunehmender Distanz und Flugdauer immer mehr verlangsamt. Karl von Frischs Bienen tanzten die Achterfigur bei einem 100 m entfernten Ziel beispielsweise in einer Viertelminute zehnmal, bei einem 5 km entfernten Ziel dagegen nur zweimal. Darüber hinaus spielt auch noch ein charakteristischer Schnarrlaut, den die tanzende Biene durch rasche Vibrationen mit ihren Flügeln erzeugt, eine wichtige Rolle bei der Übermittlung der Information.

Die exakte Richtung der Nahrungsquelle teilt die Entdeckerin ihren Artgenossinnen durch die Ausrichtung ihrer Tanzbewegungen mit. Führt sie diese unter freiem Himmel auf dem horizontalen Anflugbrett des Bienenstocks auf, so weist die Bewegungsrichtung bei dem geradlinigen Teil des Schwänzeltanzes direkt auf das Ziel. Tanzt die Sammlerin dagegen, wie es zumeist der Fall ist, im dunklen Inneren des Stocks auf den senkrechten Waben, so gibt sie die Richtung bezogen auf den Sonnenstand an. Eine geradli-

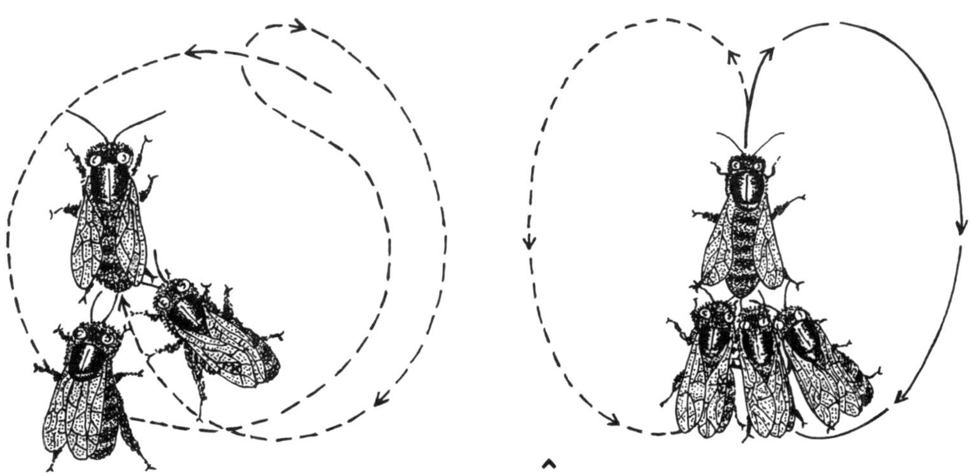

^ Rundtanz (links) und Schwänzeltanz (rechts) der Honigbiene.

nig-senkrechte Schwänzelbewegung nach oben signalisiert, dass die Nahrungsquelle direkt in Richtung zur Sonne liegt, während eine senkrecht nach unten gerichtete Tanzachse darauf hinweist, dass das Ziel mit der Sonne im Rücken anzufliegen ist. Auch Abweichungen von der Sonnenrichtung vermag die Tänzerin durch eine entsprechende Neigung der Tanzachse winkelgenau anzugeben.

Die Weitergabe detaillierter Informationen mit Hilfe eines symbolischen Codes, die früher oft als Monopol des Menschen angesehen wurde, ist hier in einem solchen Maß verwirklicht, dass die wissenschaftliche Welt von Frischs Entdeckung seinerzeit mit ungläubigem Erstaunen zur Kenntnis nahm. Der den Bienentänzen zugrunde liegende Code ist freilich angeboren und daher auch nicht veränderbar, und er scheint sich aus rein physiologischen Erregungszuständen und rhythmischen Bewegungen nach dem Flug entwickelt zu haben, die auch bei anderen Insekten zu beobachten sind und die ursprünglich keinerlei Mitteilungsfunktion hatten. Dennoch mag auch ein gewisses bewusstes Element bei der daraus entstandenen Kommunikationsform eine Rolle spielen – das lässt jedenfalls die Beobachtung vermuten, dass die Bienen in einem leeren Stock kaum tanzen und dass die Heftigkeit und Dauer ihrer Bewegungsfolgen wie auch die Reaktionen ihrer Stockgenossinnen von der Ergiebigkeit der Futterquelle und vom Nahrungsbedarf der Gemeinschaft abhängen.

ÜBERRASCHENDE BEOBACHTUNGEN

Was schließlich unsere nächsten Verwandten im Tierreich, die Menschenaffen, betrifft, so haben die langjährigen Studien Jane Goodalls und anderer Forscher unter frei lebenden Schimpansen und Gorillas unsere Perspektive seit den 1960er Jahren von Grund auf verändert. Wir wissen heute, dass diese Tiere für den Nahkontakt innerhalb der Gruppe über ein reiches Arsenal an ausdrucksvollen Körperhaltungen, Gebärden und Variationen des Gesichtsausdrucks verfügen – von Signalen der Gestik und Mimik also, die ja auch bei uns Menschen eine überaus wichtige und oftmals unterschätzte Rolle spielt. So wie wir uns durch unsere Körpersprache, durch Gesten, Blicke und unser Mienenspiel (Lächeln, Stirnrunzeln, zusammengebissene Zähne usw.) wortlos verständigen können, und zwar weltweit und zumindest zum Teil auf der Basis angeborener „Programme", so können das auch die Menschenaffen (Abb. S. 37). Ihre visuellen Signale sind dabei mit verschiedenen Lautäußerungen und Berührungsreizen verbunden, so dass sich insgesamt ein sehr fein abgestuftes System von kombinierten Reizen zur Mitteilung von Stimmungen, Motivationen und anderen Informationen ergibt.

Dieses System ist in seiner Anwendung bemerkenswert flexibel und vielschichtig, und ein und dasselbe Signal kann darin je nach Kontext eine ganz unterschiedliche Bedeutung haben. So drückt etwa die sehr beliebte gegenseitige Fellpflege (*grooming*) normalerweise liebevolle Zuwendung unter

Beispiele für das Mienenspiel wild lebender Schimpansen.

Partnern und Verwandten aus, kann aber auch zur Beschwichtigung eines Gegenspielers in einer aggressiven Situation dienen. Und das Präsentieren des Hinterteils – eigentlich ein Paarungssignal – fungiert des öfteren auch als Begrüßungs- oder Unterwerfungsgeste.

Ein solches Signal löst beim Kommunikationspartner auch keineswegs immer denselben Reflex aus – vielmehr existiert ein weiter Reaktionsspielraum, bei dem nicht zuletzt auch die Umstände von großer Bedeutung sind. So kann beispielsweise das durch Imponiergehabe, dramatische Gesten und manchmal auch körperliche Attacken gekennzeichnete Herausforderungs- und Angriffsverhalten eines Schimpansenmännchens gegenüber einem anderen ebenso gut eine aggressive Gegenreaktion wie eine Unterwerfungs- und Beschwichtigungsgebärde auslösen – je nach Stärke, Stimmung, Alter und sozialem Status der beiden Individuen. Und auch die akustische Kommunikation scheint durch Erfahrungswerte und soziale Faktoren beeinflusst zu sein, denn ähnlich wie die Alarmrufe der Meerkatzen finden auch die Lautäußerungen der Schimpansen unterschiedlich starke Beachtung, je nachdem, welches Individuum sie von sich gibt.

Unsere Primatenverwandten handhaben das ihnen im Grundsatz angeborene Signalinventar also je nach Situation durchaus flexibel, was ohne ein starkes Lernelement unmöglich wäre – auf diesem anpassungs- und leistungsfähigen Verständigungssystem beruht zu einem guten Teil die hoch entwickelte Gruppenstruktur und soziale Hierarchie der Menschenaffengemeinschaften. Vervollständigt wird dieses komplexe Bild durch die Aufsehen erregenden und großenteils erfolgreichen Versuche, domestizierten Schimpansen und Gorillas Zeichensprachen mit zum Teil Hunderten von abstrakten Symbolen beizubringen und mit ihnen in diesen Zeichensprachen zu kommunizieren (vgl. S. 41–44). In der Natur wurde derartiges allerdings niemals beobachtet, so dass es sich anscheinend um ein nur unter menschlicher Anleitung zutage tretendes Potenzial handelt.

Die Tierkommunikationsforschung ist ein noch vergleichsweise junger Wissenschaftszweig, und weitere überraschende Ergebnisse sind jederzeit möglich. Dies gilt beispielsweise für die mittlerweile schon berühmten Gesänge der Buckelwale – minutenlang andauernde und oft über Stunden hinweg wiederholte charakteristische Lautfolgen, deren Struktur besser bekannt ist als ihre Funktion. Doch schon heute erweist sich die tierische Kommunikation als weitaus komplizierter und leistungsfähiger, als dies noch vor fünfzig Jahren irgend jemand für möglich gehalten hätte. Sie erschöpft sich, wie zahllose Forschungsergebnisse gezeigt haben, keineswegs in den früher vermuteten simplen Reiz-Reaktions-Mechanismen (vgl. S. 31), und manche starre definitorische Grenze, die man lange Zeit zwischen ihr und der menschlichen Sprache errichten zu können glaubte, ist mittlerweile gefallen oder zumindest fragwürdig geworden. Viele Fachleute vertreten heute sogar die Auffassung, es gebe kaum ein einzelnes Merkmal, das unsere Sprache allein besitze, das sie nicht mit dem einen oder anderen tierischen Kommunikationssystem teile. Die Einzigartigkeit der menschlichen Sprache liegt nach Meinung dieser Forscher nicht in einzelnen Unterscheidungskriterien mit absoluter Gültigkeit, sondern in der Art und Weise, wie in ihr viele solcher auch im Tierreich anzutreffenden Einzelmerkmale und -leistungen miteinander kombiniert und zu einem neuen System verknüpft sind.

DIE SPRACHE – EIN „OFFENES" SYSTEM

Nach welchen Prinzipien funktioniert nun aber eigentlich unsere Sprache und was unterscheidet sie von den bisher beschriebenen tierischen Verständigungssystemen?

Tiersignale sind – wie wir sahen – in der Regel an bestimmte Situationen oder Stimmungen gebunden und daher nicht für eine Verständigung über abstrakte Dinge, über Fernliegendes, Vergangenes oder Zukünftiges geeignet. Im Leben und Denken der Tiere spielen solche Kategorien offenbar keine allzu große Rolle, weshalb sich auch kein entsprechendes kommunikatives Instrumentarium zu entwickeln brauchte. Ein einzelnes Tiersignal übermittelt außerdem zumeist eine ganze Botschaft, weshalb die Gesamtmenge an mitteilbarer Information schon durch die Anzahl der jeweils zur

Verfügung stehenden unterschiedlichen Signaltypen (bei den meisten Tierarten weniger als hundert) begrenzt wird. Die tierischen Verständigungssysteme funktionieren aus diesen beiden Gründen, trotz all ihrer Feinheit und oft auch Komplexität, nur innerhalb beschränkter Grenzen und sind nicht ausbaufähig oder erweiterbar, bilden also gleichsam „geschlossene" Kommunikationssysteme. Wollte man sie als Sprache bezeichnen, müsste man diesen Begriff so weit fassen (etwa als „Medium der Informationsübermittlung" von einem Sender zu einem Empfänger), dass er faktisch mit dem allgemeineren Begriff der Kommunikation identisch würde, was kaum sinnvoll erscheint.

Die menschliche Sprache zeichnet sich demgegenüber durch ihre Vielseitigkeit und Variabilität aus. Sie ist ein „offenes System", sowohl im Hinblick auf die Art wie auch auf die Menge der übermittelbaren Information – für beides existieren so gut wie keine Grenzen. Grundlage dieser enormen Leistungsfähigkeit ist ihr Strukturprinzip, das in der Linguistik als die „doppelte Gliederung der Sprache" bezeichnet wird: Vergleichsweise wenige (zwischen 20 und 60) für sich bedeutungslose Grundlaute, die „Phoneme", erlauben durch unterschiedliche Kombination die Bildung einer großen Zahl von bedeutungstragenden Einheiten („Morphemen") und Wörtern – von Lautfolgen also, die als Symbole für bestimmte Dinge bzw. Begriffe stehen und sich ihrerseits zu einer unbegrenzten Zahl von größeren Sinneinheiten mit höherem Informationsgehalt, den Sätzen, zusammenstellen lassen. Die Regeln, nach denen diese Satzbildung erfolgt, sind ebenso wie die Wörter und ihre Bedeutungsinhalte – der Wortschatz bzw. das Vokabular – durch gesellschaftliche Übereinkunft festgelegt und werden durch kulturelle Tradition weitergegeben (vgl. S. 70 f.). Sie müssen also – auf der Basis einer angeborenen Sprachdisposition und vielleicht auch genetisch verankerter Grundmuster (vgl. S. 92 f.) – gelehrt und gelernt werden, unterscheiden sich von Sprache zu Sprache und unterliegen im Laufe der Zeit gewissen Wandlungen. Die Grundstruktur des ganzen Systems aber ist weltweit bei allen bekannten und überlieferten Sprachen die gleiche – auch bei denen der sog. „primitiven" Völker, die daher keineswegs einfacher oder weniger leistungsfähig sind.

KREATIVITÄT UND ORDNUNG

Dieses Strukturprinzip, der „unendliche Gebrauch von endlichen Mitteln",[8] hat die menschliche Sprache zu einem einzigartig rationellen, anpassungs- und ausbaufähigen Kommunikationsinstrument gemacht. Da die Beziehung zwischen einem Ding oder einem Begriff und dem Lautgebilde, durch das sie symbolisiert werden, allein auf gesellschaftlicher Übereinkunft beruht (in der Linguistik bezeichnet man das als die „Willkürlichkeit" der Wortsymbole – eine Ausnahme bilden lediglich lautmalerische Wörter), ist es ebenso einfach möglich, hochkomplexe Gedankengänge und abstrakte Kategorien in Worte zu fassen wie die alltäglichen Dinge des Hier und

Jetzt. Dank der Sprache können wir uns über alle nur erdenklichen Themen miteinander verständigen – über Liebe und Hass ebenso wie über Computerviren oder die neueste Handy-Technik, über Lust und Leid ebenso wie über den Weltfrieden, den Urknall oder die Entstehung unseres Sonnensystems. Und sollte es in irgendeiner Sprache noch kein Wort für einen dieser Begriffe geben, so kann es bei Bedarf jederzeit problemlos erfunden werden, denn die menschliche Sprache ist fast unbegrenzt produktiv und kreativ.

Doch sie leistet noch mehr: Die Sprache schärft, systematisiert und strukturiert unser Denken, sie hilft uns, die vielfältigen Erscheinungen der Welt, in der wir leben, sinnvoll zu gliedern und zu ordnen, indem wir uns von den einzelnen Dingen und Vorgängen „einen Begriff machen" – übrigens in den verschiedenen Kulturen auf zum Teil ganz unterschiedliche Weise, wie linguistische Studien gezeigt haben. Die gesprochene Sprache lässt sich außerdem in diverse abgeleitete, sekundäre Kommunikationsformen übertragen und umsetzen – etwa in unterschiedliche Gesten- und Gebärdensprachen, in Trommel- oder Funksignale (man denke an das Morsealphabet) und in verschiedenartige graphische Aufzeichnungssysteme, also die Schrift in ihren vielfältigen Ausformungen (vgl. Teil II dieses Buches).

Die Entstehung der Sprache war also die erstmalige Herausbildung eines in seiner Grundstruktur offenen und beliebig erweiterbaren Kommunikationssystems, das auf der willkürlichen Verknüpfung bestimmter Lautfolgen mit bestimmten Bedeutungsinhalten beruht. Ausgangspunkt ihrer Entwicklung dürften bereits recht komplexe, aber im Prinzip noch geschlossene Verständigungssysteme ähnlich denen der heutigen Menschenaffen gewesen sein. Im Verlaufe der Sprachevolution fand vermutlich eine allmähliche Schwerpunktverlagerung von zunächst vorwiegend visuellen Kommunikationssignalen, wie sie noch bei den heutigen Menschenaffen zu beobachten sind (vgl. S. 36 f.), zur überwiegend lautlichen Verständigung statt. Der Begriff der Lautsprache darf jedoch nicht zwangsläufig an ein gleichartiges Artikulationsvermögen und eine vergleichbare Laut- und Wortfülle, Syntax und Sprechgeschwindigkeit gebunden werden, wie wir sie heute kennen, denn ein sich erst allmählich herausbildendes System besitzt selbstredend in seinen Anfängen noch nicht die gleiche Vollkommenheit wie an seinem (vorläufigen) Endpunkt (vgl. S. 87).

Auch wenn also die Lautäußerungen unserer frühen Vorfahren in unseren Ohren vielleicht noch schwerfällig und roh geklungen hätten – sie waren Sprache von dem Augenblick an, wo sie bewusst hervorgebracht wurden, um nach kollektiver Übereinkunft verschiedene Dinge zu benennen und unterschiedliche Bedeutungsinhalte auszudrücken.

Ab welchem Zeitpunkt in der Entwicklungsgeschichte des Menschen dürfen wir damit aber rechnen? Diese Frage soll uns in den folgenden beiden Kapiteln beschäftigen.

Sprachversuche mit Menschenaffen

Im Streit um die Einzigartigkeit des menschlichen Sprachvermögens hat seit jeher die Frage eine große Rolle gespielt, ob unsere nächsten Verwandten im Tierreich, die Menschenaffen, zum Erlernen einer Sprache in der Lage seien oder nicht. 1747 vertrat der französische Philosoph Julien de La Mettrie die Auffassung, dass ein in der Taubstummensprache erfahrener Lehrer einen Menschenaffen sprechen lehren und ihn in einen „perfekten kleinen Gentleman" verwandeln könne. 1925 griff der amerikanische Primatenforscher Robert Yerkes diesen Gedanken wieder auf und schrieb: „Vielleicht kann man Schimpansen beibringen, ihre Finger zu gebrauchen, etwa in der Weise, wie es Taubstumme machen, und so eine einfache Zeichensprache ohne Laute zu erlernen."[9] Im Jahr 1784 hatte dagegen Johann Gottfried Herder (vgl. S. 17) genau diese Hoffnung verworfen und notiert: „Denn ob sie gleich den Inhalt der menschlichen Sprache fassen, so hat noch kein Affe, da er doch immer gestikuliert, sich ein Vermögen erworben, mit seinem Herrn pantomimisch zu sprechen und durch Gebärden menschlich zu diskutieren."[10] Und im 19. Jahrhundert stellte der Sprachforscher Max Müller mit Nachdruck fest: „Die Sprache ist der Rubicon, welcher das Tier vom Menschen scheidet, welchen kein Tier jemals überschreiten wird. (…) Man versuche es und bringe den intelligentesten Affen in menschliche Pflege und Lehre, er wird nicht sprechen, er wird Tier bleiben, während das roheste Menschenkind (…) frühzeitig dieses Charakteristikum der Menschheit sich aneignen wird."[11]
Ernsthafte Versuche, diese Gedankenspiele im praktischen Experiment zu erproben, wurden erst seit den 1950er Jahren unternommen, und sie schienen zunächst die Zweifel am Sprachlernvermögen der Affen zu bestätigen. So vermochte etwa die Schimpansin Viki trotz intensiver Bemühungen ihrer amerikanischen Pflegeeltern Catherine und Keith Hayes, ihr die englische Lautsprache beizubringen, nach jahrelangem Training nur mit Mühe die vier Wörter *mama*, *papa*, *cup* und *up* hervorzubringen. Die meisten Fachleute zogen aus diesem bis 1954 durchgeführten Experiment den Schluss, dass den Affen der für eine Lautsprache erforderliche Stimmapparat fehle. Alle nachfolgenden Versuche zielten daher, wie schon von La Mettrie und Yerkes erwogen, auf die Unterrichtung der Tiere in visuellen bzw. gestischen Zeichensprachen ab, und sie verliefen sehr viel erfolgreicher.
Seit 1966 machte die von dem amerikanischen Psychologenehepaar Gardner aufgezogene Schimpansin Washoe weltweit Schlagzeilen, die nach Angaben ihrer Pflegeeltern mehr als 160 Zeichen der amerikanischen Taubstummensprache ASL – bei der jeder Begriff durch eine Geste bzw. Handbewegung symbolisiert wird – erlernte und im Dialog mit ihren Betreuern sinnvoll und korrekt anwandte. Seit Beginn der 1970er Jahre wurden dann unter Leitung der Gardners und ihres früheren Chefassistenten Roger Fouts weitere Schimpansen, darunter Moja, Lucy und Bruno, in dieser Verständigungstechnik unterrichtet. Bald gab es eine ganze „Kolonie der sprechenden Schimpansen" (so der Titel eines damals populären Buches), die die Öffentlichkeit immer aufs Neue in Erstaunen versetzte. Die Tiere verknüpften nach den Berichten ihrer Betreuer nicht nur bis zu vier ver-

schiedene Zeichen zu komplexeren Aussagen, sie bevorzugten auch bestimmte Wortstellungen und machten beispielsweise einen Unterschied zwischen „Lucy kitzeln Roger" und „Roger kitzeln Lucy", was als Ansatz eines Sinns für Grammatik und Syntax gedeutet wurde. Vor allem aber erweiterten sie, wie ihre Lehrer hervorhoben, selbständig und kreativ ihr Zeichenvokabular, indem sie für bislang unbenannte Dinge eigene Symbole erfanden oder bereits bekannte in neuer und zum Teil sehr origineller Weise kombinierten. So reihte etwa Washoe beim Anblick eines Schwans die Zeichen für ‚Wasser' und ‚Vogel' aneinander, und in ähnlicher Weise kreierten die Tiere auch andere Zeichenkombinationen wie ‚Stein-Beere' für eine Paranuss (Washoe), ‚Heiß-Metall' für ein Feuerzeug, ‚Horchen-Getränk' für Alka Seltzer in einem Glas (Moja) oder ‚Schrei-Schmerz-Frucht' für ein Radieschen nach dem Hineinbeißen (Lucy). Washoe erfasste anscheinend sogar die Mehrdeutigkeit eines Begriffs wie ‚schmutzig', der ihr im Zusammenhang mit Kot beigebracht worden war, und produzierte beim Anblick von Makaken-Äffchen mehrfach die Zeichenfolge ‚Affe' und ‚schmutzig', ja bedachte sogar ihren Trainer Roger Fouts verschiedentlich mit den Handsignalen für ‚schmutzig' und ‚Roger'.

Die Taubstummensprache ASL war jedoch nicht das einzige Kommunikationssystem, das man Schimpansen in den 1970er Jahren beizubringen versuchte. Der Psychologe David Premack erfand ein eigenes Zeichensystem aus farbigen Plastiksymbolen mit Wort-Bedeutung, die seine Schimpansin Sarah zu sinnvollen Sequenzen von mehreren Zeichen anzuordnen vermochte (Abb. unten). Und Duane Rumbaugh entwickelte eine andere artifizielle Symbolsprache namens „Yerkisch", mittels deren die Schimpansin Lana über eine Tastatur Wünsche in einen Computer eintippen konnte, die nur bei korrekter „Formulierung" erfüllt wurden. Auch mit einem Gorilla und einem Orang-Utan führte man zu dieser Zeit Sprachexperimente durch.

Schon früh stellten freilich eine Reihe von Wissenschaftlern diese Experimente in Frage, und in den 1980er Jahren gewannen Skepsis und Ablehnung zumindest in der amerikanischen Fachwelt die Oberhand. Eine wichtige Rolle bei diesem Stimmungsumschwung spielte der

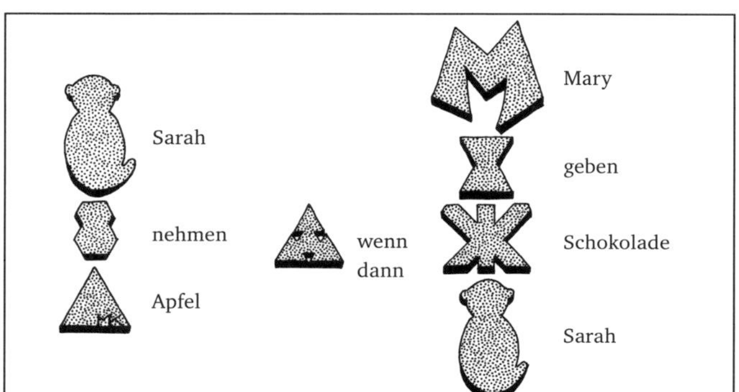

Einige „Sätze" in dem Zeichensystem aus farbigen Plastiksymbolen, das der Psychologe David Premack in den 1970er Jahren für die Kommunikation mit der Schimpansin Sarah erfand.

Eine Forscherin bei der Verständigung mit dem Schimpansen Nim mittels Zeichensprache.

Psychologe Herbert Terrace, der in den 1970er Jahren selbst Sprachversuche mit einem jungen Schimpansen namens Nim durchgeführt hatte, um die experimentellen Erfolge der Gardners nachzuvollziehen. Doch nach viel versprechenden Anfängen (Nim erlernte über 100 ASL-Zeichen) blieben die Lernerfolge des Schimpansen zunehmend hinter den hoch gesteckten Erwartungen von Terrace zurück, so dass dieser das Projekt schließlich abbrach. In einem 1979 veröffentlichten Buch und in einer Serie von Aufsätzen verwarf er anschließend fast alles, was bis dahin über die sprachlichen Leistungen der Menschenaffen gesagt und geschrieben worden war.

Die Versuchstiere hätten – so urteilten Terrace und bald darauf zahlreiche andere Kritiker – die von ihnen verwendeten Zeichen gar nicht in ihrer Symbolfunktion erkannt, sondern nur in einem ihren Betreuern unbewussten Dressurakt erlernt; sie hätten also gar nicht bewusst kommuniziert, sondern nur ein erfolgreiches, weil zu einer Belohnung führendes Verhalten immer wieder reproduziert. Auch eine wirklich spontane und kreative Verwendung der Zeichen habe, so die Kritiker weiter, niemals stattgefunden. Die Schimpansen hätten vielmehr nur auf die Fragen ihrer Trainer reagiert und seien kaum einmal von sich aus sprachlich initiativ geworden. Ihre Zeichenfolgen seien überdies weit weniger umfangreich geblieben als die sprachlichen Äußerungen von Kleinkindern selbst in den frühesten Phasen des Sprechenlernens, und schließlich sei in ihnen keinerlei grammatikalische Ordnung, keine Syntax erkennbar gewesen, die doch das A und O einer jeden echten Sprache bilde.

Die Auswirkungen dieser Kritik, die die an den Experimenten beteiligten Wissenschaftler in die Rolle unfreiwilliger Dompteure versetzte, waren wissenschaftlich wie finanziell vernichtend. Erst in den 1990er Jahren gelang es dem so jäh in Verruf geratenen Forschungszweig wieder, sich von dem Rückschlag zu erholen.

Das war vor allem das Verdienst der Psychologin Sue Savage-Rumbaugh und des von ihr betreuten Zwergschimpansen (Bonobo) Kanzi. Schon zu Beginn der 1980er Jahre hatte die Forscherin damit begonnen, Kanzis Adoptivmutter Matata in der ursprünglich für die Schimpansin Lana entwickelten Symbolsprache „Yerkisch" (vgl. S. 42) zu unterrichten. Doch während alle Bemühungen bei Matata erfolglos blieben, erlernte ihr kleiner Adoptivsohn Kanzi, der stets bei ihr war, völlig unbeabsichtigt und gleichsam beiläufig die abstrakten geometrischen Symbole („Lexigramme") und darüber hinaus viele Worte des gesprochenen Englisch seiner Betreuer. Das war ein deutlicher Hinweis darauf, dass diesen Tieren der Spracherwerb – ebenso wie beim Menschen – im Kindesalter am leichtesten fällt und dass ihnen Sprachelemente zu dieser Zeit keineswegs eingetrichtert zu werden brauchen, sondern sich gleichsam von selbst entwickeln, wenn in der Umwelt genügend sprachliche Reize vorhanden sind.

Diese Erkenntnis wirkte sich auch auf die weitere Gestaltung der Arbeit mit Kanzi aus. Während die früheren Schimpansenprojekte sich zum Teil in Laborräumen abgespielt hatten, fanden die Versuche mit Kanzi größtenteils in einem ausgedehnten Waldstück im Freien statt. Die Betreuer begleiteten den Zwergschimpansen dort rund um die Uhr bei seinen Streifzügen, „unterhielten" sich mit ihm mit Hilfe von Lexigrammen, Gesten und gesprochener Sprache über die alltäglichen Ereignisse und ermutigten ihn, das gleiche zu tun. Ein darüber hinausgehender Unterricht fand nicht statt, und auch Belohnungen wurden nicht vergeben – insgesamt also eine entspannt-kommunikative Atmosphäre ähnlich derjenigen, in der Kinder Sprache erlernen, und die jede Art von Dressur so gut wie ausschloss.

Als Ergebnis dieses zwanglosen Trainings benutzte Kanzi bald regelmäßig Lexigramme, um sich in bestimmten Situationen spontan verständlich zu machen, und gruppierte diese zum Teil in einer Weise, die sich an die Wortfolge im Englischen anlehnte, zu sinnvollen Zweier- und Dreier-Sätzen. Noch sehr viel erstaunlicher waren seine Fähigkeiten zum *Verstehen* von Sprache, und zwar auch von gesprochener Sprache. Sein passiver Wortschatz umfasste nach strengen Kriterien schließlich mindestens 150 Wörter der englischen Lautsprache, und er vermochte den Satz „Geh zum Kühlschrank und hol eine Orange heraus" problemlos von dem Satz „Tu die Orange in den Kühlschrank" zu unterscheiden. Bei einer Testreihe, in der er mit zahlreichen derartigen (ihm zuvor unbekannten) Anweisungen konfrontiert wurde, reagierte er in etwa 80 Prozent der Fälle richtig – bei einem zweijährigen Mädchen, das zu Vergleichszwecken die gleichen Aufgaben lösen sollte, lag die Erfolgsquote „nur" bei 64 Prozent.

Kanzis Fähigkeiten übertrafen damit noch die früher für Washoe, Lucy und ihre Kollegen in Anspruch genommenen und können daher wohl auch als eine gewisse Rehabilitierung dieser in den 1980er Jahren so pauschal abqualifizierten Projekte gelten. Möglich ist dies freilich nur, weil Savage-Rumbaugh im Gegensatz zu den früheren Versuchsleitern sämtliche Sprachäußerungen Kanzis und den Kontext, in dem sie stattfanden, minutiös dokumentierte und statistisch auswertete. So ist nicht nur der Verdacht der Dressur vom Tisch, sondern ebenso der Vorwurf einer bloßen Wiedergabe ausgewählter Anekdoten und einer Überschätzung zufälliger Einzelleistungen.

Kein Zweifel: Die „sprechenden Affen" sind nach einem Jahrzehnt des Schweigens wieder da – und mit ihnen auch die Frage nach den bis ins Tierreich zurückreichenden Wurzeln unserer Verstandesorganisation.

SPRACHORGANE, GEHIRN UND DIE ENTWICKLUNGS-GESCHICHTE DES MENSCHEN

Im Jahre 1859 veröffentlichte Charles Darwin sein Epoche machendes Werk „Die Entstehung der Arten durch natürliche Zuchtwahl“, in dem er die Prinzipien der von ihm (und fast zur gleichen Zeit unabhängig auch von dem englischen Biologen Alfred Russel Wallace) aufgestellten Evolutionstheorie darlegte. Obwohl er in diesem Werk nur in einem einzigen orakelhaften Satz direkt auf den Menschen Bezug nahm („Licht wird auch fallen auf den Menschen und seine Geschichte“[1]), wurden seine Gedanken von einer Reihe anderer, weniger zurückhaltender Wissenschaftler – in England etwa von dem Biologen Thomas Huxley und dem Geologen Charles Lyell, in Deutschland von den Zoologen Ernst Haeckel und Karl Vogt – sogleich begeistert aufgegriffen und auf die Ursprünge des Menschen angewandt. So geriet von Anfang an jene provokante These in den Mittelpunkt der öffentlichen Diskussion über den Darwinismus, die Darwin selbst erst zwölf Jahre später in seinem Buch „Die Abstammung des Menschen“ (1871) formulierte: dass nämlich „der Mensch von einer niedrig organisierten Form abstammt“,[2] und zwar von einem affenartigen Vorfahren.

Obwohl Darwin und seine Mitstreiter betonten, es gehe nicht um die Abkunft von einer der heutigen Affenarten, sondern um einen gemeinsamen Urahn in grauer Vorzeit, der nicht „mit einem jetzt noch lebenden Affen identisch oder einem solchen auch nur sehr ähnlich“ sei,[3] fiel die öffentliche Reaktion denkbar heftig aus: enthusiastische Zustimmung bei den einen, peinliche Berührtheit, amüsierter Spott oder erregte Ablehnung bei den anderen. Besonders die Kirche und das konservative Bürgertum, nach deren Weltbild der Mensch von Adam und Eva abstammte und seine Existenz einem göttlichen Schöpfungsakt verdankte, empfanden die Verlängerung des menschlichen Stammbaums in unabsehbare Zeittiefen und bis in die Niederungen der Tierwelt hinein als gotteslästerlich, unwürdig und als Zumutung. „Nachfahren von Affen! Mein Gott, hoffen wir, dass es nicht wahr ist; sollte es aber doch wahr sein, so lasst uns dafür beten, dass es nicht allgemein bekannt wird“ – dieser berühmt gewordene Stoßseufzer der Frau des Bischofs von Worcester[4] nach einem Streitgespräch mit Thomas Huxley im Jahre 1860 dokumentiert die Ängste der sog. besseren Kreise, die freilich den Siegeszug der Evolutionstheorie in den nachfolgenden Jahren und Jahrzehnten nicht aufhalten konnten.

HAECKELS „SPRACHLOSER AFFENMENSCH"

Über die Sprachbegabtheit der hypothetischen Urahnen des Menschen äußerte sich Darwin nur sehr zurückhaltend, wenngleich er vermutete, dass vielleicht „die Größe des menschlichen Gehirns zum großen Teil dem frühen Gebrauch einer einfachen Form von Sprache zu verdanken" sei.[5] Sehr viel konkretere Vorstellungen entwickelte dagegen der bereits erwähnte deutsche Zoologe und Entwicklungstheoretiker Ernst Haeckel in einer Reihe von Schriften, die er seit 1863 veröffentlichte. Er entwarf darin eine Anzahl von Stammbäumen der Entwicklung des Lebens auf der Erde und nahm dabei als ältesten direkten Vorläufer des modernen Menschen ein Wesen an, für das keinerlei empirische Belege existierten und das er als *Pithecanthropus alalus*, als „sprachlosen Affenmenschen", bezeichnete. „Der sichere Beweis", so Haeckel, „dass solche sprachlosen Urmenschen oder Affenmenschen dem sprechenden Menschen vorausgegangen sein müssen, ergibt sich aus der vergleichenden Sprachforschung." Obgleich diese Wesen nach seiner Vermutung bereits aufrecht gingen und „nicht bloß durch ihre äußere Körperbildung, sondern auch durch ihre innere Geistesentwicklung dem eigentlichen Menschen schon viel näher als die Menschenaffen gestanden haben werden, fehlte ihnen dennoch das eigentliche Hauptmerkmal des Menschen, die artikulierte menschliche Wortsprache und die damit verbundene Entwicklung des höheren Selbstbewusstseins und der Begriffsbildung. (…) Die echten Menschen entwickelten sich aus den Affenmenschen durch die allmähliche Ausbildung der tierischen Lautsprache zur gegliederten und artikulierten Wortsprache. Mit der Entwicklung dieser Funktion ging natürlich diejenige ihrer Organe, die höhere Differenzierung des Kehlkopfs und des Gehirns, Hand in Hand."[6] Das war eine Entwicklungstheorie der Sprache, wie sie ähnlich schon von antiken Autoren wie Lukrez und Diodor formuliert worden war (vgl. S. 15), nun aber verbunden mit dem evolutionsbiologischen Ansatz der darwinistischen Ära.

Trotz reichlichen Spotts und heftiger Kritik, denen Haeckel sich wegen dieser Thesen ausgesetzt sah, hielt er an seinem Konzept des sprachlosen Affenmenschen fest und veranlasste sogar den angesehenen Maler Gabriel von Max, nach seinen Angaben einige Bilder des fiktiven Vorfahren anzufertigen. Sie zeigen diesen als bereits menschenartiges Wesen, das jedoch durch seine halb gebückte Körperhaltung, durch dichte Rückenbehaarung, Schmerbauch und abgespreizte „Affenzehe" sehr plump und primitiv wirkt und dessen dümmlicher Gesichtsausdruck wohl die noch gering entwickelten geistigen und damit auch sprachlichen Fähigkeiten veranschaulichen soll (Abb. S. 47).

Diese Vorstellung vom noch halb tierhaften, intellektuell unentwickelten und sprachunfähigen Urmenschen – zu Haeckels Zeit eine neue und fruchtbare Arbeitshypothese – wurde später mehr und mehr zum bequemen, weil dem Selbstbewusstsein der zivilisierten Menschheit schmeichelnden, für den wissenschaftlichen Fortschritt aber eher hinderlichen Klischee. Viele der Frühmenschenfunde, die die Pioniere der urgeschichtlichen

^
Ernst Haeckels „sprachloser Affenmensch“ (*Pithecanthropus alalus*) in einer Darstellung des Malers Gabriel von Max (1840–1915).

Archäologie im 19. und frühen 20. Jahrhundert ans Tageslicht brachten, wurden unter dem Einfluss derartiger Vorurteile falsch bewertet und interpretiert. So sah man etwa den Neandertaler – im Bewusstsein der breiten Öffentlichkeit bis heute *der* Urmensch schlechthin – lange Zeit als ein stumpfsinniges, kretinhaftes Wesen an, als eine Art „Urtrottel der Menschheitsgeschichte“, und noch immer weckt sein Name wenig schmeichelhafte Assoziationen, ja besitzt fast den Charakter eines Schimpfworts. Und auch heute noch werden unsere urgeschichtlichen Vorfahren in Spielfilmen, Karikaturen und Comics vorzugsweise als gebückte, hängeschultrige und bestenfalls röchelnde oder stammelnde Geschöpfe mit äußerst beschränktem Verstand vorgeführt.[7] Dabei haben die Paläanthropologie und die urgeschichtliche Archäologie – die Wissenschaften vom frühen Menschen und seiner Kultur – derartige Vorstellungen schon vor geraumer Zeit zu den Akten gelegt. Das Bild unserer Entwicklungsgeschichte hat sich durch ihre Forschungsergebnisse in den letzten Jahrzehnten gründlich und tiefgreifend verändert.

UNKLARE ANFÄNGE

Die allerersten Anfänge des Evolutionsprozesses, der zur Entstehung des Menschen führte, sind bis heute noch nicht vollständig geklärt. Aufgrund von Untersuchungen der Erbsubstanz (DNS) von heutigen Menschenaffen und von Menschen vermutet man schon seit längerem, dass sich der Entwicklungszweig der Hominiden (Menschenartigen), der über eine Reihe von ausgestorbenen Zwischenformen zum modernen Menschen führte, etwa vor 5 bis 8 Millionen Jahren von dem der Menschenaffen abgetrennt haben muss – Mensch und Schimpanse sollen etwa zu dieser Zeit einen letzten gemeinsamen Vorfahr besessen haben. Bis vor kurzem verfügte die Paläanthropologie (Altmenschenkunde) aber über noch keinerlei fossile, das heißt versteinerte Knochenreste aus dieser kritischen Zeitperiode und tappte daher über die Details der Abtrennung völlig im Dunkeln. Erst in den letzten Jahren wurden in Afrika die Überreste von drei aus dieser Periode stammenden Vormenschenarten entdeckt, nämlich des bis zu 5,8 Millionen Jahre alten *Ardipithecus ramidus* („Bodenaffe an der Wurzel") in Äthiopien, des ca. 6 Millionen Jahre alten *Orrorin tugenensis* (populär „Millenium Man") in Kenia und des 6 bis 7 Millionen Jahre alten *Sahelanthropus tchadensis* im Tschad. Alle diese Wesen zeigten in ihrer Anatomie eine merkwürdige Mischung aus äffischen und menschlichen Merkmalen und sollen nach den Angaben ihrer Entdecker bereits aufrecht gegangen sein. Keines von ihnen ist aber bislang ausreichend erforscht, um seine genaue Stellung in unserem Entwicklungsstammbaum bestimmen zu können, und auch ihre Position zueinander ist bislang völlig unklar.

Deutlichere Konturen gewinnt die zum Menschen führende Linie erst mit den vor etwa 4,5 Millionen Jahren auftauchenden und durch Hunderte von Skelettresten gut bekannten Australopithecinen (Tab. S. 50). Der Name bedeutet wörtlich „Südaffen" und verweist auf den Umstand, dass die bislang entdeckten Fossilien dieser Hominidengattung ausnahmslos aus Afrika – und zwar überwiegend aus dem südlichen und östlichen Afrika – stammen, so dass man dort das ursprüngliche Zentrum der Entwicklung zum Menschen vermutet. Die Australopithecinen umfassten eine Vielzahl unterschiedlicher Arten: Die Fachleute unterscheiden je nach Schädelgröße und -form, Zähnen und Anatomie beispielsweise *Australopithecus anamensis, afarensis, africanus, garhi, robustus* und *boisei*. Sie alle wiesen in ihrem Körper- und Schädelbau noch ausgesprochen schimpansenartige Züge auf, gingen aber nachweislich bereits auf zwei Beinen (vgl. S. 52) und hoben sich unter anderem dadurch von den gleichzeitig und später lebenden Menschenaffen ab.

DIE GATTUNG *HOMO* TRITT AUF DEN PLAN

Die Australopithecinen existierten über 3 Millionen Jahre – ihre letzten Vertreter verschwanden erst vor rund 1 Million Jahren. Aus und neben ihnen entwickelte sich aber schon früh eine zweite Hominidenlinie, nämlich die der Gattung *Homo* („Mensch"), deren jüngster Zweig wir selbst sind. Als ihre ältesten Vertreter gelten zwei vor ca. 2,5 bis 1,5 Millionen Jahren in Ostafrika lebende Arten namens *Homo habilis* („fähiger Mensch") und *Homo rudolfensis* (nach dem Turkanasee, vormals Rudolfsee, in Kenia). Beide Arten, deren genaue anatomische Abgrenzung im Detail umstritten ist, verfügten über ein deutlich größeres Gehirn als die Australopithecinen (Abb. S. 54), und aus ihrer Zeit stammen auch die ersten bekannten Steinwerkzeuge und die ältesten Hinweise auf den Verzehr von Fleisch (vgl. S. 53).

Aus diesen ersten *Homo*-Arten entstand vor annähernd 2 Millionen Jahren ein neuer, uns sehr viel besser bekannter Menschentyp namens *Homo erectus* („aufgerichteter Mensch") – seine ältesten Formen werden manchmal auch als *Homo ergaster* („Handwerkermensch") bezeichnet. Sein Körper unterschied sich unterhalb des Halses in der Größe und im anatomischen Bau nur noch geringfügig von dem unsrigen, und auch sein Gehirn wuchs in den 1,5 Millionen Jahren bis zu seinem Verschwinden vor etwa 300 000 Jahren zu beachtlicher Größe heran (vgl. S. 53 f.). Der *Homo erectus* erbrachte, wie wir im nächsten Kapitel noch ausführlicher sehen werden, auch eindrucksvolle technologische und kulturelle Leistungen (vgl. S. 75–85), und er war der erste Hominide, der sich über die menschliche Urheimat Afrika hinaus auch in weite Teile Asiens und Europas ausbreitete. Die Paläanthropologen unterscheiden infolgedessen mehrere regionale Unterarten wie den „Java-Menschen" (*Pithecanthropus*), den „Peking-Menschen" (*Sinanthropus*) und den „Heidelberg-Menschen" (*Homo heidelbergensis)*, die früher jeweils als eigene Arten galten, bis man ihre Zusammengehörigkeit erkannte und sie in der *Homo-erectus*-Gruppe zusammenfasste.

Aus dieser Gruppe gingen vor etwa 300 000 bis 100 000 Jahren in verschiedenen Erdregionen recht unterschiedliche jüngere Menschentypen hervor. Während in Afrika eine schrittweise Annäherung an die Anatomie des modernen Homo sapiens stattfand, dessen früheste Vertreter dort vor ca. 160 000 Jahren belegt sind, bewahrten die Altmenschen Indonesiens ihre *erectus*artige Schädelform bei gleichzeitigem *sapiens*artigem Gehirnwachstum. Auch in China und Indien weisen die Schädel aus dieser Zeit ein merkwürdiges Mosaik aus *erectus*- und *sapiens*typischen Merkmalen auf,[8] während die europäischen Altmenschen zunächst zierlicher wurden

Erdgeschichtliche Epochen	Jahre vor heute	Hominidentypen	Archäologische Kulturen	Kulturell-technologische Entwicklung (Mindestdaten)
Holozän = Nacheiszeit	10 000			
Pleistozän = Eiszeitalter, Wechsel von Warm- und Kaltzeiten: Jung-	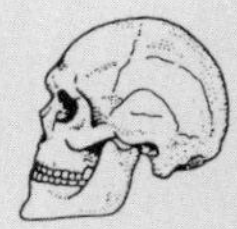 40 000	Homo sapiens sapiens (in Afrika und Vorderasien schon seit über 100 000 Jahren)	Paläolithikum = Altsteinzeit: Jung- 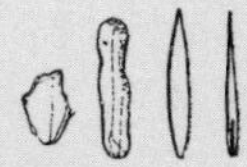 Klingenindustrien	Um 10 000 v. h.: In Vorderasien Übergang zu Ackerbau und Viehzucht; Speerschleuder, Bogen; Älteste erhaltene Felskunst in Europa und Australien
Jung-	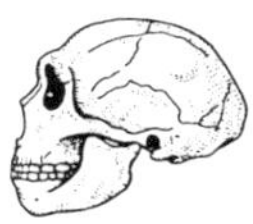 130 000	Homo sapiens neanderthalensis (Neandertaler)	Mittel-  Abschlagindustrien	Besiedlung Australiens übers Meer; Bestattungen mit Beigaben; Älteste Kompositwaffen?; Früheste Schmuckstücke
Mittel-	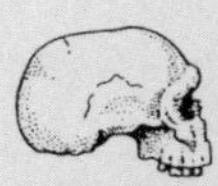 300 000	Archaischer Homo sapiens Prä-Neandertaler	Alt- 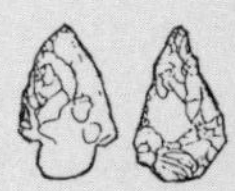 Faustkeilindustrien	Älteste graphische Marken, „Paläokunst"; Älteste Jagdspeere und Kompositgeräte; Früheste Meeresüberquerungen
Mittel-	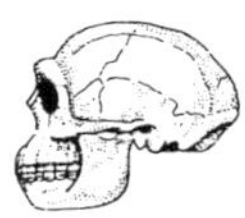 1 Million	Homo erectus (Pithecanthropus, Sinanthropus, Homo heidelbergensis)		
Alt-	 2 Million	Homo ergaster, Homo habilis, Homo rudolfensis	 Geröllgeräteindustrien	Anfänge der Feuernutzung?; Beginnende Jagd auf Tiere?; Erste Steingeräte in Ost- und Südafrika
Pliozän	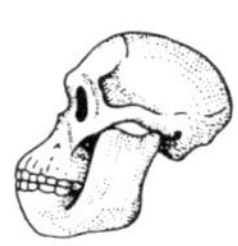 4 Million	Australopithecinen (zahlreiche verschiedene Arten)	Aufrechter Gang auf zwei Beinen (Bipedie), Freiwerden der Hände	

Stark vereinfachte Übersichtstabelle zur Entwicklungsgeschichte des Menschen und zur altsteinzeitlichen Technologie und Kultur.

(„Swanscombe"- und „Steinheim-Mensch" vor ca. 250 000 Jahren), um dann später mehr und mehr die für den Neandertaler der letzten Eiszeit typischen Merkmale auszubilden.

STREIT UM NEANDERTALER UND HOMO SAPIENS

Besonders die entwicklungsgeschichtliche Stellung dieses Altmenschen, der vor etwa 130 000 bis 30 000 Jahren die Szenerie des urgeschichtlichen Europa beherrschte und auch im Nahen Osten verbreitet war, ist seit seiner Entdeckung im Jahr 1856 heftig umstritten. Weitgehend einig ist sich die Fachwelt bis heute nur darüber, dass seine äußerst robuste körperliche Erscheinung das Resultat einer biologischen Anpassung an die eiszeitlichen Klimaverhältnisse war und nichts mit einem affenartigen Charakter oder gering entwickelten geistigen Fähigkeiten zu tun hatte, wie man lange Zeit annahm (vgl. S. 47 f.). Um sein Verhältnis zur modernen Menschheit ist dagegen während der letzten 20 Jahre erneut ein heftiger Streit entbrannt, der bisweilen geradezu Züge eines Glaubenkrieges trägt.

Nach heute vorherrschender Lehrmeinung war der Neandertaler ein toter Ast an unserem Entwicklungsstammbaum, der ohne irgendeinen Beitrag zum genetischen Erbe der heutigen Menschheit vor etwa 30 000 Jahren von frühmodernen Sapiens-Menschen aus Afrika verdrängt wurde. Diese Sapiens-Auswanderer eroberten nach der derzeit dominierenden „Out-of-Africa"-Theorie vor 60 000 bis 30 000 Jahren die gesamte damals bewohnbare Welt und löschten dabei sämtliche älteren Menschenformen aus, denen sie in den verschiedenen Regionen begegneten – in Asien beispielsweise auch die Nachfahren des *Homo erectus*. Dieses ebenso simple wie rigide Szenario stützt sich auf die Tatsache, dass der Homo sapiens in Afrika durch fossile Knochenfunde tatsächlich etwa 100 000 Jahre früher belegt ist als irgendwo sonst auf der Welt (vgl. S. 49), sowie auf umfangreiche molekularbiologische Studien der letzten zwanzig Jahre. Nach diesen DNS-Untersuchungen stammen die ältesten genetischen Abstammungslinien der heutigen Menschheit durchweg aus Afrika und sollen nur etwa 200 000 Jahre alt sein, so dass die weit älteren Genpools des *Homo erectus* und des Neandertalers nach den Schlussfolgerungen der Molekularbiologen irgendwann im Verlauf unserer jüngeren Entwicklungsgeschichte ausgelöscht worden sein müssten. 1987 glaubte eine Gruppe amerikanischer Forscher sogar, die nur von den Müttern auf ihre Kinder vererbte sog. „Mitochondrien-DNS" aller heute auf der Welt lebenden Menschen auf eine einzige „afrikanische Eva" zurückführen zu können, die vor rund 180 000 Jahren auf dem Schwarzen Kontinent gelebt haben soll.

Alle diese Studien sind freilich mit zahlreichen Unsicherheiten behaftet und daher keineswegs so eindeutig und unanfechtbar, wie sie in der Öffentlichkeit gern dargestellt werden – auch unter den Genetikern sind ihre Details und der Grad ihrer Zuverlässigkeit heftig umstritten.[9] Und auch das überlieferte Knochenmaterial aus der fraglichen Periode vor 100 000 bis

30 000 Jahren stützt keineswegs eindeutig die rigorose Verdrängungstheorie; es lässt vielmehr auch Vermischungen zwischen den Neandertalern und den afrikanischen Sapiens-Einwanderern, ja, in Asien sogar eine eigene Entwicklungslinie zum Homo sapiens als möglich erscheinen. Eine solche, durch Genaustausch an mehreren Orten in die gleiche Richtung verlaufene Evolution nehmen die Vertreter des konkurrierenden „multiregionalen Modells" der Menschheitsentwicklung an.[10]

Diese in Fachkreisen äußerst umstrittenen Fragen brauchen uns hier indessen nicht im Einzelnen zu interessieren. Für unser Thema wirklich bedeutsam ist nur die oft mit der „Out of Africa-Theorie" verknüpfte Annahme, der vermutete Siegeszug des modernen Homo sapiens rund um die Welt sei durch eine erdrückende intellektuelle und kulturelle Überlegenheit dieses Menschentyps und durch das erst bei ihm erwachte Sprachvermögen ermöglicht worden. Mit diesem von starken Vorurteilen gegenüber dem Neandertaler und dem *Homo erectus* geprägten Klischee werden wir uns im nächsten Kapitel ausführlich beschäftigen (vgl. S. 71–85).

AUFRECHTER GANG UND ERSTE STEINGERÄTE

Der kurze Überblick hat wohl einen Eindruck davon vermittelt, wie verwickelt und kompliziert die menschliche Entwicklungsgeschichte war und wie wenig die verbreitete Vorstellung von einer geradlinigen Evolution einander ablösender Hominidenarten der Realität gerecht wird. Er hat hoffentlich gleichfalls verdeutlicht, wie lückenhaft das Wissen über viele Bereiche unseres Entwicklungsstammbaums noch ist und wie wenig sich die Forschung über die präzisen Verwandtschaftsverhältnisse innerhalb dieses Stammbaums einig ist. Dennoch zeichnen sich heute gewisse Grundlinien des Menschwerdungsprozesses deutlich ab.

So war von den spezifisch menschlichen Merkmalen der aufrechte Gang, die sog. „Bipedie", zweifellos am frühesten ausgebildet. Nicht erst der *Homo erectus* besaß ihn, wie man in den Anfängen der Forschung annahm, sondern möglicherweise bereits die ersten Hominiden vor mehr als 5 Millionen Jahren (vgl. S. 48), in jedem Fall aber die frühesten Australopithecinen, wie die Analysen ihrer Wirbelsäule sowie ihrer Becken- und Beinknochen beweisen. Zu den bekanntesten Funden in diesem Zusammenhang gehören das ca. 3,2 Millionen Jahre alte, fast zur Hälfte erhaltene Skelett der berühmten Australopithecinendame „Lucy" aus Äthiopien sowie versteinerte Fußspuren von drei aufrecht gehenden Hominiden, die in Laetoli (Tansania) in einer 3,6 Millionen Jahre alten Schicht aus gehärteter Vulkanasche entdeckt wurden.

Der aufrechte Gang dürfte sich, wie diese Befunde zeigen, schon bei der Abtrennung der Hominiden als Anpassung an eine zunehmend offener werdende Landschaft entwickelt haben. Dadurch wurden ihre Hände frei für andere Tätigkeiten, und sie erlangten im Laufe der menschlichen Evolutionsgeschichte eine Geschicklichkeit, die sie bei anderen Primaten nicht besaßen – vor allem die Fähigkeit zum sog. Präzisionsgriff mit Hilfe des opponierbaren Daumens, ohne den beispielsweise eine Werkzeugherstellung kaum möglich gewesen wäre.

Dieser Schritt zur Geräteproduktion erfolgte freilich, so weit man weiß, erst mehrere Jahrmillionen nach der Entwicklung des aufrechten Gangs. Die frühesten grob zurechtgeschlagenen Steinwerkzeuge stammen aus 2,5 bis 2 Millionen Jahre alten Schichten in Ostafrika und werden meist dem *Homo habilis* zugeordnet – ob auch die Australopithecinen derartige Geräte herstellten, ist bislang unklar. Die Artefakte dienten wohl vorwiegend zum Aufbrechen und Zerlegen toter Tiere, die diese frühesten Vertreter der Gattung *Homo* allerdings wohl noch nicht selbst erlegten, sondern als Aas auffanden und verwerteten.[11]

DIE HERAUSBILDUNG DES MENSCHLICHEN GEHIRNS

Früher wurden gern das Wachstum und die Weiterentwicklung des Gehirns als Ausgangspunkt und „Zündfunke" des Menschwerdungsprozesses angesehen; tatsächlich folgten sie den beschriebenen Veränderungen aber mit beträchtlichem zeitlichem Abstand nach bzw. begleiteten sie. So lag etwa das Gehirnvolumen der Australopithecinen mit 400 bis 500 Kubikzentimetern nur geringfügig über demjenigen heutiger Schimpansen und Orang-Utans, die ebenfalls 400 Kubikzentimeter erreichen können (Abb. S. 54), und auch der bereits Steingeräte verfertigende *Homo habilis* hatte mit 500 bis 750 Kubikzentimetern ein im Durchschnitt erst etwa halb so großes Denkorgan wie wir heutigen Menschen (Abb. S. 54). Am Beginn der Menschwerdung stand demnach keine „Initialzündung des Geistes", sondern der Übergang zu einer neuen Lebens- und Ernährungsweise, und erst durch deren Erfordernisse bildeten sich in einem Jahrhunderttausende dauernden Prozess die neuen intellektuellen Fähigkeiten und das dazu erforderliche Gehirn heraus (vgl. S. 69–71).

Nachdem dieser sog. „Enzephalisationsprozess" aber erst einmal in Gang gekommen war, entwickelte er eine nach den Maßstäben der biologischen Evolution rasante Dynamik und führte zu einem im Tierreich einmaligen, fast explosionsartigen Wachstum des frühmenschlichen Denkorgans. Beim *Homo erectus* erreichte das Gehirn bereits Größenwerte zwischen 800 und 1250 Kubikzentimetern und damit rund zwei Drittel seines durchschnittlichen heutigen Volumens, wobei die über 1000 Kubikzentimeter liegenden Werte vorwiegend von jüngeren *Homo-erectus*-Individuen aus der Zeit vor ungefähr 500 000 Jahren stammen. Die Altmenschen Europas und die archaischen Sapiens-Formen Afrikas (vgl. S. 49–51) vor 300 000 bis 200 000 Jahren verfügten dann schon über Gehirne von 1100 bis 1300 Kubikzentimetern Volumen, und der „klassische" Neandertaler erreichte und übertraf schließlich mit 1350 bis 1750 Kubikzentimetern den Größenbereich des modernen Menschen, der zwischen 1200 und 1800 Kubikzentimetern schwankt.

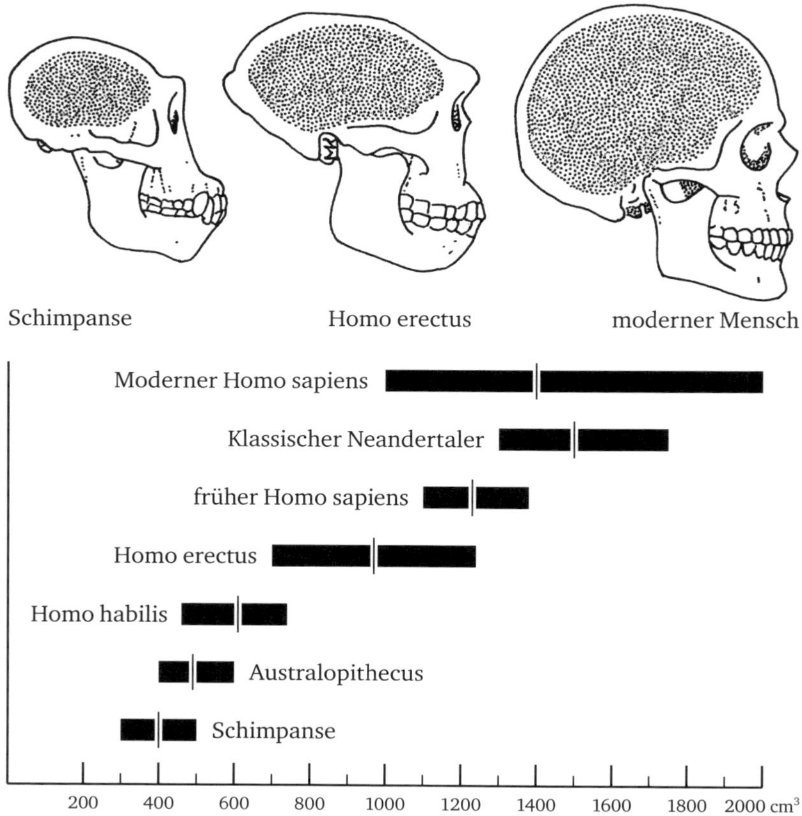

Übersicht über das Schädelvolumen des Schimpansen, der wichtigsten fossilen Hominiden und des modernen Menschen (schwarze Balken = Variationsbreite, Mittelstrich = Durchschnittswert). Mit der Vergrößerung des Gehirns ging eine Verkleinerung des Gesichtsschädels einher.

Das Gehirnvolumen wuchs also innerhalb von „nur" 3 Millionen Jahren um etwa das Dreifache an – eine aus evolutionsbiologischer Sicht fast unglaubliche Steigerung, die zu einer schrittweisen Umbildung des gesamten Schädels führte. Mit der zunehmenden Vergrößerung des Hirnschädels ging nämlich eine fortschreitende Verkleinerung des Gesichtsschädels einher, die zusammen mit dem allmählichen Zurücktreten der bei den Primaten üblichen Schnauzenbildung eine zunehmende Annäherung an die charakteristisch menschliche Gesichtsform zur Folge hatte (Abb. oben). Allerdings bestanden bestimmte primitive Merkmale wie die berühmten Überaugenwülste, die fliehende Stirn oder das „negative Kinn" noch sehr lange weiter.

Natürlich muss man das beschriebene Gehirnwachstum in Relation zur Entwicklung des Körpergewichts setzen, denn die jüngeren Hominiden waren deutlich größer und schwerer als die älteren. Doch auch bei Berücksichtigung dieses Faktors und Zugrundelegung des relativen Gehirnvolumens (im Verhältnis zum Körpergewicht) ergibt sich noch eine Steigerung von den Australopithecinen zum *Homo erectus* um das Anderthalb- bis Zweifache und zum modernen Menschen um rund das Zweieinhalbfache. Beim Abtragen dieser bereinigten Größenwerte auf einer Zeitskala zeigt sich sehr deutlich, dass die Wachstumskurve des Gehirns beim *Homo habilis* steil anzusteigen begann und beim *Homo erectus* eine weitere Versteilung erfuhr.

DIE SPRACHE ALS ENTWICKLUNGSFAKTOR

Schon lange rätseln die Forscher darüber, welche Faktoren diese plötzliche und nach biologischen Maßstäben überaus rasche Vergrößerung des Denkorgans bei unseren Urahnen verursacht haben könnten. Dass es schwer wiegende Faktoren gewesen sein müssen, legt der Umstand nahe, dass mit diesem Größenwachstum auch eine grundlegende Neuorganisation des Gehirns gegenüber demjenigen der anderen Primaten verbunden war – es handelte sich also nicht nur um eine quantitative, sondern um eine tief greifende qualitative Veränderung.

Kein Wunder, dass man bei der Suche nach den möglichen Ursachen bereits früh auch an die Herausbildung der Sprache als einen entscheidenden Faktor dachte. Doch war ein solcher Zusammenhang wirklich denkbar, oder musste man sich unsere frühen Vorfahren nicht vielmehr als sprachlose Wesen in der Art von Haeckels *Pithecanthropus alalus* (vgl. S. 46 f.) vorstellen? Seit frühmenschliche Fossilien gefunden und systematisch ausgewertet werden, versucht man aus ihnen auch Anhaltspunkte zur Beantwortung dieser Frage zu gewinnen, fahndet man also nach konkreten anatomischen Hinweisen auf das Vorhanden- oder Nichtvorhandensein der Sprache. Und dabei richtet sich das Augenmerk nicht zuletzt auf zwei Hirnregionen, die seit dem 19. Jahrhundert mit der Sprachfähigkeit des Menschen in Verbindung gebracht werden und als „morphologische Korrelate“ des Sprachvermögens gelten.

DIE STUNDE DER GEHIRNFORSCHER

Im Jahr 1861 untersuchte der französische Arzt Paul Broca die Gehirne mehrerer verstorbener Patienten, die unter einer bestimmten Art von Sprachstörung (Aphasie) gelitten hatten. Er fand bei allen eine Schädigung im linken unteren Stirnlappen der Großhirnrinde, und zwar am Fuß der sog. dritten Frontalwindung – einem Hirnbereich, der bald unter dem Namen „Broca-Zentrum“ bekannt wurde. Die Vermutung des Mediziners, das gesamte menschliche Sprachvermögen lasse sich in diesem einen Hirnbereich lokalisieren, hat sich zwar zwischenzeitlich als falsch erwiesen; ohne Zweifel ist er aber, wie heutige neurologische Untersuchungsmethoden bestätigen, eines von mehreren an der Hervorbringung der menschlichen Sprache beteiligten Gehirnarealen. In der Nähe der Steuerungsregionen für Lippen, Zunge,

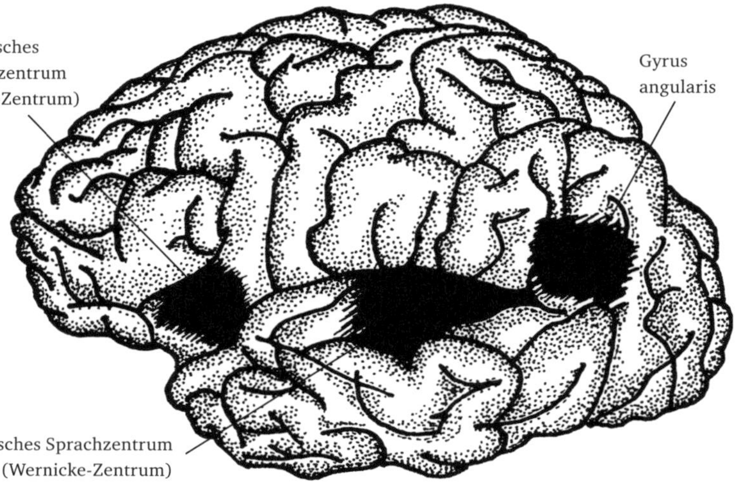

^
Die Sprachzentren in der Großhirnrinde des heutigen Menschen, zumeist in der linken Gehirnhälfte gelegen.

Gaumen und Kehlkopf gelegen, spielt das Broca-Zentrum eine wichtige Rolle bei der Lenkung der artikulierenden Sprechbewegungen, beim aktiven Hervorbringen von Sprache also, weshalb es auch als motorisches Sprachzentrum bezeichnet wird. Nervenbahnen verbinden es mit dem 1874 von dem deutschen Arzt Carl Wernicke im Schläfenlappen der linken Hirnrinde entdeckten „Wernicke-Zentrum", das für das Verstehen von gehörter Sprache und für die Wahl der richtigen Worte von entscheidender Bedeutung ist – es wird auch als sensorisches Sprachzentrum bezeichnet.

Während eine Schädigung des Broca-Zentrums zur Störung des Artikulationsvermögens und des Redeflusses führen kann, zu einer sinnvollen, aber schwerfälligen und schleppenden Sprache (sog. motorische Aphasie), hat eine Verletzung des Wernicke-Zentrums oft eine andere Sprachstörung zur Folge, bei der die Rede zwar fließend und artikuliert, aber vom Inhalt her fehlerhaft und wirr ist – bei gleichzeitiger Störung des Sprachverständnisses (sog. sensorische Aphasie).

Einen dritten für das Sprachvermögen wichtigen Gehirnbereich bildet der dicht hinter dem Wernicke-Zentrum liegende *Gyrus angularis,* eine Art Verbindungsstation zur Verknüpfung unterschiedlicher Reize. Er ermöglicht es etwa, das Aussehen eines Gegenstandes mit der Lautung seines Namens zu verbinden und diese Assoziation im Gedächtnis zu speichern – ein wichtiger Faktor beim kindlichen Spracherwerb.

Alle drei Sprachzentren befinden sich normalerweise in der linken Gehirnhälfte, die bei den meisten Menschen (etwa 95 Prozent der Rechts- und 70 Prozent der Linkshänder) die Sprachfunktionen steuert. In einigen Fällen, vorwiegend bei Linkshändern, ist aber auch die rechte Gehirnhälfte sprachlich dominant, und allgemein kann sie bei Schädigungen der linken

Hemisphäre deren Funktionen übernehmen – zumindest bis zu einem gewissen Lebensalter.

Noch nicht völlig geklärt ist, inwieweit diese für das menschliche Gehirn charakteristische „Lateralisation", das heißt Seitenspezialisierung, auch im Tierreich verbreitet ist – der Gesang einer Reihe von Vogelarten (vgl. S. 33 f.) scheint interessanterweise ebenfalls linksseitig kontrolliert zu sein. Das Broca- und das Wernicke-Zentrum sind jedoch mit Sicherheit bei keinem Tier so stark entwickelt wie beim Menschen – ihre Ausprägung im Laufe unserer Evolutionsgeschichte könnte daher ein wichtiges Indiz für die Herausbildung der menschlichen Sprachfähigkeit sein.

SCHÄDELABGÜSSE GEBEN AUFSCHLUSS

Nun stehen die Gehirne unserer hominiden Vorfahren der Forschung leider nicht zur Verfügung, da sie wie alle Weichteile des Körpers längst vergangen sind – nur frühmenschliche Knochen haben sich erhalten und sind in fossiler, das heißt versteinerter Form überliefert. So liegen von fast allen Hominidenarten auch einzelne annähernd vollständige Schädelkalotten vor, und bei manchen von ihnen hat sich die einstmalige Gehirnoberfläche als negatives Relief im Inneren der Schädeldecke abgedrückt und ist noch heute zu erkennen. Gießt man einen solchen Schädel mit Gips oder Latex aus, so erhält man einen positiven Abdruck des Schädelinneren, des „Endocraniums", der zwar nicht in allen Details, aber doch in groben Umrissen die Oberflächenstruktur des Gehirns erkennen oder zumindest erahnen lässt.

Bereits seit annähernd hundert Jahren versuchen Forscher, aus solchen Schädelabgüssen Aufschlüsse über den intellektuellen Entwicklungsstand und speziell das Sprachvermögen der Früh- und Altmenschen zu gewinnen – eine Forschungsrichtung, die heute als Paläoneurologie bezeichnet wird. Nachdem sie in ihren Anfängen vorwiegend zur Untermauerung der Vorurteile über unsere älteren Vorfahren (vgl. S. 47 f.) diente, betont sie seit etwa 50 Jahren ziemlich konstant deren schon erstaunlich menschliche Gehirnstruktur. „Bereits die Gehirnabdrücke der frühen Hominiden liefern Beweise für eine Neuorganisation in Richtung auf ein menschliches Muster hin" und sind „nicht pongid [äffisch], sondern menschenartig", fasste der amerikanische Paläoneurologe Ralph L. Holloway 1976 den bis heute gültigen Forschungsstand zusammen.[12] Die meisten Paläoneurologen sind sich auch einig darüber, dass das Broca-Zentrum bereits beim *Homo habilis* vor 2 Millionen Jahren deutlich zu erkennen ist und sich beim *Homo erectus* und beim Neandertaler vollends zu seiner charakteristisch menschlichen Form ausprägte. Der Anatom Davidson Black schloss schon 1933 nach der Untersuchung eines über 300 000 Jahre alten *Homo-erectus-(Sinanthropus-)*Schädels aus der berühmten Fundstelle von Zhoukoudian in China, „dass diese Art wahrscheinlich mit einem Gehirnmechanismus für die Hervorbringung artikulierter Sprache ausgestattet war".[13] Und die amerikanische Forscherin Marjorie Le May schrieb 1975 über einen der wichtigsten Neandertalerschädel aus La Chapelle-aux-Saints in Frankreich: „Das im Abguss des Schädels erkennbare Gehirn ähnelt in dem für die Sprache wichtigen Bereich demjenigen des modernen Menschen und lässt daher vermuten, dass der Neandertaler die für die Sprache nötige Gehirnorganisation besaß."[14]

Andere Fachleute stehen solchen Thesen hingegen eher skeptisch bis ablehnend gegenüber. Die Abdrücke in den fossilen Schädeln seien viel zu verschwommen und schattenhaft, so geben sie zu bedenken, als dass sich daraus ein hinlänglich zuverlässiges Bild vom Gehirnaufbau der Hominiden gewinnen ließe. Und selbst wenn es gelänge, dort eindeutig Strukturen nachzuweisen, die beim heutigen Menschen mit dem Sprachvermögen zu verbinden sind, ließe sich daraus noch keineswegs zwingend schließen, dass sie bei unseren Vorfahren gleichfalls diese Funktion erfüllten – dazu sei die Organisation des menschlichen Gehirns, etwa im Vergleich zu dem der Menschenaffen, noch viel zu wenig bekannt. Eine Ausbuchtung an der richtigen Stelle, so könnte man diese Position salopp zusammenfassen, beweist noch kein Sprachvermögen – oder, wie es der Anatom und Primatologe Dietrich Starck formulierte: „Aussagen über geistig-psychische Leistungen und Erwerb der Sprache bei Vor- und Frühmenschen auf Grund morphologischer Befunde am Endocranialausguss [sind] nicht wissenschaftlich begründbar."[15]

EIN „RUBIKON DER SPRACHFÄHIGKEIT"?

Die Mehrzahl der Fachleute bringt trotz dieser Unsicherheiten das enorme Wachstum insbesondere des Großhirns im Verlauf unserer Entwicklungsgeschichte mit einem wahrscheinlich schon frühen Auftreten des Evolutionsfaktors Sprache in Zusammenhang. „Wenn die Hominiden nicht die Sprache nutzten und verfeinerten, würde ich gern wissen, was sie mit ihren selbstbeschleunigt wachsenden Gehirnen taten", bemerkte etwa die amerikanische Anthropologin Dean Falk 1989 in einem Diskussionsbeitrag ironisch,[16] und auch ihr Kollege Terrence Deacon vermutet: „Die Sprache war die Hauptursache, nicht eine Folge des menschlichen Gehirnwachstums."[17]

Einige Anthropologen haben sogar versucht, eine genaue größenmäßige Grenze zu ermitteln, von der ab das Gehirn zu sprachlichen Leistungen in der Lage gewesen sei, einen „Rubikon der Sprachfähigkeit" gewissermaßen; doch schon der Umstand, dass sie dieses postulierte Mindest-Gehirnvolumen ganz unterschiedlich hoch veranschlagten, zeigt die Fragwürdigkeit dieses Ansatzes. Zweifelhaft bleibt auch, ob die Dominanz der linken Gehirnhälfte, die sich bei den Hominiden schon früh aus Endocraniumabdrücken und der „rechtshändigen" Herstellungstechnik von Steinwerkzeugen erschließen lässt, für sich genommen bereits auf eine sprachliche Strukturierung des Gehirns hinweist. Für derartige Schlussfolgerungen sind die Zusammenhänge zwischen Hemisphärendominanz, Rechts- und Linkshändigkeit sowie Sprache einfach noch zu wenig erforscht, selbst beim heutigen Menschen.

Mit einiger Sicherheit haben dagegen die auf S. 41–44 beschriebenen Sprachversuche mit Menschenaffen eine gewisse Aussagekraft im Hinblick auf das Sprachvermögen der frühen Hominiden: Wenn heutige Schimpansen oder Gorillas tatsächlich über ausreichende kognitive Fähigkeiten zum Erlernen einfacher Symbol- und Zeichensysteme verfügen, dann dürfen wir unseren hominiden Vorfahren mit ihren bereits ungleich höher entwickelten Gehirnen zumindest das gleiche, wahrscheinlich aber ein deutlich größeres intellektuelles Vermögen zur Begriffsbildung und zur symbolischen Verständigung zutrauen.

DIE ANATOMIE DER MENSCHLICHEN LAUTBILDUNG

Die von den Menschenaffen im Experiment erlernten Sprachsysteme basierten auf Gesten oder anderen optischen Zeichen und Symbolen, waren also visueller Natur. Die menschliche Sprache ist dagegen ein primär *akustisches* System und erfordert daher neben der beschriebenen Gehirnorganisation auch entsprechend ausgebildete Sprachorgane – einen Lautbildungsapparat, der differenzierte Artikulationen ermöglicht. Wenn wir sprechen, werden die Stimmbänder des Kehlkopfes durch den Luftstrom aus der Lunge in Schwingungen versetzt und erzeugen dadurch Grundtöne, die im darüber liegenden Bereich von Rachen, Mund und Nase – dem sogenannten Stimmtrakt – durch vielfältige Bewegungen von Rachenmuskeln, Zunge, Wangen und Lippen moduliert, das heißt geformt werden. Auf diese Weise artikulieren wir die unterschiedlichen Vokale und Konsonanten, bringen wir gezielt und kontrolliert die Einzellaute (Phoneme) unserer jeweiligen Sprache hervor, was natürlich eine entsprechend bewegliche und differenzierte Muskulatur voraussetzt.

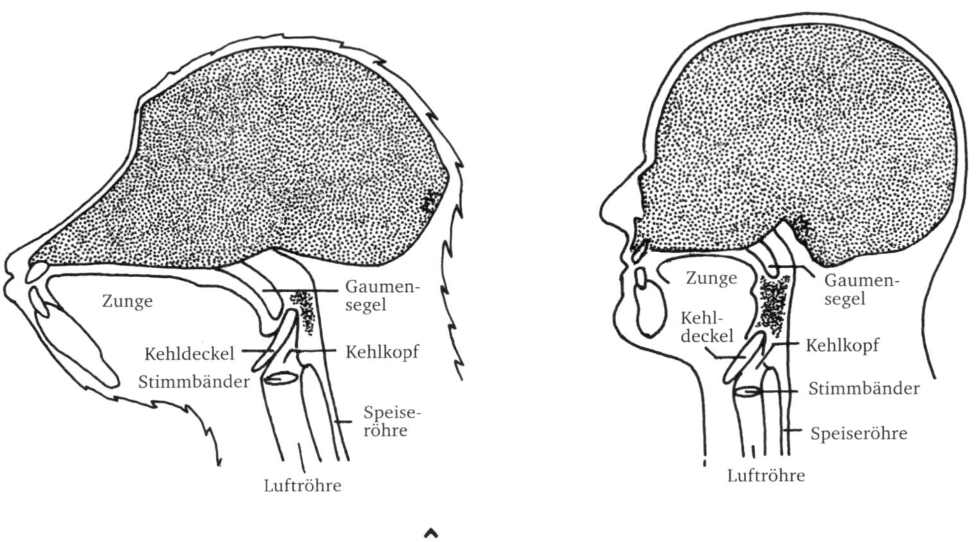

^
Querschnittzeichnungen des Lautbildungstraktes von Schimpanse (links) und modernem erwachsenem Mensch (rechts). Der Mensch besitzt aufgrund der tieferen Lage des Kehlkopfes einen ausgeprägteren Rachenraum.

In seinem Grundaufbau entspricht dieser menschliche Lautbildungsapparat zwar dem der Affen und anderer Säugetiere, im Einzelnen bestehen jedoch einige für das Sprachvermögen bedeutsame Unterschiede. So sitzt der Kehlkopf beispielsweise beim Schimpansen relativ weit oben im Hals, so dass der Kehldeckel über dem sog. Gaumensegel liegt und dafür sorgt, dass sich Luft- und Nahrungsweg nicht überkreuzen (Abb. S. 59). Unter dem Gesichtspunkt der Atmung und Ernährung ist das von Vorteil, denn ein Tier kann unter solchen Umständen gleichzeitig atmen und trinken, ohne sich zu verschlucken. Unter dem Gesichtspunkt der Lautbildung ist es hingegen ein Nachteil, denn ein zur Stimmmodulation geeigneter Rachenraum existiert bei einem solchen anatomischen Aufbau nur in sehr eingeschränktem Maße – die Lautformung bleibt weitgehend auf Mund und Lippen beschränkt. Beim Menschen dagegen wandert der Kehlkopf, der beim Säugling noch vergleichbar hoch sitzt, nach und nach so weit in den Hals hinunter, dass Kehldeckel und Gaumensegel keine Berührung mehr miteinander haben (Abb. S. 59). Als Folge sind Luft- und Nahrungsweg nicht mehr so gut gegeneinander abgeschirmt, so dass wir uns verschlucken und sogar an einem in den Kehlkopf geratenen Stück Nahrung ersticken können. Dafür aber hat sich der Modulationsraum des Rachens und damit die Leistungsfähigkeit des Stimmtraktes erheblich erweitert.

Ganz offensichtlich handelt es sich hier um eine evolutionäre Anpassung, die durch den aufrechten Gang ermöglicht und durch den Selektionsvorteil der Sprache – die durch sie gegebenen besseren Überlebenschancen – begünstigt wurde, trotz der Nachteile, die damit hinsichtlich Atmung und Ernährung verbunden waren. Man kann daraus schließen, dass die Lautsprache zu der Zeit, als diese Umgestaltung des Stimmtraktes begann, bereits ein wichtiger Evolutionsfaktor gewesen sein muss und dass sich – könnten wir den entwicklungsgeschichtlichen Beginn dieser anatomischen Veränderung genauer bestimmen – daraus auch Hinweise auf das wahrscheinliche Alter der artikulierten Sprache gewinnen ließen.

ZUNGENBEWEGUNG UND SPRACHE

Leider entzieht sich, wie schon beim Gehirn der Fall, auch der Stimmtrakt der Früh- und Altmenschen jeder direkten Untersuchung anhand von Fossilien, da seine Muskeln und organischen Gewebe längst vollständig vergangen sind. Dennoch versuchen schon seit über hundert Jahren Forscher mit beträchtlichem Geschick und Erfindungsreichtum, indirekte Schlüsse aus den fossilen Skelettresten und besonders den Schädeln zu ziehen.

Ein sehr beliebter Anknüpfungspunkt solcher Bemühungen waren lange Zeit die sog. *Spinae mentales,* kleine Knochenzapfen am Unterkiefer, die den Ansatz bestimmter, für die Zungenbewegung und damit auch die Artikulation wichtiger Muskeln bilden. Viele frühe Hominiden bis zurück zum *Homo erectus* weisen dieses Merkmal in unterschiedlich ausgeprägter Form auf, weshalb es oftmals als positiver Hinweis auf eine bereits frühe Sprachfähigkeit gewertet wurde, ja, als „der sicherste anatomische Beweis für artikulierte Sprache, den das Skelett bietet", wie der amerikanische Anthropologe Ernest Hooton 1946 schrieb.[18] Heute sind die Fachleute dagegen überwiegend der Meinung, dass das Vorhandensein oder Fehlen der *Spinae mentales* nur wenig besagt, denn eine bewegliche Zunge allein begründet noch kein Sprachvermögen. Außerdem hat sich gezeigt, dass manche heutigen, normal sprechenden Menschen dieses Merkmal nur in sehr rudimentärer Form oder gar nicht besitzen.

Ähnliche Einwände lassen sich auch gegen einen aktuellen Versuch erheben, das Alter der Sprache anhand eines Nervendurchgangs an der Basis des Schädels – des sog. „hypoglossalen Kanals" – zu ermitteln. Amerikanische Wissenschaftler um den Anthropologen Richard F. Kay berichteten 1998, dieser knöcherne Kanal, durch den ein für die Zungenbewegung wichtiger Nerv vom Gehirn in die Mundöffnung zieht, sei bei heutigen Menschenaffen und bei fossilen Australopithecinen wesentlich enger als beim modernen Menschen, während er bei mehreren untersuchten Neandertalern und älteren Frühmenschen „innerhalb der Größenordnung des heutigen Menschen" liege. Die Forscher stellten auf dieser Grundlage die Hypothese auf, der größere Durchmesser beim Menschen hänge mit einer feineren nervlichen Steuerung der Zunge zusammen, so dass dieser Kanal „als Indikator für die vokalen Fähigkeiten heutiger wie ausgestorbener Arten dienen" könne. Das Team zog aus dem Befund den Schluss, dass „die stimmlichen Fähigkeiten der Australopithecinen nicht wesentlich weiter entwickelt waren als die von Schimpansen, während diejenigen der Gattung *Homo* seit mindestens 400 000 Jahren im wesentlichen modern gewesen" seien – letzteres gelte insbesondere auch für den viel geschmähten Neandertaler (vgl. S. 47).[19]

Diese Thesen blieben freilich nicht lange unwidersprochen. Bereits 1999 veröffentlichte eine Gruppe amerikanischer Evolutionsforscher um David DeGusta eine Gegenstudie, nach der die Größe des hypoglossalen Kanals bei zahlreichen Affen- und Australopithecinenarten durchaus im modern-menschlichen Bereich liegt und überdies kein direkter Zusammenhang zwischen dieser Größe und dem Umfang des im Kanal verlaufenden Nervs besteht. DeGusta und seine Kollegen schlossen aus diesen konträren Ergebnissen, „dass der Durchmesser des hypoglossalen Kanals kein verlässlicher Indikator für Sprachvermögen ist", und dass „der Zeitpunkt des Ursprungs der menschlichen Sprache und die sprachlichen Fähigkeiten der Neandertaler daher offene Fragen bleiben".[20]

EINE NEUE WISSENSCHAFTSDISZIPLIN

Sehr viel häufiger wurde in den letzten Jahrzehnten versucht, aus der Basis des Schädels selbst Rückschlüsse auf den Stimmtrakt unserer älteren Vorfahren und ihre vokalen Fähigkeiten zu ziehen. An der Schädelbasis setzen nämlich zahlreiche für das Funktionieren der Stimmorgane wichtige Muskeln und Sehnen an, weshalb sich – wie viele Paläanthropologen meinen – aus ihrer Formung wichtige Aufschlüsse über die Struktur des an ihr verankerten Lautbildungstraktes gewinnen lassen.

So hat man beispielsweise festgestellt, dass ein weit oben im Hals sitzender Kehlkopf wie derjenige des Schimpansen (vgl. S. 59 f.) gewöhnlich mit einer vergleichsweise flachen Schädelbasis verbunden ist, während der tiefer sitzende Kehlkopf des modernen Menschen mit einer sehr viel stärker gewölbten Basis des Schädels einhergeht (Abb. S. 59). Die Forscher glauben daher, anhand der Wölbung der Schädelbasis und ihrer anatomischen Details feststellen zu können, ob der Stimmtrakt eines Hominiden bereits die für die menschliche Verständigung charakteristischen artikulierten Laute – die Phoneme – hervorzubringen vermochte und damit an sprachliche Funktionen angepasst war.

Pioniere auf diesem Forschungsgebiet, das auch als „Paläolaryngologie" (von Larynx = Kehlkopf) bezeichnet wird, waren der amerikanische Linguist Philip Lieberman und der Anatom Edmund Crelin. Sie erregten 1971 beträchtliches Aufsehen mit einer Studie, in der sie dem Neandertaler von La Chapelle-aux-Saints (vgl. S. 58) aus anatomischen Gründen die Fähigkeit zur vollen menschlichen Artikulation absprachen. Nach der Analyse der beiden Forscher ließ die langgestreckte, flache Schädelbasis des Mannes von La Chapelle darauf schließen, dass sein Kehlkopf noch fast genau so hoch im Hals saß wie derjenige von Schimpansen oder neugeborenen Kindern, so dass der charakteristische, leistungsfähige Stimmtrakt des modernen Menschen noch nicht vorhanden gewesen sei (Abb. S. 59). In einem zweiten Untersuchungsschritt gaben die beiden Forscher die anatomisch-physikalischen Daten des rekonstruierten Neandertaler-Stimmtrakts zusammen mit Vergleichswerten von Schimpansen und modernen Menschen in einen Computer ein, um herauszufinden, welche Elemente des heutigen menschlichen Lautspektrums dieser Stimmtrakt hätte produzieren können und welche nicht.

Ihr spektakuläres Resultat: Der Neandertaler von La Chapelle habe zwar eine Reihe von Konsonanten und Vokalen hervorbringen können, nicht aber konsonantische Schlüssellaute wie g und k und vor allem nicht die Vokale a, i und u, die in der artikulierten Sprache eine Schlüsselstellung im Hinblick auf die Sprachstruktur und -geschwindigkeit einnehmen. Mit diesem „angeborenermaßen beschränkten Lautrepertoire" habe sich der Neandertaler – so Lieberman und Crelin 1971 – zwar im Prinzip lautlich verständigen können, aber höchstens mit einem Zehntel der heutigen Sprechgeschwindigkeit und ohne den unseren vergleichbare syntaktische Strukturen. „Die hypothetische Sprache, die der Neandertaler besessen haben könnte", so lautete das provozierende Fazit der beiden Forscher, „wäre in bedeutsamer Weise ‚primitiver' gewesen als irgendeine menschliche Sprache. (…) Voll entwickelte ‚artikulierte' Sprache und Verständigung scheinen daher vergleichsweise junge Entwicklungen in der Evolution des Menschen gewesen zu sein."[21]

GEWANDELTE ANSCHAUUNGEN

Nun kann man gegen diesen Schluss unmittelbar einwenden, dass die Vokale a, i und u, denen Lieberman und Crelin eine so unentbehrliche Schlüsselfunktion für einen schnellen und gut verständlichen Sprachfluss zuweisen, selbst in einigen heutigen Sprachen nicht vorkommen und dort durch andere Vokale wie e und o ersetzt werden: *Eech eene selche Spreche konn jo dorchoos vorstondloch soon*. Darüber hinaus aber kritisierten eine ganze Reihe von Fachleuten auch Liebermans und Crelins Stimmtrakt-Rekonstruktion des Mannes von La Chapelle als in den Details fehlerhaft. Mittlerweile hat sich zudem herausgestellt, dass der bei seiner Auffindung 1908 stark fragmentierte Schädel in der ursprünglichen Rekonstruktion, die die beiden Forscher ihrer Studie zugrunde legten, viel zu affenähnlich zusammengesetzt worden war. In den 1980er Jahren wurde er daher mit moderneren Methoden neu rekonstruiert und zeigt nun eine deutlich stärker gewölbte, „menschlichere" Basis.

Neuere Forschungen, die die beiden Wissenschaftler und der Anatom Jeffrey T. Laitman sowie der Statistiker Raymond C. Heimbuch seit 1971 an anderen fossilen Schädeln vornahmen, haben denn auch sehr viel differenziertere Ergebnisse erbracht. Ihnen zufolge entsprach der Stimmtrakt der Australopithecinen noch in etwa dem der heutigen Menschenaffen und dürfte auch nur eine vergleichbar beschränkte Lautbildung ermöglicht haben. Der vor rund 250 000 Jahren lebende „Steinheim-Mensch" (vgl. S. 51) muss dagegen bereits über einen Lautbildungsapparat verfügt haben, der dem unseren sehr ähnlich war und alle wesentlichen Voraussetzungen für artikulierte Sprache im modernen Sinn erfüllte. Demnach scheint sich der erste Schritt in der Umgestaltung des Stimmtraktes beim *Homo erectus* vor mehr als 400 000 Jahren vollzogen zu haben, dessen verfügbare Schädel aber an ihrer Basis meist so stark zerstört sind, dass ihre Auswertung schwierig ist. Laitman schrieb 1983 im Hinblick auf einige der frühesten, bis zu 1,6 Millionen Jahre alten Fossilfunde dieses Typs aus Afrika: „Die Vielfalt an Tönen, die der Homo erectus erzeugen konnte, überstieg wahrscheinlich schon bei weitem den begrenzten Fundus an Lauten, die den Australopithecinen zur Verfügung standen. (...) Es scheint daher, dass der Homo erectus einen beträchtlichen Schritt in Richtung auf den Erwerb des vollen Spektrums menschlicher Sprachlaute getan hat."[22]

Auch Lieberman hat aufgrund der neuen Forschungsergebnisse eingeräumt, dass die Sprachfähigkeit vermutlich doch keine so junge Errungenschaft in der menschlichen Entwicklungsgeschichte gewesen sei, wie von ihm und Crelin 1971 angenommen. „Das fossile Material", so hob er 1984 hervor, „ist nicht vereinbar mit der Hypothese einer plötzlichen, koordinierten Neustrukturierung der Schädelbasis und des Unterkiefers" – es deute vielmehr auf eine „graduelle, mosaikartige Evolution im Laufe der letzten 250 000 Jahre" hin.[23]

DER NEANDERTALER – EIN SPRACHLOSES WESEN?

Ähnliche Modifizierungen erbrachten Laitmans, Crelins und Heimbuchs jüngere Untersuchungen auch in der Frage des Neandertaler-Stimmtrakts. Zwar bestätigten sie, dass die Schädelbasis des Mannes von La Chapelle „eindeutig außerhalb des Spektrums moderner erwachsener Menschen" lag und sein Stimmtrakt daher „dem eines [heutigen] zwei- bis vierjährigen Kindes" entsprochen haben müsse; gleichzeitig zeigten sie aber, dass es sich bei ihm um einen Extremfall handelte, denn die Schädel mehrerer anderer untersuchter Neandertaler unterschieden sich weit weniger von der modernen Form und ließen vermuten, dass ihre Stimmtrakte „wahrscheinlich denen moderner sechs- bis elfjähriger Kinder geähnelt hatten".[24] Das Bild im Hinblick auf diesen Altmenschentypus blieb also etwas widersprüchlich und diffus – die Forscher ordneten ihn aufgrund seiner anatomischen Besonderheiten als einen nicht so gut an sprachliche Funktionen angepassten Seitenzweig unseres Entwicklungsstammbaums ein.

„Ob die Neandertaler sprachen oder nicht, ist keine Alles-oder-Nichts-Frage", betonte Lieberman jedoch im Jahr 1994. „Sie hatten unzweifelhaft vokale Fähigkeiten, die denen heutiger Menschenaffen weit überlegen waren", und „konnten sich gewiss mit Worten verständigen und in Worten denken. (…) Kurz gesagt, sie besaßen unzweifelhaft Sprache, aber man kann feststellen, dass (…) ihr sprachliches Vermögen nicht so weit entwickelt war wie das des modernen Homo sapiens."[25]

Diese Aussage ist trotz ihres nach wie vor skeptischen Grundtons deutlich differenzierter als Liebermans und Crelins apodiktisches Urteil von 1971. Dennoch wird gerade dieses in Wissenschaftsmagazinen und Zeitschriften bis heute am häufigsten zitiert und zur Untermauerung der Behauptung herangezogen, der Neandertaler sei gänzlich „sprachlos geblieben" oder habe „nur ein nasales Grunzen erzeugen" können[26] – ein Musterbeispiel dafür, wie langlebig wissenschaftliche Mythen in der Öffentlichkeit auch nach ihrer fachinternen Korrektur sein können.

EIN NEANDERTALER MIT MODERNEM ZUNGENBEIN

Gehörig ins Wanken geriet dieses populäre Klischee erst, als 1983 in der Kebara-Höhle in Israel ein etwa 60 000 Jahre altes, in großen Teilen erhaltenes Neandertalerskelett gefunden wurde, bei dem auch ein kleiner, halbmondförmiger Knochen unterhalb des Schädels noch ausgezeichnet erhalten war – das sog. Zungenbein. An diesem zwischen Unterkiefer und Kehlkopf platzierten Knochen setzen mehrere für die Bewegung des Kehlkopfes und der Zunge – mithin für das Artikulationsvermögen – wichtige Muskeln an. Das Zungenbein aus der Kebara-Höhle ist aber, wie der israelische Anthropologe Baruch Arensburg und seine Kollegen 1989 in einem Artikel feststellten, „in seiner Größe und Form beinahe identisch mit dem Zungenbein heutiger Populationen". Es lasse daher den Schluss zu, dass auch „der zugehörige Kehlkopf (…) sich in seiner Position, Form und Größe während der vergangenen

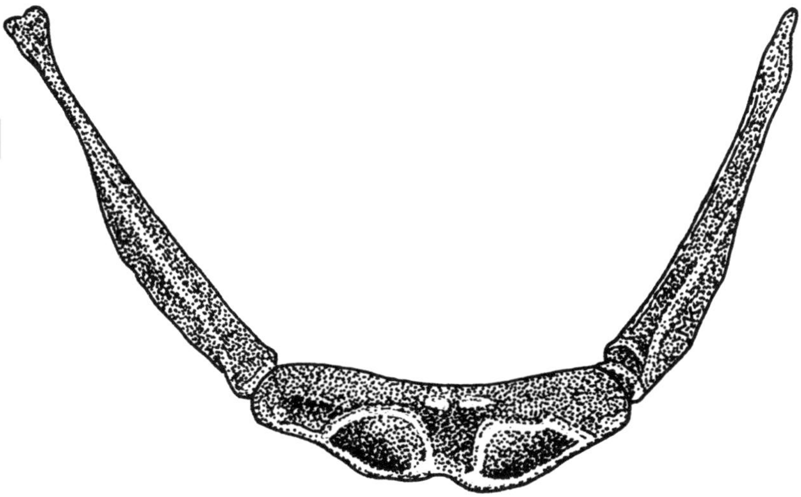

Vollständig erhaltenes Zungenbein eines Neandertalers, der vor 60 000 Jahren in der Kebara-Höhle in Israel vergraben wurde.

60 000 Jahre menschlicher Evolution kaum verändert hat." – „Wenn dieser Schluss tatsächlich berechtigt ist", so die Forscher weiter, „dann scheint die morphologische Basis für die menschliche Sprachfähigkeit während des Mittelpaläolithikums bereits voll entwickelt gewesen zu sein – im Gegensatz zu den Ansichten einiger Forscher. (…) Die Annahmen über eine nur beschränkte Sprachfähigkeit der Neandertaler, die sich bisher vorwiegend auf Untersuchungen der Schädelbasis stützten, würden sich damit als revisionsbedürftig erweisen."[27]

Lieberman, Laitman und einige ihrer Kollegen versuchten zwar, die Aussagekraft des Fundes herunterzuspielen, indem sie eine ziemlich abstrus anmutende Ähnlichkeit mit dem Zungenbein von Schweinen konstruierten und – etwas plausibler – einwandten, durch die Größe und Form dieses fossilen Knochens sei noch nichts über seine genaue Position im Körper und damit über das Lautbildungsvermögen ausgesagt. Doch auch wenn dieser Einwand im Kern zutreffen mag, lässt sich nicht verleugnen, dass immer mehr Befunde gegen die These vom nur eingeschränkten Artikulationsvermögen des Neandertalers sprechen und dass es in jedem Fall völlig unangebracht ist, sie als bewiesene Tatsache hinzustellen.

Mit den Methoden der Neurologie und der Anatomie, so kann man zusammenfassen, lässt sich die Frage nach dem Alter der Sprache bis heute nicht mit ausreichender Sicherheit beantworten. Einige gewichtige Anhaltspunkte sowohl in der Gehirnentwicklung (vgl. S. 57 f.) wie auch in der Evolution des Lautbildungstraktes (vgl. S. 63) scheinen jedoch darauf hinzudeuten, dass unsere Vorfahren schon vor mehreren hunderttausend Jahren die für die Sprache notwendigen biologischen Voraussetzungen entwickelt hatten, also gesprochen haben *könnten.* Dass sie tatsächlich schon früh gesprochen haben *müssen,* lässt sich von gänzlich anderer Seite her erschließen, nämlich aus ihren archäologischen Hinterlassenschaften, die auf eine Reihe technischer Fertigkeiten, kultureller Leistungen und sozialer Verhaltensweisen hindeuten, die ohne eine wie auch immer geartete sprachliche Verständigung kaum denkbar sind.

Auf der Suche nach dem „Sprach-Gen"

Die körperlichen und geistigen Funktionen des Menschen werden letztlich durch seine Erbanlagen bestimmt, die den Aufbau der dafür erforderlichen Organe und die Produktion der dazu benötigten Stoffe regeln. Daher liegt die Vermutung nahe, dass die Gene auch im Hinblick auf die Sprache eine entscheidende Rolle spielen. Gestützt wird diese Vermutung durch den Umstand, dass viele Sprach- und Lesestörungen in bestimmten Familien gehäuft auftreten, was auf ihre Erblichkeit schließen lässt. Die Genetiker haben daher, seit diese ja noch nicht allzu alte Wissenschaft existiert, auch nach den ausschlaggebenden „Sprach-Genen" geforscht, und in jüngster Zeit scheint ihnen dabei ein erster wichtiger Durchbruch gelungen zu sein.

Schon seit einigen Jahren beschäftigen sich Sprachforscher mit einer britischen Familie, deren Angehörige seit drei Generationen etwa zur Hälfte unter schweren Störungen der Artikulation und der Satzbildung leiden. Molekularbiologen fanden im Jahr 2001 nun heraus, dass bei allen betroffenen Familienmitgliedern ein auf Chromosom 7 sitzendes Gen mit der Bezeichnung FOXP2 an einer Stelle eine andere Aminosäure aufweist als bei nicht sprachgestörten Menschen und deshalb in seiner Funktion offenbar lahmgelegt ist. Eine genetische Anomalie auf demselben Gen fand sich auch bei einem nicht zu der Familie gehörenden Jungen, der unter ganz ähnlichen Sprachstörungen leidet. Die Molekularbiologen schlossen aus dieser Entdeckung, dass das FOXP2-Gen „wahrscheinlich eine wichtige Rolle bei Gehirnvorgängen spielt, die die Entwicklung des Sprachvermögens vermitteln,"[28] und dass es am Aufbau der entsprechenden Hirnstrukturen im Embryonalstadium beteiligt ist. Darauf deutet auch der Umstand, dass bei den von der Mutation Betroffenen die für die Koordination der Sprache und der Bewegungen zuständigen Gehirnbereiche organische Defekte aufweisen.

Ein Team um den Leipziger Genetiker Svante Pääbo, der auf die Erforschung der menschlichen Entwicklungsgeschichte mit molekularbiologischen Methoden spezialisiert ist, verglich das FOXP2-Gen des Menschen daraufhin mit demjenigen von Menschenaffen, Rhesusaffen und Mäusen und stellte fest, dass sich seine Sequenz im Laufe von rund 70 Millionen Jahren nur an drei Stellen verändert hat: Bei den Affen wurde gegenüber der Maus eine Aminosäure ausgetauscht und beim Menschen sind gegenüber den Affen zwei weitere Aminosäuren ausgewechselt. Die Forscher fanden des weiteren heraus, dass das Gen in der Evolutionsgeschichte des Menschen einem hohen Selektionsdruck unterworfen gewesen sein muss, was seine funktionelle Wichtigkeit unterstreicht, und ermittelten in einer komplizierten Berechnung, dass sich die heutige menschliche Version dieses Gens auf der Basis der beiden Mutationen wahrscheinlich während der letzten 120 000 Jahre, höchstens jedoch vor 200 000 Jahren herausgebildet haben müsse. Die Umformung von FOXP2 sei also „gleichzeitig mit oder nach der Herausbildung anatomisch moderner Menschen" erfolgt und sei daher „vereinbar mit einem Modell, nach dem die Ausbreitung moderner Menschen durch das Erscheinen einer leistungsfähigeren Lautsprache angestoßen und unterstützt wurde", schreiben Pääbo und seine Mitarbeiter 2002 in ihrem Forschungsbericht.[29]

Nun gibt es tatsächlich auch von archäologischer Seite Hinweise darauf, dass sich das Sprachvermögen des modernen Homo sapiens gegenüber dem der älteren Menschenformen deutlich gesteigert haben dürfte (vgl. S. 89 f.). Trotzdem kann das Rätsel um die Herausbildung der menschlichen Sprache durch die Erkenntnisse über das FOXP2-Gen noch nicht als gelöst gelten, auch wenn zweifellos eine wichtige Tür aufgestoßen wurde. Denn zum einen beruhen die zeitlichen Schätzungen über die modernmenschliche Umformung dieses Gens auf einer Reihe nicht genau nachprüfbarer Voraussetzungen und Prämissen, so dass sie „voller Unsicherheiten" sind, wie andere Genetiker betonen;[30] zum anderen ist bislang noch nicht im Einzelnen geklärt, welche Rolle das FOXP2-Gen beim heutigen Spracherwerb genau spielt und ob diese Rolle tatsächlich erst durch die beiden festgestellten Mutationen möglich wurde, wie Pääbo und seine Mitarbeiter annehmen.

Immerhin besitzen ja auch Affen und Mäuse dieses Gen in nur geringfügig anderer Ausprägung, ohne dass über seine Funktion bei ihnen bislang irgendetwas Genaueres bekannt wäre. Und aus dem Umstand, dass es durch eine bestimmte Mutation beim heutigen Menschen *funktionsunfähig* wird, folgt ja noch nicht zwingend, dass es exakt so beschaffen sein muss wie bei uns, um sinnvolles Sprechen zu ermöglichen.

Die Frage ist daher berechtigt, ob der *Homo erectus* mit einer funktionierenden älteren Variante dieses Gens tatsächlich sprachunfähig gewesen wäre oder ob er möglicherweise nur ein etwas geringeres Sprach- und Artikulationsvermögen besessen hätte als wir heutigen Menschen.

Schließlich könnte vor der modernmenschlichen Ausprägung von FOXP2 ohne weiteres auch ein anderes Gen die entsprechenden Funktionen übernommen haben, denn nahezu alle Sprachforscher sind sich einig darüber, dass eine so komplexe Erscheinung wie die menschliche Sprache nicht nur durch einen einzigen Erbfaktor, sondern durch eine Vielzahl miteinander vernetzter Gene gesteuert sein wird. Der kanadische Linguist Steven Pinker, einer der prominentesten Fürsprecher eines erblich verankerten Sprachinstinkts (vgl. S. 92), hat daher schon vor Jahren davor gewarnt, FOXP2 als das allein maßgebliche Sprach-Gen anzusehen. „Es wurde kein Grammatik-Gen identifiziert", schrieb er 1994 nach den ersten Studien über die sprachgestörte englische Familie – „vielmehr wurde aus der Art und Weise, wie das Syndrom in der Familie kursiert, auf ein *defektes* Gen geschlossen. Es ist anzunehmen, dass ein einzelnes Gen die Grammatik *stören* kann, was aber keinesfalls bedeutet, dass auch ein einzelnes Gen die Grammatik *steuert*." Und als Analogie aus der Technik führte er an, dass „ein Auto ohne Zündkabel bewe-

gungsunfähig ist“, was aber keineswegs bedeutet, „dass das Auto durch sein Zündkabel gesteuert wird.“[31]
Es gibt also wohl kein einzelnes Sprach-Gen, sondern eine große Anzahl unterschiedlicher Erbanlagen, die im engen und koordinierten Zusammenspiel unsere Sprache regulieren und ermöglichen – Neurowissenschaftler schätzen die Anzahl der an unseren Hirnfunktionen insgesamt beteiligten Erbfaktoren auf immerhin 30 000! Ihre Identifizierung und Erforschung hat gerade erst begonnen, und sie verspricht für die kommenden Jahre weitere spannende und aufschlussreiche Entdeckungen. Sehr unwahrscheinlich ist indessen, dass sie einen genetischen „Big bang“ der Sprachentstehung enthüllen wird – einen bestimmten, fest umrissenen Zeitpunkt, zu dem alle diese an unserer Sprachfähigkeit beteiligten Gene durch einen evolutionären Zufall auf einmal entstanden wären. Sehr viel wahrscheinlicher ist, dass sich die für das Sprachvermögen günstigen Erbanlagen ganz allmählich im Verlauf der menschlichen Entwicklungsgeschichte anhäuften, und zwar durch positive Selektion, das heißt Bevorzugung derjenigen Zufallsmutationen, die für das Sprach- und Kulturvermögen – und damit auch für die Überlebenschancen – unserer Vorfahren von Vorteil waren (vgl. S. 93). Ein solcher synchroner Entwicklungsprozess in einem aus vielen Komponenten bestehenden System erfolgt aber in der Regel nicht von heute auf morgen, sondern benötigt viel Zeit – bei der Ausbildung des menschlichen Gehirns beispielsweise hat er nach Ausweis der Fossilfunde nicht weniger als zwei Millionen Jahre gedauert (vgl. S. 53–55).

SPRACHENTSTEHUNG UND DIE HERAUSBILDUNG VON TECHNIK UND KULTUR

Die Evolution des Menschen war nicht nur ein biologischer, sondern auch ein kultureller Prozess, denn der Mensch ist nicht nur ein *Natur*-, sondern auch und vor allem ein *Kultur*wesen. Der Begriff Kultur umfasst dabei das gesamte weite Feld der Technologie, geistigen Entfaltung und sozialen Organisation, mittels derer unsere Gattung schon früh gestaltend auf die Natur und auf ihre eigene Entwicklung einwirkte.

Die Tiere passen sich gewöhnlich in einem langwierigen Prozess biologisch-genetischer Evolution ihrer Umwelt an. Sie entwickeln durch natürliche Auslese eine überlebensgünstige, den Umweltbedingungen optimal angepasste körperliche Ausstattung, einschließlich spezialisierter Körperorgane wie zum Beispiel Flügel oder Flossen, Hufe oder Krallen, Schnäbel, Nage- oder Reißzähne usw. Das meiste, was sie zum Leben und Überleben benötigen, ist ihnen sozusagen von Natur aus mitgegeben – so auch ein Arsenal an instinktgebundenen Verhaltensprogrammen, angeborenen und genetisch verankerten Handlungsmustern also, die für ein biologisch erfolgreiches, artgerechtes Verhalten der Individuen sorgen. Diese Instinktprogramme werden zwar bei sehr vielen, insbesondere bei den höheren Tieren bereits in einem gewissen Maß durch Erfahrung und Lernen modifiziert und ergänzt, so dass sich ihr Verhalten bereits relativ variabel gestaltet und keineswegs völlig stereotyp ist, wie wir das ja am Beispiel der Menschenaffen gesehen haben. Allein beim Menschen jedoch hat sich im Laufe seiner Entwicklungsgeschichte das bewusst reflektierende, intelligente und damit auch selbstbestimmte Denken und Handeln in einem solchen Maße entwickelt, dass es zum wichtigsten Verhaltensfaktor wurde und die angeborenen Instinktprogramme in vielerlei Hinsicht modifizierte – wenngleich sie natürlich auch bei uns keineswegs verschwunden sind, sondern in vielen Bereichen nach wie vor unser Verhalten prägen.

KÜNSTLICHE ARBEITSGERÄTE

Diese „intellektuelle Evolution" und teilweise Loslösung von genetisch determinierten Verhaltensmustern, die einherging mit der Entwicklung des Großhirns zum eigentlichen spezialisierten Körperorgan (vgl. S. 53–55), schuf zusammen mit der durch den aufrechten Gang ermöglichten Spezialisierung der Hand als Arbeitsorgan die Voraussetzung dafür, dass sich der Mensch auch im körperlichen Bereich allmählich von seiner biologischen Ausstattung zu emanzipieren begann. Zunächst noch in sehr bescheidenem, schließlich aber in gigantischem Ausmaß ersetzte er körperliche Spezialisierungen und Anpassungen durch künstlich hergestellte und gezielt eingesetzte technische Hilfsmittel. Im Tierreich ist eine solche Verwendung außerkörperlicher Gerätschaften – beispielsweise eines Steins zum Aufbrechen von Nüssen, eines Zweiges zum Herausstochern von Insekten oder eines Schwamms aus Blättern zum Aufsaugen von Wasser – zwar mitunter gleichfalls in Ansätzen zu beobachten, doch erfolgt sie dort eher sporadisch und nur aus ganz konkreten Bedarfssituationen heraus. Der Mensch hingegen ging im Laufe seiner Entwicklungsgeschichte mehr und mehr zum ständigen Gerätegebrauch und zur vorausschauenden Werkzeugherstellung über und wurde dadurch zum *Homo faber*, zum „(Geräte) verfertigenden Menschen" bzw. zu „Man the Toolmaker", wie ihn der britische Prähistoriker Kenneth Oakley 1949 nannte.

Die steinernen Werkzeuge, die vor etwa 2,5 Millionen Jahren erstmals auftauchten (vgl. S. 76 f.) und bis zum Beginn der Metallverarbeitung vor wenigen tausend Jahren in immer weiter verfeinerter und verbesserter Form in Gebrauch blieben, sind der früheste – und über mehr als 1 Million Jahre hinweg auch der einzige – Ausdruck dieser technologischen Kultur, durch die der Mensch eine Stärke und Anpassungsfähigkeit gewann, wie sie kein Tier besitzt. Das Steinwerkzeug symbolisiert daher zu Recht den Beginn jener umgestaltenden Tätigkeit, durch die sich der Mensch schließlich nach alttestamentarischem Motto „die Erde untertan machte" – mit allen positiven und negativen Folgen, die wir heute kennen.

TRADITION STATT VERERBUNG

Dies alles ist für unser Thema deshalb von Bedeutung, weil mit der Loslösung von den rein biologischen Evolutionsmechanismen und der Entwicklung der spezifisch menschlichen Kultur zwangsläufig auch die Herausbildung eines neuen, gegenüber den tierischen Verständigungsmitteln anders gearteten Kommunikationssystems einhergehen musste – eben der Sprache. Denn der kulturelle Prozess, durch den sich der Mensch nach und nach aus dem Tierreich heraushob, basierte ja auf der Ansammlung von Wissen, Fertigkeiten und Erfahrungen, die den Einzelindividuen nicht mehr angeboren waren, sondern von ihnen erlernt werden mussten, die also nicht über den Kanal der genetischen *Vererbung*, sondern auf dem Wege der sozialen *Tradition* – durch Lehren und Lernen – von einer Generation an die nächste weitergegeben wurden. Der „Verlängerung" des menschlichen „anatomischen Körpers" durch den „sozialen Körper" der menschlichen Gemeinschaften entsprach, wie es der französische Prähistoriker André Leroi-Gourhan formulierte, eine „fortschreitende Ablösung der biologischen Instinktausstattung durch das soziale Gedächtnis."[1]

Dieser Tradierungsmechanismus stellte sehr viel höhere Anforderungen an den Intellekt und an die Kommunikationsmittel, doch er war auch unvergleichlich leistungsfähiger. Vor allem ermöglichte er die Ansammlung und Weitergabe von relativ großen Mengen an Wissen und Fertigkeiten in vergleichsweise kurzen Zeiträumen und machte die Erfahrungen und Erfindungen der einzelnen Individuen, die sonst mit ihrem Tod erloschen wären, der ganzen Gemeinschaft und den nachfolgenden Generationen zugänglich. „Die menschlichen Fähigkeiten wurden so von Generation zu Generation durch Unterrichtung in früher erworbenen Fertigkeiten vermehrt", schrieb schon 1933 der britische Prähistoriker V. Gordon Childe dazu, und so entstand „eine gemeinschaftliche Tradition, die mehr oder weniger die gesammelte Erfahrung der ganzen Menschheit umfasste."[2] Während die biologische Evolution für das Überleben der Art günstige Verhaltensprogramme nur im Schneckentempo zu entwickeln und weiterzugeben vermag, ermöglicht die kulturelle Evolution mittels der sozialen Tradition die Anhäufung und Verbreitung von Erfahrungswissen sozusagen nach dem Schneeballprinzip. Unter den höheren Tieren findet sich dieser äußerst leistungsfähige Tradierungskanal zwar auch schon in einem gewissen Maße – so beispielsweise, wenn Schimpanseneltern ihren Kindern das Aufsaugen von Wasser mit einem Blätterschwamm oder das Herausfischen von Termiten aus ihren Hügeln mit Hilfe eines Stöckchens beibringen; seine volle Dynamik konnte dieser Mechanismus aber erst entfalten, als mit der Herausbildung der Sprache eine nicht nur vorführende, sondern auch verbal erläuternde Anleitung möglich wurde.

KONTROVERSEN ÜBER DAS „WANN"

Im Prinzip sind sich die Sprachursprungsforscher über alle diese Sachverhalte weitgehend einig – weit auseinander gehen die Auffassungen hingegen darüber, an welchem Punkt der menschlichen Evolutionsgeschichte der kulturelle Tradierungsmechanismus so weit vorherrschend wurde, dass er die Herausbildung der Sprache erforderlich machte.

Jahrzehntelang ging man in dieser Frage fast durchweg von einer ganz allmählichen, Hand in Hand mit der Entwicklung der altsteinzeitlichen Kultur und des frühmenschlichen Gehirns erfolgten Sprachentwicklung aus. Doch mit dem wachsenden Einfluss der Theorie von der „afrikanischen Eva" (vgl. S. 51) sprachen sich immer mehr Forscher für eine diskontinuierliche, abrupte Entstehung der Sprache und Kultur erst beim frühmodernen Homo sapiens aus. Nimmt man die Berichterstattung in den Wissenschaftsmedien als Maßstab, so hat die Hypothese vom kulturellen und sprachlichen Urknall („Big bang") vor – je nach Lesart – 100 000 bis 30 000 Jahren mittlerweile fast schon eine Monopolstellung inne.

„Die Hirnleistung der Hominiden, und damit wohl auch die Sprachbegabung, muss Hunderttausende von Jahren ziemlich beschränkt gewesen sein", war beispielsweise im Herbst 2002 in einer Titelgeschichte des „Spiegel" zu lesen. „Über eine Million Jahre, so lässt sich aus den kulturellen Überbleibseln des Urmenschen schließen, klopfte er stumpfsinnig auf Steinen herum. Dann erschien, vor rund 150 000 Jahren, der moderne Homo sapiens. Mit raffiniertem Gerät ausgestattet, begann er sich vor mehr als 50 000 Jahren von Afrika kommend auszubreiten. Er bastelte aufwendige Werkzeuge aus Holz und Knochen." – „Die Herstellung seiner Speere und Äxte erforderte besondere intellektuelle Fähigkeiten, die sich gravierend vom stupiden Steineklopfen der frühen Urmenschen unterschieden. Die prähistorischen Handwerksmeister mussten, stets ein Bild vom fertigen Instrument im Kopf, planerisch und vorausschauend vorgehen, bevor sie loslegten. Diese geistige Flexibilität" sei „die entscheidende Voraussetzung für die Entwicklung einer komplexen Sprache" gewesen.

„War es die Sprache, der der Mensch seinen Siegeszug über den Planeten verdankt?", fragte der Autor des Artikels und ließ an der Antwort keinen Zweifel: „Erst diese geistige Fähigkeit, so vermuten viele Forscher, ermöglichte es ihm, komplizierte Werkzeuge und Waffen zu bauen, mit denen er wiederum seine Konkurrenten aus dem Weg schlug – etwa die Neandertaler". – „Wir haben sie buchstäblich zu Tode gequatscht", zitierte er in diesem Zusammenhang den neuseeländischen Psychiater Michael Corballis.[3]

GENETISCHER URKNALL ALS URSPRUNG DER KULTUR?

Diese Theorie von der Herausbildung der Sprache und Kultur erst vor wenigen zehntausend Jahren wird oft garniert mit Mutmaßungen über ihre Entstehung durch eine einzige Mutation im frühmenschlichen Erbgut. „Meine (...) These lautet: Vor etwa 50 000 Jahren muss es unter den Menschen in Afrika eine genetische Veränderung gegeben haben. Diese Mutation hat modernes Verhalten erst möglich gemacht und den Keim zur Kultur gelegt", spekulierte etwa der amerikanische Archäologe Richard Klein jüngst in einem Interview.[4] Und der Linguist Derek Bickerton vermutete schon in den 1990er Jahren, die grammatikalisch gebundene Sprache sei beim modernen Menschen ganz plötzlich durch „eine Veränderung in der inneren Organisation des Gehirns [entstanden], die durch eine einzige genetische Mutation verursacht wurde."

„Dieses einzelne genetische Ereignis könnte", so der US-Forscher weiter, ausgereicht haben, um die „Protosprache" der älteren Hominiden, die nach seiner Hypothese nur aus einzelnen Wörtern – im Höchstfalle aus „Zwei-Wort-Sätzen" – bestand, „in syntaktisch gegliederte Sprache zu verwandeln."[5] Einen Hinweis darauf sieht er in der neuartigen Technologie und Kultur des frühmodernen Menschen. „Sicher ist: Vor rund 100 000 Jahren hat sich ein abrupter Wandel vollzogen", bemerkte Bickerton kürzlich in einem Interview mit dem „Spiegel". „Plötzlich beginnt der Mensch, raffinierte Werkzeuge zu bauen, Schmuck herzustellen, Handel zu treiben – all das zu tun, was wir heute Kultur nennen. Was kann der Auslöser gewesen sein? Die Syntax! Denn wenn sie etwas planen, irgendetwas auch nur halbwegs Kompliziertes, dann brauchen Sie „Wenns“ und „Weils“, das heißt, sie brauchen verschachtelte Sätze. Ohne diese verharren Sie im Hier und jetzt.“[6]

VERGLEICH ZWEIER STEINBEARBEITUNGSTECHNIKEN

Nun war das Jungpaläolithikum vor 40 000 bis 10 000 Jahren (Abb. S. 50) in der Tat eine Zeit tief greifender Veränderungen. Beispielhaft deutlich wird das an der damals zum Durchbruch gelangten Technik zur Herstellung von Steingeräten, die den älteren Produktionsverfahren im Hinblick auf ihre Rationalität und die Standardisierung der Werkergebnisse weit überlegen war. Mit dieser sog. „Klingentechnik“ (Abb. unten) ließen sich von einer vorbearbeiteten Feuersteinknolle unter Zuhilfenahme eines knöchernen Meißels eine große Anzahl langer, schlanker Klingenabschläge abtrennen, die anschließend zu einer Reihe von unterschiedlichen, standardisierten Werkzeugtypen weiterverarbeitet wurden. Es handelte sich um ein sehr ausgeklügeltes, auf der Erfahrung von Jahrhunderttausenden basierendes Arbeitsverfahren, das im Hinblick auf seine technische Effizienz und Kontrollierbarkeit gewiss den Höhepunkt der altsteinzeitlichen Silexverarbeitungstechnik darstellte.

Auf eine höhere intellektuelle Begabung und ein besseres Planungsvermögen seiner Anwender lässt es hingegen keineswegs schließen, wie dies in der Sprachursprungsdebatte so oft behauptet wird. Als Inbegriff einer komplexen, vorausschauenden Steingeräteherstellung gilt unter Fachleuten viel-

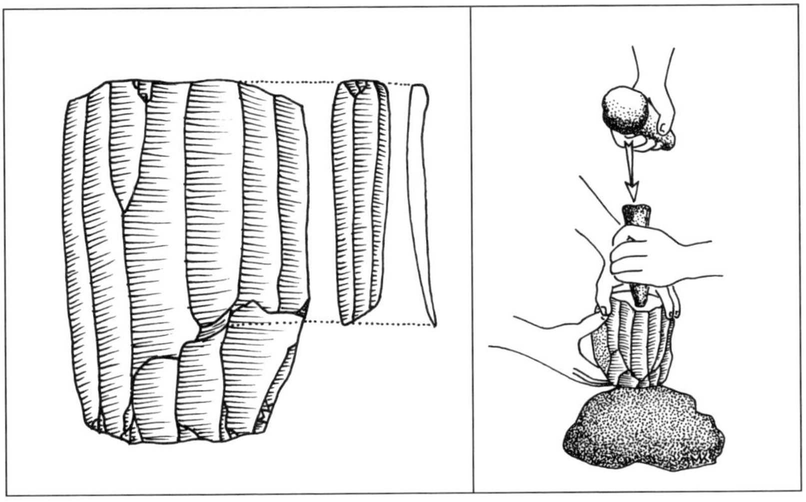

^
Ein prismatischer Klingenkern des Jungpaläolithikums (links), von dem sich durch Druck oder indirekten Schlag mithilfe eines Zwischenstücks zahlreiche langschmale Steinklingen ablösen ließen (rechts).

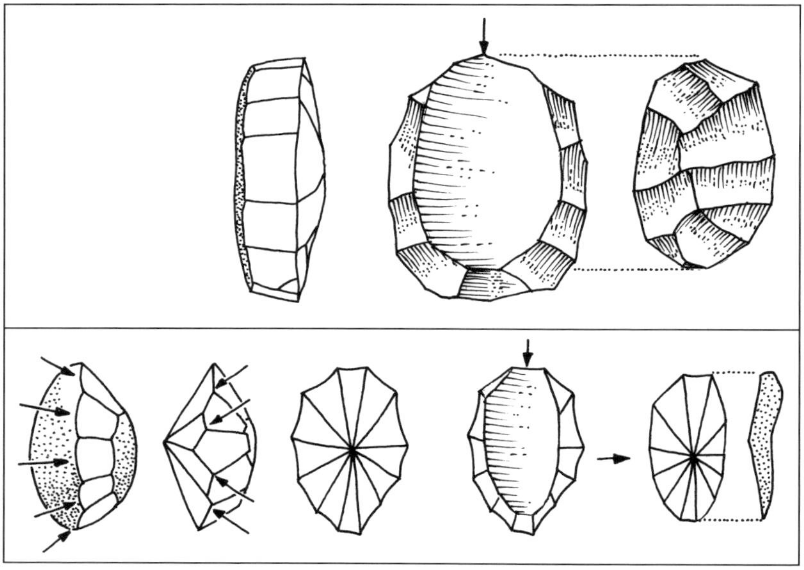

^
Ein Levallois-Kern mit zugehörigem Abschlag (oben). Die Levallois-Technik ermöglichte die kontrollierte Gewinnung von Abschlägen durch eine spezielle Vorbearbeitung des Kernsteins (unten).

mehr ein sehr viel älteres, von den Altmenschen des Mittelpaläolithikums (Abb. S. 50) angewandtes Fertigungsverfahren, die nach einem Vorort von Paris benannte „Levallois-Technik". Mit ihr ließen sich aus aufwendig vorbearbeiteten Kernsteinen gezielt einzelne Steinabschläge von vorbestimmter Größe und Gestalt gewinnen, was unabdingbar die Fähigkeit des Steinbearbeiters voraussetzte, den späteren Abschlag bereits im Kern zu „sehen". Diese Technik wurde erstmals vor etwa 300 000 Jahren von den Nachfahren des *Homo erectus* entwickelt und mündete vor ungefähr 100 000 Jahren in die Steingerätekultur des Neandertalers, das nach einem Fundort in Südwestfrankreich benannte „Moustérien" mit einer reichhaltigen Palette unterschiedlicher Abschlaggeräte.

Steinwerkzeuge auf diese Weise herzustellen, war gewiss zeitintensiver und aufwendiger als mittels der jungpaläolithischen Klingentechnik. In seiner Komplexität und den intellektuellen Anforderungen war ihr das Levallois-Verfahren aber in keiner Weise unterlegen – eher im Gegenteil. „Es ist unser Eindruck – gestützt auf eine (...) Befragung heutiger Steinbearbeiter –, dass die Levallois-Methode schwieriger zu meistern ist als die Gewinnung von Klingen aus prismatischen Kernen", urteilen beispielsweise die amerikanischen Archäologen Ofer Bar-Yosef und Steven L. Kuhn.[7] Als Argument für die angeblich so viel höher entwickelten Geisteskräfte und mutmaßlich auch sprachlichen Fähigkeiten des modernen Homo sapiens gegenüber seinen Vorgängern scheidet ein Vergleich der beiden Techniken also aus.

DIE FAUSTKEILE DES *HOMO ERECTUS*

Doch auch die in den Jahrhunderttausenden vor dem Neandertaler, in der Zeit des *Homo erectus* gefertigten Steingeräte entstanden keineswegs durch „stupides Steineklopfen" (vgl. S. 72), wie sich das vollmundig formulierende, aber in der Sache schlecht informierte Journalisten mitunter vorstellen. Die von diesem Frühmenschen seit etwa 1,5 Millionen Jahren hergestellten Faustkeile des „Acheuléen" (benannt nach einem Fundort in Nordfrankreich) waren vielmehr zumindest in ihren entwickelteren Varianten überaus anspruchsvolle und formschöne Artefakte, deren Fertigung ein beträchtliches Planungsvermögen und technisches Können erforderte (Abb. unten).

Sie entstanden, indem man von einem großen Kernstein auf beiden Seiten eine Vielzahl flacher, muscheliger Abschläge entfernte, bis die ovale oder tropfenförmige, bei den jüngeren Stücken (ab etwa 700 000 Jahren vor heute) zumeist weitgehend symmetrische Endform herausgearbeitet war. Wie der britische Prähistoriker John A. Gowlett betont, musste bei dieser „Operationskette (…) jeder einzelne Arbeitsschritt dem Endziel untergeordnet werden", so dass die frühmenschlichen Faustkeilhersteller schon beim Beginn ihrer Arbeit „ein wohldefiniertes geistiges Bild des angestrebten End-

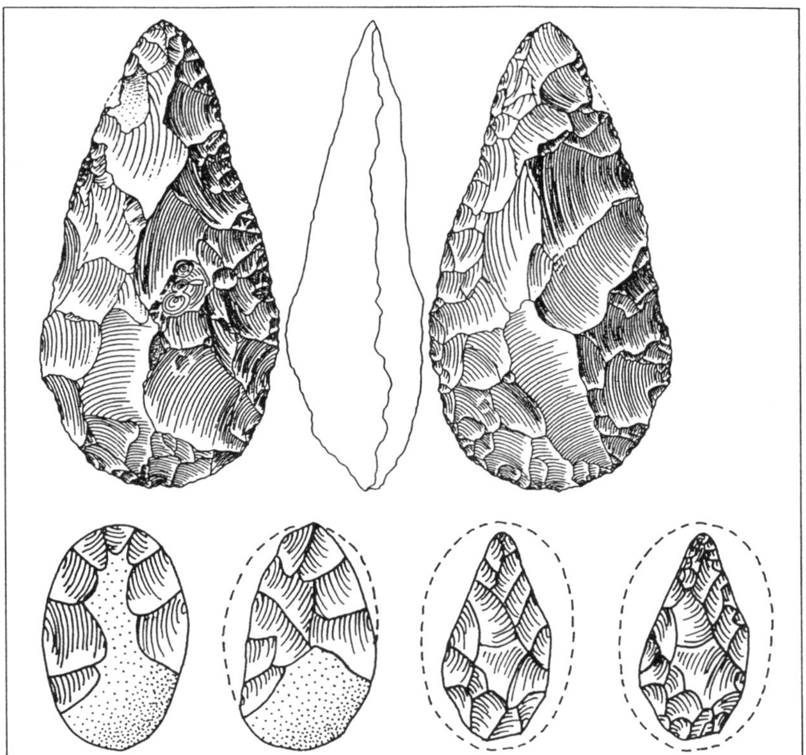

^
Ein Faustkeil des entwickelten Acheuléen (oben) und seine Fertigungstechnik (unten).

produkts" im Kopf haben mussten. Gowlett folgert aus der symmetrischen Form der Geräte zudem, dass schon „der Homo erectus vor 700 000 Jahren einen geometrisch exakten Sinn für Proportionen besaß",[8] und er vermutet weiter, dass dieser Frühmensch zur erfolgreichen Weitergabe der Faustkeiltechnik „Sprache benötigte".[9] Ganz ähnlich kam auch der amerikanische Archäologe Thomas Wynn nach einer eingehenden Analyse dieser und anderer urgeschichtlicher Steinwerkzeuge zu dem Schluss, dass „die Geometrie der Faustkeile des jüngeren Acheuléen eine Intelligenzstufe voraussetzt, wie sie charakteristisch für moderne Erwachsene ist."[10]

KOMPLEXE TECHNOLOGIEN

Die Urteile über das technische Können und das intellektuelle Vermögen, das sich aus den Steingeräten des *Homo erectus* und des Neandertalers erschließen lässt, fallen unter den Archäologen also keineswegs so negativ aus, wie es die eingangs zitierten Stellungnahmen und Aussagen glauben machen könnten. Einzig die ältesten Steingeräte des *Oldowan* (benannt nach der Olduvai-Schlucht in Tansania), die der *Homo habilis* und der frühe *Homo erectus* vor etwa 2,5 bis 1,5 Millionen Jahren in Afrika anfertigten

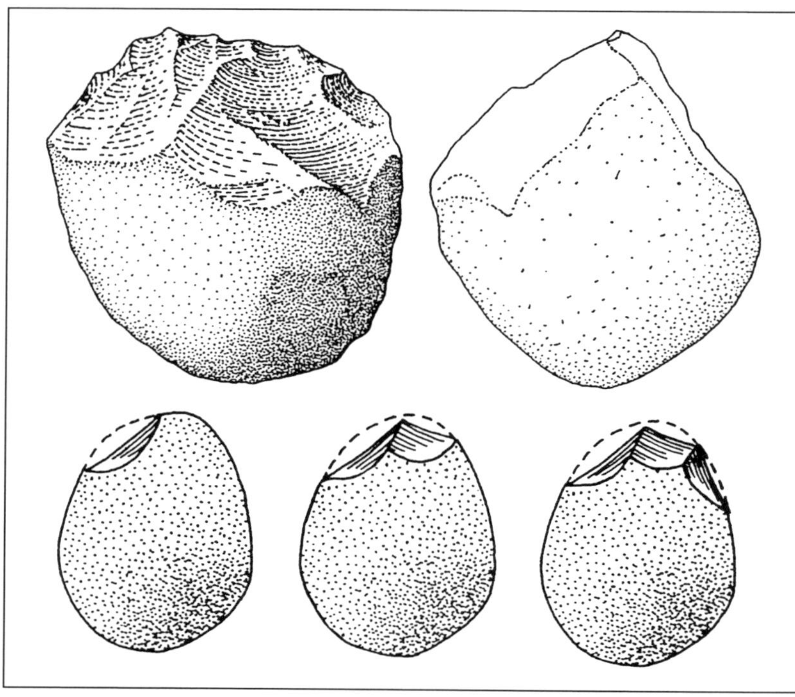

^
Charakteristisches Geröllgerät des afrikanischen Oldowan (oben) und die Herstellungstechnik derartiger *Pebble tools* (unten).

(Abb. S. 50), lassen sich noch mit einem gewissen Recht einer rudimentären und möglicherweise „vormenschlichen" Technologie zurechnen. Sie entstanden durch das grobe Entfernen einiger scharfkantiger Abschläge, die als Steinmesser verwendet wurden, von einem Geröllbrocken, der aufgrund seiner gezackten Kante danach gleichfalls als Arbeitsgerät tauglich war (Abb. S. 76).

Aus diesem simplen Herstellungsvorgang lassen sich wohl in der Tat noch keine weit reichenden Schlüsse auf eine menschliche Denk- und Geistesstruktur ihrer Verfertiger ziehen, obwohl auch diese Steingeräte bereits weit über alles hinausgingen, was im Tierreich an Werkzeuggebrauch belegt ist. Mit einiger Sicherheit bedurfte ihre Fertigungstechnik jedoch noch keiner sprachlichen Anleitung und Tradierung. „Ein einigermaßen verständiger Student kann an einem Nachmittag lernen, diese Art von Werkzeug herzustellen", bemerkte der amerikanische Anthropologe Sherwood L. Washburn in den 1960er Jahren dazu: „Es könnte leicht durch Nachahmung gelernt werden. Ich glaube nicht, dass es irgendeinen Gebrauch der Sprache erfordert."[11]

Für alle nachfolgenden Technologien – beginnend mit dem entwickelten Acheuléen des *Homo erectus* vor etwa 700 000 Jahren – dürfte hingegen in wachsendem Maße gelten, was der amerikanische Anthropologe A. Irving Hallowell schon 1960 schrieb: „Werkzeugherstellung wie beim Homo sapiens ist ein Vorgang, der Schulung erfordert – erlernt in einem sozialen Umfeld, in dem Sprache vorhanden ist."[12] Und was der britische Archäologe Kenneth Oakley 1956 feststellte: „Da die Fertigkeiten des Menschen so sehr auf Ausbildung beruhen, ist es offensichtlich, dass die Sprache solche Tätigkeiten wie die systematische Werkzeugherstellung bedeutend erleichtert hat."[13]

EINE „PALÄONTOLOGIE DER SPRACHE"?

Frühere Forscher wie der französische Prähistoriker André Leroi-Gourhan und der Russe Viktor V. Bunak wollten auf der Basis dieser paläolithischen Werkzeugtypen sogar eine Reihe von aufeinander folgenden Stufen der Sprachentwicklung in der Urgeschichte der Menschheit rekonstruieren, „die im Grad ihrer Komplexität und im Reichtum ihrer Konzepte mit den Techniken von der *Pebble*-Kultur (Geröllgerätekultur) bis ins Acheuléen übereinstimmen". Eine solche konkret ausgearbeitete „Paläontologie der Sprache"[14] überfordert das archäologische Material aber mit Sicherheit. Dagegen erscheint die Grundannahme durchaus als vernünftig, dass die Evolution der Sprache ebenso schrittweise und allmählich vom Einfachen zum Komplexen hin verlaufen sein dürfte wie die Entwicklung der Steingeräte und dass der Prozess ihrer Herausbildung spätestens bei den Faustkeilherstellern vor 700 000 oder 1 Million Jahren – das heißt beim *Homo erectus* – begann.

Dies ist umso wahrscheinlicher, als Werkzeugproduktion und Sprache nach Meinung vieler Fachleute auf miteinander korrespondierenden geistigen Fähigkeiten beruhen und ihre neurologischen Grundlagen sich daher im Verlauf unserer Evolutionsgeschichte Hand in Hand entwickelt haben dürften. „Die Handlungsabläufe bei der Geräteherstellung haben strukturelle Ähnlichkeit mit denen bei der Konstruktion eines Satzes", urteilt etwa der bereits zitierte Prähistoriker Gowlett,[15] und die Neurologin Kathleen R. Gibson schrieb 1988: „Gerätegebrauch und Sprache teilen eine gemeinsame neurologische Basis und dürften sich deshalb zusammen herausgebildet haben."[16]

Dass bereits der *Homo erectus* in irgend einer Weise gesprochen haben muss, lassen aber auch die zahlreichen anderen technologischen und kulturellen Leistungen dieses Frühmenschen vermuten. Anders als heute zumeist behauptet, war die „jungpaläolithische Revolution" vor 40 000 Jahren nämlich keineswegs die erste kulturelle Blüteperiode in der Urgeschichte der Menschheit. Ein wesentlich früherer kultureller „Big bang" fand vielmehr schon beim *Homo erectus* statt, der neben seinen zum Teil wunderschön gearbeiteten Faustkeilen auch andere technische Erfindungen und kulturelle Neuerungen hervorbrachte, die weit über das bei seinen Vorgängern Übliche hinausgingen. Er vollzog damit zum ersten Mal überhaupt in unserer Entwicklungsgeschichte den Schritt zu einer charakteristisch menschlichen Kultur, und daher wird dieser Hominide auch völlig zu Recht als früher *Mensch* im eigentlichen Sinne des Wortes bezeichnet.

GEZÄHMTE NATURKRAFT – DAS FEUER

Eines der bedeutsamsten Elemente dieser Kultur war die regelmäßige und kontrollierte Nutzung des Feuers. Erste, noch unsichere Hinweise darauf finden sich bereits in mehr als 1 Million Jahre alten afrikanischen Fundstellen,[17] und seit etwa einer halben Million Jahren ist das Feuer dann an vielen Orten mit Sicherheit belegt. In Zhoukoudian in China ebenso wie in Vértesszöllös in Ungarn, in Bilzingsleben in Thüringen wie in Torralba in Spanien zeugen Brandschichten, Aschelinsen und angekohlte oder verfärbte Steingeräte und Tierknochen von seinem offenbar alltäglichen Gebrauch durch den *Homo erectus*, dem man diese etwa 500 000 bis 300 000 Jahre alten Fundstätten zuordnet. Zwar handelt es sich wahrscheinlich noch nicht um selbst entfachtes Feuer, sondern um solches, das durch Blitzeinschläge oder andere natürliche Ursachen entstand und von den Frühmenschen mit Hilfe brennender Zweige an ihre Lagerplätze verbracht und dort sorgsam gehütet wurde – dennoch bedeutete es eine Errungenschaft von enormer Tragweite.

Das Feuer ermöglichte ein Leben und Überleben auch unter ungünstigen Klimabedingungen, es erhellte die Nacht, bot Schutz vor Raubtieren und ermöglichte nicht zuletzt auch das Braten und Rösten von Fleisch und Pflanzen und damit die Zubereitung schmackhafterer und bekömmlicherer Nahrung. Es verwandelte den frühmenschlichen Lagerplatz in eine Art von „kulturellem Mikrokosmos", eine eigene kleine Welt, innerhalb derer günstigere

^
Feuer, einfache Kleidung und ein warmer Unterschlupf: drei wesentliche Bedingungen für das Überleben der Frühmenschen in den winterkalten Klimazonen. – Aquarell von Adelhelm Dietzel (1914–98).

und angenehmere Bedingungen herrschten als in der Welt ringsum. Daher gilt das Feuer ganz zu Recht auch als das ursprünglichste Beispiel einer Nutzung und Umformung der Naturkräfte durch den Menschen, und wohl nicht umsonst tritt in der griechischen Mythologie Prometheus, der Bringer des Feuers, zugleich als Stifter der Kultur auf.

LAGERPLÄTZE MIT BEHAUSUNGEN

Der „reale" Prometheus in der menschlichen Entwicklungsgeschichte war aber der *Homo erectus*. Aus seiner Zeit stammen auch die ersten Hinweise auf einfache Behausungen – rundliche oder ovale Grundrisse aus Steinen, Erde oder Knochen, die an den 500 000 bis 300 000 Jahre alten Fundplätzen von Prezletice in Tschechien, Terra Amata in Südfrankreich und Bilzingsleben in Thüringen ausgegraben wurden. Sie haben jeweils einen Durchmesser von wenigen Metern und werden von den Ausgräbern als Überreste zelt- oder hüttenartiger Konstruktionen gedeutet. Besonders interessant ist der Fall Bilzingsleben, wo auf einer relativ kleinen Fläche gleich drei solcher Behausungsgrundrisse freigelegt wurden. Ihnen waren nach der Rekonstruktion des Ausgräbers Dietrich Mania jeweils eine Feuerstelle und mehrere Arbeitsplätze mit Ambossen aus Stein oder Knochen, Silexgeräten und Werkabfällen vorgelagert. Wenn diese Rekonstruktion zutrifft, so wäre hier nicht nur ein wohlstrukturierter Lagerplatz, sondern auch bereits eine einfache Form von Arbeitsorganisation belegt.[18]

Darüber hinaus wurden in Bilzingsleben und andernorts auch eine Reihe von Geräten aus Knochen und Geweih gefunden, wie sie oft fälschlicherweise erst dem frühmodernen Homo sapiens zugeschrieben werden. Ein Teil von ihnen dürfte zur Bearbeitung von weichen Materialien wie Holz, Fellen oder Häuten verwendet worden sein. An dem 500 000 Jahre alten *Homo-erectus*-Fundplatz Boxgrove in Südengland fand man überdies einen steinernen Faustkeil, der nach mikroskopischen Analysen zum Ausschaben von Fell oder Tierhäuten gedient hatte.[19] In Bilzingsleben wiederum kamen Steingeräte mit einer auffälligen bohrerartigen Spitze zutage, die zur Durchbohrung von Leder oder anderen weichen Materialien, vielleicht auch schon zu einer einfachen Form des Nähens mit Hilfe von Tiersehnen oder Pflanzenfasern benutzt worden sein könnten. Derartige Funde lassen – zusammen mit den klimatisch recht rauen Verhältnissen an einigen frühmenschlichen Siedlungsplätzen – viele Fachleute vermuten, dass der *Homo erectus* auch bereits über eine einfache Form von Fell- oder Lederbekleidung verfügte.

EIN LEISTUNGSFÄHIGES KULTURPAKET

Diese technologische Grundausstattung mit Feuer, Behausungen und mutmaßlich auch einer einfachen Form von Bekleidung ermöglichte es dem *Homo erectus*, im Gegensatz zu seinen an die Tropen und Subtropen gebundenen Vorfahren erstmals auch in die nördlicheren Breiten Asiens und Europas mit ihren kühleren Temperaturen und ihren stärkeren jahreszeitlichen Klimaschwankungen vorzudringen. Darüber hinaus scheint er in Indonesien und im Bereich der Straße von Gibraltar sogar Meeresarme von einigen Kilometern Breite überquert zu haben.[20] Durch all dies gelang es ihm, seinen verfügbaren Lebensraum fast um das Doppelte zu erweitern – die kolonisatorischen Leistungen des *Homo erectus* lassen sich daher ohne weiteres mit denen des frühmodernen Menschen vor 60 000 bis 30 000 Jahren vergleichen.

Ist es wirklich vorstellbar, dass dieses leistungsfähige Kulturpaket, das dem *Homo erectus* solch gewaltige Erfolge und damit auch das Überschreiten seiner biologisch vorgegebenen Grenzen (vgl. S. 70) ermöglichte, ganz ohne das charakteristische Instrument des Menschen zur Tradierung seiner Kultur – die Sprache nämlich – zustande gekommen sein soll? Wollte man dies ernsthaft annehmen, so hieße das den allgemein anerkannten, untrennbaren Zusammenhang von Sprache und Kultur (vgl. S. 70 f.) völlig zu negieren. „Wo die Tradition begrenzt ist, da hört die Kultur auf, sich zu entwickeln

^
Organisierte Gemeinschaftsjagden auf Wildpferde und andere Tiere, wie sie schon der *Homo erectus* durchführte, waren kaum ohne sprachliche Verständigung denkbar. – Gemälde von Adelhelm Dietzel (1914–98).

und bildet sich vielleicht sogar zurück", stellte der britische Archäologe Kenneth Oakley bereits 1956 sehr zutreffend fest.[21] Dass dies beim *Homo erectus* nicht der Fall war, sondern dass es zu seiner Zeit zu einer regelrechten kulturellen Explosion kam, ist somit ein deutlicher Hinweis darauf, dass er zumindest über eine einfache Form von Sprache verfügt haben muss.

ORGANISIERTE GROSSWILDJAGD

Dieser Schluss ist noch zwingender, wenn man eine weitere fundamentale Kulturleistung dieses Frühmenschen in die Betrachtung mit einbezieht, nämlich die regelmäßige und organisierte Jagd auf Großwild. An zahlreichen Lagerplätzen aus der Zeit des *Homo erectus* fanden sich, vermischt mit frühmenschlichen Steingeräten, die Überreste einer großen Zahl von Tieren – angefangen beim Fuchs über Rothirsch, Bison, Pferd und Nashorn bis hin zum gewaltigen Waldelefanten. Zwar ist es im Einzelfall oft schwierig, natürlich verendete Tiere von erlegtem Wild zu unterscheiden, doch gibt es mittlerweile eine ganze Reihe von Schlüsselstationen, die die frühmenschliche Jagd eindeutig und eindrucksvoll belegen.

So fand sich 1948 in einer Mergelgrube bei Lehringen in Niedersachsen das Skelett eines Waldelefanten, zwischen dessen Rippen noch die hölzerne Stoßlanze steckte, mit der der vermutlich über vier Meter große Dickhäuter vor etwa 125 000 Jahren von altsteinzeitlichen Jägern getötet worden war. Und im Braunkohlentagebau von Schöningen in Niedersachsen entdeckte der Archäologe Hartmut Thieme in den 1990er Jahren nicht weniger als sechs vollständige und zwei zerbrochene Nadelholzspeere aus der Zeit vor 400 000 Jahren, die zwischen mehreren tausend Knochen von Wildpferden lagen, welche mit diesen Fernwaffen – denn es handelte sich eindeutig um Wurfspeere – offenkundig erlegt worden waren.[22]

Der zuletzt genannte Befund ist nicht nur wegen seines sensationell hohen Alters von größter Bedeutung, sondern auch, weil er sehr wahrscheinlich eine organisierte Treibjagd auf eine ganze Wildpferdherde bezeugt. Ein gemeinschaftliches und vielleicht auch schon arbeitsteilig organisiertes Unternehmen dieser Art ist aber ohne vorherige Planung und Koordination, ohne Absprachen und Vereinbarungen unmöglich, und auch das deutet darauf hin, dass bereits der *Homo erectus* in irgendeiner Form gesprochen haben muss.

KÜNSTLICHE STATT ANGEBORENER WAFFEN

Biologisch versierte Menschen wenden an dieser Stelle gern ein, dass ja auch viele Raubtiere wie Löwen und Hyänenhunde gemeinschaftlich und mitunter sogar mit verteilten Rollen jagen, ohne dass sie dazu einer Sprache bedürften. Doch dieses Argument ist bei genauerem Hinsehen nicht stichhaltig. Denn im Gegensatz zu den tierischen Beutegreifern war und ist der Mensch keineswegs von Natur aus ein Raubtier mit angeborenem Jagdinstinkt und genetisch verankerten Jagdprogrammen. Von seiner natürlichen Disposition und Ausstattung her ist er vielmehr ein ausgesprochener Gemischtköstler, der seine begrenzten Fleischportionen bis vor etwa 1 Million Jahren vorwiegend aus den Kadavern natürlich verendeter Tiere gewonnen haben dürfte und gewiss selbst sehr viel öfter Gejagter war als Jäger.

Erst als unsere Vorfahren dazu übergingen, die ihnen fehlenden Krallen und Reißzähne durch Lanzen, Speere und Fallen zu ersetzen, gewannen sie überhaupt die Fähigkeit, größere und körperlich weit überlegene Tiere zu erlegen, was Raubtieren in aller Regel nur selten gelingt. Die menschliche Jagd war daher im Gegensatz zur tierischen von Anbeginn eine *kulturelle* Erscheinung wie der Werkzeuggebrauch und die Feuernutzung, und sie wurde dementsprechend auch niemals durch genetisch verankerte Jagdprogramme angetrieben und gelenkt. Damit aber erforderte sie – anders als bei den Löwen und Hyänenhunden – bewusst durchdachte Planung, Kooperation und Koordination, die ohne eine zumindest einfache sprachliche Verständigung undenkbar gewesen wären.[23]

ANFÄNGE GEISTIGER KULTUR

Neben diesen „alltäglichen" kulturellen Leistungen kennen wir aus der Zeit des entwickelten *Homo erectus* aber auch erste, noch undeutliche Hinweise auf ein ästhetisches Empfinden und Gestalten ohne praktische Nutzanwendungen und damit auf die Herausbildung einer geistigen Kultur jenseits des unmittelbar Lebensnotwendigen. Ja, teilweise scheint in den Hinterlassenschaften dieses Frühmenschen sogar schon ein „symbolisches" Denken und Verhalten auf, wie es allein den Menschen kennzeichnet und das mit dem Symbolismus der Sprache verwandt ist. Deshalb dürfte es auch schon von Anbeginn untrennbar mit Sprachlichkeit verbunden gewesen sein.

So finden sich an den Lagerplätzen des *Homo erectus* beispielsweise oft Quarzkristalle, die dieser Frühmensch offenbar gezielt aufgesammelt hatte, sowie Brocken von rotem Ocker und anderen mineralischen Farbstoffen, die nach ihren Abnutzungsspuren teilweise als Zeichenkreide verwendet, teilweise auch zu farbigem Pulver zerrieben worden zu sein scheinen. Aus der Völkerkunde kennen wir eine breite Palette möglicher Verwendungszwecke

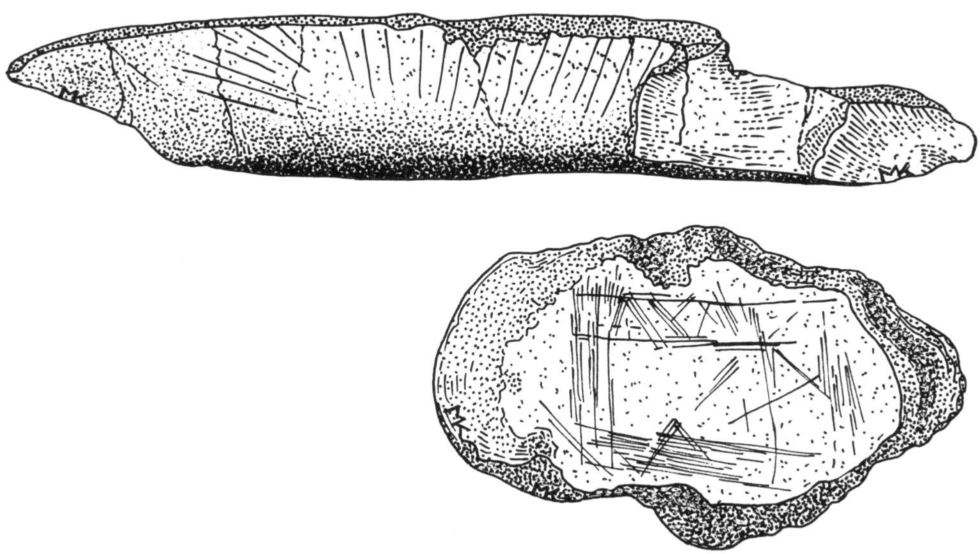

Fächerartig angeordnete Ritzlinien (oben) und geometrische Gravierung (unten) auf Elefantenknochen von dem über 350 000 Jahre alten *Homo-erectus*-Fundplatz Bilzingsleben in Thüringen.

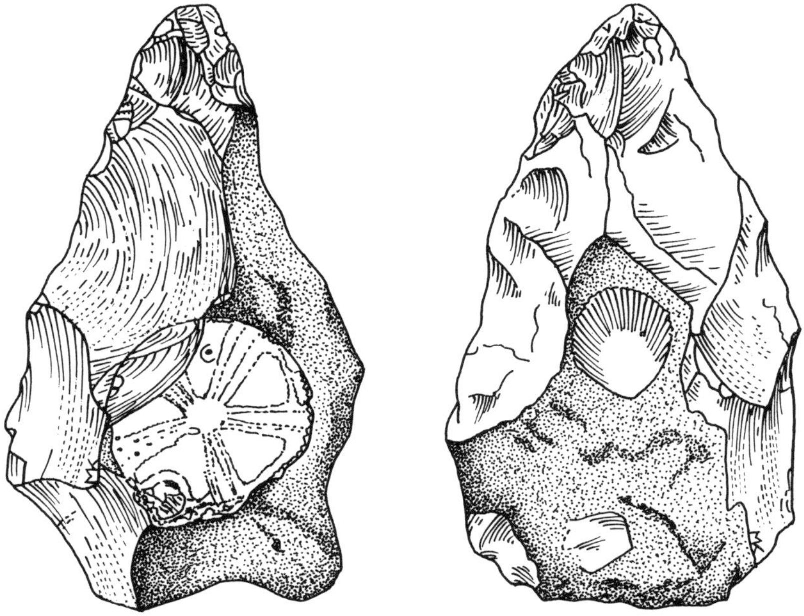

^
Zwei Acheuléen-Faustkeile aus Swanscombe (links) und West Tofts (rechts) in England mit Versteinerungen eines Seeigels bzw. einer Muschel.

für solche Farbstoffe, die vom Imprägnieren tierischer Häute über das Einfärben und Verzieren von Gegenständen oder der eigenen Haut bis hin zur Schaffung kunstvoller Felszeichnungen und Höhlengemälde reicht. Wozu der *Homo erectus* vor 500 000 Jahren seine Mineralfarben benutzte, lässt sich leider kaum mehr erschließen, doch unterstreicht ihr Gebrauch in jedem Fall sein menschliches Wesen, denn „jede Art der Verwendung von Ocker lässt auf vergleichsweise komplexe kulturelle Praktiken schließen", wie der australische Archäologe Robert G. Bednarik betont.[24]

Auf mehreren Tierknochen aus Bilzingsleben entdeckte der Ausgräber Dietrich Mania überdies eingravierte Linienbündel, Strichfolgen und geometrische Ritzungen (Abb. S. 83), die aufgrund ihrer sorgfältigen Anbringung und ihrer auffälligen Symmetrie kaum als unbeabsichtigte Schnittspuren etwa beim Zurechtschneiden von Fleisch oder Häuten entstanden sein dürften. Derartige Ritzsequenzen sind auch in späteren Perioden der Altsteinzeit weit verbreitet (vgl. S. 103–105), und obwohl ihr Zweck vorläufig im Dunkeln bleibt, belegen sie doch ein im Tierreich unbekanntes und damit typisch menschliches Verhalten.[25] Das Gleiche gilt sicher auch für zwei Faustkeile aus den englischen Fundstätten Swanscombe und West Tofts, die vermutlich mit Absicht so zurechtgeschlagen wurden, dass ihre Griffflächen durch die Versteinerungen eines im Rohmaterial enthaltenen Seeigels bzw. einer Muschel emblemartig verziert waren (Abb. oben).

„PROTOKUNST" VOR 400 000 JAHREN?

Schließlich kennt man neuerdings von zwei Faustkeil-Fundplätzen auch noch merkwürdig menschengestaltig geformte Steine, die offenbar wegen ihres auffälligen Äußeren von Frühmenschen aufgesammelt und zu ihren Lagerplätzen mitgenommen wurden. Das erste derartige Stück (Abb. unten links) fand sich 1981 bei Ausgrabungen in der über 230 000 Jahre alten Fundstätte Berekhat Ram auf den Golanhöhen, das zweite (Abb. unten rechts) wurde 1994 zwischen 300 000 bis 500 000 Jahre alten Steingeräten in einer Flussterrasse nahe dem Ort Tan-Tan in Marokko entdeckt. Beide Steinfiguren besaßen ihre auffallend menschengestaltige Form offenbar schon von Natur aus, doch wurden sie nach dem Ergebnis eingehender mikroskopischer Studien mehrerer Fachleute gezielt mit Steinwerkzeugen nachbearbeitet, um ihre figürliche Wirkung künstlich zu steigern.[26]

Man kann mit Fug und Recht fragen, ob bei diesen beiden Objekten nicht bereits die Schwelle zur Kunst – also zur gezielten Herausarbeitung einer Form aus vorwiegend ästhetischen oder symbolischen Motiven heraus – überschritten ist. Ganz sicher aber zeugen sie zusammen mit den anderen genannten Funden von einem bereits erstaunlich hoch entwickelten, ästhetisch empfindenden und zu symbolhafter Gestaltung fähigen Geist. Ein solcher Geist aber ist – das legen alle Erkenntnisse der Kognitionspsychologie nahe – bei einem völlig sprachlosen Wesen schlechterdings nicht vorstellbar.

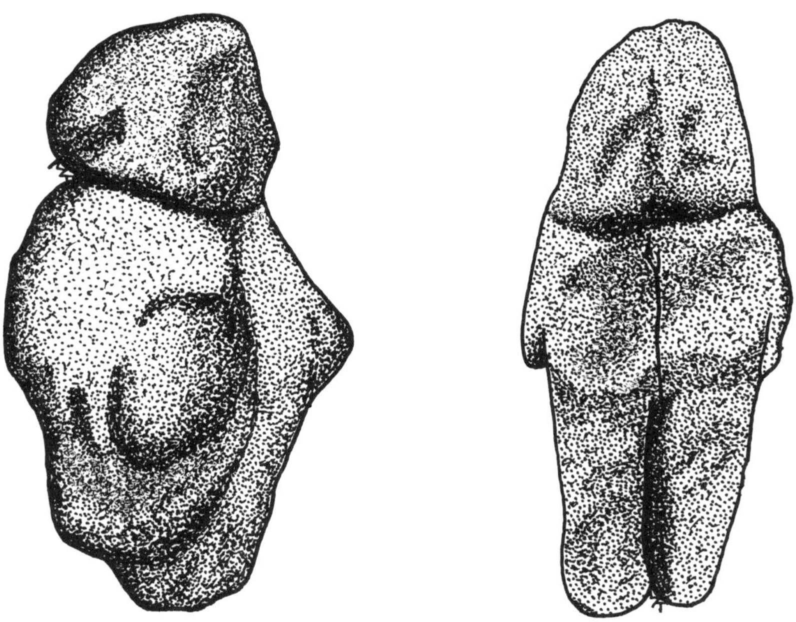

^
Protokunst schon im Altpaläolithikum? Auffällig menschenartig geformte „Figurensteine" von den über 230 000 Jahre alten Fundstätten Berekhat Ram auf den Golanhöhen (links) und Tan-Tan in Marokko (rechts).

SO ALT WIE DIE MENSCHHEIT

So deutet also alles im archäologischen Material darauf hin, dass bereits der *Homo erectus* über eine frühe Form von Sprache verfügte, und in diese Richtung weisen ja auch das rasante Gehirnwachstum und das für die Artikulationsfähigkeit wichtige Absinken des Kehlkopfes bei diesem Hominiden (vgl. S. 53 und 63). Stellt man in Rechnung, dass er gleichzeitig als erster unserer Vorfahren unbestritten die Bezeichnung „Mensch" verdient (vgl. S. 78), so lässt sich mit Fug und Recht sagen, dass die Sprache tatsächlich so alt ist wie der Mensch selbst, dass sie zu ihm gehört wie der aufrechte Gang, das entwickelte Gehirn, die geschickte Hand und die technologische, geistige und soziale Kultur – ja, dass sie den Prozess der Menschwerdung, der Hominisation, in gewissem Sinne erst ermöglicht hat.

Ausdrücklich hinzuzufügen ist dabei, dass die für diesen Prozess ins Auge gefasste Zeittiefe von 500 000 Jahren eine Mindestschätzung darstellt. Es ist nämlich keineswegs ausgeschlossen, dass sich ein Teil der Indizien, die auf das Sprachvermögen des entwickelten *Homo erectus* schließen lassen, im Zuge der weiteren Forschungsarbeit auch schon bei seinen Frühformen oder bei noch älteren Hominiden nachweisen lassen werden, über deren Lebensweise und technologischen Entwicklungsstand wir bis heute nicht viel wissen. „Ich hege den Verdacht, dass mit Nachforschungen, die auf den Hinterlassenschaften einer urzeitlichen Gruppe beruhen, das Alter der Sprache gravierend unterschätzt wird", schreibt daher auch der Linguist Steven Pinker (vgl. S. 67). Unter Hinweis auf die Vergänglichkeit der meisten frühmenschlichen Artefakte möchte er es nicht ausschließen, dass „die ersten Spuren einer Sprache möglicherweise bereits zu Zeiten des *Australopithecus afarensis* (vgl. S. 48) aufgetaucht" sein könnten.[27] Träfe diese Spekulation zu, so würde das Alter der Sprache nicht nach Jahrhunderttausenden, sondern sogar nach Jahrmillionen zu zählen sein!

AKTUELLE SPEKULATIONEN ÜBER DIE „URSPRACHE"

Die zur Zeit so populäre These von der Entstehung der Sprache erst vor wenigen zehntausend Jahren (vgl. S. 71 f.) erweist sich bei näherem Hinsehen also als ebenso unhaltbar wie die Behauptung, „wirklich" menschliches Denken und „wirklich" menschliche Kultur hätten erst mit dem modernen Homo sapiens – also mit uns – begonnen.

Sicherlich vernünftig und zutreffend ist es hingegen, eine schrittweise Höherentwicklung der beim *Homo erectus* begonnenen Kultur und Sprache im Verlauf der weiteren Evolution hin zum modernen Homo sapiens anzunehmen. Die Kultur des *Homo erectus* war noch sehr einfach, und auch seine Sprache dürfte ebenso undifferenziert und roh gewesen sein wie seine Gravierungen und Schnittfolgen auf den Tierknochen. Sie beruhte mit Sicherheit schon auf der symbolischen Repräsentation von Objekten und Ideen durch Wörter, die aus artikulierten Lautfolgen bestanden und innerhalb der Gemeinschaften konventionell festgelegt waren, wie es das Wesen jeder Sprache ausmacht (vgl. S. 39). Freilich dürfte der auf diese Weise gebildete Wortschatz – verglichen mit dem heutiger Sprachen – noch sehr begrenzt gewesen sein. Auch die Syntax war mit Sicherheit noch erheblich simpler, und doch muss sie von Anbeginn in zumindest rudimentärer Form existiert haben, denn schon im Stadium der Zwei-Wort-Sätze taucht das Problem der Wortanordnung und der Wortbezüge auf: eine völlig grammatiklose Sprache, die nicht eindeutig zwischen den Mitteilungen „Yak hat ein Nashorn getötet" und „ein Nashorn hat Yak getötet" unterscheiden ließe, wäre auch für den *Homo erectus* unbrauchbar und gefährlich gewesen. Insofern sind die Spekulationen über eine agrammatische „Protolanguage" am Beginn der Menschheitsgeschichte (vgl. S. 72 f.) eher mit Vorsicht zu genießen.

Mit einiger Sicherheit erging sich der *Homo erectus* aber am abendlichen Lagerfeuer noch nicht in wohlgesetzten Schachtelsätzen über den Zustand der Welt und des Universums. Das pflegen jedoch auch heutige Kinder im Alter von zwei oder drei Jahren noch nicht zu tun, ohne dass man deshalb ihren Drei- oder Vier-Wort-Sätzen die Bezeichnung als Sprache aberkennen würde. Ähnlich wie sich aus ihren zu Beginn noch recht einfachen und gerippehaften Wortketten im Laufe der Jahre und über mehrere Zwischenstufen hinweg die komplexe Sprache des Erwachsenenalters entwickelt, dürfte auch aus der zu Beginn noch keimhaften und rudimentären frühmenschlichen Sprache im Laufe der Jahrhunderttausende das flexible und fast unbegrenzt leistungsfähige Kommunikationsinstrument hervorgegangen sein, über das wir heute verfügen.

DIE SPRACHE DES NEANDERTALERS

Die einzelnen Zwischenstationen dieses zu vermutenden Entwicklungsprozesses lassen sich, wie bereits kurz erörtert (vgl. S. 77), aus den in dieser Hinsicht nur begrenzt aussagekräftigen Knochenresten und archäologischen Hinterlassenschaften unserer Vorfahren kaum erschließen. Hervorgehoben werden muss jedoch, dass mit Ausnahme der sehr umstrittenen Rekonstruktionen des Lautbildungstraktes (vgl. S. 62–65) nichts dagegen spricht, auch für den oft unterschätzten Neandertaler ein bereits recht entwickeltes Sprachvermögen anzunehmen. Dieser Altmensch besaß wie erwähnt ein Gehirn, das sich in seinem Aufbau kaum mehr von dem unseren unterschied und im Durchschnitt sogar etwas größer war (vgl. S. 53 f. und

^
Moderne Neandertaler-Rekonstruktion aus dem Neanderthal-Museum in Mettmann. Es ist anzunehmen, dass bereits dieser Altmensch über ein entwickeltes Sprachvermögen verfügte.

58). In seiner Blüteperiode, dem Moustérien vor ca. 100 000 bis 30 000 Jahren (vgl. S. 74), verdichten sich die Zeugnisse technologischer und geistiger Kultur, und das beim *Homo erectus* noch vergleichsweise grobmaschige Netz kultureller Errungenschaften erscheint zunehmend engmaschiger, reichhaltiger und differenzierter.

So ist aus dieser Periode erstmals die fürsorgliche Bestattung der Toten in Gräbern belegt, die möglicherweise schon mit irgendeiner Form von Jenseitsglauben in Verbindung stand.[1] An den Wohn- und Bestattungsplätzen der Neandertaler finden sich darüber hinaus nun fast regelmäßig Ockerstücke oder Brocken anderer Farbstoffe (vgl. S. 83 f.), und auch durchbohrte Tierknochen und Tierzähne, die vermutlich als Schmuckstücke dienten, tauchen jetzt erstmalig auf.[2] Hinweise auf Tier- und Schädelkulte, die man früher an den altmenschlichen Fundplätzen entdeckt zu haben glaubte, werden heute zwar überwiegend mit Skepsis betrachtet, doch ist an der Neandertaler-Fundstätte Krapina in Kroatien mit einiger Wahrscheinlichkeit ritueller Kannibalismus belegt.[3] Das alles deutet auf eine Ausweitung und Vertiefung jener geistig-spirituellen Welt jenseits des Lebensnotwendigen hin, die beim *Homo erectus* ihren Anfang nahm (vgl. S. 83–85) und die ohne Sprachlichkeit kaum denkbar ist. Auch der Neandertaler von La Chapelle-aux-Saints in Frankreich, dessen Anatomie gleich mehrfach als Paradebeispiel für ein bestenfalls rudimentäres Sprachvermögen herangezogen wurde (vgl. S. 47 und 62), war in einer 40 cm tiefen Erdgrube in Rückenlage und mit angezogenen Beinen beigesetzt worden – nicht eben die Art des Umgangs mit einem Toten, die man bei stammelnden Halbtieren erwarten würde.

DER FRÜHMODERNE HOMO SAPIENS – EIN MENSCH WIE WIR

Für den frühmodernen Homo sapiens, der auch anatomisch weitgehend uns heutigen Menschen entsprach (vgl. S.51 f.), bezeugt die archäologische Überlieferung dann seit dem Beginn des Jungpaläolithikums vor etwa 40 000 Jahren eine derartige kulturelle Fülle und Vielfalt, dass kaum ein Forscher an seinen geistigen und sprachlichen Fähigkeiten zweifelt. Ein breites Spektrum von Werkzeugen und Geräten aus Feuerstein, Knochen und Geweih – viele davon aus mehreren Teilen zusammengesetzt – wurde nun serienmäßig und in standardisierter Form hergestellt (vgl. S. 72 f.). Schmuckanhänger und Kleidungsbesatzstücke aus durchbohrten Tierzähnen, Elfenbeinperlen oder Muschelschalen sind jetzt sehr häufig und belegen die alltägliche Sitte des Körperschmucks, der sicherlich auch als soziales Signal fungierte und den Status der einzelnen Individuen wie auch die Identität der verschiedenen Gruppen zum Ausdruck brachte.

Vor allem aber stammen aus dieser Periode der „kulturellen Explosion" die ersten völlig frei gestalteten Kunstwerke der Menschheitsgeschichte – kleine Elfenbeinfigürchen von Tieren und Menschen (Abb. S. 108) sowie die weltbekannten Höhlenmalereien in der Grotte Chauvet, in Lascaux (Abb. S. 116) und Altamira, in denen sich kreativer Gestaltungswille und künstlerisches Gestaltungsvermögen eindrucksvoll manifestieren. In diesen Kunstwerken aus der letzten Eiszeit erkennen wir uns spontan wieder, und so gibt es wohl auch keinen Zweifel daran, dass die frühmodernen Menschen, die sie schufen, ebenso dachten, fühlten und sprachen wie wir.

Spätestens für diese Periode des Jungpaläolithikums, aus der nicht nur mehrere unterschiedliche Regionaltypen des Homo sapiens, sondern auch eine Vielzahl charakteristischer regionaler Kulturgruppen bekannt sind, ist mit einiger Sicherheit auch die Existenz einer ganzen Anzahl von unterschiedlichen Sprach- und Dialektgruppen anzunehmen. Ob dies jedoch das Ergebnis eines sprachlichen „Babylon" – der Aufspaltung einer bis dahin einheitlichen Ursprache im Sinne des biblischen Gleichnisses – war (vgl. S. 14), darüber lässt sich nur spekulieren. Viele Anhänger der Theorie von der „afrikanischen Eva" (vgl. S. 51) gehen tatsächlich von einer solchen sprachlichen Monogenese vor etwa 100 000 Jahren irgendwo im südlichen Afrika aus – das einzigartige und ganz plötzlich entstandene Uridiom hätte sich dann im Verlauf des sapienten Siegeszuges rund um die Erde während der letzten 50 000 Jahre (vgl. S. 51 und 72) in unterschiedliche Sprachzweige aufgefächert. Vermutet man die Anfänge der Sprache hingegen bereits beim *Homo erectus*, wie es in diesem Buch geschieht, dann erscheint ihre Auffächerung in verschiedene Regionalzweige angesichts der weiten Verbreitung dieses Frühmenschen über drei Kontinente und riesige geographische Räume bereits vor etlichen hunderttausend Jahren als sehr viel wahrscheinlicher – wenn sie nicht sogar im Sinne einer Polygenese von vornherein in verschiedenen Regionen parallel entstand.

DIE „SPRACHE DER EISZEIT"

Wie die „Sprache der Eiszeit" klang, wird wohl trotz eines Buches mit diesem Titel, in dem der Paläolinguist Richard Fester 1962 bis zum Urwortschatz des paläolithischen Menschen vorzudringen versuchte, und trotz jüngerer Bemühungen in dieser Richtung (vgl. S. 95 f.) niemals genauer zu erfahren sein. Die Methoden der Vergleichenden Sprachwissenschaft stoßen bei derart weit zurückliegenden Zeiträumen an ihre Grenzen, und außer ihnen existiert in dieser Hinsicht keine andere Erkenntnisquelle. Ebenso wenig besteht die Aussicht, jemals etwas Genaueres über die Art und Weise zu erfahren, in der sich die Sprache beim frühen Menschen herausbildete. Über derartige Fragen können wir – wie die Philosophen vor 200 Jahren (vgl. S. 17–20) – lediglich spekulieren.

Besonders populär sind in dieser Hinsicht zur Zeit Theorien, die die Sprachentstehung in erster Linie aus bestimmten Erfordernissen des Soziallebens erklären. Schon in den 1970er Jahren vermuteten beispielsweise die Soziobiologen Doris und David Jonas, die Sprache sei ursprünglich „nicht als Medium für den Informationsaustausch" zwischen den erwachsenen

^
Schimpansenmutter mit ihrem Jungen. Einige Forscher vertreten neuerdings die Meinung, die Sprache sei als Mittel der sozialen Bindung aus der Kommunikation zwischen Mutter und Kind hervorgegangen.

Mitgliedern der frühmenschlichen Gruppen, sondern „als Mittel zur arterhaltenden sozialen Bindung" zwischen Müttern und ihren Kindern entstanden, indem erstere es sich angewöhnten, auf das unbewusste Lallen der letzteren zu antworten.[4] Der britische Psychologe Robin Dunbar wiederum mutmaßte 1996, die Sprache habe von Anbeginn vor allem dazu gedient, „Beziehungen zu knüpfen und zu pflegen" und sei „als eine Art akustischen Kraulens" an die Stelle der soziale Bindungen schaffenden gegenseitigen Fellpflege bei den anderen Primaten (vgl. S. 36) getreten, als das körperliche Kraulen wegen der zunehmenden Größe der frühmenschlichen Gruppen nicht mehr möglich war.[5] Andere Forscher wiederum möchten die Sprachentstehung aus urgeschichtlichen Rangordnungskämpfen und dem „sozialen Schach" innerhalb der Hominidengemeinschaften erklären.

DIE KULTUR WAR DER SCHLÜSSEL

Alle diese Theorien sind als Gedankenspiele zweifellos anregend und interessant, sie können aber kaum einen höheren Grad an Wahrscheinlichkeit für sich beanspruchen als die glottogenetischen Spekulationen eines Herder oder Condillac im 18. Jahrhundert (vgl. S. 16 f.). Letztlich spiegelt sich in ihnen nämlich vor allem der Umstand, dass in unserer postindustriellen Gesellschaft technologische und „materialistische" Erklärungsmuster nicht mehr *en vogue* sind und dass man daher auch im frühen Menschen nicht mehr so sehr den Werkzeughersteller und Techniker als vielmehr das Gesellschaftswesen, den „social player", sehen möchte. Verstärkt wird diese Perspektive noch durch die zahlreichen neuen Erkenntnisse, die die Verhaltensforschung in den letzten Jahrzehnten über das Sozialverhalten der Affen und Menschenaffen, über seine Komplexität und Bedeutung im Leben dieser Tiere gewonnen hat (vgl. S. 36 f.). Die Schlussfolgerung, dass die Organisation des Zusammenlebens auch im Alltag unserer Urahnen eine zentrale Rolle gespielt haben muss und einen Großteil ihrer Zeit und ihrer Kräfte in Anspruch nahm, ist sicherlich richtig und sollte dazu Anlass geben, ab und zu über den archäologischen Tellerrand zu blicken und nicht dem Irrtum zu erliegen, das Leben der altsteinzeitlichen Menschen habe sich im Verfertigen von Steinwerkzeugen erschöpft.

Allerdings zeigen gerade die Erkenntnisse über das Sozialleben der Affen auch eindrucksvoll, wie gut die gestisch-mimischen Signale und die nichtsprachlichen Laute dieser Tiere (vgl. S. 36 f.) den Zusammenhalt und die Rangordnung innerhalb der Gruppen zu wahren vermögen und wie leistungsfähig sie selbst bei der Bewältigung komplizierter gruppendynamischer Prozesse sind. Es stellt sich daher die Frage, warum ein solcher – schon bei den anderen Primaten optimal organisierter – Lebensbereich bei unseren Vorfahren ganz ohne Not einen derart fundamentalen Entwicklungsschritt wie die Herausbildung der Sprache ausgelöst haben sollte. Es erscheint hier doch sehr viel näher liegend, dass es gerade die neuen, bei den anderen Primaten nicht existierenden Anforderungen, Tätigkeiten und Bedürfnisse einer zunehmend technologisch-kulturellen Lebensweise waren, die bei den frühen Menschen einen Selektionsdruck in Richtung Sprachentwicklung ausübten.

BESITZT DER MENSCH EINEN „SPRACHINSTINKT"?

Diese Vermutung steht im übrigen keineswegs im Widerspruch zu der Annahme, dass die Sprache beim heutigen Menschen zu einem regelrechten, genetisch verankerten Instinkt geworden sei. Ursprünglich entwickelt wurde diese Hypothese in den 1960er Jahren von dem amerikanischen Sprachwissenschaftler Noam Chomsky, und große Popularität erlangte sie durch einen Bestseller mit dem Titel „Der Sprachinstinkt", den der kanadische Linguist Steven Pinker 1994 veröffentlichte. Beide Forscher verweisen zur Untermauerung ihrer Ansicht auf die erstaunliche Leichtigkeit, mit der Kleinkinder im Alter zwischen einem und drei Jahren überall auf der Welt dazu in der Lage sind, ihre Muttersprache und gegebenenfalls noch weitere Idiome zu erlernen, sowie auf die übereinstimmende „Tiefenstruktur" aller Sprachen der Erde trotz ihrer Unterschiede in Grammatik und Wortschatz.

Dieser stark biologisch geprägte Denkansatz scheint einer kulturellen Fundierung der Sprache auf den ersten Blick zu widersprechen und sie zu einem reinen Produkt unserer Naturgeschichte zu erklären. Doch beide Positionen sind durchaus miteinander vereinbar, wenn man berücksichtigt, dass auch anderswo in der menschlichen Evolutionsgeschichte Natur und Kultur intensiv aufeinander einwirkten und eine untrennbare Symbiose miteinander eingingen. Auch unser großes Gehirn und unsere zu feinsten Bewegungen fähige Hand gehören ja ohne Zweifel zur körperlichen Grundausstattung des heutigen Menschen und sind damit ein fester Bestandteil unserer biologischen Natur geworden; dennoch bildeten auch sie sich ursprünglich aufgrund der immer stärker von Technik und Kultur geprägten Lebensweise der frühen Menschen heraus. Weil unsere Vorfahren bei der Jagd wie auch bei der Herstellung ihrer vielfältigen Gerätschaften tagtäglich schwierigere Aufgaben zu bewältigen und differenziertere Handbewegungen auszuführen hatten als die anderen Primaten, brachte die genannte Spezialisierung beider Körperorgane ihnen ausgesprochene Vorteile, die offenkundig auch den Nachteil überwogen, den der stetig wachsende Energiebedarf des Gehirns wie auch der zunehmende Verlust der primatentypischen Kletter- und Hangelfähigkeit bedeuteten.

In ganz ähnlicher Weise dürften sich auch die ersten Ansätze zur Ausbildung der Sprache bei den Hominiden nur deshalb durchgesetzt und weiterentwickelt haben, weil sie auf dem Hintergrund der sich entfaltenden kulturellen Lebensweise von Vorteil waren und daher evolutionär „honoriert" wurden, obwohl ja auch sie schwerwiegende Nachteile etwa beim Atmen und Schlucken zur Folge hatten (vgl. S. 60). Natur- und Kulturgeschichte waren also vermutlich auch hier untrennbar miteinander verbunden, und so kann man die Sprache ebenso gut als zum Instinkt gewordenen Teil unserer biologischen Natur wie auch als evolutionäres Produkt unserer Kulturgeschichte betrachten.

Die Sprache, so kann man zusammenfassen, ist dem Menschen weder vom Himmel her zugefallen, noch dürfte sie ein zufälliges Spiel der Natur gewesen sein. Ihre Entstehung war vielmehr eine Antwort – die spezifisch menschliche Antwort – auf die Erfordernisse einer stetig komplexer werdenden Lebens- und Daseinsweise, auf die Entwicklung von Technik und Kultur, die als neue, im Tierreich nur rudimentär vorhandene Erscheinungen auch ein neuartiges und leistungsfähigeres Kommunikationssystem erforderten. Ob innerhalb der neuen Daseinsform indessen einzelne Bereiche wie etwa die Geräteherstellung, die Gewinnung und Verteilung der Nahrung, die Organisation des Zusammenlebens oder das Nachdenken über die Welt und das eigene Selbst die Entwicklung der Sprache in besonderem Maße förderten, wissen wir nicht und werden wir wohl auch nie erfahren. Das Wissen, dass sie aus diesem Gesamtkontext heraus entstand und dass dies bereits sehr früh – vermutlich beim *Homo erectus* – geschehen sein dürfte, muss uns genügen; es ist mehr, als frühere Forschergenerationen sich erhoffen durften.

Sprachfamilien und „Urwörter"

Nach den hochfliegenden Hoffnungen des 19. Jahrhunderts, die „Ursprache des Menschengeschlechts" rekonstruieren zu können (vgl. S. 18), hatte sich in der Sprachwissenschaft zu Beginn des 20. Jahrhunderts Ernüchterung breit gemacht: Die Auffassung setzte sich durch, dass man mit den Mitteln des Sprachenvergleichs, der komparativen Linguistik, nur die Sprachzustände der letzten 6000 bis 8000 Jahre erschließen könne, und diese Position wird bis heute von den meisten Linguisten vertreten (vgl. S. 20).

Dies konnte freilich niemals Amateurforscher und wissenschaftliche Außenseiter davon abhalten, sich dennoch auf die Suche nach der „Ursprache" zu begeben, und in jüngerer Zeit glaubt auch eine Minderheit unter den Fachlinguisten wieder, die angenommene zeitliche Grenze für Sprachrekonstruktionen durchbrechen und erheblich tiefer in die sprachliche Vergangenheit des Menschen vordringen zu können. Diese Versuche werden zwar vielfach immer noch belächelt, doch sind sie mittlerweile zu einer kaum mehr zu übersehenden Untergrundströmung innerhalb der Vergleichenden Sprachwissenschaft geworden.

Der bedeutendste unter ihnen nahm in der früheren Sowjetunion seinen Anfang. 1964 veröffentlichten die russischen Linguisten Wladislaw M. Illitsch-Switytsch und Aaron B. Dolgopolsky unabhängig voneinander Arbeiten, in denen sie sechs

^
Nach der Bibel (1. Mos. 11) entstand die Sprachenvielfalt aus der „Sprachverwirrung", mit der Gott die Menschen für den überheblichen Versuch bestrafte, in Babylon einen Turm bis zur Höhe des Himmels zu errichten. – Pieter Bruegel d. Ä., Der Turmbau zu Babel, 1563.

der allgemein anerkannten europäischen, asiatischen und afrikanischen Sprachfamilien zu einer gemeinsamen „Makro"- oder „Megafamilie" zusammenfassten. Ihr sollen die in weiten Teilen Europas und Mittelasiens gesprochenen indoeuropäischen Sprachen, die in Nordafrika und auf der Arabischen Halbinsel verbreiteten afroasiatischen Idiome, das in Sibirien gesprochene Altaisch, das nordrussische Uralisch, die südkaukasischen Dialekte am Schwarzen Meer und das in Südindien verbreitete Drawidisch angehört haben.

Die beiden russischen Forscher begnügten sich freilich nicht mit der Behauptung der Verwandtschaft – sie machten sich auch an die Rekonstruktion der gemeinsamen „nostratischen" Stammsprache, die den sechs Sprachfamilien ursprünglich zugrunde gelegen haben soll. Illitsch-Switytsch rekonstruierte durch Wortvergleiche nach den klassischen Regeln der Sprachwissenschaft (vgl. S. 22) über 350 nostratische Wortwurzeln und verfasste sogar ein Gedicht auf nostratisch, Dolgopolsky – der in den 1970er Jahren nach Israel emigrierte – baute zusammen mit anderen Forschern das nostratische Wörterbuch auf über 1000 Wurzeln, das heißt Wortstämme, aus.

Im Westen blieben diese Bemühungen aufgrund des Kalten Krieges und der daraus resultierenden Zweiteilung auch der wissenschaftlichen Welt lange Zeit weitgehend unbekannt. In den USA rekonstruierten freilich Joseph H. Greenberg – ein hoch angesehener, wenngleich nicht unumstrittener Sprachwissenschaftler – und einige seiner Kollegen eine ähnlich umfassende, nur in einigen Details von dem russischen Entwurf abweichende „Eurasiatische Überfamilie".

Die Mehrheit der Vergleichenden Linguisten steht diesen Entwürfen bis heute skeptisch bis ablehnend gegenüber. Sie geben zu bedenken, dass die nostratische bzw. eurasiatische Makrofamilie fast nur auf der Basis von Wortähnlichkeiten, nicht aber von Parallelen in der Grammatik erschlossen wurde, wie es wünschenswert wäre – die grammatikalischen Tiefenstrukturen einer Sprache sind nämlich sehr viel beständiger als ihr Wortschatz und bilden daher auch ein ungleich zuverlässigeres Indiz für Verwandtschaften. Die Kritiker weisen ferner darauf hin, dass die bei der Rekonstruktion des nostratischen Wörterbuchs zugrunde gelegten indoeuropäischen und anderen stammsprachlichen Wortwurzeln ihrerseits nur rekonstruiert und in keiner lebenden oder schriftlich überlieferten Sprache wirklich belegt sind (vgl. S. 22 f.). Es handelt sich beim Nostratischen somit gleichsam um eine „Rekonstruktion zweiten Grades", die zwangsläufig noch um ein Vielfaches unsicherer ausfallen muss als diejenige der Stammsprachen der einzelnen Sprachfamilien.

Die Nostratiker schließen aus bestimmten Indizien, dass die von ihnen rekonstruierte Sprache gegen Ende der letzten Eiszeit, vor etwa 12 000 bis 15 000 Jahren, gesprochen worden sei. Während dieser Periode existierten nach den Erkenntnissen der Archäologie in Eurasien aber eine Vielzahl markant unterschiedlicher Regionalkulturen (vgl. S. 90), und es erscheint wenig plausibel, dass sie alle über eine einheitliche Sprache oder auch nur eine Reihe einander sehr ähnlicher Einzelidiome verfügt haben sollen. Wenn man die Existenz einer solchen, über weite Teile Eurasiens verbreitete Protosprache annehmen wollte, so wäre sie auf der Basis des „Out-of-Africa"-Modells (vgl. S. 51) sehr viel eher in der Zeit der Einwanderung und Niederlassung des frühmodernen Menschen in Asien und Europa, d. h. vor etwa 40 000 Jahren, zu erwarten.

Sollte das Nostratische aber tatsächlich vor 12 000 bis 15 000 Jahren existiert haben, dann könnte es sich sehr viel eher um die Regionalsprache eines bestimmten Gebietes gehandelt haben, die sich erst zu einem späteren Zeitpunkt über größere Regionen ausbreitete und dabei in unterschiedliche Dialektgruppen zerfiel. Eine solche Expansion könnte beispielsweise vor 8000 bis 10 000 Jahren im Zusammenhang mit der Verbreitung der Landwirtschaft von ihrem nahöstlichen Entstehungszentrum aus erfolgt sein (vgl. S. 24), wie einige Fachleute annehmen.

Manchen Forschern gehen derartige Entwürfe indessen noch nicht weit genug – sie suchen, wie schon viele Gelehrte des 19. Jahrhunderts (vgl. S. 18), wieder nach der einen und einzigen Ursprache der gesamten Menschheit, die nach der „Eva-Theorie“ noch vor der Herausbildung des Nostratischen und anderer vergleichbarer Protosprachen in Gebrauch gewesen sein müsste. Wenn man „sehr wahrscheinlich einen afrikanischen Ursprung der ganzen Menschheit vor 100 000 Jahren anzunehmen“ habe, schrieb 1991 etwa der britische Prähistoriker Colin Renfrew, „ist es dann undenkbar, dass in der heutigen Vielfalt der menschlichen Sprachen einige Echos von Worten bewahrt sein könnten, die damals (…) in einer einzigen hypothetischen Ursprache benutzt wurden, welche man ‚Proto-Weltsprache‘ nennen könnte?“[6]

Joseph H. Greenberg glaubte schon in den 1970er Jahren, solche Echos aus der Urzeit gefunden zu haben: Die Wortwurzel *tik* beispielsweise kommt nach seinen Untersuchungen in Sprachen der verschiedensten Erdregionen und Überfamilien vor, und zwar immer für die Begriffe ‚Hand, Finger‘ oder das beim Zählen davon abgeleitete Wort ‚Eins‘.

Solche sprachlichen Überraschungsfunde sind für die einen verheißungsvolle Vorboten einer zukünftigen Linguistik, der es gelingen könnte, auf wissenschaftlicher Grundlage in die dunklen Zeiträume „vor Babel“ hineinzuleuchten. Die anderen – derzeit gewiss in der Überzahl – verweisen solche Hoffnungen dagegen ins Reich der Phantasie. „Man kann anerkennen und einsehen“, schrieb 1973 beispielsweise der Linguist Gerhard Doerfer über den „Omnikomparativismus“, „dass eine exakte quantitative Analyse wissenschaftlich zuverlässiger ist als die bloße Wörtersammlung nach der *kling-klang*-Methode. Man kann aber von dieser Tatsache auch wegsehen, und dann sieht man sie eben nicht. (…) Menschlich ungemein sympathisch und verständlich ist sie schon, diese Sammlung vieler Wörter, diese Freude an der bunten Vielfalt – und an dem steten Gleichklang in all der Vielfalt. (…) Aber man sollte doch bedenken, dass das nicht *science* ist, sondern *science fiction*“. Und er verglich die rekonstruierte indoeuropäische Stammsprache (vgl. S. 22 f.) mit einer „weiten dämmerigen Lichtung, in die immerhin von oben her dünne Streifen Lichtes fallen“ – „hier mag man nun spielen und sich ergötzen. Dahinter aber beginnt der dunkle Urwald der Glottogonie (=Vergleichenden Sprachursprungsforschung) voll lastenden Schweigens, ewiger Dunkelheit und wuchernden Gestrüpps, in dem man sich unentrinnbar verfängt. In diesen dunklen Wald sollten wir nicht hineingehen; denn eben dort, wo der dunkle Wald anfängt, hört alles Wissen auf.“[7]

II DIE ENTSTEHUNG DER SCHRIFT

FELSBILDER UND ZÄHLKERBEN

ÜBER VORSTUFEN UND VORLÄUFER DER SCHRIFT

Ist die Sprache so alt wie die Menschheit und ein grundlegender Bestandteil des Menschseins, so entstand unser zweites Hauptkommunikationsmittel, die Schrift, erst vor rund 5000 Jahren und ist damit vergleichsweise jung. Während des allergrößten Teils seiner Geschichte – über Jahrhunderttausende und Jahrmillionen hinweg – entwickelte sich der Mensch ohne sie, und noch heute kann ein großer Teil der Menschheit weder lesen noch schreiben, kommen viele Kulturen gänzlich ohne dieses komplizierte und von der persönlichen Begegnungsebene abgehobene Kommunikationsmittel aus.

Bis vor rund 10 000 Jahren prägten kleine, nur wenige Dutzend Personen umfassende Jäger- und Sammlergruppen, wie sie heute nur noch in einigen Rückzugsgebieten existieren, überall auf der Welt das Bild menschlicher Kultur, und ihnen folgten einfache Bodenbaukulturen mit Siedlungsgemeinschaften von ebenfalls nur einigen Dutzend, höchstens wenigen hundert Menschen. In beiden Gesellschaftstypen waren die Lebens- und Arbeitszusammenhänge so überschaubar, die sozialen Kontakte so unmittelbar und die wirtschaftlichen Vorgänge so unkompliziert, dass das gesprochene Wort in der Regel zur Bewältigung der Alltagserfordernisse völlig ausreichte. Was man sich mitzuteilen hatte, sagte man im direkten Gespräch, kulturelles Wissen und handwerklich-technische Erfahrung wurden ebenfalls unmittelbar durch Wort und Anschauung von Generation zu Generation weitergegeben (vgl. S. 70 f.), und auch mythische Erzählungen wurden mündlich rezitiert und lebten allein im Gedächtnis der Menschen fort, nicht in irgendwelchen Aufzeichnungen.

Unter solchen Verhältnissen kam naturgemäß den Alten eine besondere Rolle im Rahmen der Gemeinschaften zu. Während sie in der modernen Informationsgesellschaft mit ihrem sich alle paar Jahre verdoppelnden, in Büchern und auf Mikrochips gespeicherten Wissen nur allzu leicht von der technisch-wissenschaftlichen Entwicklung überholt werden, waren und sind sie in den schriftlosen Kulturen, in denen keine von den Menschen unabhängige Überlieferung existiert, die wichtigsten Bewahrer des Wissens und Vermittler der kulturellen Tradition. Dies spiegelt sich unter anderem in Institutionen wie dem Ältestenrat wieder, der noch heute in vielen traditionalen Gesellschaften eine zentrale Rolle spielt. Keine Schule erzieht dort die

Jugendlichen und keine Bibliothek belehrt die Heranwachsenden – diese Aufgaben obliegen vielmehr den ältesten und erfahrensten Mitgliedern der Gemeinschaft. „Jeder Greis, der in Afrika stirbt, ist eine Bibliothek, die verbrennt“, beschrieb der Ethnologe Amadou Hampathé Ba aus Mali diesen Sachverhalt.[1]

KOMPLEXE ERINNERUNGSTECHNIKEN

Der gebildete, in einer Welt der Computer, Zeitungen und Bücher aufgewachsene Europäer des 21. Jahrhunderts vermag sich in derartige Verhältnisse kaum mehr hineinzudenken und neigt zu der Annahme, Gesellschaften mit ausschließlich oraler Überlieferung könnten nur eine äußerst simple und dürftige geistige Kultur hervorbringen. Doch diese Vermutung beruht auf einem Irrtum, denn die Menschen in den schriftlosen Kulturen besaßen und besitzen ein hervorragend geschultes Gedächtnis und verfügen außerdem über ein reiches Instrumentarium an sog. „Mnemotechniken“ (von griech. *mneme* = Erinnerung), die die zuverlässige Speicherung von Informationen im Gedächtnis und ihre mündliche Weitergabe erleichtern.

Die Anbindung von Texten an einen festen Rhythmus und eine gleichmäßige Sprachmelodie ist ein solches Mittel, ebenso wie die Unterstreichung dieses Rhythmus durch gleichmäßige Bewegungen, Musik und Tanz oder die Standardisierung des Ausdrucks durch sich wiederholende stereotype Wendungen. „Ein Gedicht ist leichter zu behalten als ein Absatz Prosa; ein Lied ist leichter zu behalten als ein Gedicht“, umriss der Altphilologe Eric A. Havelock – einer der Wegbereiter der Oralitäts- und Literalitätsforschung – diesen Zusammenhang.[2] Nicht zufällig ist daher ein Großteil des überlieferten Wissens und kulturellen Erbes in den oralen Gesellschaften in die Form poetischer Erzählungen, Epen oder Lieder gefasst. „Elemente der Sprache, die wir heute als poetisch identifizieren, sind als Hilfsmittel einer auf das Gedächtnis gestützten Tradition erfunden worden“, schreibt der Literaturwissenschaftler Heinz Schlaffer.[3]

In einer solchen poetisch gebundenen Form können auch sehr komplexe und umfangreiche Inhalte über Generationen hinweg tradiert werden – die großen mythologischen Dichtungen und historischen Epen einiger schriftloser Kulturen gehören zum Bewundernswertesten und Eindrucksvollsten, was die menschliche Geistesgeschichte hervorgebracht hat. In vielen mündlichen Gesellschaften bildete sich für diese poetische Überlieferung des kulturellen Erbes sogar eine besondere Gruppe von Spezialisten heraus: der Berufsstand der Sänger, Barden oder Aoiden, die von Jugend an die Kunst erlernten, zur Leier, Harfe oder einem anderen Instrument die traditionellen Epen und Heldenlieder darzubieten und weiterzuentwickeln. Diese Art der Dichtung und des Gesangs diente der Unterhaltung der Zuhörer, unterrichtete sie aber gleichzeitig auch über ihre Vorfahren, über die Ursprünge und die Geschichte ihres Volkes, über die Taten der Götter und Heroen und untermauerte dadurch das gesellschaftliche Werte- und Normengefüge.

^
In vielen Kulturen spielte der Berufsstand der Sänger eine besondere Rolle bei der Überlieferung des kulturellen Erbes. Griechische Bronzestatuette eines solchen „Aoiden" mit Lyra aus dem 8. Jahrhundert v. Chr.

Seit dem Ende der 1920er Jahre revolutionierten der amerikanische Altphilologe Milman Parry und sein Schüler Albert Lord die Homer-Forschung durch ihre Hypothese, auch der große, selbst zum abendländischen Mythos gewordene griechische Dichter sei ein schriftunkundiger, nur aus dem Gedächtnis und seiner Improvisationsgabe schöpfender Aoide gewesen. Er habe die *Ilias* und die *Odyssee* mit ihren mehr als 27 000 Versen zahllose Male in niemals völlig gleicher Weise zur Leier gesungen, bevor er sie um 700 v. Chr. einem Schreiber zur Aufzeichnung in der damals noch jungen griechischen Alphabetschrift (vgl. S. 226) diktierte. Parry und Lord stützten sich bei dieser sog. „Oral-poetry-theory", die die Forschung in nachhaltiger Weise beeinflusste, vor allem auf eine Analyse des an sprachlichen Formeln und Stereotypen reichen Textes der homerischen Epen. Sie untermauerten ihre theoretischen Ergebnisse durch eingehende Feldforschungen, die sie in den 1930er Jahren in Serbien durchführten und durch die sie sich eine intime Kenntnis der Dichtung und Vortragstechnik der dort zu dieser Zeit noch tätigen schriftunkundigen Epensänger – der sog. „Guslaren“ (so bezeichnet nach dem Saiteninstrument, auf dem sie ihre Lieder begleiteten) – erwarben.

Die Diskussion ist nach wie vor im Fluss, aber vieles deutet darauf hin, dass auch die meisten großen Epen anderer Zeiten und Kulturkreise – etwa des alten Orients oder des mittelalterlichen Europa – ursprünglich aus dem Gedächtnis rezitierte, dabei immer wieder variierte und erst später schriftlich fixierte Werke waren. Allein diese herausragenden Beispiele einer mündlichen Literatur verdeutlichen eindringlich, dass Schriftlosigkeit keinesfalls mit kultureller Armut und Dürftigkeit gleichgesetzt werden darf. Es gibt daher keinen Grund, die aliteralen Kulturen gering zu schätzen, wenn man die neuen Möglichkeiten und Perspektiven in Betracht zieht, die die Schrift dem Menschen eröffnet hat.

Jede Geringschätzung wäre auch deshalb fehl am Platz, weil in den oralen Kulturen eine Fülle von gegenständlichen und graphischen Gedächtnisstützen existieren, die ähnliche Aufgaben erfüllen wie in entwickelterem Milieu die Schrift – sie können daher funktionell als deren Vorstufen und Vorläufer gelten. Wir wollen im Folgenden einige dieser Schriftvorläufer bis zurück in die Altsteinzeit unter die Lupe nehmen und uns die Frage stellen, was sie über den frühesten Zeichen- und Symbolgebrauch des Menschen und damit auch über die tiefsten Wurzeln der Schrift mitzuteilen vermögen. Dabei wird sich zeigen, dass der Mensch von Anbeginn visuelle Symbole zum Ausdruck ideeller Inhalte und zur graphischen Fixierung von Information benutzt hat und insofern zu Recht auch als „ein Zeichen verwendendes Tier“ charakterisiert werden kann.[4]

ES BEGANN MIT DEM KERBSTOCK

Eines der einfachsten und wohl auch frühesten Mittel zur Speicherung von Informationen ist der sog. Kerbstock – ein Stab aus Holz, Knochen oder anderem Material, auf dem Zahlenmengen oder andere Daten nach dem Prinzip „jede Einheit eine Markierung“ durch eingeschnittene Kerben oder Ritzlinien festgehalten werden. Der Kerbstock ermöglicht es auf diese Weise, auch ohne ein umfassendes Zahlensystem und einen abstrakten Zahlbegriff – beides existiert in archaischen Kulturen zumeist noch nicht oder nur ansatzweise (vgl. S. 159) – zu zählen und das Gezählte gleichzeitig dauerhaft zu vermerken. Diese genial einfache Methode zur Befriedigung eines nahezu überall existierenden Alltagsbedürfnisses macht es erklärlich, dass der Kerbstock jahrtausendelang auf allen fünf Kontinenten verbreitet war, dass ihn offenbar viele Völker und Kulturen unabhängig voneinander erfanden und zäh an ihm festhielten – oft auch noch lange Zeit, nachdem bereits die Schrift Einzug gehalten, aber in Teilen der Bevölkerung und besonders auf dem Lande noch nicht Fuß gefasst hatte.

Auf Kerbhölzern vermerkten Jägervölker die Menge ihrer Beute, Hirten die Anzahl ihrer Weidetiere und Eingeborene in der Südsee die Summe der

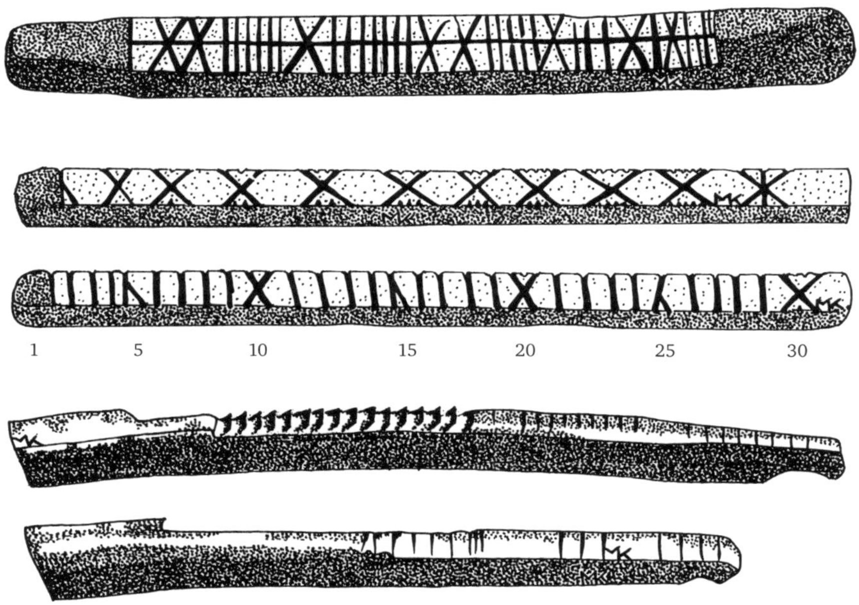

^
Neuzeitliche Kerbhölzer aus Finnland (oben, zur Notierung von Arbeitsleistungen), aus Kroatien (Mitte, von dalmatinischen Hirten) und aus dem englischen Schatzamt (unten). Mit *exchequer tallies* wie den abgebildeten führte der britische Staat bis 1826 Buch über Steuerzahlungen und -schulden.

von ihnen geernteten Kokosnüsse – auch in Europa hielten Waldarbeiter damit früher die Anzahl der von ihnen fertiggestellten Reisigbündel und Weinbergarbeiter die Menge der abgelieferten Trauben fest. Indianische Arbeiter in Los Angeles führten auf Kerbhölzern „Buch" über ihre Arbeitstage und -wochen, ebenso wie Dienstboten in Südamerika und in Afrika. Bei den westafrikanischen Ewe dienten gekerbte Stäbe als Mittel der Zeitrechnung, bei den Ainu in Japan zur Markierung wichtiger historischer Ereignisse, und die Maori auf Neuseeland führten damit ihre Ahnenregister.

In vielen Kulturen fungierten Kerbhölzer auch als eine Art von Quittung oder Schuldbrief für gelieferte Produkte oder entliehenes Geld – selbst bei uns in Europa spielten sie bis weit ins 19. Jahrhundert hinein eine heute kaum mehr vorstellbare Rolle im täglichen Geschäftsleben, namentlich auf dem Lande. Händler, Bäcker und Wirte hielten für ihre Kunden ein Kerbholz wie später ein Liefer- oder Kreditbuch, woran der noch bei uns geläufige Ausdruck „etwas auf dem Kerbholz haben" erinnert. In England verbuchte sogar das Schatzamt vom 12. bis ins 19. Jahrhundert alle Steuerabrechnungen auf kleinen Holzstäbchen, sog. *exchequer tallies* (Abb. oben). „Man führt dort Buch wie Robinson Crusoe auf seiner kleinen Insel", spottete im 19. Jahrhundert der Schriftsteller Charles Dickens, „indem man Holzstöcke mit Kerben versieht. Eine Unzahl von Buchhaltern und Schreibern wurde geboren und starb, und die amtliche Routine hielt an den Kerbhölzern fest, als seien sie die Grundfeste der Verfassung.“[5] Erst 1826 wurde diese Form der Buchführung offiziell abgeschafft – als man 1834 die alten *tallies* in einem Ofen des Oberhauses verbrannte, ging das ganze Parlamentsgebäude in Flammen auf!

Wie alt der Gebrauch von Kerbstäben ist und welche Bedeutung er vor der Erfindung der Schrift besaß, zeigt auch der Umstand, dass in China das Schriftzeichen für ‚Vertrag‘ noch heute aus einem Zeichen für ‚Kerbholz‘ (Stab mit Kerben), einem Zeichen für ‚Messer‘ und dem Symbol für ‚groß‘ besteht. Ein Vertrag ist dort also gleichbedeutend mit einem „großen Kerbholz“, das vor der Herausbildung der chinesischen Schrift (vgl. S. 194 f.) offenkundig die entsprechenden Funktionen erfüllte. Damit ist auch der Charakter als Schriftvorläufer bzw. Schriftersatz überdeutlich belegt.

RECHENSTÄBE UND JAGDMARKEN

Möglicherweise reicht diese Methode der Dokumentation und Informationsspeicherung bis weit in die Urgeschichte zurück – jedenfalls kennt man bereits aus der Altsteinzeit eine große Anzahl von Artefakten aus Knochen, Geweih oder Elfenbein mit auffälligen Kerben und Linienreihen. Die ältesten

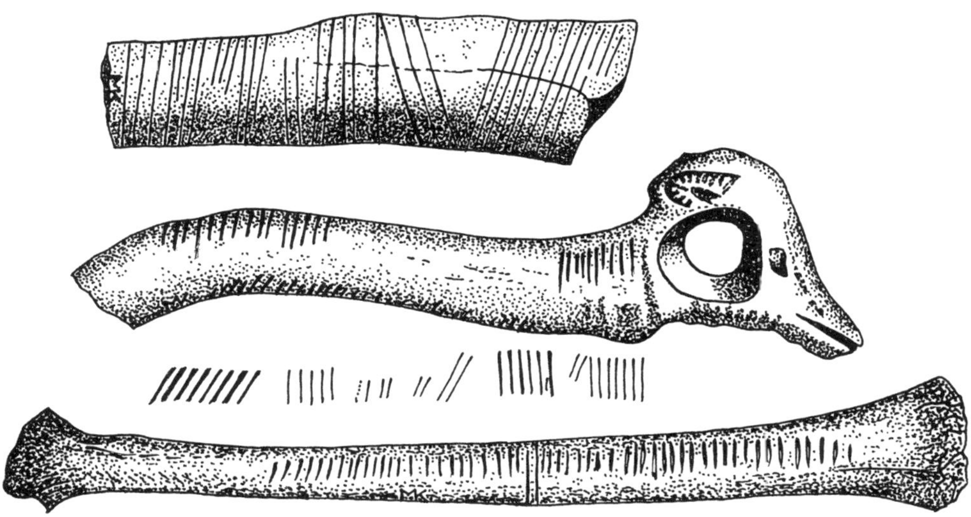

^
Mit Kerben- und Linienreihen versehene Artefakte aus der älteren Steinzeit. Oben: Etwa 40 000 Jahre alter Knochen aus einem Neandertalergrab von La Ferrassie in Frankreich; Mitte: Etwa 15 000 Jahre alter, fuchsköpfig gestalteter Lochstab aus Le Placard in Frankreich und Umzeichnung der darauf befindlichen Ritzsequenzen; unten: 25 000 Jahre alter Wolfsknochen mit in zwei Gruppen unterteilter Kerbenreihe aus Dolní Věstonice in Mähren.

unter ihnen sind die bereits erwähnten gravierten Tierknochen aus der über 300 000 Jahre alten *Homo erectus*-Fundstelle Bilzingsleben in Thüringen (vgl. S. 83 f.). Doch auch aus der Zeit des Neandertalers und des frühen Homo sapiens liegen solche linear markierten Artefakte vor, und seit dem Beginn des Jungpaläolithikums vor 40 000 Jahren (vgl. S. 73) sind sie dann fast schon an der Tagesordnung.

Über den ursprünglichen Sinn und Zweck ihrer Kerb- und Ritzsequenzen lässt sich bislang nur spekulieren. Manche Fachleute sehen darin einen rein spielerischen Zeitvertreib, vergleichbar unseren Kritzeleien beim Telefonat auf dem Notizblock; bei besonders gleichmäßigen, symmetrischen Markierungen lässt sich daneben an eine Schmuck- und Dekorationsfunktion denken; viele der Stücke haben aber auch eine bemerkenswerte Ähnlichkeit mit den Zählstäben der historischen Zeit, und so liegt es nahe, sie als deren urgeschichtliche Vorläufer anzusehen.

Schon im 19. Jahrhundert interpretierten zwei Pioniere der Altsteinzeit-Forschung, der Franzose Édouard Lartet und der Engländer Henry Christy, solche Kerbknochen als „bâtons de numération“ (Zählstöcke) mit „marques de chasse“ (Jagdmarken für erlegte Tiere), und 1957 sah der Tscheche Karel Absolon in den Markierungen „nicht bloß Ornamente, sondern Zahlbegriffe“. Als Beispiel dafür führte er einen Wolfsknochen aus der Mammutjägerstation Dolní Věstonice in Mähren mit 55 weitgehend gleichmäßig aufgereihten und im Mittelfeld durch eine längere Doppellinie unterteilten Kerben an (Abb. S. 103 unten). Absolon klassifizierte diesen Knochen als „Rechenstab“, auf dem die Mammutjäger möglicherweise „Jagdmarken“ angebracht hätten, und wies auf die Zahl Fünf mit ihren Multiplikanten hin, die hier wie bei anderen gekerbten Stücken besonders oft vorkomme und daher vielleicht als Grundzahl gedient habe.[6] Andere Forscher wie der Russe Boris Frolow glaubten eine Häufung anderer Zahlen, etwa der Sieben, auf den jungpaläolithischen Artefakten feststellen zu können.

Absolon präsentierte überdies eine auf drei Seiten mit Markierungen versehene Schieferplatte aus der Pekárna-Höhle in Mähren (Abb. S. 105) als Beispiel dafür, dass man bereits vor 12 000 Jahren „außer dem einfachen Kerbstrich zuweilen auch andere Zeichen in den Gruppen [findet], besonders ein dem römischen V ähnliches Zeichen, später auch zwei gekreuzte Kerben (X) und den Punkt“. – „Ob alle diese ‚römischen‘ Zeichen in ihrer langen Zusammenstellung Zahlen ausdrücken sollen“, schrieb er, „oder ob so eine ‚römisch‘ mimikrierende Gruppe XX, XXV, XXX zahlenmäßig gar nichts bedeuten soll, das wage ich nicht zu entscheiden.“[7] Tatsächlich lässt sich allein auf Grund der Häufigkeit und Gruppierung der einzelnen Zeichen auf der Pekárna-Platte definitiv ausschließen, dass sie bereits Ziffern vergleichbar den römischen gewesen sein könnten. Falls es sich hier wirklich um eine Notierung und nicht einfach um eine Dekoration oder eine Spielerei handelt, wäre es eher denkbar, dass die unterschiedlichen Markierungen beispielsweise Einheiten verschiedener Objektklassen repräsentierten wie bei den historischen Kerbstäben zum Teil der Fall.

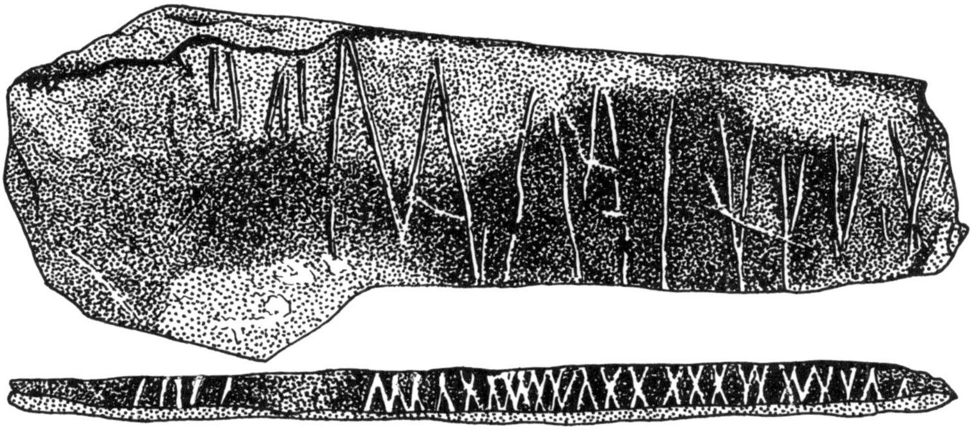

Etwa 12 000 Jahre alte Schieferplatte aus der Pekárna-Höhle in Mähren mit auf drei Seiten eingeritzten Zeichen I, Λ, V und X.

Absolon schloss seine Überlegungen mit der Feststellung: „Diese Zeichen, Linien, Striche, Grübchen, Kerben gehen den Uranfängen der Schrift voran, und sie haben daher eine entwicklungsgeschichtliche Bedeutung in der Kulturgeschichte.“[8] Andere Wissenschaftler vermochten derartigen Hypothesen hingegen kaum mehr als ein Lächeln abzugewinnen und sie lehnten sie – zumeist ohne eigene Deutungsversuche – als zu spekulativ ab. So schrieb etwa der französische Prähistoriker André Leroi-Gourhan: „Die Vorstellung vom Jäger, der jedes Mal gewissenhaft eine Kerbe in seinen kleinen Stab macht, wenn er ein Mammut erlegt hat, ist eher unterhaltsam als plausibel.“ Freilich musste auch er einräumen: „Was immer der Zweck dieser Objekte ist, ihr Vorkommen während des ganzen Jungpaläolithikums ist ein merkwürdiges Phänomen.“[9]

EIN MONDKALENDER VOR 30 000 JAHREN?

In jüngerer Zeit haben sich erneut einige Forscher den merkwürdigen Ritzartefakten gewidmet und sind dabei zu neuartigen und Aufsehen erregenden Ergebnissen gelangt. Der wohl wichtigste unter ihnen ist der ehemalige Journalist und Raumfahrtexperte Alexander Marshack. Eine Veröffentlichung über einen mit Kerbengruppen versehenen mesolithischen (= mittelsteinzeitlichen) Knochen aus Ishango in Zentralafrika hatte den Amerikaner 1963 veranlasst, seine frühere Tätigkeit aufzugeben und sich ganz dem Studium vorgeschichtlicher Gravierungen, hauptsächlich solcher der jungpaläolithischen „Eiszeitkunst“, zuzuwenden. Seine damals noch außergewöhnlichen Methoden – Detailuntersuchungen unter dem binokularen Mikroskop und stark vergrößerte fotographische Ausschnittaufnahmen – fanden in der archäologischen Fachwelt allgemeine Anerkennung. Bis heute heftig umstritten sind hingegen die Hypothesen, die er im Rahmen seiner Forschungsarbeit entwickelt hat. Marshack vertritt nämlich die Auffassung, dass die gesamte jungpaläolithische Kunst „time factored art" gewesen sei, also zeitliche Sequenzen und Beziehungen wiedergegeben habe, und dass insbesondere die mit Kerben und Markierungen versehenen Artefakte zeitliche Notierungen enthielten. Sie fungierten nach seiner Meinung als eine Art steinzeitliche Mondkalender, wie sie auch sonst die Grundlage der meisten aus der Geschichte und der Völkerkunde bekannten primitiven Zeitrechnungssysteme bildeten.

Marshacks Paradebeispiel dafür ist eine schon vor Jahrzehnten im Abri Blanchard in der Dordogne ausgegrabene, rund 30 000 Jahre alte Knochenplatte, die auf einer Seite ein schlangenförmiges Muster aus 69 grübchenartigen Vertiefungen trägt (Abb. unten). Marshack stellte bei ihrer mikroskopischen Untersuchung fest, dass diese Markierungen mit unterschiedlichen Werkzeugen in unterschiedlicher Einschnittrichtung und -tiefe angebracht wurden, und folgerte daraus, dass dies nicht in einem Arbeitsgang, sondern nach und nach im Laufe eines gewissen Zeitraums geschehen sei. Das lasse sich darauf zurückführen, dass man eine zeitliche Sequenz aufgezeichnet habe, nämlich den Zyklus des Mondes.

Nimmt man an – so der Forscher weiter –, dass jede der Vertiefungen einer Mondnacht entspricht und dass die Notierung in der Mitte links mit der letzten Sichel des abnehmenden Mondes sowie dem darauf folgenden Neumond begann, um dann Nacht für Nacht auf der Schlangenlinie vorwärts zu schreiten, so ergibt sich ein ganz bestimmtes Muster: Alle Vollmondnächte

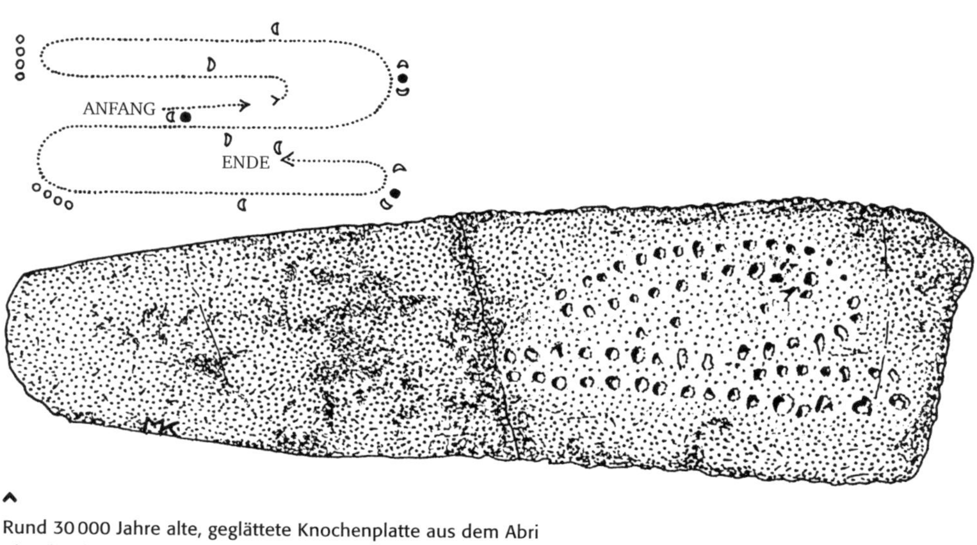

^

Rund 30 000 Jahre alte, geglättete Knochenplatte aus dem Abri Blanchard in Frankreich mit 69 in einer Schlangenlinie angeordneten Vertiefungen, die nach Meinung des amerikanischen Forschers Alexander Marshack einen Mondkalender darstellen sollen (vgl. Schemazeichnung oben links mit weißen Kreisen = Vollmonden und schwarzen Kreisen = Neumonden).

liegen dann nämlich in den beiden linken Schleifen der Figur, die Neumondnächte (abgesehen von der ersten) dagegen in den rechten, während die Halb- und Viertelmonde sich jeweils auf den Geraden befinden (Abb. S. 106 links). Die Kerbenfolge wäre demnach als ein eindrucksvolles graphisches Schema der Phasen des Mondes und seiner damit verbundenen Wanderung am Nachthimmel zu interpretieren. „Wir hätten eine visuelle, kinästhetische [Bewegung nachvollziehende] und symbolische Darstellung der Zu- und Abnahme, die dem Hersteller an jedem Punkt anzeigte, wo im Mondmonat er sich gerade befand, und das auf nichtarithmetische Weise", fasste Marshack selbst seine Deutung zusammen.[10] Dies alles ist wohlgemerkt nur eine spekulative Hypothese, aber immerhin eine in sich schlüssige. Und wie erwähnt ist dieses Stück nicht das einzige, sondern nur eines unter vielen, auf denen Marshack ähnliche Notierungen gefunden zu haben glaubt.

Die Interpretationen des Forschers stießen und stoßen in der Fachwelt freilich keineswegs auf ungeteilte Zustimmung. So stellten viele Forscher beispielsweise seine Grundprämisse in Frage, nach der eine unterschiedliche Beschaffenheit und Tiefe der Markierungen auf einem Artefakt stets auf ihre ungleichzeitige, „serielle" Anbringung im Laufe eines längeren Zeitraums schließen lässt. Andere Fachleute wiesen darauf hin, dass Marshack bei manchen Stücken erhebliche Argumentations- und Rechenkünste aufbieten muss, um die Anzahl und Gruppierung ihrer Markierungen mit den Tagen bzw. Phasen des Mondumlaufs in Übereinstimmung zu bringen. Was speziell die Knochenplatte aus dem Abri Blanchard betrifft, so hob der Anthropologe Randall White hervor, dass sie zu einer ganzen Gruppe von ähnlichen, mit gewundenen Punktreihen verzierten Artefakten gehört, die möglicherweise ein natürliches Vorbild nachahmten: die Maserung von Muschelschalen aus dem Atlantik nämlich, die in den Fundstellen Südwestfrankreichs häufig vorkommen.

Trotz solcher Einwände ist Marshacks Arbeit in ihrem Ansatz und ihrer Methodik aber nicht ohne Wirkung auf die Fachwissenschaft geblieben. Sie hat gezeigt, welche Fülle von Aufschlüssen eine detaillierte Analyse von Fundstücken unter dem Mikroskop erbringen kann, und sie hat einen völlig neuen Gesichtspunkt – den der zeitlichen Sequenzierung – in die Analyse der jungpaläolithischen Kunst hineingebracht. Marshacks Modell wird daher heute von den meisten Fachwissenschaftlern zumindest als *eine* erwägenswerte Interpretationsmöglichkeit unter anderen anerkannt, und dem Forscher ist es zu verdanken, wenn bei kerbreihenverzierten Artefakten nicht mehr nur an Jagdmarken oder ornamentalen Schmuck (vgl. S. 104), sondern auch an zeitliche Notierungen gedacht wird.

DER „ADORANT" AUS DEM GEISSENKLÖSTERLE

Ein Beispiel für diesen neuen Blickwinkel liefert ein 1979 unter der Leitung des Archäologen Joachim Hahn in der Geißenklösterle-Höhle bei Blaubeuren nahe Ulm ausgegrabenes Elfenbeinplättchen von nur 3,8 cm Länge. Es zeigt auf seiner Vorderseite das stark verwitterte und daher nur noch in Umrissen erkennbare Halbrelief einer menschenartigen Gestalt mit einem Schurz oder Schwanzfortsatz zwischen den Beinen; sie wird wegen ihrer erhobenen Arme auch als „Adorant“ (=Anbetender) bezeichnet. An allen vier Seitenkanten trägt das ca. 32 000 Jahre alte Kunstwerk Kerben, und zwar an den beiden Längskanten je 13 und an den Schmalkanten sechs bzw. sieben (Summe: 13) Einschnitte. Auf seiner Rückseite befinden sich überdies vier Reihen mit jeweils 13, zehn, zwölf (oder 13) und nochmals 13 kurzen Kerben bzw. Punkten, die am unteren Ende ein kleines Feld frei lassen (Abb. unten).

Der Ausgräber Hahn schrieb 1982 über diese Markierungen: „Die Anzahl von 13 Kerben an den Kanten und im Mittelfeld lässt die Frage aufkommen, ob diese Zahl absichtlich gewählt wurde. Bei einer rein ornamentalen, flächendeckenden Verzierung hätte man das untere Feld leicht noch ausfüllen können.“ Und weiter: „Wie weit diese Zeichen aber intentionelle Markierungen, etwa die von zeitlichen Sequenzen in der Art eines Kalenders sind, lässt sich nicht entscheiden. Man könnte sich vorstellen, dass die Zahl 13 den Mondzyklen [je Sonnenjahr] entspricht. Die Figur könnte dann einen Menschen im Zusammenhang mit dem Jahresverlauf oder sogar eine Himmelsgottheit darstellen. Eine solche Deutung ist aber letztlich nur eine von vielen Möglichkeiten.“[11]

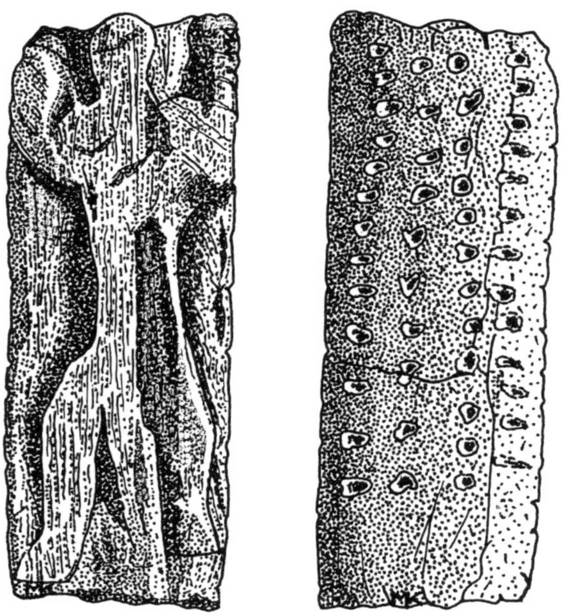

^
Etwa 32 000 Jahre altes Elfenbeinplättchen aus der Geißenklösterle-Höhle nahe Ulm. Die Vorderseite zeigt das Halbrelief einer menschenartigen Figur, während Rückseite und Kanten mit Reihen kleiner Kerben versehen sind.

Wie eine solche kalendarische Funktion im Einzelnen zu verstehen sein könnte, hat jüngst der Urgeschichtsarchäologe Hansjürgen Müller-Beck im Detail ausgeführt. „Wenn der größte Himmelskörper – die Sonne des Tages – nach rund 365 Tagen und Nächten denselben Punkt am Horizont über der Alb vor dem Geißenklösterle erreicht", so schreibt er, dann „hat der Mond als zweitgrößter Himmelskörper 13 mal 4 seiner gut beobachtbaren Phasen von Vollmond zu Vollmond annähernd vollendet". – „Die Größe 13 ergibt als Markierung nur dann einen Sinn, wenn sie durch die Korrelation von Sonnen- und Mondereignissen" – also die 13 Mondmonate je Sonnenjahr – „tatsächlich regelrecht ‚entdeckt' [wurde]", so Müller-Beck weiter. „Dies trifft um so eher zu, wenn sie außerdem mit der Zahl vier als Mondphasen-Sequenz in Verbindung gebracht wird", denn „es ist kaum wahrscheinlich, dass diese Kombination anders begründet werden kann". Das Fazit des Forschers: „Es spricht vieles dafür, dass schon die Menschen des Aurignacien (...) durch Beobachtungen von Sonne und Mond die noch heute geltenden Zusammenhänge von Jahr, Monat und Woche erkannt und festgehalten haben. Die Markierungen auf dem kleinen Adorantenplättchen aus dem Geißenklösterle können kaum anders gedeutet werden", wobei offen bleibe, „ob es sich dabei um ein originales Zählbrett zur Registrierung der Einzelbeobachtungen handelt, oder schon um eine komplexere rituelle Umsetzung."[12]

Noch sehr viel rätselhafter muten merkwürdige Punktreihen, Längskerben und Kreuzritzungen an, die auf mehreren anderen eiszeitlichen Kunstwerken von der Schwäbischen Alb vorkommen – ihre Interpretation reicht von bloßer Ornamentik über die visuelle Nachzeichnung der Körperachsen bis hin zur Deutung als Zählmarken und symbolische Markierungen. Joachim Hahn vermutete auch hinter ihnen eine „zusätzliche, verschlüsselte Botschaft", und sah in ihnen daher „letztlich einen Vorläufer unserer Schrift".[13]

KNOTENSCHNÜRE UND ROSENKRANZ

Auch ohne Schrift im eigentlichen Sinn, das dürften diese Beispiele gezeigt haben, sind einfache Arten der Buchführung und Informationsspeicherung mit Hilfe von Kerben und ähnlichen Markierungen möglich und historisch wie völkerkundlich in den verschiedensten Varianten belegt. Eine Anwendung solcher Verfahren erscheint auf Grund des archäologischen Materials schon beim altsteinzeitlichen Menschen als wahrscheinlich, wenngleich wohl kaum je der definitive Nachweis dafür zu erbringen sein wird.

Vergleichbare Arten des Zählens und Notierens lassen sich natürlich auch mit anderen Hilfsmitteln durchführen, etwa mit Knotenschnüren. Derartige Schnüre sollen in China schon im 3. Jahrtausend v. Chr. in Gebrauch gewesen sein, und in historischer Zeit sind sie weltweit für viele Kulturen belegt. Als berühmtestes und am höchsten entwickeltes Beispiel gelten die peruanischen *quipus*, mit denen die Inka die gesamte Verwaltung in ihrem

Großreich bewältigten (vgl. S. 209 f.). Sie bestanden aus oft verschiedenfarbigen Schnüren, die wie Fransen an einem Hauptstrang befestigt und mit Einfach- und Mehrfachknoten versehen waren, die die Grundzahlen von eins bis neun darstellten. Durch Anbringung dieser Knoten in unterschiedlicher Höhe ließen sich die Einer-, Zehner-, Hunderter- und Tausenderstellen größerer Zahlen angeben (Abb. unten rechts) – es handelte sich also um bereits recht komplexe arithmetische Zahlennotierungen, die das Vorhandensein eines umfassenden Zahlensystems voraussetzten. Die Art der gezählten Güter (Getreide, Vieh, Gold usw.) ließ sich dabei durch die Farbe und Anordnung der Schnüre ausdrücken.

Ein anderes historisch und völkerkundlich häufig belegtes Verfahren ist die Zählung und Zahlenspeicherung mit Hilfe von Steinchen, Muscheln oder

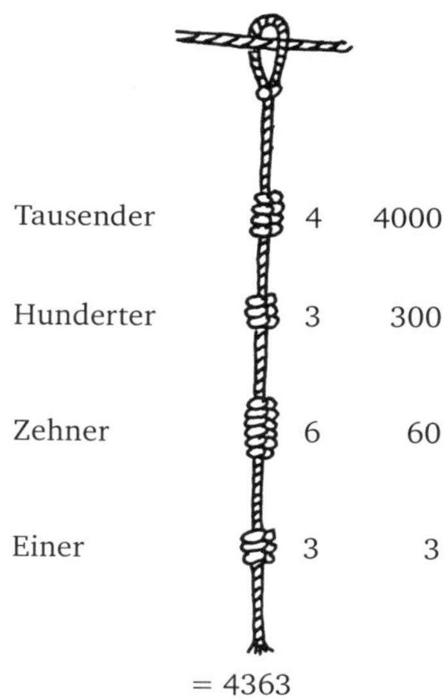

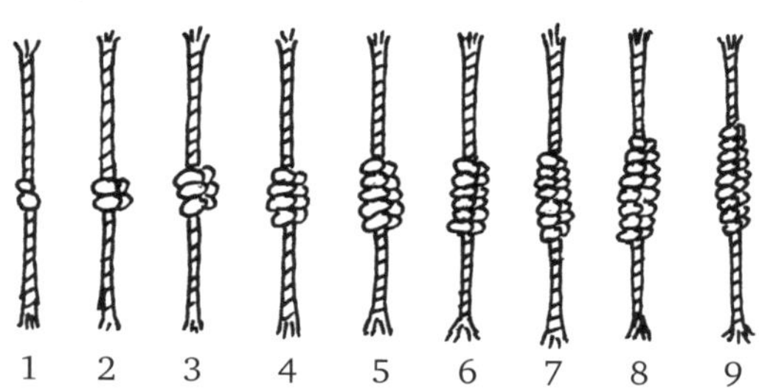

^
Oben links: Ein Inka-Beamter mit Knotenschnur (*quipu*) in einer Darstellung aus dem 17. Jahrhundert. Oben rechts: Wiedergabe der Zahl 4363 auf einem *quipu*; unten: die Knüpfungsart der Knoten für die Zahlen 1 bis 9.

anderen Objekten, die jeweils einer Einheit der zu zählenden Dinge entsprachen (z. B. ein Stein = ein Stück Vieh). Aus einem derartigen Buchführungssystem ist vermutlich in Vorderasien die älteste Schrift hervorgegangen (vgl. S. 135–149).

Knoten, Kerben oder Kügelchen können aber auch noch in anderer Weise als Gedächtnisstützen dienen – wir brauchen nur an den sprichwörtlichen Knoten im Taschentuch oder an den christlichen Rosenkranz zu denken, bei dem ein Kreuz für ein zu sprechendes Glaubensbekenntnis, eine große Perle für ein Vaterunser und eine kleine Perle für ein Ave Maria steht. In den schriftlosen Gesellschaften waren und sind derartige mnemotechnische Hilfsmittel weit verbreitet und erstaunlich vervollkommnet, um die mündliche Überlieferung des kulturellen Erbes zu erleichtern: Gegliederte Zeichenfolgen auf einem Stab helfen dort etwa, sich der Motive und der Strophen eines Liedes zu erinnern, weise alte Männer lassen eine Knotenschnur durch ihre Hände gleiten, während sie mythische Legenden erzählen oder über die Ahnenfolge des Stammes berichten, und abstrakte Muster und Symbole halten den Rhythmus einer Beschwörungsformel fest.

Besonders bekannt geworden sind die „Botenstäbe" in Australien und auf anderen Kontinenten, die den Boten mit Hilfe von Kerbengruppen oder eingeschnittenen stilisierten Motiven an den Inhalt seiner Nachricht erinnerten und ihm zugleich als eine Art von Legitimation dienten. Berühmtheit erlangten auch die australischen Tschuringas – verzierte länglich-ovale oder rundliche Objekte aus Holz oder Stein, die im Kult der Ureinwohner des fünften Kontinents eine zentrale Rolle spielten. Ihre hauptsächlich aus konzentrischen Kreisen, Parallel- und Schlangenlinien bestehenden Ritzmuster wirken auf den außenstehenden Betrachter wie reine Ornamente, sind aber tatsächlich konventionelle Symbole für ganz bestimmte Örtlichkeiten, Gegenstände, Menschen oder Tiere und geben komplexe mythische Motive und Szenen wieder. Die Tschuringas galten daher als magische, gleichsam heilige Gegenstände und wurden in Höhlen verwahrt, um nur bei bestimmten kultischen Zeremonien Verwendung zu finden.

EINE EISZEITLICHE LANDSCHAFTSSKIZZE?

Ob es Ähnliches auch bereits in den eiszeitlichen Jägerkulturen gab, wissen wir nicht mit Gewissheit – die Beispiele aus der Völkerkunde mahnen uns aber, den möglichen Symbol- und Informationsgehalt der zahlreichen jungpaläolithischen Gravierungen auf Knochen, Geweih oder Elfenbein nicht zu unterschätzen. Selbst hinter völlig abstrakten und rein dekorativ wirkenden Ritzungen könnten sich, wie im Falle der Tschuringas, bedeutungstragende Motive und Darstellungen verbergen. So sieht der tschechische Archäologe Bohuslav Klíma etwa in einer recht komplexen und verwirrenden Linienkomposition auf einem 25 000 Jahre alten Mammutstoßzahn von der Fundstelle Pavlov in Mähren die „Karte" oder Skizze einer Landschaft mit Fluss (wellenartige Linie), Berghängen und -kuppen sowie einer menschlichen

Siedlungsstelle (kleiner Doppelkreis in der Mitte). Wenngleich diese Deutung keinesfalls zwingend ist, liegt sie doch angesichts des völkerkundlichen Materials durchaus im Bereich des Möglichen. Und auch für weitere Darstellungen aus dem Jungpaläolithikum wird eine derartige Interpretation erwogen: So sehen russische Archäologen in einer Ritzkomposition aus einer 15 000 Jahre alten Fundstelle in der Ukraine gleichfalls eine altsteinzeitliche Landschaftsskizze, und ein deutscher Forscher vermutet, dass auf einem jungpaläolithischen Geweihstab aus Frankreich der Grundriss einer Höhle eingraviert ist.

Ganz sicher bedeutungstragend und insofern als Schriftvorläufer einzustufen sind die abstrakten Zeichen und Symbole, die häufig allein oder in Verbindung mit Tierdarstellungen auf gravierten Knochen, besonders aber in der Felskunst des Jungpaläolithikums vorkommen (Abb. S. 113). Sie dürften gewiss in irgendeiner Weise Gedanken, Ideen oder umfassendere Vorstellungskomplexe versinnbildlicht haben, besaßen jedoch ebenso gewiss noch keine wort- oder begriffsähnliche Bedeutung.

Auch den in Knochen geritzten, in Elfenbein geschnitzten oder auf Höhlenwände gemalten „naturalistischen" Tierdarstellungen, die das bei weitem häufigste Motiv der eiszeitlichen Kunst bilden, schreiben die meisten Prähistoriker heute mehr als eine nur dekorative und schmückende Funktion zu. Der Trend geht immer mehr dahin, auch in ihnen Ideen- und Informationsträger zu sehen, die vielleicht teilweise sogar eine Lehrfunktion hatten.

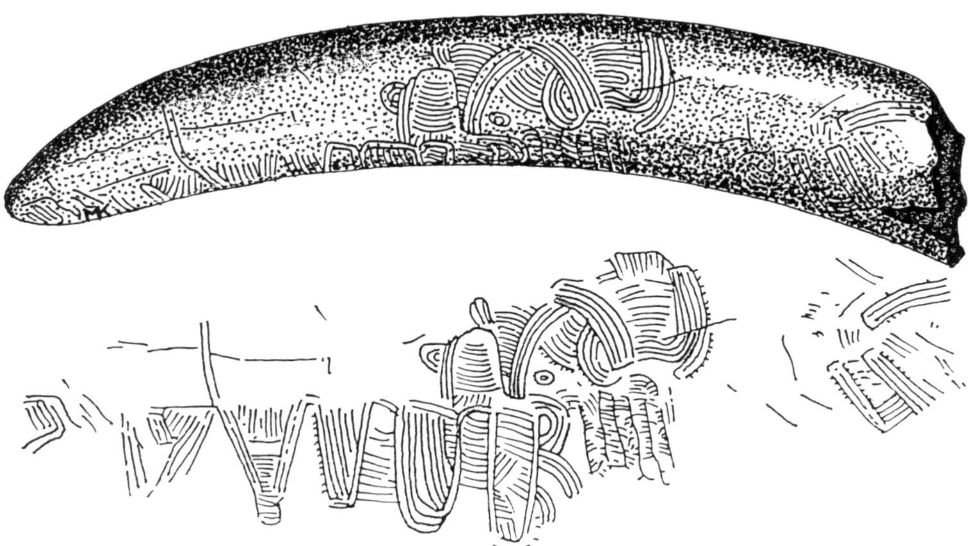

^
Etwa 25 000 Jahre altes Mammutstoßzahn-Endstück aus Pavlov in Mähren, dessen eingeritzte Linienkomposition (unten) sich als Darstellung einer Landschaft interpretieren läßt.

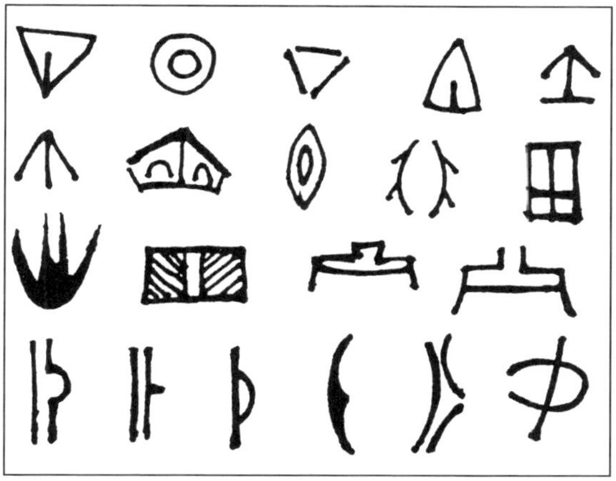

^
Einige Beispiele für die Symbolzeichen der französisch-spanischen Höhlenkunst.

EINE BILDLICHE „ODE AN DEN FRÜHLING"

Was mag beispielsweise Menschen des Magdalénien vor 12 000 Jahren dazu veranlasst haben, in einen sog. Lochstab aus Rentiergeweih, der in Montgaudier in Frankreich ausgegraben wurde, ein Robbenpärchen zusammen mit einem Fisch, zwei Schlangen (oder Aalen) und drei länglichen Gebilden, die man lange Zeit für Harpunen oder Pfeile hielt, einzugravieren (Abb. S. 114)? Der bereits erwähnte Alexander Marshack untersuchte den Stab unter dem Mikroskop und entdeckte dabei eine Reihe zuvor unbekannter Details: So handelt es sich bei dem Fisch nach seinen Angaben um einen Lachs mit einem Häkchen am Unterkiefer des geöffneten Mauls, wie es für die Männchen während der Laichperiode im Frühjahr typisch ist; die beiden Schlangen zeigen deutlich erkennbare Genitalien und dürften Nattern während der Paarungszeit nach dem Ende des Winters darstellen; und die drei länglichen Gebilde gleichen unter dem Mikroskop eher Gräsern oder Zweigen als Harpunen. Vor allem aber identifizierte Marshack einige sehr viel kleinere Ritzungen, die sich außerdem noch auf dem Stab befinden, als einen stilisierten Steinbockkopf, eine Blumenknospe und einen Pflanzenschössling.

Das ganze Ensemble ist seiner Ansicht nach eine bewundernswert detaillierte Darstellung der eiszeitlichen Tier- und Pflanzenwelt im Frühling und Frühsommer, wenn nach der Schneeschmelze die Lachsschwärme, gefolgt von den Robben, zum Laichen die Flüsse hinaufwanderten, die Schlangen sich häuteten und paarten und bald darauf die Blumen und Gräser zu wachsen und zu blühen begannen. Man könnte die Komposition in diesem Licht als eine Art bildlicher „Ode an den Frühling" bezeichnen, und Marshack meint, auf anderen Artefakten noch weitere solcher saisonalen Dar-

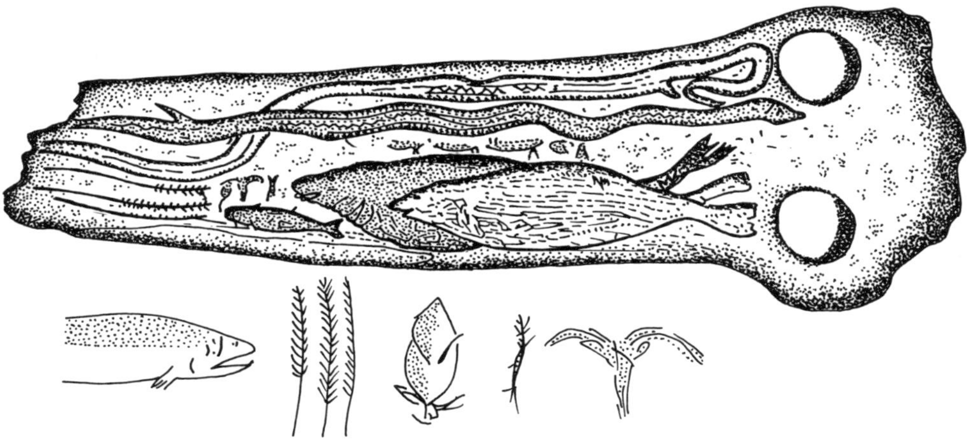

Etwa 12 000 Jahre alter Lochstab aus Rentiergeweih von der Fundstätte Montgaudier in Frankreich mit Darstellungen verschiedener Tiere und Pflanzen, von denen einige nur unter dem Mikroskop erkennbar sind. Unten von links nach rechts: Kopf eines Lachses; drei Pflanzenstengel; Blumenknospe; Pflanzenschößling; stilisierter Steinbockkopf.

stellungen identifizieren zu können – eine andere Spielart der von ihm entdeckten „time factored art“ (vgl. S. 106).

Betrachtet man die Gravur nüchterner unter dem Gesichtspunkt der darin gespeicherten Information, so könnte sie angesichts ihrer Detailgenauigkeit fast als eine Art Demonstrationsobjekt zur Veranschaulichung biologischer Sachverhalte gedient haben. Und nach den Vermutungen mancher Urgeschichtsforscher könnten auch die Elfenbeinfigürchen von der Schwäbischen Alb und die prachtvollen Tiergemälde in den französisch-spanischen Bilderhöhlen eine wichtige Rolle bei der Ausbildung und Unterrichtung der jungen Generation gespielt haben. Mit ihrer Hilfe mögen die Heranwachsenden von den Älteren in die Geheimnisse der Natur und in die Mythen der Gemeinschaft eingeweiht worden sein – auffälligerweise wurden in mehreren Bilderhöhlen nämlich versteinerte Fußspuren gefunden, die ihrer Größe nach von Jugendlichen zu stammen scheinen.[14]

DIE RÄTSEL DER BILDERHÖHLEN

Ob diese Hypothesen nun zutreffen mögen oder nicht – man geht heute jedenfalls allgemein davon aus, dass die Eiszeitkunst nicht einfach „l’art pour l’art“ – Kunst um ihrer selbst willen, als Zeitvertreib oder als reiner Schmuck – war, sondern dass sie eine darüber hinausgehende bedeutungstragende und kommunikative Funktion besaß. Die Auswahl und Gruppierung, in der die verschiedenen Tierarten in den großen französischen und spanischen Bilderhöhlen an die Wände gemalt oder in den Fels geritzt wurden, spricht beispielsweise dafür, dass sie eine wichtige Rolle im Rahmen eines – für uns kaum mehr nachvollziehbaren – naturreligiös-magischen Glaubens- und Zeremonialsystems spielten, dass sie zugleich Ausdruck, Symbol und Kristallisationspunkt der damit verbundenen Vorstellungen und Praktiken waren.

André Leroi-Gourhan, von dem die umfassendste Zusammenschau und Analyse des einschlägigen Materials stammt, bezeichnete die Bilder daher als „Mythogramme", als „symbolische Darstellungen, deren Beziehung zum Sujet nur durch das Wort, die mündliche Erzählung, deutlich wird". Nach seinen Worten wäre es zwar „auf keinen Fall angebracht, derartige Abbildungen aus dem Paläolithikum als Schriftsystem anzusehen", doch seien sie „als Zeichen ideographischen Charakters Beziehungspunkte für die Wieder- und Weitergabe einer mündlichen Tradition" gewesen. Das Fazit des Forschers: „Die Wandbild-Assemblagen besitzen alle wesentlichen Charakterzüge einer Botschaft, die dem Bedürfnis und den Mitteln des jungpaläolithischen Menschen entsprach, Symbolen einer mündlichen Tradition Gestalt zu geben" [15] – sie müssten demnach ebenfalls in die Ahnenreihe der Schrift gestellt werden.

Um diese vielleicht etwas theoretischen Erwägungen ein wenig zu veranschaulichen, wollen wir uns eine der bekanntesten jungpaläolithischen Höhlenmalereien etwas genauer ansehen – die berühmte „Wisent-Mensch-Vogel-Szene" aus dem Schacht der Bilderhöhle von Lascaux in der Dordogne (Abb. S. 116). Sie entstand, ebenso wie die eindrucksvollen Tierdarstellungen dieser Höhle, vor etwa 16 000 Jahren im Magdalénien und gehört zu den wenigen szenischen Kompositionen der Eiszeitkunst.

Die Darstellung wird dominiert von einem gewaltigen Wisent, der offenbar durch einen Speer verwundet wurde und dem Blut oder die Gedärme aus dem Hinterleib quellen. Vor ihm sinkt ein Mann mit erigiertem Penis, ausgebreiteten Armen (mit nur vier Fingern an den Händen) und einem merkwürdig vogelartigen Kopf zu Boden – seine ganze Gestalt ist auffallend steif wiedergegeben und fast schablonenhaft stark stilisiert. Unter oder neben diesem Mann befindet sich ein Vogel auf einem Stab oder einer Stange.

Viele Prähistoriker sehen in dieser Szene die Darstellung eines Jagdunfalls, bei dem ein Jäger nach der Verwundung des Wisents von diesem getötet wird. Diese Deutung ist die am unmittelbarsten einleuchtende, freilich lassen sich der vogelartige Kopf des Mannes und der Vogel auf dem Stab nur schwer in sie einfügen – letzterer wurde beispielsweise als Totemtier des Jägers, als Grabvogel oder als Symbol des Übergangs vom Erdenleben in die jenseitige Welt interpretiert.

Gerade diese merkwürdigen Details veranlassten 1953 den Prähistoriker Horst Kirchner zu einer völlig anderen Deutung der Szene: Er sah in ihr „die überraschend naturgetreue Darstellung einer geradezu typischen schamanistischen Geisterbeschwörung", wie sie bei neuzeitlichen Jägervölkern vielfach belegt ist. Vögel spielten beispielsweise in Sibirien eine besondere

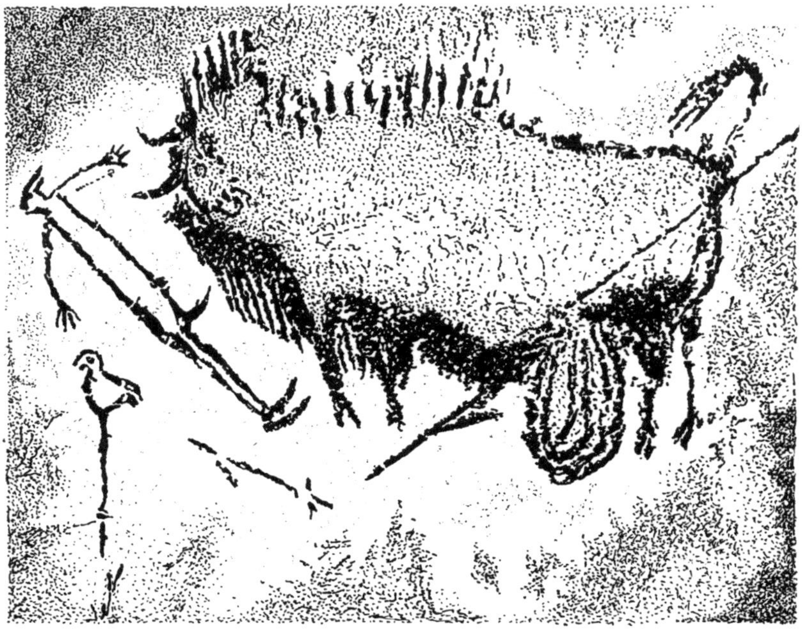

^
Die berühmte Wisent-Mensch-Vogel-Szene aus dem Schacht der Bilderhöhle von Lascaux, ca. 16 000 Jahre alt.

Rolle als Hilfsgeister oder spirituelle Doppelgänger der Schamanen, was in der häufigen Verwendung von Vogelstäben, -kostümen oder -masken während der Zeremonien seinen Ausdruck fand, und auch die Tötung von Rindern wurde dort hin und wieder im Zusammenhang mit Opferritualen beobachtet. Kirchner interpretierte die Szene vor diesem Hintergrund wie folgt: „Der eine Vogelkopfmaske tragende Schamane ist in die willentlich herbeigeführte Ohnmacht gefallen; sein Leib sinkt zu Boden, indes sich seine Seele auf die jedem Kenner schamanistischer Erscheinungen wohlvertraute Jenseitsfahrt begibt.“[16]

Problematisch an dieser ohne Zweifel faszinierenden Lesung ist neben der kaum überzeugenden Interpretation des Wisents als Opfertier vor allem die nahezu detailgetreue Übertragung sehr spezieller Riten, Vorstellungen und Symbole neuzeitlicher Kulturen in eine immerhin 16 000 Jahre zurückliegende Vergangenheit. Nicht zuletzt deshalb haben andere Wissenschaftler Kirchners Hypothese entschieden abgelehnt. Wir brauchen uns auf diese Diskussion hier nicht im Einzelnen einzulassen – für uns ist die Feststellung entscheidend, dass diese Szene, die André Leroi-Gourhan einmal als „eine Falle für zu scharfsinnige Prähistoriker“ bezeichnete,[17] ohne Zweifel „eine Geschichte erzählen“, einen Sachverhalt schildern oder eine Idee wiedergeben will, freilich in einer symbolhaften Bildsprache, die für uns heute zum schier unlösbaren Bilderrätsel geworden ist.

DIE „LA PASIEGA-INSCHRIFT"

Ein ähnlich markantes Beispiel für eine bildhaft verschlüsselte Botschaft stellt die sog. „Inschrift" in der spanischen La Pasiega-Höhle dar (Abb. unten). Diese Felsmalerei zeigt auf ihrer linken Seite einen Komplex aus vier bienenkorbförmigen, von senkrechten Linien flankierten und auf einer Art Plattform ruhenden Gebilden, die einige Forscher als stilisierte Hütten oder Höhleneingänge deuten. Daneben erkennt man ein Paar Füße (oder Bärentatzen), die nach jüngeren Analogien den Begriff des Gehens bzw. der Bewegung versinnbildlichen könnten. Den rechtsseitigen Abschluss bildet ein großes E-förmiges Zeichen, das oft als eine Art Absperrung interpretiert wurde. Unter dem beschriebenen Ensemble finden sich schließlich noch drei längliche Zeichen sowie ein runder Fleck, in dem manche Autoren eine Darstellung des Vollmonds sehen.

Ist diese Deutung der einzelnen Bildelemente schon völlig spekulativ und davon geprägt, wie wir heute derartige Symbole suggestiv wahrnehmen, so gilt dies erst recht für die Interpretation der Darstellung im Ganzen. „Als ich 1913 die Pasiega-Höhle besuchte," erinnerte sich etwa der Völkerkundler Karl Weule, „entströmten meinem Munde dieser Inschrift gegenüber fast reflexartig die deutenden Worte: „Weiche zurück, Fremdling, denn hier ist heiliges Land."[18] Andere Besucher sahen in der Darstellung dagegen eher eine Komposition mit aufforderndem Charakter, und der Schriftgeschichtler Károly Földes-Papp glaubte das Ensemble nach einer eingehenden Analyse seiner Einzelbestandteile wie folgt „übersetzen" zu können: „Weder Mensch noch Tier darf die Wohnstätten der Geister stören,

^
Symbolhafte Bildkomposition in der La Pasiega-Höhle in Spanien, die auch als „Inschrift von La Pasiega" bekannt geworden ist.

damit diese ihre Wege, insbesondere bei Vollmond, ungehindert gehen können."[19]

Schon diese ebenso originellen wie konträren Deutungen belegen eindrucksvoll, dass es – mit den Worten des italienischen Prähistorikers Paolo Graziosi – „ein nutzloses Beginnen [ist], für diesen kabbalistischen [= geheimnisvollen] Komplex irgendeine Erklärung finden zu wollen".[20] Wir müssen uns also auch hier mit der Einsicht zufrieden geben, dass diese Bilder und Zeichen für die Jungpaläolithiker aller Wahrscheinlichkeit nach einen tieferen Sinngehalt bargen, den wir aber nicht mehr entschlüsseln und nachvollziehen können.

Dass es in der Tat nahezu unmöglich ist, die authentische Aussage einer solchen Ideenschrift zu rekonstruieren, wenn man ihre Bildsprache – sozusagen ihren „symbolischen Code" – nicht kennt und versteht, zeigt ein Beispiel aus dem völkerkundlichen Bereich.

EINE INDIANISCHE STAMMESCHRONIK

Die nordamerikanischen Indianer kannten vor der Berührung mit den Europäern keine Schrift, aber viele von ihnen besaßen teilweise hoch entwickelte bildlich-symbolische Aufzeichnungssysteme, mit denen sie auf Holz, Baumrinde, Leder und anderen Materialien Mitteilungen, Informationen und wichtige Ereignisse fixierten. Als Beispiel mag eine über 70 Jahre, vom Winter 1800/01 bis zum Winter 1870/71, reichende Stammeschronik der Dakota dienen. Bei diesem sog. *winter count* auf einem Büffelfell wurde in einer von innen nach außen laufenden Spirale jedes Jahr durch das Bildsymbol eines besonders denkwürdigen Ereignisses versinnbildlicht. Obwohl diese Symbole zumeist nicht abstrakt, sondern gegenständlich waren und sich Menschen, Tiere und andere Darstellungselemente ohne weiteres erkennen lassen, bleibt ihr Bedeutungsgehalt – und damit der eigentliche Bildsinn – dem nicht eingeweihten Betrachter gänzlich verschlossen (Abb. S. 119). Dieser tiefere Sinn der Symbole musste wohl auch bei den Dakota selbst durch zusätzliche mündliche Erläuterungen verständlich gemacht werden – unter anderem deshalb handelt es sich hierbei auch noch nicht um eine echte Schrift.

Bis zu ihr war der Weg von hier aus aber nicht mehr weit – das verdeutlicht ein Ausschnitt aus einer Stammesliste der Oglala-Sioux, die deren Häuptling „Big Road" 1883 auf Veranlassung eines Indianerbeauftragten der US-Regierung zeichnete (Abb. S. 120). Die Namen der abgebildeten Stammesmitglieder – durch drei rote Streifen in ihren Gesichtern als Unterhäuptlinge oder Krieger gekennzeichnet – wurden von Big Road durch Bildsymbole über ihren Köpfen angegeben. In vielen Fällen lassen diese Symbole kaum eine Fehldeutung zu: Das Bild einer rot ausgemalten Krähe steht etwa für ‚Rote Krähe', ein Büffel mit roten Hörnern bezeichnet ‚Rot-Horn-Büffel', die Zeichnung eines blauen Falken bedeutet ‚Eisen-Falke' usw. Ein komplexerer Name wie ‚Der-Bär-verschont-ihn' (Abb. S. 120 links) ließ sich freilich

1800/01
Dreißig Dakota wurden von den Krähen-Indianern getötet

1801/02
Viele starben an den Pocken

1817/18
Ein Kanadier baute ein Holzhaus aus trockenen Holz (blätterloser Baum)

1824/25
Einem Häuptling wurden sämtliche Pferde getötet

Auf einem Büffelfell aufgezeichnete Stammeschronik (sog. *winter count*) der nordamerikanischen Dakota-Indianer, bei der jedes Jahr durch das Bildsymbol eines besonders denkwürdigen Ereignisses versinnbildlicht ist. Daneben: Wiedergabe und Entschlüsselung einiger der Jahres-Symbole.

^
Ausschnitt aus einer 1883 angefertigten Stammesliste der Oglala-Sioux mit bilderschriftartigen Namensangaben. Von links: „Der-Bär-verschont-ihn"; „Eisen-Falke"; „Rot-Horn-Büffel"; „Rote Krähe".

auf diese Weise nur schwer wiedergeben und bleibt ohne nähere Erläuterung unverständlich: die Zeichnung stellt einen Bären und eine Anzahl von Fußspuren dar und soll einen für den Namensträger gefährlichen Vorfall symbolisieren.

Hier – wie generell bei abstrakten Inhalten und Begriffen – stößt auch ein ansonsten hoch entwickeltes bildliches Aufzeichnungssystem an seine Grenzen und verliert seine leichte und zuverlässige Ausdeutbarkeit. Diese Grenzen zu überschreiten und praktisch alle Namen, Inhalte und Begriffe – ob einfach oder komplex, konkret oder abstrakt – in exakter und eindeutiger Weise schreib- und lesbar zu machen, gelang erst in den Hochkulturen mit der Herausbildung der Schrift.

Schriftsysteme in der Steinzeit?

Seit die Archäologie den Nachweis vielfältiger Zeichen- und Symbolsysteme schon in der Prähistorie erbracht hat, glaubten immer wieder einzelne Forscher in derartigen Funden Hinweise auf die Existenz echter Wort- oder gar Lautschriften bereits in der Steinzeit erkennen zu können. Ein besonders eifriger Verfechter dieser These von der urgeschichtlichen Schrift war gegen Ende des 19. Jahrhunderts Édouard Piette, ein verdienstvoller französischer Höhlenforscher. Er sah bereits in jungpaläolithischen Zeichen und Ornamenten regelrechte Hieroglyphen einer eiszeitlichen Bilderschrift und betrachtete Ritzungen auf Knochenartefakten aus dieser Zeit, die vereinzelte Anklänge an spätere Buchstabenformen zeigten (Abb. unten), als die frühesten Vorformen der historischen Alphabete. In dieser Hinsicht am bekanntesten wurden eine Anzahl etwa 11 000 Jahre alter verzierter Kieselsteine, die Piette 1887 in der Höhle Mas d'Azil in Frankreich ausgrub. Der Forscher deutete diese Kiesel aus dem Übergang von der Eiszeit zur Nacheiszeit, die mit roter Farbe in den verschiedenartigsten, einfachen bis komplexen geometrischen Mustern bemalt waren (Abb. unten), als Bestandteile eines frühen Schriftsystems und unterteilte ihre Symbole in mehrere unterschiedliche Gruppen: Solche mit Zahlenwerten, die durch eine bestimmte Anzahl von aufgemalten Linien oder Punkten angegeben seien; solche mit ideographischer oder bilderschriftlicher Bedeutung, die für konkrete Dinge wie Schlangen, Bäume u. ä. oder für abstrakte Konzeptionen wie die Idee des Sonnengottes stünden; und schließlich solche, die ihm aufgrund ihrer Ähnlichkeit mit einzelnen Zeichen späterer Silben- und Alphabetschriften als deren Vorläufer und Vorbilder, als Elemente einer regelrechten Lautschrift, galten.

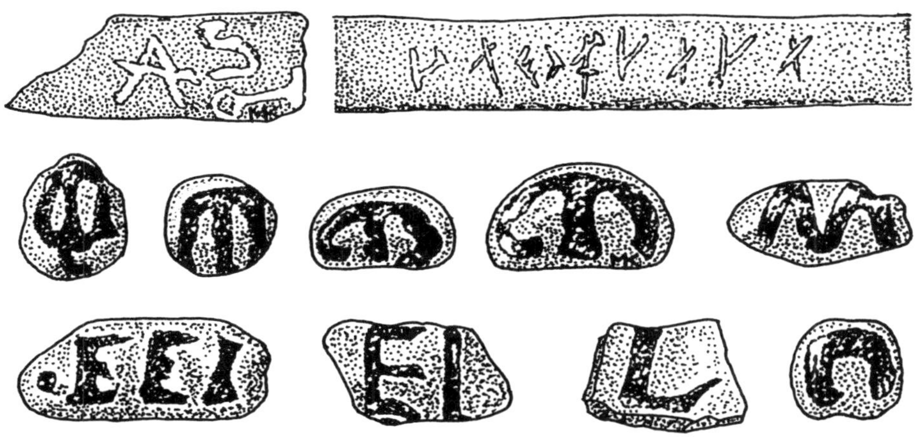

^
Jungpaläolithische Knochen aus den französischen Höhlenstationen Gourdan (links) und Rochebertier (rechts) mit buchstabenähnlichen Ritzungen. Darunter: Geometrisch verzierte Kieselsteine aus der Höhle Mas d'Azil in Frankreich.

„Die Höhle von Mas d'Azil erscheint uns", so schrieb Piette 1896, „wie eine große Schule, in der man lesen, rechnen, schreiben und die religiösen Symbole des Sonnengottes kennen lernte."[21]

Die Phantasie war hier ganz offensichtlich mit dem Forscher durchgegangen, und so wurden diese Spekulationen schon damals von den meisten Fachleuten abgelehnt. Der Bedeutung von Piettes Fund hat das freilich keinen Abbruch getan, denn die Kiesel von Mas d'Azil gehören noch heute zu den bedeutendsten der insgesamt recht spärlichen Kunstäußerungen am Ende der letzten Eiszeit, wenngleich man sich bis heute über ihre Interpretation nicht einig geworden ist. Sie wurden als künstlerische Erzeugnisse ebenso wie als kultisch-magische Objekte gedeutet und mit indianischen Spielsteinen ebenso wie mit den australischen Tschuringas (vgl. S. 111) verglichen.

Nur als Elemente einer echten Wort- oder gar Lautschrift kommen sie nicht mehr in Betracht, denn dazu fehlen ihnen zu offenkundig alle wesentlichen Schriftkennzeichen – vom Prinzip der Reihung bis hin zur häufigen Wiederholung von Zeichen.

Aus der auf Ackerbau und Viehzucht basierenden Jungsteinzeit und der daran anschließenden Kupfersteinzeit liegen dann aus mehreren Teilen Europas Funde vor, die als Zeugnisse prähistorischer Schriftsysteme gewertet wurden. In dieser Hinsicht besonders hervorgetreten ist in den letzten Jahrzehnten der Balkanraum, wo von einer ganzen Reihe von Fundstätten solche vermeintlichen Schriftbelege bekannt sind. Sie gehören der sog. Vinča-Kultur im heutigen Serbien, Rumänien und Bulgarien an und stammen nach C 14-Daten (vgl. S. 181) aus dem 5. und 4. Jahrtausend v. Chr., wären somit also beträchtlich älter als die frühesten bekannten Schriftzeugnisse des Vorderen Orients. Dieser Umstand veranlasste in den 1970er Jahren die litauische Archäologin Marija Gimbutas (vgl. S. 23) und im letzten Jahrzehnt den deutschen Sprachwissenschaftler Harald Haarmann, „die Anfänge der Schriftgeschichte um mindestens zwei Jahrtausende zurück [zu verlegen]"[22] und den Balkan zur Wiege der Schrift zu erklären. Die dortigen kupfersteinzeitlichen Kulturen hätten, so behaupteten die beiden Forscher, vor ihrer Vernichtung durch die Indoeuropäer (vgl. S. 23) die früheste Schrift besitzende Zivilisation der Welt hervorgebracht, und ihre Schrift habe in der Folgezeit die nachfolgenden Systeme des Nahen Ostens und des östlichen Mittelmeerraums im 4. bis 2. Jahrtausend v. Chr maßgeblich beeinflusst. Diese provokanten Hypothesen haben – selbstbewusst als der letzte Stand der Forschung präsentiert – in der Presse und Öffentlichkeit hierzulande mittlerweile eine erhebliche Publizität erlangt, während sie in der Fachwelt überwiegend skeptisch beurteilt werden.

Sieht man sich die betreffenden Fundstücke und die auf ihnen befindlichen Zeichen nämlich genauer an, so ist ihre Ansprache als Schrift wenig überzeugend. Den größten Teil des Materials bilden Zeichen, die einzeln oder in kleinen Gruppen auf Keramikgefäße eingeritzt sind und die absolut keine Besonderheit der Kupfersteinzeit auf dem Balkan darstellen. Sie kommen etwa zur selben Zeit auch in etlichen anderen prähistorischen Kulturen vom Iran bis nach China (vgl. S. 194) vor und werden üblicherweise als Töpfermarken, Eigentumszeichen oder andere Identifikationssymbole gedeutet.

Neben ihnen existierten in der Vinča-Kultur aber auch noch einige besondere Ob-

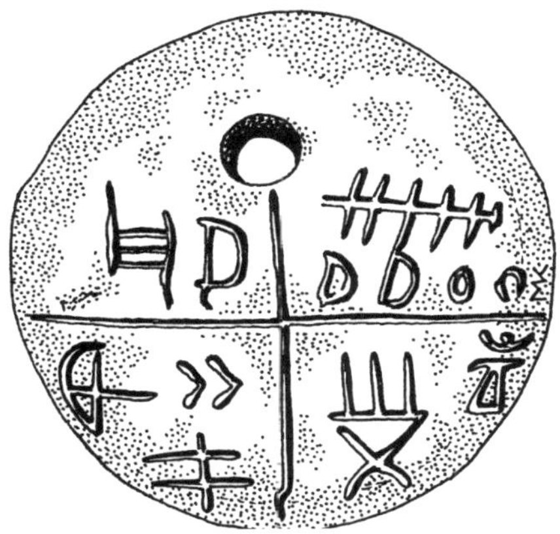

^
Kupfersteinzeitliche Tontafeln aus Gradešnica in Bulgarien (oben) und Tărtăria in Rumänien (unten) mit schriftartigen Zeichen.

jekte wie Tontafeln, Tonstatuetten oder Siegel mit umfangreicheren Zeichengruppen, auf die sich die Vertreter der Schrifthypothese vorwiegend stützen. Bislang sind allerdings kaum mehr als ein halbes Dutzend derartiger Funde bekannt, die sich überdies auch noch sehr stark voneinander unterscheiden. So sind auf einer großen, schüsselförmigen Tontafel aus Gradešnica in Bulgarien beispielsweise vier Zeilen sehr linear wirkender Zeichen eingeritzt, die sich bei näherem Hinsehen verblüffend ähneln und bloße Variationen ein- und desselben graphischen Motivs darzustellen scheinen (Abb. ganz oben); drei Tontäfelchen aus Tărtăria in Rumänien tragen demgegenüber sehr viel bildhafter wirkende Zeichen (Abb. darunter). Man muss sich angesichts dessen zunächst einmal die Frage stellen, ob derart unterschiedlich gestaltete Symbole von zwei mehr als 300 km weit voneinander entfernten Fundorten überhaupt ohne weiteres ein- und demselben Zeichensystem zugeordnet werden können.
Legt man die Gradešnica-Tafel und die Töpfermarken der Vinča-Kultur zugrunde, so hätte dieses Zeichensystem einen überwiegend abstrakten, linearen Charakter gehabt. Bei einer Deutung als älteste Schrift wäre dieser Umstand zumindest erstaunlich, denn die Schriftzeichen der meisten anderen frühen Hochkulturen waren in ihrer Anfangsphase ausgesprochen bildhaft gestaltet. Daneben findet aber auch die Frage nach der möglichen inneren Struktur dieser vermeintlich ältesten Schrift der Menschheitsgeschichte keine befriedigende Antwort. Fast alle originären Schriftsysteme auf der Welt basierten in ihren Anfängen, wie wir noch sehen werden, auf dem Prinzip der Logographie oder Wortschreibung, bei der jeder Begriff durch ein eigenes Zeichen dargestellt und versinnbildlicht wird. Um alle Wörter der gesprochenen Sprache oder wenigstens einen relevanten Teil davon wiedergeben zu können, benötigen solche Wortschriften daher in der Regel über tausend Zeichen (vgl. S. 127). Auf den bekannten „Schriftobjekten" der Vinča-Kultur wurden aber bislang nicht mehr als 210 verschiedene Zeichenformen identifiziert, so dass es sich kaum um eine reine Wortschrift gehandelt haben kann. Als Alternative bliebe nur die Annahme, dass das angeblich älteste Schriftsystem der Welt bereits sehr viel stärker silbisch geprägt war als

irgendeine andere frühe Schrift in ihren Anfängen. Doch dagegen spricht nicht zuletzt der Umstand, dass 99 der 210 Vinča-Zeichen ausschließlich einzeln und niemals in Gruppen auf den Fundobjekten vorkommen, was bei Silbenzeichen – die ja nur im Verband einen Sinn ergeben – schlechterdings unerklärlich wäre. Die vorliegenden Fakten passen also nicht so recht zu der Schrifthypothese, und so erscheint es sehr viel plausibler, die Vinča-Zeichen als bedeutungstragende, aber noch nicht sprachlich gebundene Symbole – als eine hoch entwickelte, abstrakte Variante der im vorigen Kapitel beschriebenen Ideenschrift – zu sehen. Da eine solche Ideenschrift nicht darauf angelegt ist, Sprache in ihrem vollen Umfang fixierbar zu machen, kommt sie mit einer erheblich geringeren Zeichenzahl aus als echte Wortschriften, und da ihre Symbole jeweils für ganze Gedankenkomplexe stehen (vgl. S. 126), lassen sie sich ebenso gut einzeln wie in größeren Gruppen sinnvoll verwenden – alles Merkmale, die gut mit den beschriebenen Befunden aus der Vinča-Kultur übereinstimmen. Ihre Zeichen lassen sich also wesentlich besser durch die ideenschriftliche Deutung als durch die Schrifthypothese erklären, und so bleibt es vorerst bei der schon 1952 von dem Schrifthistoriker David Diringer formulierten Feststellung: „Tatsächlich gibt es kein Beweismaterial dafür, dass vor der Mitte des 4. Jahrtausends v. Chr. irgendein vollständiges Schriftsystem in Gebrauch gewesen wäre".[23]

DIE SCHRIFT

EIN KOMMUNIKATIONSMITTEL DER HOCHKULTUREN

Die im letzten Kapitel beschriebenen Hilfsmittel zur Speicherung von Zahlenmengen und anderen Daten lassen sich mit Sicherheit noch nicht als echte Schrift einstufen, wenngleich sie in einigen Handbüchern als „Gegenstandsschrift“ bezeichnet werden. Schwieriger ist es schon, die zuletzt behandelten bildlich-symbolischen Systeme mit ihrer deutlich größeren thematischen Anwendungsbreite und ihrer höheren Ausdrucksfähigkeit richtig einzuordnen. Sie vermögen bereits komplexere Inhalte graphisch wiederzugeben, allerdings nur in darstellender, nicht an eine feste sprachliche Formulierung gebundener Form. Deshalb lassen sie sich auch nicht exakt „lesen“, sondern müssen gedeutet werden. „Es handelt sich hier nicht“, wie der Schrifthistoriker Hans Jensen bemerkt, „um die schriftliche Fixierung eines gegliederten sprachlichen Ausdrucks, (…) sondern um die Darstellung eines Gedankenkomplexes, der – in Sprache umgesetzt – verschiedene Ausdrucksformen annehmen kann.“[1] Jensen und andere Autoren verwenden deshalb auch die Bezeichnung Ideen- oder Inhaltsschrift.

André Leroi-Gourhan, der wie erwähnt von Mythogrammen sprach (vgl. S. 115), erläuterte ihre Funktionsweise an einem Beispiel aus unserer eigenen Kultur. Nach seinen Worten „genügt etwa die gemeinsame Darstellung eines Kreuzes, einer Lanze und eines Schilfrohrs, das an seiner Spitze einen Schwamm trägt, um in uns den Gedanken an die Passion Christi hervorzurufen. Die Figur ist jeder phonetisierten mündlichen Notation fremd, sie besitzt dagegen eine Dehnbarkeit, die die Schrift nicht kennt, und umfasst alle Möglichkeiten der mündlichen Vergegenständlichung von dem Wort ‚Passion‘ bis hin zu den umfänglichsten Kommentaren über die christliche Metaphysik.“[2]

Gerade im Bereich der Religion und Mystik haben sich derartige Bildsymbole bis heute recht zahlreich erhalten, wenn man etwa an das Dreieck mit eingeschriebenem Auge und Strahlenkranz als Zeichen Gottes und des Heiligen Geistes, an den Fisch als Symbol für Jesus Christus, den Davidstern als Inbegriff des Judentums oder an das magische Pentagramm („Drudenfuß“) und seine Rolle im Aberglauben denkt. Doch auch aus dem weltlichen Bereich ließen sich zuhauf vergleichbare Beispiele anführen – vom Äskulapstab mit der Schlange als Zeichen für die Medizin über den Totenschädel mit gekreuzten Knochen als Symbol für Gefahr, Gift und Tod bis hin zu politischen Symbolen wie der Friedenstaube oder Hammer und Sichel und zu Alltagssymbolen wie dem von einem Pfeil durchbohrten Herzen als Zeichen der Liebe. In allen diesen Fällen handelt es sich nicht um Zeichen für einzelne Worte oder Begriffe, sondern um Symbole für umfassendere Ideen und Vorstellungskomplexe – um moderne Relikte jener assoziativen Bildersprache also, die wesentlich älter ist als die Schrift und die wie beschrieben bis in die Altsteinzeit zurückreicht.

DAS PRINZIP DER „IDEENSCHRIFT"

In dieser Bildersprache drücken, wie der Schrifthistoriker I. J. Gelb bemerkte, „gezeichnete Formen (…) die Bedeutung direkt, das heißt ohne vermittelnde sprachliche Formen aus"[3] – es handelt sich mithin um Symbole, die, so Leroi-Gourhan, „nicht unmittelbar vom Fluss der gesprochenen Sprache abhängen, sondern eine echte Parallele dazu darstellen".[4] Sie dienen zwar wie die Schrift zur Fixierung und Wiedergabe von Sachverhalten und Ideen, vermögen diese aber nur in formulierungsungebundener, gleichsam „diffuser" Form wiederzugeben – dafür jedoch sehr viel unmittelbarer und eindringlicher als die Schrift. Eine wortlautgetreue Schreibung bzw. Lesung präzise ausformulierter Sätze ist mit ihnen nicht möglich und auch gar nicht angestrebt; man bezeichnet diese ideenschriftlichen Bilder daher auch als sprachlich nicht gebunden.

Die Schrift, wie wir sie kennen, besitzt dagegen immer eine unmittelbare sprachliche Bindung, sie gibt in Sätze gefügte Texte Wort für Wort formulierungsgetreu und exakt wieder. Ausschlaggebend dafür ist ihre gänzlich anders geartete Struktur, in der jedes einzelne Zeichen für ein bestimmtes Wort oder einen bestimmten Laut steht. Der Unterschied zu der älteren Bildsymbolik ist erheblich, denn mit dem Übergang zur Schrift war es, wie Gelb feststellte, „nicht länger nötig, einen Satz wie ‚Mann tötete Löwen' durch eine Zeichnung wiederzugeben, die einen Mann mit Lanze oder Bogen in der Hand bei der Erlegung des Raubtiers zeigte", sondern „die drei Worte konnten nun mit Hilfe dreier aufeinander folgender Zeichen für ‚Mann', ‚Lanze' oder ‚Bogen' (= töten) und ‚Löwe' geschrieben werden".[5]

DAS „BILD DER STIMME"

Der chinesische Gelehrte Tai T'ung nannte die Schrift wegen dieser getreuen Wiedergabe des gesprochenen Wortes „bildhaft dargestellte Sprache", und der französische Aufklärer Voltaire schrieb: „Schrift ist das Bild der Stimme. Je mehr es dieser gleicht, desto besser ist es."[6] Streng genommen trifft die letztere Definition zwar erst auf die hoch entwickelten, Silben- oder Buchstabenzeichen verwendenden Lautschriften zu, denn nur mit diesen ist es möglich, die sprachlichen Laute annähernd getreu in graphische Zeichen umzusetzen und so nicht nur den Inhalt, sondern auch den genauen Klang einer Mitteilung schriftlich festzuhalten; man bezeichnet sie daher bisweilen auch als „Vollschriften".

Auch mit den entwicklungsgeschichtlich älteren Wort- und Begriffsschriften, deren Zeichen jeweils für ein ganzes Wort oder einen Begriff stehen, lassen sich aber bereits syntaktisch geordnete und exakt lesbare Wortfolgen wiedergeben. Auch solche logographischen bzw. ideographischen Schriften sind also sprachlich gebunden, geben Texte in einer genau festgelegten Formulierung wieder, wenngleich ihre Zeichen vorwiegend die Begriffsbedeutung der Wörter und nicht ihren Klang festhalten – man spricht daher bisweilen auch von „Partialschriften." Wir werden auf alle diese Einzelheiten in den folgenden Kapiteln noch ausführlicher zurückkommen und dabei auch sehen, dass die meisten frühen Schriftsysteme weder reine Wort- noch reine Lautschriften, sondern eine Mischung aus beiden waren.

Der Zeichenbestand vorwiegend logographischer Schriften kann mehrere tausend – im Extremfall der chinesischen Schrift heute annähernd 50 000 – Wort- und Begriffszeichen (Logogramme bzw. Ideogramme) umfassen. Bei gemischten Wort-Laut-Schriften reduziert er sich hingegen auf einige hundert Zeichen, bei reinen Silbenschriften auf oft weniger als 100 und bei Buchstabenschriften auf 20 bis 40 Lautzeichen (Phonogramme).

DAS „SCHRIFTLICHE GEDÄCHTNIS"

Diese „ganz neue, ja ganz andersartige Sprache für das Auge" (Arthur Schopenhauer)[7] hat der menschlichen Kultur zuvor unbekannte und weit reichende Möglichkeiten eröffnet. „Verba volent, scripta manent" (Worte sind flüchtig, das Geschriebene aber bleibt) lautet ein lateinisches Sprichwort,[8] und in dieser Formulierung ist kurz und prägnant die Hauptleistung der Schrift zusammengefasst: Sie gibt dem Vergänglichen Beständigkeit, „heftet die Sprache fest", wie Wilhelm von Humboldt es formulierte,[9] bewahrt die Worte und Gedanken der Menschen auf, so dass sie in dieser materiell fixierten Form Raum und Zeit zu überbrücken vermögen.

Zwar besitzen, wie wir gesehen haben, auch die schriftlosen Gesellschaften hoch entwickelte und leistungsfähige Methoden der gesellschaftlichen Überlieferung (vgl. S. 98–101) – doch bleiben diese durch ihre Gebundenheit an das Gedächtnis und das gesprochene Wort bzw. die mündliche Ausdeutung in ihrer Kapazität und Reichweite grundsätzlich beschränkt. Was als Teil des kulturellen Erbes von einer Generation an die nächste weitergegeben wird, unterliegt in diesen Gesellschaften daher einem strengen Ausleseprozess entsprechend den sich wandelnden Bedürfnissen. Geistiges Gut, das als nicht mehr für die Gemeinschaft relevant empfunden wird, bleibt von der Überlieferung ausgeschlossen und fällt unvermeidlich dem Vergessen anheim, da in den Tradierungsmechanismen der Gedächtniskultur jede Unterbrechung in der Weitergabe gleichbedeutend mit der Auslöschung ist. Man spricht daher auch von einer „strukturellen Amnesie", einem systembedingten Gedächtnisverlust mündlich organisierter Gesellschaften, und die Literalitätsforscher Jack Goody und Ian Watt bezeichneten deren Überlieferungsweise als einen „homöostatischen [= das Gleichgewicht wahrenden] Prozess“, bei dem kontinuierlich Neues aufgenommen und dafür Altes ausgeschieden wird.[10]

Indem die Schrift gleichsam zu einer „Verlängerung des menschlichen Gedächtnisses“ wird und dieses nach einer Formulierung Leroi-Gourhans „exteriorisiert“,[11] also auslagert, durchbricht sie diese Beschränkungen und macht individuelles wie gesellschaftliches Wissen in einem Ausmaß speicher- und verwertbar, das unter den Bedingungen der Illiteralität undenkbar wäre. Durch die schier grenzenlose Ausweitung des gesellschaftlichen Gedächtnisses, des Archivs kollektiver Erfahrung, wirkt sie als kulturell produktive Kraft ersten Ranges – nicht nur auf dem Gebiet der Geisteskultur und der schönen Künste, sondern auch und vor allem in ökonomischer und technologischer Hinsicht, wie wir noch sehen werden. Die exakten Wissenschaften wären ohne die Schrift ebenfalls undenkbar, und so ist es nach den Worten von Goody „kein Zufall, dass wesentliche Entwicklungsschritte dessen, was wir heute ‚Wissenschaft‘ nennen, auf die Einführung wichtiger Veränderungen in den Kommunikationsmitteln folgten – in Babylonien (Schrift), im antiken Griechenland (Alphabet) und in Westeuropa (Druck)“.[12]

Nach Ansicht Goodys und anderer Vertreter der seit den 1960er Jahren zu einer namhaften Disziplin aufgestiegenen Oralitäts- und Literalitätsforschung prägen die Kommunikationsmittel aber nicht nur die Technologie und Kultur einer Gesellschaft, sondern auch das Denken ihrer Menschen. Erst im Gefolge der Schrift entwickelte Methoden der Informationsverarbeitung wie das Erstellen von Listen oder das Anfertigen von Statistiken brachten nach ihrer Theorie jenes hierarchisch klassifizierende, kategorielle und analytische Denken hervor, das für die moderne Informationsgesellschaft wie für ihre antiken Vorläufer charakteristisch ist. Das Denken der Menschen in den schriftlosen Kulturen war und ist hingegen anders strukturiert, nämlich vorwiegend situationsbezogen und kontextgebunden – erst die Literalität habe jene Tendenz zur Dekontextualisierung und zum abstrakt-generalisierenden Denken mit sich gebracht, die uns heute so selbstverständlich erscheint. Mündlichkeit und Schriftlichkeit bezeichnen nach dieser Theorie, wie es Heinz Schlaffer formulierte, also „nicht bloß verschiedene Tradierungsmedien, sondern ebenso verschiedene Denkweisen“,[13] und der Übergang von der ersteren zur zweiten bedeutet nicht nur einen technologischen, sondern auch einen kognitiven Wandel.

DIE GEBURT DER GESCHICHTSSCHREIBUNG

Diese Unterschiede lassen sich besonders gut am Beispiel des historischen Bewusstseins verdeutlichen. Den schriftlosen Gesellschaften wurde es früher nahezu vollständig abgesprochen, was in dem Klischee von den „geschichtslosen Völkern“ seinen Niederschlag fand. Diese Sichtweise war mit Sicherheit überheblich und falsch, denn selbstverständlich besitzen auch die mündlich organisierten Kulturen eine Geschichte und eine identitätsstiftende Überlieferung des Gewesenen. Allerdings ist deren zeitliche Tiefe zwangsläufig vergleichsweise beschränkt, denn die konkrete Erinnerung reicht in der Regel nur wenige Generationen zurück, und da es keine exakten chronologischen und genealogischen Aufzeichnungen gibt, geht alles frühere in eine nicht genauer fassbare, mythisch entrückte „Urzeit" ein. „Historische Chronologie ist dabei relativ", schreibt die Ethnologin Claudia Klaffke über afrikanische Kulturen der Neuzeit, denn „‚es war einmal', ‚einst lebte' sind ausreichende Zeitangaben. Dem liegt ein grundsätzlich anderes Zeitempfinden zugrunde."[14]

Erst mit der Schrift kam die exakte historische Chronologie, entstanden weit zurückreichende genealogische Listen (zunächst Herrscherlisten, vgl. S. 185), begann das jahrgenaue Aufzeichnen wichtiger Ereignisse. Erst durch sie wurde also eine einigermaßen authentische und von der selektiven Erinnerung unabhängige Erfassung des Gewesenen möglich, die die Grundlage jeder echten Geschichtsschreibung bildet. Damit entfiel gleichzeitig auch der Zwang zur Ausscheidung nicht mehr benötigten oder nicht mehr zeitgemäßen Wissens, der in den mündlich organisierten Gesellschaften allein aufgrund der begrenzten Kapazität des kollektiven Gedächtnisses notwendigerweise bestand.

Natürlich spielten und spielen auch in der literalen Geschichtsschreibung Prozesse der Umdeutung, Verdrängung oder ungebührlichen Glorifizierung vergangener Ereignisse weiterhin eine wichtige Rolle, zumal sie über Jahrtausende hinweg ganz unverhüllt nur die Geschichtsschreibung der Herrschenden war. Im Gegensatz zur „oral history" beruht die geschriebene Geschichte aber auf materiell fixierten Quellen, die auch dann weiterhin existieren, wenn sie zeitweise nicht mehr wahrgenommen oder sogar bewusst negiert werden. Aus diesem Grunde können Schriftkulturen „die Vergangenheit nicht in der gleichen Weise beiseite legen, assimilieren oder umbilden" wie mündlich organisierte Kulturen, denn „ihre Mitglieder sind mit [diesen] dauerhaft aufgezeichneten Darstellungen der Vergangenheit und ihrer Überzeugungen konfrontiert", wie Goody und Watt bemerken.[15] Daher haben in Schriftkulturen auch solche Gedanken und Ideen eine Chance, zu überleben und in die Zukunft zu wirken, deren Überlieferung nicht den aktuellen Bedürfnissen, Interessen und Prioritäten der Gesellschaft oder der sie beherrschenden Gruppe entspricht. Dieser Umstand war manchen totalitären Herrschern in der Geschichte ein solches Ärgernis, dass sie ihn durch Bücherverbrennungen oder die Vernichtung ganzer Bibliotheken auszuschalten versuchten (vgl. S. 212). Zugute gekommen ist er hingegen nicht wenigen Wissenschaftlern, Philosophen und Politikern, die „ihrer Zeit voraus" waren und die deshalb zeit ihres Lebens unbeachtet und ohne Resonanz blieben, nach dem Tod jedoch durch ihre Bücher und Manuskripte zu Ruhm und Ehre gelangten und manchmal sogar postum die Welt zu verändern vermochten. „Wo die Kommunikation mit den Zeitgenossen gestört ist, bietet die Schrift die Möglichkeit eines Appells an die Nachwelt", kommentieren Aleida und Jan Assmann diesen Sachverhalt.[16]

LOB UND TADEL DER SCHRIFT

Die Entstehung der Schrift hat also ohne Zweifel tief greifende Veränderungen in den über sie verfügenden Kulturen bewirkt. Sie schuf einen vom Gedächtnis unabhängigen Informationsspeicher, machte die Verständigung sowie den geistigen Austausch zwischen den Menschen von der persönlichen Begegnung unabhängig und ermöglichte dadurch auch über große räumliche wie zeitliche Distanzen – buchstäblich „über die Jahrtausende hinweg" – einen Gedanken- und Informationsfluss zwischen dem „einsamen Autor" und dem „einsamen Leser".

Die Schriftgelehrten und Literaten der vergangenen 5000 Jahre wurden denn auch nicht müde, die Großartigkeit dieses Kommunikationsmittels in den höchsten Tönen zu preisen – von den Tempel- und Palastschreibern im Alten Orient (vgl. S. 204) bis zu den Philosophen und Schriftstellern der Neuzeit. Für Friedrich Schlegel beispielsweise war „der echte Buchstabe (...) allmächtig und der eigentliche Zauberstab",[17] und Hermann Hesse schrieb: „Von den vielen Welten, die der Mensch nicht von der Natur, sondern sich aus dem eigenen Geist erschaffen hat, ist die Welt der Bücher die größte. (...) Ohne Wort, ohne Schrift und Bücher gibt es keine Geschichte, gibt es nicht den Begriff der Menschheit."[18]

In vielen aliteralen Kulturen, aber auch in einigen bereits schriftbesitzenden, jedoch der mündlichen Tradition noch verbundenen Gesellschaften, erschien und erscheint den Menschen eine solche anonyme Kommunikation und ungezügelt wuchernde Überlieferung, wie sie die Schrift ermöglicht, dagegen als bedrohlich und wenig erstrebenswert. Der griechische Philosoph Platon formulierte diese skeptische Haltung im 4. Jahrhundert v. Chr. – in der Periode der vollen „Verschriftlichung" der griechischen Gesellschaft (vgl. S. 231–234) – auf klassische Weise in seinem Dialog *Phaidros*. Der ägyptische Pharao Thamus, so lässt Platon dort seinen Meister Sokrates berichten, habe den Schreibergott Theuth (Thot), als dieser sich der Erfindung der Schrift rühmte, mit folgenden Worten getadelt: Die Schrift werde „Vergessenheit in den Seelen derer schaffen, die sie lernen, durch Vernachlässigung des Gedächtnisses – aus Vertrauen auf die Schrift werden sie von außen durch fremde Gebilde, nicht von innen aus eigenem sich erinnern lassen. (...) Von der Weisheit aber verabreichst du den Zöglingen nur den Schein, nicht die Wahrheit; denn vielkundig geworden ohne Belehrung werden sie einsichtsreich zu sein scheinen, während sie großenteils einsichtslos sind und schwierig im Umgang – zu Schein-Weisen geworden statt zu Weisen." Die geschriebenen Worte, so führt Platons Sokrates die harsche Kritik fort, „sprechen wie vernünftige Wesen – doch fragst du, lernbegierig, sie nach etwas, so melden sie immer nur eines und dasselbe. Und jedes Wort, das einmal geschrieben ist, treibt sich in der Welt herum – gleichermaßen bei denen, die es verstehen, wie bei denen, die es in keiner Weise angeht, und es weiß nicht, zu wem es sprechen soll und zu wem nicht."[19]

Die Vorbehalte, die Platon hier aus der Perspektive eines schreibenden, aber noch mit der mündlichen Tradition vertrauten Philosophen zusammenfasste, geben eine in den schriftlosen oder nur ansatzweise verschrifteten Kulturen weithin verbreitete Auffassung wieder. Ihr zufolge ist das geschriebene Wort dem gesprochenen nicht gleichwertig und das schriftlich fixierte Wissen ein unzuverlässiges Blendwerk für den Geist, weshalb die Schrift auch der Lüge und der Täuschung Tür und Tor öffne. „Der Rote Mann (…) fürchtet die Schrift“, wird ein nordamerikanischer Indianerhäuptling aus dem 19. Jahrhundert zitiert, denn „sie gebiert Irrtum und Streit. Der Große Geist spricht. Wir hören ihn im Donner, im brausenden Sturm, in der mächtigen Woge. Aber er schreibt niemals.“[20] Und in Indien wurden noch lange Zeit nach der Verfügbarkeit der Schrift die heiligen Texte auf mündlichem Wege überliefert, denn die Weisen vertraten die Auffassung: „Das aus Büchern erworbene und nicht von einem Lehrer empfangene Wissen hat in einer beratenden Versammlung keine Leuchtkraft, das heißt, es ist nicht wirksam oder fruchtbar.“[21]

SCHRIFTENTWICKLUNG UND HOCHKULTUR

Diese Sachverhalte machen deutlich, dass die Schrift nur unter bestimmten gesellschaftlichen Bedingungen benötigt wird, dass sie nur in einem ihr günstigen historisch-sozialen Milieu ihre spezifischen Vorteile und Qualitäten entfalten und der Gesellschaft Nutzen bringen kann. Es ist daher kein Zufall, dass sie erst relativ spät in der Entwicklung der menschlichen Kultur auftauchte, und zwar zu einem Zeitpunkt und in Regionen, wo der wirtschaftliche und soziale Rahmen der einfachen Jäger-, Sammler- und Ackerbauernkulturen durchbrochen wurde und sich weit komplexere gesellschaftliche Organisationsformen herauszubilden begannen.

Dies war erstmals vor etwas mehr als 5000 Jahren in Mesopotamien und in Ägypten der Fall, und die dort entstehenden frühen Hochkulturen brachten auch die älteste Schrift hervor. Ohne diese Erfindung wäre der Übergang zu der neuen Daseinsweise und Gesellschaft mit ihrer städtischen Zivilisation wohl gar nicht denkbar gewesen – in der Tat ist der Zusammenhang zwischen beiden Erscheinungen so eng, dass in den Kulturwissenschaften die Schrift geradezu als der Inbegriff oder zumindest als ein wichtiges Definitionskriterium für Hochkultur und Zivilisation gilt. Fast alle städtisch und staatlich organisierten Gesellschaften, die wir kennen, besaßen eine Schrift, wenngleich einige dieser Schriftsysteme bis heute nicht entziffert werden konnten. Die einzige aliterale Hochkultur scheint diejenige der Inka gewesen zu sein, die nach heutigem Wissen über keine Gebrauchsschrift verfügte und in der Verwaltung allein mit dem *quipu*-Knotenschnursystem zurechtkam (vgl. S. 110 f. und 209 f.) – doch das ist wohl die Ausnahme, die die Regel bestätigt.

Den Hauptanstoß für die Schriftentwicklung an der Schwelle zu den Hochkulturen gaben die immer komplizierter werdenden wirtschaftlichen Vorgänge und Verwaltungsaufgaben. Diese resultierten aus den wichtigsten strukturellen Kennzeichen der neuen Gesellschaftsformation: einer stark

^
Teilansicht eines mesopotamischen Tempelturms, einer sog. „Zikkurat“. Im Milieu der frühen sumerischen Städte, Tempel und Paläste entstand die älteste Schrift.

angewachsenen Bevölkerung, die sich in neu entstandenen Städten einer bisher nicht gekannten Größenordnung zusammenballte; der Produktion eines gesteigerten landwirtschaftlichen Überschusses, der unter anderem den Fortschritten in der Bewässerungstechnik zu verdanken war und der den Unterhalt einer großen Zahl von Spezialisten im Handwerk, in der Verwaltung sowie im religiösen Bereich erlaubte; und schließlich der Ausweitung der gesellschaftlichen Arbeitsteilung sowie des inneren und äußeren Handels.[22]

Hand in Hand mit diesen strukturellen Umwälzungen im sozialökonomischen Bereich gingen eine Reihe weiterer Veränderungen, die als ebenso charakteristische Merkmale der frühen Zivilisationen gelten: ein allgemeiner Aufschwung in vielen Bereichen des Handwerks und der Technik etwa, zum Beispiel die serienmäßige Produktion von Keramik auf der Töpferscheibe; ein unaufhaltsamer Vormarsch der Metallverarbeitung, denn der Beginn der Hochkultur fiel im Nahen Osten ungefähr mit dem Anbruch der Bronzezeit zusammen; eine einzigartige Blüte und Verfeinerung auf allen Gebieten der Kunst; und schließlich die Herausbildung einer Monumentalarchitektur, wie sie die Welt niemals zuvor gesehen hatte, die Erbauung mächtiger und repräsentativer Tempel, Paläste, Grabmäler und Pyramiden.

Der britische Prähistoriker V. Gordon Childe prägte in den 1930er Jahren zur Kennzeichnung dieser Veränderungen in ihrer Gesamtheit und wechselseitigen Bedingtheit den Begriff der „urban revolution", der städtischen Revolution, der sich an den neuzeitlichen Begriff der industriellen Revolution anlehnt.[23] Diese städtische Umwälzung – der Übergang zur Hochkultur – war gleichbedeutend mit der Herausbildung staatlicher Organisationsformen in Gestalt des Stadt- oder des Flächenstaates und mit dem endgültigen Übergang zur Klassengesellschaft: Tempel mit einer zahlreichen, hierarchisch gegliederten Priesterschaft und „göttliche" oder profane Herrscher an der Spitze einer bürokratischen Staatsverwaltung übten jetzt die politische, wirtschaftliche und kulturelle Macht aus. Sie standen im Zentrum aller gesellschaftlichen Aktivitäten, sie organisierten und finanzierten öffentliche Unternehmungen, Handel und Handwerk; dafür schöpften sie einen Großteil des gesellschaftlichen Produktionsüberschusses ab und banden einen erheblichen Teil der gesellschaftlichen Arbeitskraft.

Gerne ließen sich die mesopotamischen Könige und ägyptischen Pharaonen bei segensreichen Taten wie der Grundsteinlegung für einen Tempel oder der Eröffnung eines neuen Bewässerungskanals verewigen – ihr eigener Luxus kam jedoch auch nicht zu kurz, wie das archäologische Fundmaterial aus ihren Wohnstätten und Gräbern und die zeitgenössischen Darstellungen beweisen. Die „Standarte von Ur" etwa, ein Mosaik aus den berühmten Königsgräbern des 3. Jahrtausends v. Chr. in Sumer, zeigt in einer Szene den König – von Dienern umsorgt und von Musikanten unterhalten – beim Feiern mit seinen Höflingen, während darunter Diener und Untertanen Kriegsbeute, Vieh und Verpflegung herbeischaffen (Abb. S. 134). Jahr für Jahr hatten die Bauern einen Teil ihrer Ernte an den König oder an die Pries-

^
Der Herrscher von Ur und seine Höflinge (oben) bei einem Fest, für das Diener Speisen, Vieh und Kriegsbeute heranschaffen (Mitte und unten). Ausschnitt aus der „Standarte von Ur", einem Mosaik aus dem Königsfriedhof der sumerischen Stadt, Mitte des 3. Jahrtausends v. Chr.

terschaft abzuliefern, und aus den so gefüllten Vorratskammern und Magazinen wurde das Heer der Beamten und Priester, der Handwerker, Künstler und öffentlichen Arbeiter bezahlt, kamen die Güter für den Außenhandel. Es waren mächtige und nahezu perfekt durchorganisierte Bürokratien, die den gesellschaftlichen Reichtum vereinnahmten und verwalteten, wobei selbstverständlich auch ihr eigener Vorteil eine wichtige Rolle spielte.

DIE SCHRIFT ALS ORGANISATIONSMITTEL

Dieses völlig neue gesellschaftliche Milieu, diese wirtschaftlichen und administrativen Aufgaben in einer vorher nicht gekannten Größenordnung stellten natürlich ganz erhebliche neue Anforderungen an die dafür zuständigen Körperschaften. Um einen geregelten Handel, geregelte Steuerabgaben und Lohnzahlungen sicherzustellen, galt es etwa, ein einheitliches System von Maßen und Gewichten festzulegen und staatlich zu überwachen. Und wo genau gewogen und gemessen wurde, wo riesige Gütermengen die Besitzer wechselten, gelagert und verteilt wurden, da entstand natürlich auch das Bedürfnis nach leistungsfähigen und differenzierten Methoden der Buchführung und der Statistik. Kurz gesagt, die wirtschaftlichen und administrativen Notwendigkeiten verlangten nach einer Schrift. Und bei ihrer Schaffung knüpfte man in Vorderasien, wo sie nach heutigem Wissen zuerst entstand, offenbar an weit ältere und einfachere Buchführungssysteme an.

VON DER ZÄHLMARKE ZUM ZAHLENTÄFELCHEN

FRÜHE BUCHFÜHRUNG IN VORDERASIEN

In vielen vorgeschichtlichen Siedlungen Vorderasiens fanden sich schon seit Jahrzehnten bei Ausgrabungen merkwürdige, nur wenige Zentimeter große Tongegenstände in verschiedenen, immer wiederkehrenden geometrischen Formen wie Kugel, Kegel, Scheibe und Zylinder (Abb. S. 139). Lange Zeit wurden diese sog. „Tonmarken“ (englisch *tokens)* nicht für besonders wichtig gehalten und kaum beachtet. In den letzten 30 Jahren haben sie jedoch in der Fachwelt erhebliches Aufsehen verursacht, nachdem einige Forscher die Theorie aufstellten, es handle sich bei ihnen um Zeugnisse eines frühen Buchführungs- und Dokumentationssystems, das der Schrift um Jahrtausende vorausging und entscheidend zu ihrer Herausbildung beitrug.

Bevor wir uns der eigentlichen Schrift in Mesopotamien und Vorderasien zuwenden, wollen wir daher zunächst die Entwicklungsgeschichte dieses Dokumentationssystems genauer betrachten. Seine Entdeckung gehört zu den faszinierendsten Resultaten archäologischer Forschung in den letzten Jahrzehnten und kann den großen Schriftentzifferungen des vergangenen Jahrhunderts an Bedeutung durchaus gleichgestellt werden.

EINE GEHEIMNISVOLLE TONHÜLLE

Einen ersten Hinweis auf die Existenz eines solchen Buchführungssystems – und zwar in vergleichsweise junger, historischer Zeit – entdeckte 1958 der amerikanische Altorientalist A. Leo Oppenheim. Ein eiförmiger, hohler Tonball (Abb. S. 136), der während der 1920er Jahre in der antiken Stadt Nuzi im Nordirak gefunden worden war und der aus der Mitte des 2. Jahrtausends v. Chr. stammte, erregte seine Aufmerksamkeit. Das Objekt trug einen achtzeiligen Keilschrifttext, in dem von „Steinen für Schafe und Ziegen“ die Rede war und in dem dann eine Aufzählung von Mutterschafen, Lämmern, Widdern usw. folgte – insgesamt von 48 Tieren. Nach einer dem Fundstück beigefügten Notiz hatte es bei seiner Ausgrabung „48 kleine Steine“ enthalten, die jedoch verloren gegangen waren und über deren Aussehen keine Angaben vorlagen. Oppenheim kam der Gedanke, dass diese 48 Steinchen die auf der Tonhülle aufgezählten 48 Tiere symbolisieren sollten, und er zog den Schluss: „Wir müssen es hier mit einem operativen Hilfsmittel für bürokrati-

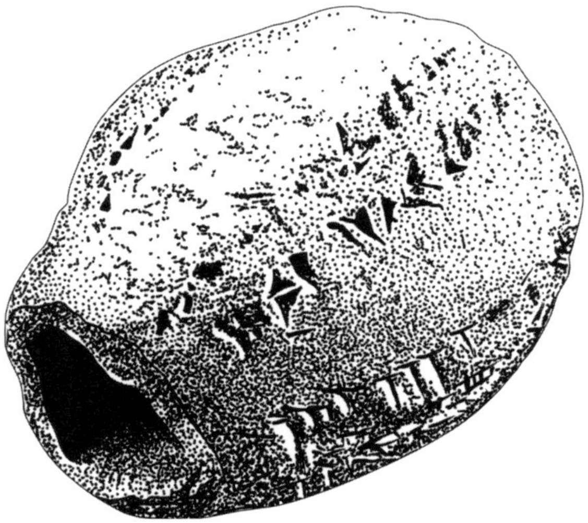

^
Ovale Tonhülle aus Nuzi in Mesopotamien mit Keilschrifttext auf der Oberfläche, in der sich bei der Auffindung 48 Zählsteine befanden, 2. Jahrtausend v. Chr.

sche Zwecke zu tun haben, das spezifischen Gebrauch von Kieselsteinchen als Zählmittel, Merkhilfe oder etwas derartigem machte"[1] – ein historisch und völkerkundlich keineswegs unbekanntes Verfahren, wie Oppenheim an einigen Beispielen zeigte und wie ja auch wir bereits gesehen haben (vgl. S. 111).

Bei der Suche nach weiteren Spuren dieses Buchführungssystems stieß der Forscher auf eine Gruppe keilschriftlicher Wirtschaftstexte aus dem Palast von Nuzi, die im Zusammenhang mit der Aufzählung von Tieren immer wieder die „Deponierung", „Entfernung" und „Übertragung" von Steinen erwähnten. „Diese Schafe sind bei [folgt Personenname], die betreffenden Steine wurden nicht deponiert", hieß es dort etwa, oder: „Ein Schaf, gehörend dem [Personenname], der dazu gehörige Stein wurde nicht herausgenommen."[2] Oppenheim folgerte aus diesen Notizen, dass im Palast von Nuzi eine fortlaufende Statistik über die Zahl und Zusammensetzung der königlichen Herden geführt wurde, indem man kleine Steinchen – die jeweils ein Tier repräsentierten – in unterschiedlichen Behältern oder Gefäßen deponierte, unterteilt nach Männchen und Weibchen, Jung- und Alttieren der einzelnen Arten. Starb ein Tier, so entfernte man sein Steinchen, wurde eines geboren, so kam ein Stein im Behälter für Jungtiere hinzu, um später in den Behälter für ausgewachsene Tiere oder Muttertiere überzuwechseln usw. „Auf diese Weise", so der Forscher, „wurde die zahlenmäßige Verteilung der Tiere innerhalb der Herde ohne jede schriftliche Aufzeichnung ständig dokumentiert".[3] Die in Nuzi gefundene Tonhülle, so schloss Oppenheim seine scharfsinnige Argumentation, habe vermutlich als eine Art von

Transportbehälter gedient, in dem die zu den 48 Tieren gehörenden Steinchen aus einer Verwaltungsabteilung in eine andere gesandt wurden – ergänzt durch einen schriftlichen Hinweis, welchen Kategorien die Tiere angehörten, das heißt wie viele Steinchen in welchen Behältern zu deponieren waren.

EIN AUSGEFEILTES BUCHFÜHRUNGSSYSTEM

Diese 1959 veröffentlichten Hypothesen waren angesichts des spärlichen Materials, das ihnen zugrunde lag, zweifellos gewagt, doch konnten sie sich auf handfeste Analogien stützen. Oppenheim hatte sein Modell der Buchführung im Palast von Nuzi nämlich anhand von völkerkundlichen Berichten über ein derartiges Dokumentationssystem im westafrikanischen Königreich Dahomey (heute Benin) während des 18. Jahrhunderts entwickelt. Die dortige Geburtenstatistik wurde nach der Beschreibung des Wirtschaftshistorikers Karl Polanyi wie folgt durchgeführt: „Im Palast befanden sich, unter der Aufsicht einer Beamtin, 13 Kästen, die jeweils in zwei Fächer unterteilt waren, nämlich für männliche bzw. weibliche Personen. Jedes Mal, wenn ein Dorf- oder Distriktvorsteher dem König eine Geburt meldete, wurde ein Kieselstein in das dem Geschlecht des Kindes entsprechende Fach gelegt. Am Ende jedes Jahres wurden alle Kiesel um einen Kasten weiter befördert, wodurch der erste Kasten leer wurde und wieder für die Feststellung der Geburten im kommenden Jahr verwendet werden konnte. Die Kiesel aus der 13. Kiste wurden weggeworfen, da jene Kinder, die das 14. Lebensjahr erreicht hatten, als Erwachsene galten und in der Jahreszählung der Erwachsenen berücksichtigt wurden.“[4]

Die Todesfälle wurden auf ähnliche Weise registriert, und zur Zählung des Viehbestandes verwendete man in Dahomey gleichfalls Muscheln und Steine, die – nach Tierarten getrennt – in Säcken verwahrt wurden. Diese ausgefeilte Buchführung mit Hilfe von Zählsteinchen (*calculi*, von lat. *calculus* = Stein; daher auch unser Wort ‚kalkulieren‘) glich das Fehlen einer Schrift als Verwaltungsmittel aus und zeigt – ähnlich wie das *quipu*-System der Inka (vgl. S. 109–111) –, dass komplexere Verwaltungsstrukturen in Ausnahmefällen durchaus auch in aliteralen Gesellschaften möglich sind.

Im Vorderasien des 2. Jahrtausends v. Chr. war die Schrift hingegen schon seit langem bekannt, und so diente das von Oppenheim für Nuzi vermutete Buchführungssystem nach Ansicht des Forschers lediglich zur Ergänzung der sonst üblichen keilschriftlichen Verwaltungsaufzeichnungen in einem begrenzten Bereich. Doch kurze Zeit nach Oppenheims Veröffentlichung fanden sich Hinweise darauf, dass die Buchführung mit Hilfe von Zählobjekten offenbar auch in Vorderasien weit älter war als die Schrift.

Mitte der 1960er Jahre wurde der Chefkonservator der altorientalischen Abteilung des Louvre, Pierre Amiet, auf eine Reihe tönerner „Hüllen“ in den Beständen des Museums aufmerksam, die kleine geometrische Tonobjekte enthielten. Diese Hüllen, die Archäologen seit Beginn des 20. Jahrhunderts bei Ausgrabungen in der antiken Stadt Susa im Westiran zutage gefördert hatten, stammten aus der zweiten Hälfte des 4. Jahrtausends v. Chr. – den letzten Jahrhunderten vor dem Auftauchen der Schrift in Susa. Amiet wies diesen „bulles sphériques“, diesen „kugelförmigen Bullen“ (von lat. *bulla* = Blase) in einem 1966 veröffentlichten Aufsatz eine ähnliche Funktion zu wie Oppenheim dem Exemplar aus Nuzi: Er interpretierte sie als Behälter mit Zählmarken, die Teil einer „sehr archaischen Buchführung“ im Rahmen wirtschaftlicher Transaktionen gewesen seien. Auffälligerweise waren die in ihnen enthaltenen Tonmarken jedoch nicht einheitlich geformt, sondern von ganz unterschiedlicher geometrischer Gestalt. Amiet vermutete daher, dass sie „verschiedenen Güterarten entsprachen“,[5] dass also jede Marke aufgrund ihrer Form eine bestimmte Klasse von Objekten repräsentierte, ohne dass dazu weitere Kennzeichnungen notwendig waren.

ZURÜCK INS 8. JAHRTAUSEND V. CHR.

Systematisch und in großem Stil ging in den 1970er Jahren schließlich die französisch-amerikanische Archäologin Denise Schmandt-Besserat den Spuren des merkwürdigen prähistorischen Registratursystems nach. Für eine Forschungsarbeit über die früheste Verwendung von Ton im Vorderen Orient sichtete sie seit 1969 die entsprechenden Museumsbestände überall auf der Welt und stieß dabei schon im Fundgut von Siedlungen des 8. und 7. Jahrtausends v. Chr. immer wieder auf die zentimetergroßen geometrischen Tonmarken, die dort stets „lose“, das heißt ohne Tonumhüllungen, aufgefunden wurden.

„Bald verwirrten mich diese von mir *tokens* genannten Objekte“, schreibt Schmandt-Besserat rückblickend, „denn wohin ich auch reiste, sie waren überall zu finden – im Irak und im Iran, in Syrien, in der Türkei und in Israel. (…) Ich befragte die Archäologen über die Tonmarken und erfuhr, dass alle, die frühe Siedlungsplätze ausgegraben hatten, sie in beträchtlicher Menge in ihren Schnitten antrafen. Doch keiner wusste, was sie darstellten.“[6] Sie wurden in den Fundlisten meist unter „Verschiedenes“ aufgeführt oder als Amulette, Spielsteine u. ä. gedeutet.

Diese Erklärungen überzeugten die Forscherin jedoch nicht: „Wenn sie so weit verbreitet waren, überlegte ich, dann mussten sie eine nützliche Funktion gehabt haben. Ich stellte fest, dass die Tonmarken oft sorgfältig gefertigt waren und dass es sich um die ersten tönernen Objekte handelte, die man im Feuer gehärtet hatte. Die Tatsache, dass die Menschen einen solchen Aufwand mit ihrer Herstellung trieben, bestärkte mich in der Annahme, dass sie von Bedeutung waren. (…) Aber wozu dienten sie?“ Bei der Beantwortung dieser Frage kam Schmandt-Besserat der oben erwähnte Aufsatz von Amiet aus dem Jahre 1966 zu Hilfe. Zunächst wehrte sie sich gegen den Gedanken, dass die dort beschriebenen Tonmarken und Tonhüllen aus dem späten 4. Jahrtausend v. Chr. „irgend etwas mit den [sehr viel älteren] *tokens* zu tun haben könnten, die man in jungsteinzeitlichen Siedlungen ausgegraben hatte". Doch bald fasste sie aufgrund weiterer Studien „die Möglichkeit ins Auge, dass Tonmarken ohne Unterbrechung zwischen 8000 und 3000 v. Chr. in Gebrauch gewesen sein könnten."[7]

Damit begann ein seit nunmehr über 30 Jahren laufendes Forschungsprojekt, das den Kommunikationswissenschaften neue Perspektiven eröffnet hat. 1977 veröffentlichte Schmandt-Besserat ihren ersten Aufsatz, in dem sie schon die ältesten Tonmarken des 8. bis 6. Jahrtausends v. Chr. als frühe Belege jener Buchführungsmethode interpretierte, deren spätere und verfeinerte Form Amiet und Oppenheim in Susa bzw. Nuzi entdeckt hatten. Seither hat sie ihre Theorie in einer langen Reihe von Arbeiten Schritt für Schritt erhärtet, konkretisiert und modifiziert – ein 1992 erschienenes, zusammenfassendes Werk stützt sich auf die Analyse von über 8000 Tonmarken aus 116 Fundstätten, die die Forscherin in 15 Ländern untersucht hat. Ihre Arbeit wurde zu Beginn vielfach kritisiert und belächelt, erfuhr aber seither stetig wachsende Anerkennung. Über Details ihrer Theorie wird nach

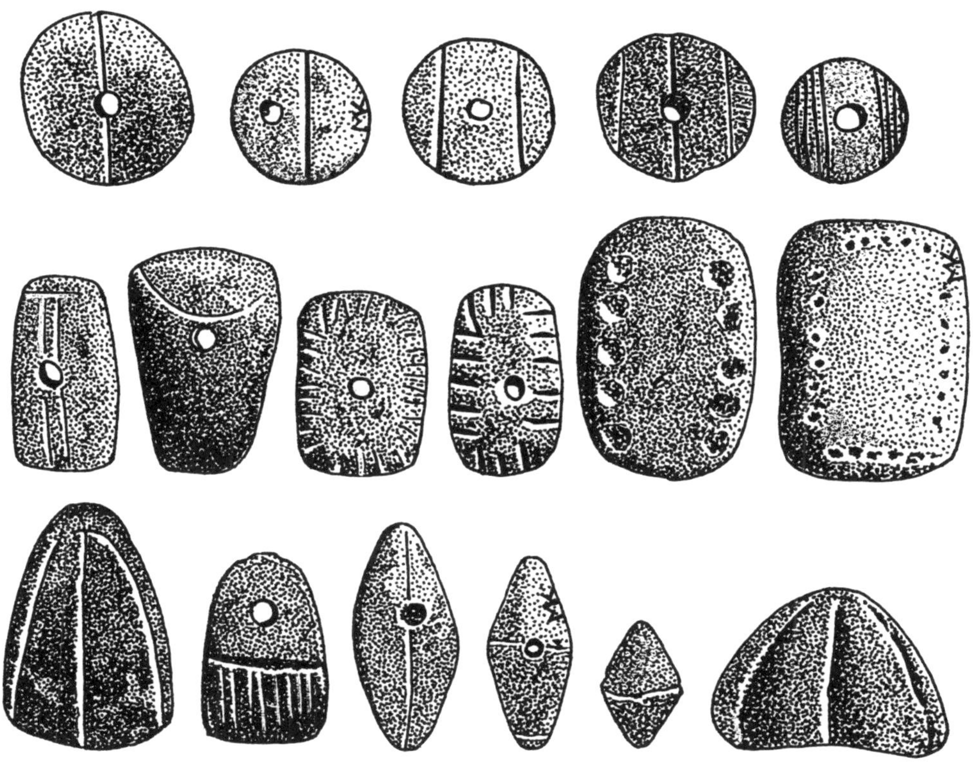

Tonmarken aus Susa im Iran, zweite Hälfte des 4. Jahrtausends v. Chr. Obere Reihe: Scheibenformen; mittlere Reihe: Rechtecke und Ovale; untere Reihe: Dreiecke, Doppelkoni und paraboloide („zuckerhutartige") Formen.

wie vor gestritten (vgl. S. 161–163), doch ihr Kern ist heute weithin akzeptiert: die Hypothese nämlich, dass die Schrift in Vorderasien aus einer jahrtausendelangen Entwicklung der Datenspeicherung und Buchführung mit Hilfe von Tonmarken hervorging – einem Entwicklungsprozess, von dem vor 35 Jahren noch niemand etwas ahnte.

GÜTERZÄHLUNG MIT TONMARKEN

Dieser Prozess begann etwa um 8000 v. Chr., in der Frühphase menschlicher Sesshaftigkeit, als in einigen der ersten Dauerwohnsiedlungen Syriens und des Irans auch die frühesten Tonmarken gefertigt wurden. Nach Schmandt-Besserats Theorie könnten sie aus dem in vielen Kulturen verbreiteten Brauch hervorgegangen sein, mit Kieselsteinchen zu zählen (vgl. S. 111). Gegenüber diesen hatten die von Hand geformten Tonmarken den Vorteil, dass sie sich leicht in verschiedenen Formen und Größen herstellen ließen – vergleichbar den Chips in heutigen Spielbanken – und dadurch zur Zählung ganz verschiedenartiger Objekte verwendbar waren.

Nach Schmandt-Besserat existierten von Anfang an zehn geometrische Grundformen (Kugel, runde Scheibe, Kegel, Pyramide bzw. Tetraeder, Ovoid, Zylinder bzw. Stäbchen, Dreieck, Rechteck, T-Form und Tierkopf-Formen), die sich durch Varianten in zahlreiche Untertypen gliederten, sowie verschiedene Größenklassen von weniger als einem bis zu mehreren Zentimetern. Diese Typen traten nahezu gleichartig in einem weiten geographischen Raum auf, der vom Iran und Irak bis nach Syrien, Palästina und der Türkei reichte, und sie blieben über mehrere Jahrtausende hinweg praktisch unverändert: Noch in den Tonhüllen des späten 4. Jahrtausends, deren buchhalterische Funktion heute unstrittig ist, finden sich einige der Tonmarken-Grundformen, die schon vier bis fünf Jahrtausende zuvor gebräuchlich gewesen waren. Daraus kann man schließen, dass auch diese älteren Exemplare schon als Zählobjekte (*calculi*) im Rahmen eines weiträumigen, stabilen Systems zur Versinnbildlichung und Dokumentation von Zahlenmengen, Güterklassen und Werten gedient haben dürften. Schmandt-Besserat spricht von einer regelrechten *lingua franca,* einem Sprach- und Ländergrenzen überschreitenden System für den gesamten Nahen Osten.

Die konkrete symbolische Bedeutung der einzelnen Tonmarkenformen und ihre genaue Handhabung ist heute natürlich kaum mehr zuverlässig zu rekonstruieren. Nach Schmandt-Besserat standen „die unterschiedlichen Formen und Markierungen für besondere wirtschaftliche Einheiten wie ‚ein Scheffel Getreide', ‚ein Krug Öl' (…) oder ‚ein Vlies Wolle'." – „Die *tokens* wurden", wie die Forscherin weiter vermutet, „in einer eins-zu-eins-Zuordnung benutzt, und ihre Hauptfunktion war es, die wenigen Güter des täglichen Lebens, die aufgezeichnet oder gezählt werden mussten, in leicht zu handhabende und zu speichernde Zählsymbole zu übersetzen."[8]

Die Fundumstände der bisher ausgegrabenen Tonmarken geben leider kaum eindeutige Hinweise darauf, was genau mit ihnen gezählt oder dokumentiert wurde und zu welchem Zweck. In einigen Siedlungen entdeckte man nur eine Handvoll dieser Objekte, in anderen dagegen hunderte, und in Jarmo im Irak gar an die 2000, so dass Schmandt-Besserat diese frühneolithische Siedlung scherzhaft zur „*token*-Hauptstadt der Welt" ernannte.[9] Manchmal lagen die Tonmarken einzeln über die Siedlungsfläche verstreut, manchmal konzentrierten sie sich aber auch in kleineren oder größeren Gruppen in bestimmten Bereichen, unter anderem mehrfach in Speichern und Wirtschaftsräumen von Häusern. So fand man etwa in einem einzigen Gebäude der irakischen Siedlung Tell Abada aus dem 5. Jahrtausend v. Chr. 90 Tonmarken unterschiedlicher Form, die in Gruppen von 4 bis 16 Exemplaren in Tongefäßen untergebracht waren. Möglicherweise versuchte man sie auf diese Weise – wie später mit Hilfe der Tonhüllen – beisammen zu halten, und vielleicht geschah das damals auch schon öfter, freilich in Behältern aus organischem Material wie Holz, Stoff oder Leder, die archäologisch nicht mehr nachweisbar sind.

EIN RESULTAT DER „NEOLITHISCHEN REVOLUTION"

Interessanterweise fiel die Herausbildung des Tonmarkensystems zeitlich fast genau mit dem Übergang von der Jagd- und Sammelwirtschaft zu Ackerbau und Viehzucht zusammen, der sich im Vorderen Orient vor etwa 10 000 Jahren vollzog. Dieser Übergang zur produzierenden und sesshaften Lebensweise der Jungsteinzeit – des Neolithikums – war eine so tief greifende ökonomische Umwälzung, dass der Prähistoriker V. Gordon Childe (vgl. S. 71 und 133) für sie den berühmt gewordenen Begriff der „neolithischen Revolution" prägte.[10] Diese vollzog sich zunächst in einem Gebiet Vorderasiens, das einen weiten sichelförmigen Bogen von Palästina und dem Libanon über Syrien und die südöstliche Türkei bis zum Nordirak und westlichen Iran (Zagrosgebirge) beschreibt und das als „fruchtbarer Halbmond" bezeichnet wird. Gerade hier fanden sich auch die meisten der frühen Tonmarken. „Es bestehen daher kaum Zweifel", folgert Schmandt-Besserat, „dass das Bedürfnis nach Dokumentation [mittels der *tokens*] mit bestimmten Aspekten der menschlichen Anpassung an die Nahrungsproduktion in dieser Gegend zusammenhing."[11]

In der Tat bedeutete der Schritt vom Jäger und Sammler zum Ackerbauern und Viehzüchter (der allerdings über einige Zwischenstufen erfolgte und sich über einen längeren Zeitraum hinzog) eine tief greifende Veränderung für die Menschen. Er brachte völlig neuartige Aufgaben wie auch gänzlich neue Möglichkeiten mit sich. Die neolithische Wirtschaftsweise erlaubte nicht nur erstmalig eine Vorratshaltung in größerem Ausmaß, sie beruhte geradezu darauf, denn was innerhalb weniger Monate auf den Feldern angebaut und geerntet wurde, musste ein ganzes Jahr lang zum Leben ausreichen. Die Ernteerträge mussten registriert, gespeichert und eingeteilt werden in Saatgetreide für das nächste Jahr, Futter fürs Vieh, Nahrung für die Menschen und eine Reserve für andere Zwecke oder für schlechte Zeiten –

dies alles gemeinschaftlich im ganzen Dorf oder in den einzelnen Familien. Der Viehbestand war zu zählen und regelmäßig zu kontrollieren, die Schlachtrate musste kalkuliert werden, und möglicherweise hat man auch bereits den Ertrag der Tiere an Milch oder Wolle festgehalten.

Die jungsteinzeitliche Wirtschaft war darüber hinaus aber auch schon in einem bescheidenen Maß „akkumulativ", das heißt sie ermöglichte die Produktion eines gewissen Überschusses, der im Nah- und Fernhandel gegen Güter und Rohstoffe verschiedener Art ausgetauscht werden konnte, sowie eine bescheidene Anhäufung von Besitztümern. Einen Teil dieses Überschusses konsumierte man vielleicht auch bei großen örtlichen oder regionalen Festen, für die Lebensmittel und andere Güter in organisierten Sammelaktionen zusammengetragen wurden, wie dies aus der Völkerkunde vielfach bekannt ist. Überdies erforderten besondere Gemeinschaftsaufgaben wie die Errichtung religiöser Bauten oder der Unterhalt von Priestern und Häuptlingen im Laufe der weiteren Entwicklung immer größere Investitionen.

Alle diese Aspekte der neuen Lebens- und Wirtschaftsweise könnten ein Bedürfnis nach Buchführung und Fixierung von Gütermengen hervorgebracht haben, dem man mit Hilfe des Dokumentationssystems der Tonmarken Genüge tat – doch wissen wir über die Einzelheiten bis heute nichts Sicheres. Auch Schmandt-Besserat kann nur mutmaßen, dass „die Speicherung gemeinschaftlicher Ressourcen ein Hauptstimulus für die Entwicklung des *token*-Systems" war.[12]

DAS TONMARKENSYSTEM WIRD VIELSCHICHTIGER

Die Tonmarken blieben mehr als 4000 Jahre lang nahezu unverändert, doch im Verlauf des 4. Jahrtausends v. Chr. wurde das System erheblich vielfältiger und komplexer. Einige neue Grundtypen von *tokens* kamen hinzu, darunter paraboloide (zuckerhutartige) Formen und naturalistische kleine Nachbildungen von Gefäßen und anderen Gegenständen. Vor allem aber erhielten viele der Tonmarken seit der Mitte des 4. Jahrtausends zusätzliche Oberflächenmarkierungen wie eingeritzte Striche und Linienfolgen, eingravierte Punkte u. ä. (Abb. S. 139), die bis dahin nur in geringerem Maße aufgetreten waren. Die Zahl der von Schmandt-Besserat unterschiedenen Grundformen erhöhte sich dadurch auf 16, die der Untertypen auf fast 500 – eine Vielfalt, die nach Ansicht der Forscherin darauf schließen lässt, „dass eine größere Anzahl von Produkten mit erhöhter Genauigkeit gezählt wurde."[13] Ursache dieser Entwicklung war nach ihrer Theorie die etwa um diese Zeit begonnene „städtische Revolution" (vgl. S. 133) und das mit ihr verbundene Aufblühen von Handwerk und Gewerbe in den neu entstandenen Siedlungszentren. Während die bis dahin verwendeten einfachen Tonmarken mutmaßlich in erster Linie zur Zählung von landwirtschaftlichen Gütern gedient hatten, „verkörperten die komplexen Tonmarken" – so Schmandt-Besserat – „typische Erzeugnisse der städtischen Handwerksbetriebe wie Textilien, Kleidungsstücke, Gefäße und Werkzeuge; zubereitete Nahrungsmittel wie Öl, Brot, Kuchen und Zuchtenten; und Luxusgüter wie Parfüm, Metalle und Schmuck."[14]

Von Bedeutung ist weiter, dass zahlreiche dieser sog. komplexen Tonmarken eine Durchbohrung aufweisen, so als seien sie an einer Schnur befestigt gewesen. Früher schloss man daraus, dass sie als Schmuckstücke oder Amulette um Hals oder Handgelenk getragen worden seien, doch dagegen spricht die Beobachtung, dass ihre Durchbohrungen kaum Abnutzungs- und Abriebspuren erkennen lassen, wie das in diesem Fall zu erwarten wäre. Schmandt-Besserat vermutet stattdessen, dass man mit Hilfe einer durch die Löcher gezogenen Schnur mehrere *tokens,* die zu einer bestimmten Zählung gehörten, zusammenband und zu einer Art „Akte" bündelte, bevor sie ins Archiv wanderten.

Für diese Hypothese spricht auch der Umstand, dass etwa zur gleichen Zeit (um 3500 v. Chr.) und an denselben Orten auch die ersten *tokens* im Inneren von Tonhüllen auftauchten, deren Zweck es offenkundig ebenfalls war, die zur Dokumentation eines bestimmten Wirtschaftsvorgangs nötigen Zählmarken beieinander zu halten. Etwa 200 dieser runden oder ovalen, meist 5 bis 7 cm großen Tonbälle, in die mit den Fingern ein kleiner Hohlraum gebohrt wurde, sind bisher dokumentiert und ausgewertet. Den Inhalt kennt man bislang nur von etwa drei Dutzend unter ihnen: Sie enthielten unterschiedlich viele (im Durchschnitt 9) Tonmarken verschiedener Form, und zwar zumeist der kleineren und einfacheren Typen (Abb. S. 146). Die Deponierung in den anschließend verschlossenen „Bullen" verhinderte jede nachträgliche Manipulation an den Tonmarken.

Auf der Außenseite der Hüllen ließen sich darüber hinaus bequem die Abdrücke eines oder mehrerer Rollsiegel anbringen – kleiner Steinzylinder mit negativ eingeschnittenen szenischen, figürlichen oder ornamentalen Motiven, die beim Abrollen auf feuchtem Ton einen erhabenen Abdruck hinterließen. Solche Rollsiegel kamen in Vorderasien gleichfalls während des 4. Jahrtausends v. Chr. in Gebrauch und dienten Privatleuten wie Verwaltungsbeamten als persönliche oder dienstliche Stempel zur Beurkundung, Autorisierung und Versiegelung aller möglichen Dokumente und Objekte. Tatsächlich tragen auch die meisten Tonhüllen die Abdrücke eines, manchmal sogar zweier oder dreier Rollsiegel. Die in ihnen eingeschlossenen Marken wurden durch diese Versiegelung zuverlässig gesichert, beglaubigt und mit der Person des Siegelinhabers in Verbindung gebracht. Möglicherweise wurden aber auch schon Vertragsabschlüsse, die man mit Hilfe der *tokens* dokumentierte, im wahrsten Sinne des Wortes „besiegelt", indem beide Vertragsparteien ihre Siegelzylinder auf dem entsprechenden Tonball abrollten – eine Art frühe Vorform des heute üblichen Unterschriftenzeremoniells.

^
Abdrücke von Rollsiegeln aus Susa (Iran), die die Speicherung von Wirtschaftsgütern zeigen. Der vermehrte Güterumschlag am Ende des 4. Jahrtausends v. Chr. gab starke Impulse für die Entwicklung leistungsfähiger Aufzeichnungssysteme.

HANDELSDOKUMENTE ODER STEUERBELEGE?

Was für Geschäfte könnten auf diese Weise dokumentiert, was für Zählungen oder Buchungen fixiert worden sein? Der Phantasie sind hier kaum Grenzen gesetzt, denn es gibt viele plausible Möglichkeiten. Amiet vermutete 1966, es habe sich bei den Bullen aus Susa um eine Art von Lieferscheinen oder Frachtbriefen gehandelt, die die Transporte von Textilprodukten und anderen Gütern aus der Provinz in die Hauptstadt begleiteten und die die Art sowie die Stückzahl der gelieferten Waren belegten. Mit ihrer Hilfe habe man heimlichen Diebstählen vorgebeugt und den Abrechnungsvorgang erleichtert. In ähnlicher Weise könnten Tonhüllen und *tokens* auch bei der Abwicklung des Fernhandels oder der Rechnungslegung und Kontrolle der Hirten, die das Vieh der Tempel sowie reicher Privatleute hüteten, verwendet worden sein. Auch zur Beurkundung von Vertragsgeschäften wie Getreideanleihen, Landverkäufen u. ä. wären sie ein geeignetes Mittel gewesen.

Alles in allem wertete der französische Forscher ihre weite Verbreitung und den Umstand, dass sie mancherorts in Privathäusern gefunden wurden, als Hinweis auf ihre Verwendung im Rahmen eines „privaten Managementsystems", „einer Art ‚Internationale' von Händlern eher denn einer zentralisierten Verwaltung".[15] Schmandt-Besserat sieht in ihnen dagegen vor allem ein Instrument der immer mächtiger werdenden Tempelverwaltungen, denen sie zur Registrierung der ursprünglich freiwilligen Gaben des Volkes an die Götter gedient hätten, aus denen in dieser Zeit möglicherweise bereits pflichtgemäße Steuerabgaben geworden waren. Zur Untermauerung dieser These verweist sie auf den Befund der südmesopotamischen Metropole Uruk, in der allein 25 Tonhüllen und 800 *tokens* ausgegraben wurden, und zwar fast durchweg in den Schuttschichten des zentralen Tempelbezirks (vgl. S. 150 f.). Darüber hinaus wurden nach ihren Angaben an mehreren Fundorten Vorderasiens *token*ähnliche Kugeln, die freilich zumeist nicht aus Ton, sondern aus weißem oder rotem Stein gefertigt waren, als Beigaben in außergewöhnlich reichen Gräbern gefunden. Es könnte sich dabei, so Schmandt-Besserat, um „Statussymbole“ gehandelt haben, die „mächtigen Administratoren“ bei ihrer Beisetzung mit ins Grab gegeben wurden [16] – ähnlich, wie man Jahrtausende später in Peru hohe Inka-Beamte mit ihren *quipu*-Schnüren bestattete.

„Die Kunst des Zählens dürfte in prähistorischer Zeit die gleiche Rolle gespielt haben wie die Lese- und Schreibkundigkeit in historischer Zeit“, mutmaßt die Forscherin. „Folglich werden in der Vorgeschichte jene Individuen, die mit der Tätigkeit des Zählens betraut waren, dasselbe Prestige genossen haben wie die Schreiber der geschichtlichen Ära“.[17] Diese Vermutung sieht sie auch durch Funktionärstitel wie „Herr der Steine“ und „Herr der tönernen Steine“ bestätigt, die in jüngeren mesopotamischen Beamtenlisten aufgeführt sind.

Träfe all dies zu, so hätten wir in den Tonhüllen und komplexen *tokens* des 4. Jahrtausends v. Chr. ein bemerkenswertes archäologisches Zeugnis für die Herausbildung einer Bürokratie und ihre Etablierung als herrschende Klasse vor uns.

MARKIERTE TONHÜLLEN UND ZAHLENTÄFELCHEN

Das Tonmarkensystem, das ursprünglich aus den Bedürfnissen der neolithischen Wirtschaft und Gesellschaft erwachsen war, erwies sich aber auf die Dauer anscheinend als zu beschränkt und zu schwerfällig für das Management der sich herausbildenden und rasch expandierenden Tempelwirtschaften. So lösten in schnellem Zeittakt weitere Modifizierungen einander ab, die immer mehr in Richtung Schrift tendierten, ohne dass vermutlich irgend jemand dies erkannte oder gar bewusst anstrebte.

Einer der größten Nachteile der Tonhüllen bestand darin, dass die in ihnen eingeschlossenen *tokens* – und damit die gespeicherte Information – nach dem Verschließen der Bulle nicht mehr sichtbar und ohne weiteres zugänglich waren, dass man zu ihrer Überprüfung das Behältnis vielmehr öffnen und die Versiegelung zerstören musste. Hier ließ sich leicht Abhilfe schaffen, indem man vor dem Verschließen des Tonballs charakteristische Abdrücke der darin befindlichen Marken oder entsprechende, mit einem Griffel oder den Fingern eingetiefte Markierungen auf seiner Außenseite anbrachte – etwa ein kleines tiefes Loch für eine Kugel, ein größeres und flacheres für eine Scheibe, eine spitz zulaufende Kerbe für einen Kegel, eine längliche für einen Zylinder usw.

Insgesamt 19 der rund 200 bekannten Tonhüllen tragen solche Abdrücke oder Markierungen (Abb. S. 146), die damit wohl die gleiche Funktion als „Inhaltsangabe“ hatten wie die Aufschrift auf der Tonhülle von Nuzi (vgl. S. 135 f.). Bei einer Bulle aus Habuba Kabira in Syrien passen die im Inneren aufgefundenen *tokens* noch exakt in die Löcher auf der Außenseite, und bei einem Exemplar aus Susa klebten bei der Ausgrabung sogar noch zwei längliche Tonmarken auf der Hülle.

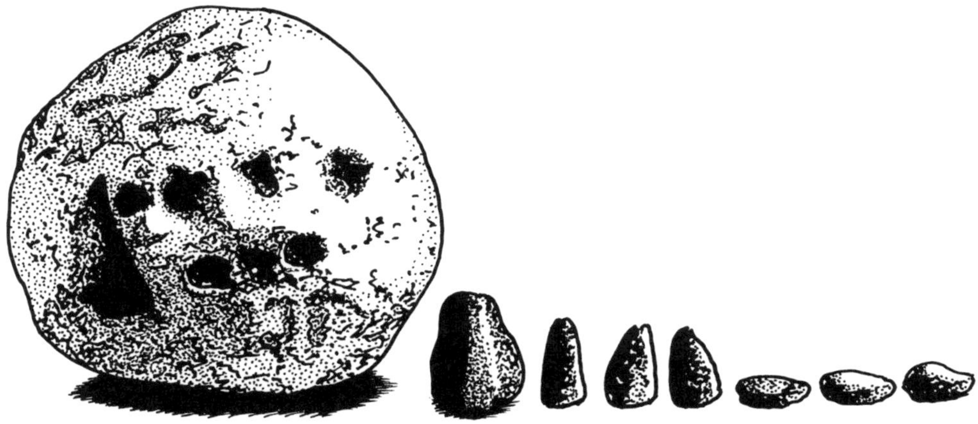

^
Tonhülle aus Susa mit Abdruckmarkierungen der im Innern enthaltenen Tonmarken auf der Oberfläche, spätes 4. Jahrtausend v. Chr.

Schmandt-Besserat bezeichnet diese Neuerung, die die dreidimensionalen Symbole in graphische Zeichen umwandelte und es dadurch „erlaubte, jederzeit ohne Öffnen der Bulle die Anzahl und Art der *tokens* ‚abzulesen'", als „das entscheidende Verbindungsglied zwischen dem archaischen dreidimensionalen Dokumentationssystem und der Schrift."[18] Denn nachdem die Tonhülle auf diese Weise vom reinen Behältnis zum eigentlichen Informationsträger geworden war, konnte man auf die Marken in ihrem Inneren und damit auch auf den Hohlraum ebenso gut verzichten und sich auf die graphischen Symbole und Markierungen beschränken, für die ein massives Stück Ton als Träger genügte. So entstanden die sog. „Zahlentäfelchen" (engl. *numerical tablets*) – zum Teil noch rundliche Tontafeln von wenigen Zentimetern Größe, die die gleichen eingetieften Markierungen und oft auch Siegelabdrücke zeigten wie zuvor bereits einige der Bullen (Abb. S. 147).

Von rund einem Dutzend Fundorten in Mesopotamien und dem Iran sind nicht weniger als 240 solcher Zahlentäfelchen bekannt, während nur 19 der insgesamt 200 aufgefundenen Tonhüllen *token*-Abdrücke aufweisen – dies könnte ein Hinweis darauf sein, dass die Bullen ziemlich schnell durch die Tafeln ersetzt wurden, nachdem der Weg der zweidimensionalen graphischen Repräsentation erst einmal eingeschlagen war. Bald ging man dazu über, den eingetieften Zahlenangaben auf den Täfelchen kleine, mit einem spitzen Griffel in den feuchten Ton gezeichnete Bildsymbole für Güter, Personen und anderes hinzuzufügen. Damit war der letzte, entscheidende Schritt zur Schrift getan. Und bei ihrer Herausbildung hatten zumindest in Vorderasien keineswegs „erzählende Bilder" oder heilige Symbole Pate gestanden, wie man dies früher allgemein vermutete (vgl. S. 125 f.), sondern vielmehr das schlichte Bestreben, wirtschaftliche Daten möglichst effektiv und unbegrenzt zu speichern.

VON DER TONHÜLLE ZUR SCHRIFT

Die Entwicklung, die wir hier idealtypisch – sozusagen in ihrem logischen Ablauf – nach den Ergebnissen Schmandt-Besserats und anderer Forscher skizziert haben, ist leider bis heute an keinem einzigen mesopotamischen Fundort in ihrer exakten zeitlichen Abfolge, das heißt als archäologisch-stratigraphische Sequenz, belegt. Vielmehr treten in der sog. „Späturuk-Zeit" gegen 3200 v. Chr. (Abb. S. 182) komplexe Tonmarken, Tonhüllen mit und ohne Markierungen und frühe Zahlentäfelchen mehrfach in den gleichen Grabungshorizonten und Zusammenhängen auf – sie wurden also offenbar gleichzeitig nebeneinander verwendet, möglicherweise für unterschiedliche Aufgabenbereiche. Das muss keineswegs der Annahme widersprechen, dass die eine Form früher entstand als die andere und dass die eine sich aus der anderen entwickelte. Es wird indes nicht leicht sein, einen exakten Nachweis dafür zu erbringen, denn Objekttypen, die im Abstand von nur wenigen Jahren oder Jahrzehnten aufeinander folgten, sind nur unter günstigen Umständen und mit einigem Glück im archäologischen Material zeitlich voneinander zu trennen (vgl. S. 183).

Im Nachbarland Iran ist man diesem Ziel jüngst einige Schritte näher gekommen, und zwar in Susa, der im Südwesten des Landes gelegenen antiken Hauptstadt Elams. Von hier stammt die in Vorderasien bislang reichste Ausbeute an Tonhüllen und Zahlentäfelchen, deren meiste bei älteren Aus-

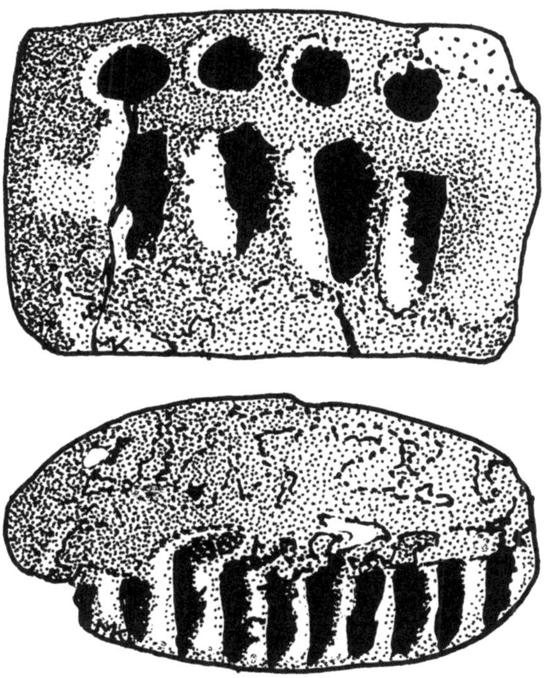

^

Tontafeln mit Zahlzeichen aus Godin Tepe (oben) und Susa, im Iran (unten), spätes 4. Jahrtausend v. Chr.

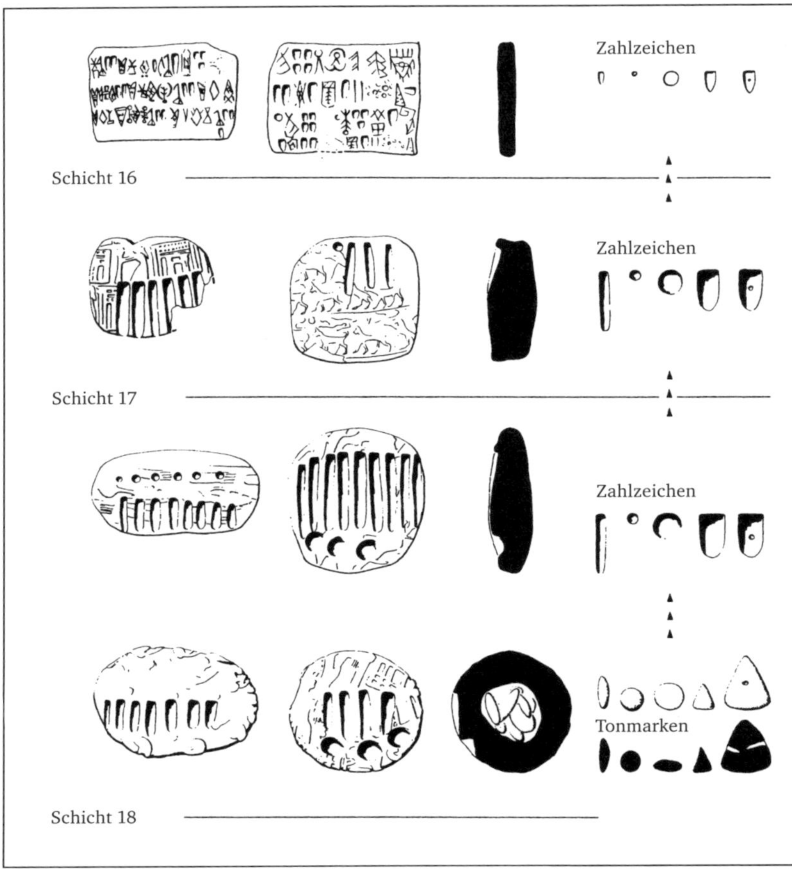

Archäologische Abfolge von Tonhüllen, Zahlentäfelchen und Tontafeln mit früher „protoelamischer" Schrift in den Schichten des späten 4. Jahrtausends v. Chr. von Susa im Iran; dritte Spalte: Querschnitt der Tafeln und Hüllen.

grabungen zutage kamen. Jüngere Grabungen, die der französische Archäologe Alain Le Brun in den 1970er Jahren dort durchführte und deren Ergebnisse er gemeinsam mit seinem Kollegen François Vallat veröffentlichte, haben gezeigt, dass auch in Susa Tonhüllen ohne und mit Markierungen und die frühesten Zahlentäfelchen einander in sehr kurzem Zeitabstand folgten oder sogar eine Zeit lang nebeneinander existierten. „Exemplare aller drei [Typen] wurden in Susa im gleichen archäologischen Horizont, im gleichen Raum, auf dem selben Fußboden gefunden", schreibt Vallat [19] – ja, einige der Tonhüllen und frühen Zahlentäfelchen tragen sogar die Abdrücke ein- und desselben Rollsiegels. Dennoch scheinen die Tonhüllen in Schicht 18 (vor 3200 v. Chr.), wo dies der Fall ist, früher aufzutreten als die Täfelchen, und in der darauffolgenden Schicht 17 (ca. 3200 bis 3100 v. Chr.) sind sie dann vollständig verschwunden (Abb. oben). Die Buchführung wurde nun offenbar komplett auf die Zahlentäfelchen umgestellt, die sich durch ihre annähernd rechteckige Form auch deutlicher von den Hüllen absetzten als die noch ziemlich rundlichen oder ovalen Exemplare der vorangegangenen Schicht 18.

Die Tonhüllen wie die Tafeln und die in sie eingetieften Zahlenmarkierungen waren in Susa im übrigen fast identisch mit den zur gleichen Zeit in Mesopotamien gebräuchlichen, wie überhaupt das Fundmaterial der Schichten Susa 18 und 17 einen großen Einfluss der westlichen Nachbarkultur erkennen lässt. Dieser Einfluss scheint kurz darauf, mit dem Beginn der Schicht 16 (nach 3100 v. Chr.), zurückgegangen zu sein. In ihr finden sich auf den Tontafeln neben den Zahlenangaben erstmals auch kleine, eingeritzte Schriftzeichen, die kaum Ähnlichkeit mit den kurz zuvor im Zweistromland entwickelten (vgl. S. 150–153) aufweisen, wenngleich die Idee des Schreibens wahrscheinlich von dort übernommen wurde. Es handelt sich um zumeist abstrakte Ideogramme der sog. „protoelamischen Schrift", die hauptsächlich für wirtschaftliche und administrative Aufzeichnungen verwendet wurde. Sie wurde noch während des 3. Jahrtausends v. Chr. von der mesopotamischen Keilschrift verdrängt (vgl. S. 170), weshalb wir uns hier auch nicht ausführlicher mit ihr beschäftigen wollen. Festzuhalten bleibt, dass die Entwicklungsreihe von den Tonhüllen über die Zahlentäfelchen zur Schrift, die für Mesopotamien bislang nur vermutet werden kann, in Susa als archäologisch-stratigraphische Abfolge gesichert ist.

DIE HERAUSBILDUNG DER MESOPOTAMISCHEN KEILSCHRIFT

Die frühesten Schriftzeugnisse des Zweistromlandes und wahrscheinlich der gesamten Menschheitsgeschichte förderten deutsche Archäologen seit 1928 in der mesopotamischen Stadt Uruk (heute Warka) am unteren Euphrat zutage. Fast 5000 Tontafeln und Tafelfragmente mit Schriftzeichen, die die Urform der späteren Keilschrift darstellen, konnten dort in zahlreichen Grabungskampagnen geborgen werden. Sie stammen fast durchweg aus den archaischen Schichten des späten 4. und frühen 3. Jahrtausends v. Chr. im Zentrum der Stadt, im sog. Eanna-Kultbezirk (Abb. S. 151), wo auf einer Fläche von rund 350 x 200 m die Reste mehrerer eindrucksvoller Monumentalbauten aus dieser Zeit freigelegt wurden. Die frühe Schrift wird nach dieser Schichtzugehörigkeit ebenfalls als archaisch bezeichnet.

Leider fanden sich die Tafeln nicht am Ort ihrer ursprünglichen Benutzung und Aufbewahrung, sondern räumlich verlagert in mächtigen Schuttschichten, mit denen man Geländeunebenheiten zwischen den Mauerstümpfen verfallener Gebäude ausgeglichen hatte, um einen glatten Untergrund für nachfolgende Neubauten zu schaffen. Wegen dieser ungünstigen Fundbedingungen ist es schwierig, die Tafeln mit einzelnen Bauschichten zu verknüpfen und so ihr exaktes Alter zu bestimmen. Die ältesten unter ihnen mit der frühesten Schriftform dürften jedoch der archaischen Schicht IVa angehören oder vorausgehen und in die Zeit um etwa 3200 v. Chr. zu datieren sein (Abb. S. 182). Die zahlreicheren etwas jüngeren Tafeln der zweiten Schriftstufe sind wohl den verschiedenen Bauphasen der archaischen Schicht III zuzuordnen und damit vermutlich in der Periode zwischen 3100 und 2900 v. Chr. gefertigt worden.

Uruk war zu dieser Zeit eine große, blühende Stadt mit mindestens 2,5 Quadratkilometern Siedlungsfläche und vielleicht 20 000 Einwohnern – ein Musterbeispiel für die oben skizzierte städtische Revolution (vgl. S. 133) und ein Zentrum (wahrscheinlich sogar *das* Zentrum) der frühen mesopotamischen Hochkultur. So kann es kaum verwundern, dass gerade dort – und bisher *nur* dort – die ältesten Schriftzeugnisse gefunden wurden, und die Möglichkeit ist nicht von der Hand zu weisen, dass vielleicht tatsächlich in Uruk – dem *Erech* der Bibel – die Wiege der Schrift stand. Als erwiesen kann dies einstweilen jedoch nicht gelten, denn bisher wurden kaum anderswo im Zweistromland Siedlungsschichten größeren Ausmaßes aus der fraglichen

Periode ausgegraben, so dass wenig Gelegenheit bestand, entsprechende Funde zu machen. Eine einzige Tafel der ersten Schriftstufe (Uruk IV) – bemerkenswerterweise aus Stein – wurde 200 km nördlich von Uruk in Kisch, in der Gegend des späteren Babylon, entdeckt.

Schon die zweite Schriftstufe ist dann aber an mehreren Orten belegt – vor allem in Djemdet Nasr östlich von Kisch, wo britische Archäologen bereits in den 1920er Jahren über 200 Schrifttafeln aus der Zeit um 3100 bis 2900 v. Chr. ausgruben, die denen der Stufe III aus Uruk fast genau entsprachen. Spätestens während dieser sog. Djemdet-Nasr-Periode (Abb. S. 182) war die archaische Schrift also in Südmesopotamien, das nach seinen damaligen Bewohnern auch „Sumer" genannt wird, weiträumig verbreitet und vielerorts in Gebrauch – für die davor liegende Späturuk-Zeit (bis ca. 3100 v. Chr.) wissen wir es noch nicht mit Sicherheit.

EINE IDEOGRAPHISCHE SCHRIFT

Die Schriftzeichen auf den archaischen Tafeln aus Uruk und Djemdet Nasr besaßen insgesamt noch einen ziemlich bildhaften, piktographischen Charakter. Zum Teil handelte es sich um naturalistische kleine Skizzen von Pflanzen, Tieren, menschlichen Körperteilen und anderen Objekten, zum Teil aber auch um stärker stilisierte oder völlig abstrakte Darstellungen und Motive (Abb. S. 152 und 161). Der deutsche Altorientalist Adam Falkenstein,

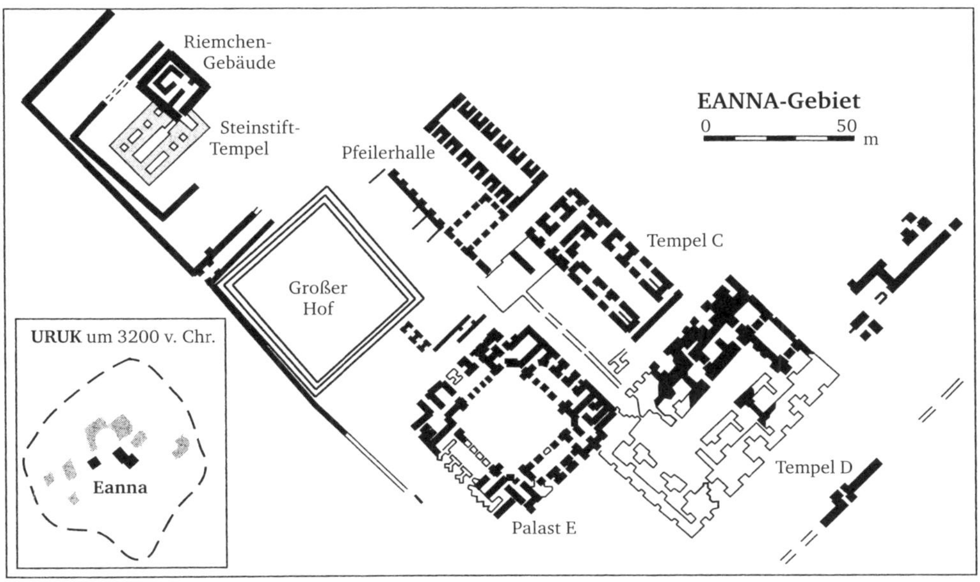

Lage des Eanna-Kultbezirks im Zentrum von Uruk (unten links) und Plan der dort ausgegrabenen Gebäude aus dem späten 4. Jahrtausend v. Chr.

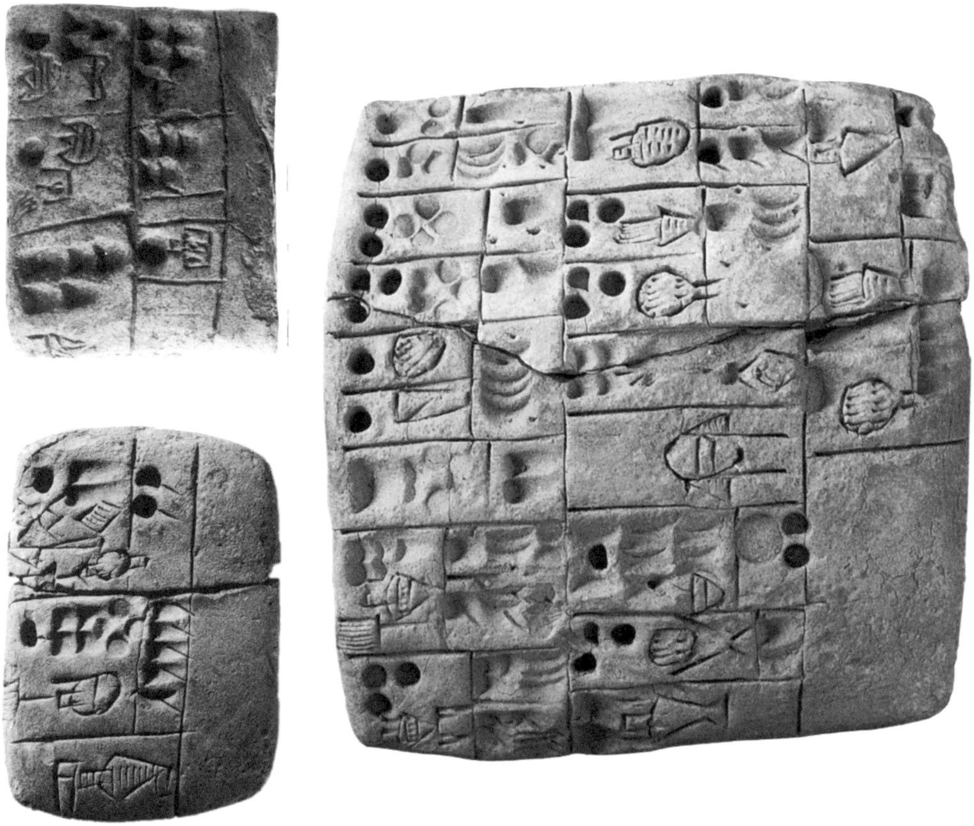

^
Protokeilschriftliche Tontafeln der Zeit um 3150 v. Chr. (links oben) und 3000 v. Chr. aus Uruk und anderen mesopotamischen Fundorten.

der in den 1930er Jahren mehr als 600 der bis dahin in Uruk geborgenen Schrifttafeln auswertete und damit die Grundlage für alle weiteren Analysen schuf, zählte auf ihnen an die 900 unterschiedliche Schriftzeichen und veranschlagte ihre Gesamtzahl auf etwa 2000. Diese Schätzung hat sich mittlerweile jedoch als zu hoch erwiesen. Seit den 1970er Jahren werden die annähernd 5000 bis heute in Uruk ausgegrabenen archaischen Tafeln im Rahmen eines groß angelegten Forschungsprojekts an der Freien Universität Berlin neu bearbeitet. Unter der Leitung des Altorientalisten Hans J. Nissen erstellten die Sumerologen Robert K. Englund und Margret W. Green dabei eine Liste von fast 800 bislang erfassten Schriftzeichen – ihre Gesamtzahl veranschlagen sie nurmehr auf etwa 1200.

Diese Schriftzeichen standen jeweils für bestimmte Wörter oder Begriffe und werden daher „Logogramme“ (Wortzeichen) oder „Ideogramme“ (Begriffszeichen) genannt – die Schrift war demnach „logographisch“ bzw.

„ideographisch" strukturiert. Die Symbole gaben dabei vorwiegend oder ausschließlich die inhaltliche Bedeutung, nicht dagegen den Klang der aufgezeichneten Worte wieder – die Sprachinhalte wurden also auf nichtphonetische Weise in Schrift umgesetzt. Infolgedessen kann die authentische Lautung der Zeichen in archaischer Zeit heute kaum mehr zuverlässig rekonstruiert werden: Die Texte lassen sich im günstigsten Fall „zwar verstehen, aber nicht lesen", wie Falkenstein schon 1936 feststellte.[1] Daher muss sich die Forschung bis heute mit rein mutmaßlichen, aus der späteren Keilschrift abgeleiteten Lesungen behelfen.

Eine derartige Trennung von Wortinhalt und Wortklang erscheint uns, die wir an eine lautlich gebundene, phonetische Schrift gewöhnt sind, auf den ersten Blick verwirrend und schwer vorstellbar. Wir können sie aber ein Stück weit nachvollziehen, wenn wir beispielsweise die arabischen Ziffern betrachten, die ebenfalls ideographischen Charakter besitzen. Die Ziffer ‚5' etwa wird auf dem halben Erdball in völlig identischer Weise geschrieben und verstanden, ihre Aussprache lautet aber im Deutschen ‚fünf', im Englischen dagegen ‚five', im Französischen ‚cinq' usw. – erst in der Umschrift mit Buchstaben wird die jeweilige Lautung eindeutig festgelegt. In ähnlicher Weise konnten auch die frühen mesopotamischen Schriftzeichen, die die Wörter vorwiegend nach ihrem Bedeutungsgehalt, nicht nach ihrer Aussprache fixierten, ganz unterschiedlich – und in verschiedenen Sprachen – gelesen werden. Noch in der entwickelten Keilschrift der folgenden Jahrtausende gebrauchte man etwa für das Wort ‚König' überall in Vorderasien das gleiche Ideogramm, seine Lesung lautete aber auf Sumerisch *lugal,* auf Akkadisch *šarru,* auf Kassitisch *nula,* auf Hurritisch *iwri,* auf Hethitisch *haššu* und auf Urartäisch *ereli* – die Forschung ist über diese Zeichenlesungen der späteren Zeit durch silbische Schreibungen sowie überlieferte Wort- und Übersetzungslisten gut unterrichtet.

Wegen dieser Trennung von Begriffsinhalt und Wortklang im ideographischen Schriftsystem ist auch bis heute nicht eindeutig feststellbar, welche Sprache hinter den archaischen Texten aus Südmesopotamien stand, das heißt, welches Volk dort die früheste Schrift schuf und benutzte: „Dem Entzifferer, der die Lautwerte der einzelnen Zeichen nicht erschließen kann, bleibt die sprachliche Zugehörigkeit verborgen."[2] Spätestens ab der Mitte des 3. Jahrtausends v. Chr. sind dann aber die Sumerer als die Träger der südmesopotamischen Hochkultur und ihrer Schrift nachgewiesen, und da die Entwicklung bis dahin offenbar bruchlos verlief, neigen die meisten Forscher dazu, ihnen auch schon die frühesten Schriftzeugnisse zuzuschreiben – sie werden daher auch als früh- oder protosumerisch bezeichnet. Völlig gesichert ist diese Zuordnung aber wie erwähnt nicht, und deshalb sollen im folgenden überwiegend die neutraleren Bezeichnungen „archaisch" oder „protokeilschriftlich" bevorzugt werden.

VOM BILD ZUM KEILSCHRIFTZEICHEN

Der Begriff „protokeilschriftlich" trifft insofern den Kern der Sache, als die archaische Schrift zwar den Ausgangspunkt für die Entwicklung der Keilschrift bildete, selbst aber in ihren Anfängen noch recht weit von ihr entfernt war. Während der Stufe IV wurden die Schriftzeichen nämlich noch mit einem spitzen Griffel in die feuchte Oberfläche des Tons (den man anschließend an der Sonne trocknete, nur in Ausnahmefällen brannte) eingeritzt bzw. gezeichnet, was ihnen ihr stark bildhaftes, skizzenartiges Aussehen verlieh. Lediglich die Zahlzeichen tiefte man nach dem alten, inzwischen jedoch verfeinerten und standardisierten Verfahren mit einem abgerundeten Griffel als runde oder ovale Markierungen in den Ton ein (Abb. S. 155). Schon in der folgenden Stufe III begann man diese Technik dann aber auch bei den Schriftzeichen selbst anzuwenden: Sie wurden nun mit einem gröberen, im Querschnitt dreieckigen Griffel schräg ins Material eingedrückt, so dass sie stilisierter wirkten und sich allmählich in jene Ansammlungen länglicher, keilförmiger Vertiefungen aufzulösen begannen, die der Schrift in ihrer weiteren Entwicklung den Namen Keilschrift einbrachten. Zusammen mit Rationalisierungen in der Schreibtechnik und Vereinfachungen im Zeichenbestand führte diese Änderung allmählich weg von der aufwendigbildhaften und hin zu einer stilisierteren und einfacher zu handhabenden Schrift. „Die Technik der Zeichenherstellung entwickelte sich vom Zeichnen zum Schreiben weiter, wie die Zeichen selbst sich von Bildern in Schriftzeichen zu verwandeln begannen", beschreibt Margret W. Green diesen Prozess.[3] Freilich vollzogen sich in der jüngeren archaischen Schriftstufe nur die ersten Anfänge dieses Umwandlungsprozesses, aus dem dann im Verlauf des 3. Jahrtausends die typische Keilschrift hervorging (Abb. S. 166) – daher ist der Begriff „protokeilschriftlich" durchaus treffend gewählt.

Schon Falkenstein hatte in den 1930er Jahren mit der Entzifferung einzelner Schriftzeichen und der inhaltlichen Interpretation der Texte begonnen. Seine Hauptarbeitsmethode bestand darin, den archaischen Zeichen durch formalen Vergleich solche der späteren, entwickelten Keilschrift zuzuordnen, als deren Urformen sie in Betracht kamen – die Lesungen und Lautungen der schon seit langem entzifferten Keilschriftzeichen konnten dann versuchsweise auf ihre mutmaßlichen Vorläufer in den Uruk-Texten übertragen werden. Für dieses Verfahren haben sich seither wesentlich günstigere Voraussetzungen ergeben, denn unter den heute verfügbaren archaischen Tafeln befinden sich fast 600 Fragmente einer als „lexikalische Listen" bezeichneten Textgattung, die in Falkensteins Material nur spärlich vertreten war. Es handelt sich dabei um Tontafeln, auf denen in zumeist 50 bis 100 regelmäßig angeordneten Kästchen bzw. Feldern Schriftzeichen für bestimmte Sachgebiete zusammengestellt wurden, beispielsweise für Pflanzen- und Tierarten, Ortsnamen, Beamten- und Berufsbezeichnungen u. ä. Diese Listen spielten offenkundig eine wichtige Rolle in den mesopotamischen Schreibschulen, wo sie das ganze 3. Jahrtausend hindurch von Generation zu Generation immer wieder kopiert wurden, und zwar Kästchen für

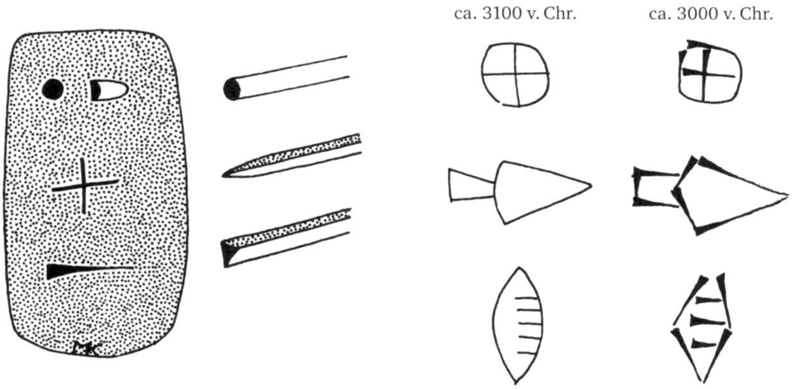

^
Verschiedene Griffelformen (links) und ihre Auswirkungen auf die Gestaltung der frühsumerischen Schriftzeichen (rechts).

Kästchen in inhaltlich unveränderter Weise (vgl. S. 201). Selbst im Alltagsgebrauch längst unüblich gewordene Schriftzeichen schrieb man dabei traditionsbewusst weiter ab – nur die Zeichenformen wurden entsprechend der mittlerweile gebräuchlichen Keilschrifttechnik modernisiert.

Dieser Umstand eröffnet der heutigen Forschung die günstige Möglichkeit, den Schriftzeichen auf den archaischen Listen durch reinen Positionsvergleich – das heißt aufgrund des identischen Standorts innerhalb der Listen – ihre jüngeren keilschriftlichen Entsprechungen zuzuordnen. Dem Wissenschaftlerteam um Nissen, Green und Englund ist es auf diesem Wege und mit Hilfe modernster Computertechnik gelungen, über 70 Prozent der vorliegenden Uruk-Schriftzeichen zu identifizieren und in ihrer semantischen Bedeutung zu entschlüsseln, wobei ihre Aussprache bzw. Lesung wie erwähnt unsicher bleibt. Auf diese Weise wurden die Voraussetzungen geschaffen, um auch bei der inhaltlichen Analyse der Texte ein großes Stück voranzukommen.

NÜCHTERNE ANFÄNGE

Diese archaischen Texte bestehen mit Ausnahme der lexikalischen Listen bislang ausschließlich aus Wirtschafts- und Verwaltungsaufzeichnungen. Leider lässt sich aufgrund ihrer Auffindung in umgelagertem Schutt nicht mehr genau feststellen, wo sie ursprünglich hergestellt und verwendet wurden. Allein ihr Inhalt und die in ihnen aufgelisteten zum Teil recht großen Gütermengen lassen aber kaum einen Zweifel daran, dass sie der Tempelwirtschaft entstammen, einer aus dem Sumer des 3. Jahrtausends v. Chr. wohlbekannten Institution (vgl. S. 133). Sie bezeugen damit eindrucksvoll das Heranwachsen einer ökonomisch-bürokratischen Großorganisation, wie sie die Welt bis dahin nicht gesehen hatte.

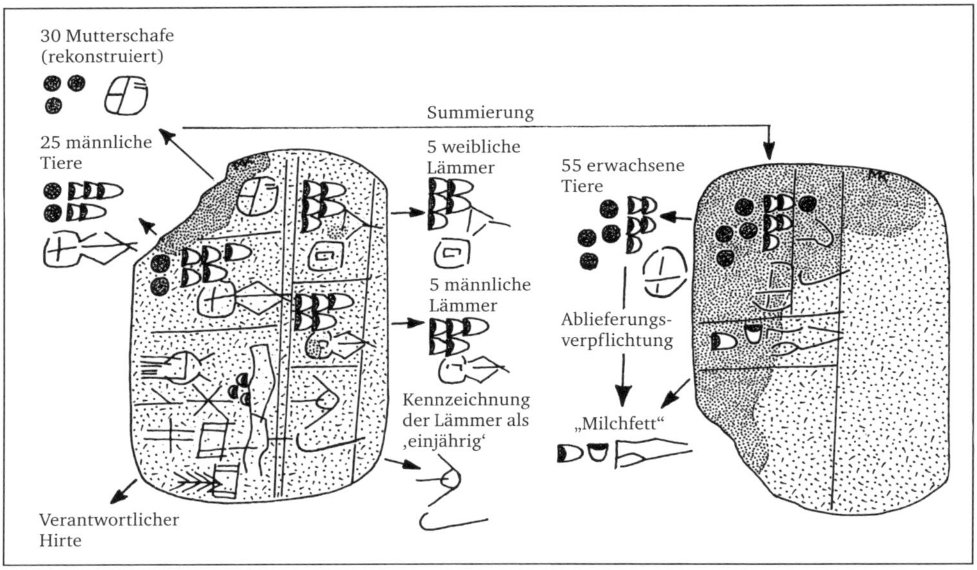

Protokeilschriftliche Tafel aus Uruk, auf der Schafe nach den Kategorien „weibliche/männliche" und „junge/erwachsene" Tiere gezählt und aufgelistet sind.

Es handelt sich bei diesen tönernen Dokumenten beispielsweise um Abrechnungen über die Einnahmen und Ausgaben für bestimmte Güter wie Getreide und Textilien, um Vermerke über die Herdenhaltung und über Stückzahlen von Vieh, um Listen über die Zuteilung von Lebensmittelrationen an Arbeitskräfte und Beamte, um Aufzeichnungen über Feldflächen, Ernteerträge und dergleichen mehr. Ein ausgesprochen sprödes und nüchternes Material also, das durch keinerlei schöngeistige Einsprengsel aufgelockert wird, denn „auch die intensive Beschäftigung mit den archaischen Tafeln aus Uruk" hat „keinen Text erkennen lassen, der eindeutig einen religiösen, historischen oder literarischen Inhalt hätte," wie Nissen feststellt.[4] Das kann nach seinem Urteil „bei der Gesamtmenge [der Tafelfunde] kein Zufall sein, sondern bedeutet, dass derartige Inhalte nicht aufgeschrieben wurden."[5]

Gerade jene erzählenden oder religiösen Texte, die in vielen Abhandlungen als die eigentliche Ursprungsquelle der Schrift bezeichnet werden, scheinen also während der ersten Jahrhunderte des Schriftgebrauchs in Mesopotamien noch gar nicht in diesem Medium existiert zu haben. Mythen und epische Erzählungen wurden offenbar ebenso wie die Huldigungen der Götter und Herrscher, wie Gebete, Gesetze, Lieder und alles andere, was wir unter Literatur im engeren Sinne verstehen, im archaischen Sumer noch vollständig der mündlichen Tradition, dem gesprochenen Wort anvertraut und nicht der neu geschaffenen Schrift. Die ersten Schriftzeugnisse Mesopotamiens und damit der ganzen Menschheitsgeschichte sollten also keine Ereignisse berichten, Botschaften verkünden oder Götter gnädig stimmen – sie sollten, wie ihre Tonmarken-Vorläufer, lediglich nüchterne Daten erfassen und für Zwecke der Wirtschaftsverwaltung speichern.

Falkenstein fasste diese Erkenntnis 1936 in die klassischen Worte, „als Motiv für die Entstehung der [mesopotamischen] Schrift“ sei „das Streben erkennbar, Erinnerungszeichen für das Gedächtnis zu schaffen, um den angewachsenen Geschäftsgang überschauen und regeln zu können. Der Gedanke, das neu geschaffene Instrument zur Verewigung historischer Ereignisse zu benutzen, ist Jahrhunderte lang nicht aufgetaucht.“[6] Ganz ähnlich formulierten auch Nissen und seine Mitarbeiter 1990, nach über einem halben Jahrhundert weiterer Forschungsarbeit, „dass die Schriftentstehung [in Mesopotamien] direkt aus den Erfordernissen einer expandierenden Ökonomie und des mit ihr wachsenden Verwaltungsapparates resultierte, da man in steigendem Maße auf Gedächtnisstützen zur Dokumentation und Überwachung aller möglichen Transaktionen angewiesen war.“[7]

TÖNERNE AKTENVERMERKE

Dieser dokumentarische Charakter prägte auch den Aufbau und die Gestaltungsweise der frühen Schriftdokumente. Ähnlich wie sich in der modernen Buchhaltung die Einträge auf Zahlennotierungen und wenige erläuternde Stichworte beschränken, fassten sich auch die mesopotamischen Verwaltungsbediensteten bei ihren Notizen und Abrechnungen möglichst kurz. Die einzelnen Eintragungen beginnen gewöhnlich mit einer Mengenangabe in Zahlzeichen und vermerken dann mit einem oder mehreren Schriftzeichen die Art der notierten Güter oder Leistungen sowie die Namen und Titel der beteiligten Personen und Institutionen – manche Tafeln enthalten zudem auch noch Zeit- und Ortsangaben. In der ältesten Stufe Uruk IV machten Täfelchen mit nur einer solchen Eintragung und wenigen Schriftzeichen fast die Hälfte des Materials aus – in der jüngeren Stufe Uruk III verschwanden sie dann fast völlig. An ihre Stelle traten nun größere und komplexere Tafeln, die durch waag- und senkrechte Ritzlinien in eine Anzahl von Kolumnen und Fächer unterteilt waren, von denen jedes eine eigene Eintragung enthielt. Oft wurden die auf der Tafelvorderseite einzeln notierten Gütermengen auf der Rückseite zu einer Gesamtsumme addiert (Abb. S. 156). Die Anzahl der Schriftzeichen und der Informationseinheiten pro Tafel wie auch pro Notierung stieg also im Verlauf der Entwicklung des Schriftsystems, und auch die formale Gestaltung der Tafeln war in der jüngeren Stufe Uruk III zumeist ausgeklügelter und stärker standardisiert als in der Stufe Uruk IV.

Dabei machte man offenbar lange Zeit gar nicht den Versuch, die „Erinnerungszeichen für das Gedächtnis“ in ein geordnetes sprachliches Gefüge einzubetten – die Schriftzeichen wurden vielmehr ohne feste Abfolge oder Berücksichtigung der Wortstellung über die Tafeln und Fächer verteilt. Grammatikalische Elemente zur Herstellung eines satzartigen Gefüges sind

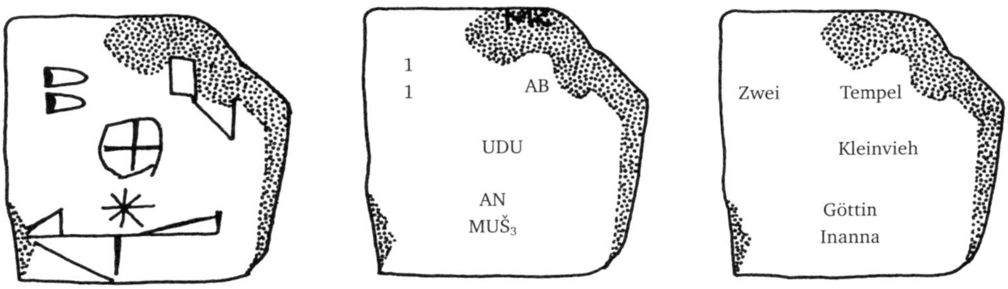

Fragment eines archaischen Wirtschaftstextes, der die stichwortartige Natur der Notierungen verdeutlicht.

in der Regel nicht erkennbar. „Statt dessen finden wir", wie Nissen feststellt, „eine jede Redundanz [Weitschweifigkeit] vermeidende Beschränkung auf die Mitteilung verbindungslos nebeneinander gestellter Fakten. Dabei wird in hohem Maße das übliche Wissen des Lesers einbezogen, da Dinge, die als allgemein bekannt vorausgesetzt werden konnten, nicht mit aufgeschrieben wurden."[8] Die frühen Schrifttafeln ähneln daher, wie es seine Mitarbeiter Peter Damerow und Robert K. Englund formulieren, „eher einer Lochkarte, einem Lieferschein, einem Abrechnungsformular, einer Bilanz oder einem ähnlichen formalisierten Datenträger als einem geschriebenen Text im modernen Sinne" (Abb. oben).[9]

Es liegt auf der Hand, dass eine derart unentwickelte, rudimentäre und rohe Partialschrift (vgl. S. 127) sich noch kaum zur Aufzeichnung komplexerer literarischer Inhalte geeignet hätte. Andererseits gaben ihre Zeichen aber auch nicht mehr nur allgemeine Vorstellungskomplexe und Konzeptionen in symbolischer, formulierungsungebundener Form wieder, wie dies in der Ideenschrift der Fall ist, sondern sie standen nach dem Prinzip „ein Zeichen = ein Wort" für ganz bestimmte sprachliche Begriffe, die sicher auch in einheitlicher Formulierung gelesen wurden. Daher handelte es sich zweifellos bereits um eine echte Schrift im Sinne der auf Seite 127 gegebenen Definition – nur eben um eine noch sehr bruchstückhafte, auf die Wiedergabe sprachlicher „Formulierungskerne" beschränkte *écriture nucléaire,* die freilich ohne Schwierigkeiten ausbaufähig war, wie ihre weitere Entwicklung bewies.

EIN EIGENARTIGES ZAHLENSYSTEM

Interessante und aufschlussreiche Resultate für die Mathematikgeschichte hat eine Analyse der in den archaischen Texten benutzten Zahlzeichen erbracht. Schon in den 1970er Jahren stellten der russische Sumerologe Aisik Vaiman und der schwedische Mathematiker Jöran Friberg fest, dass diese Zahlzeichen offenbar mit unterschiedlichen Bedeutungen verwendet wurden und mehreren verschiedenen Zahlen- bzw. Maßsystemen angehörten.

Seit 1983 werteten sie dann der Mathematiker Peter Damerow und der Sumerologe Robert K. Englund im Rahmen des von Nissen geleiteten Forschungsprojekts systematisch und mit Hilfe der elektronischen Datenverarbeitung aus. Dabei konnten die beiden Forscher die Ergebnisse Vaimans und Fribergs bestätigen, konkretisieren und ausbauen.

Damerow und Englund unterscheiden etwa 60 verschiedene Zahlzeichen, die sie fünf grundlegenden Zahlen- und Maßsystemen zuordnen. Diese lassen sich wiederum in 15 Untersysteme mit jeweils spezifischen Anwendungsbereichen einteilen – etwa zur Zählung von „diskreten", das heißt in Einheiten gegliederten Objekten, zur Fixierung von Getreidemengen mittels Hohlmaßen, zur Angabe von Feldflächen oder für kalendarische Notierungen. Zum Teil waren die in diesen Systemen verwendeten Zahlzeichen verschieden gestaltet und damit kaum verwechselbar, zum Teil wurden aber auch die gleichen Zeichen mit unterschiedlichem Zahlenwert verwendet. So bezeichnet in dem am häufigsten angewandten, auf der Zahl 60 beruhenden Sexagesimalsystem eine mit dem abgerundeten Griffel schräg in den Ton gedrückte kleine kegelförmige Vertiefung den Zahlenwert 1, eine senkrecht eingedrückte kreisförmige Eintiefung den Wert 10 und eine große kegelförmige Marke den Wert 60 – es gibt dann noch weitere Zeichen für 600, 3600 und 36 000. Begegnet einem das kleine kreisrunde Zahlzeichen hingegen auf einer Notierung von Getreidemaßen im sog. „ŠE-System" (der Name ist von dem Schriftzeichen für ‚Korn' abgeleitet), so steht es nicht für den zehnfachen, sondern nur für den sechsfachen Wert der kleinen kegelförmigen Marke, und das nächsthöhere Zeichen ist kein großer Kegel, sondern eine große kreisrunde Eintiefung.

Wir wollen uns hier nicht weiter in diese ziemlich verwickelte Materie vertiefen – wesentlich für uns ist die Schlussfolgerung, die Damerow und Englund aus all dem ziehen, nämlich dass ein unabhängig von der Art des Gezählten gültiger Zahlbegriff, der ebenso gut für Krüge Bier wie für Scheffel Getreide oder für Flächeneinheiten Land verwendet werden konnte, damals noch nicht existierte oder sich gerade erst herauszubilden begann. Die Quantität und die Qualität der gezählten Objekte waren – ähnlich wie in vielen schriftlosen Kulturen (vgl. S. 101) – noch eng miteinander verbunden, und die Herausbildung eines abstrakten Zahlbegriffs steckte noch in den Kinderschuhen. Für uns ist das heute nur schwer nachvollziehbar, doch auch in unserer eigenen Kultur existierten bis vor einigen Jahrzehnten auf bestimmte Güterarten beschränkte Mengenmaße wie beispielsweise ‚ein Schock Eier' (= 60 Stück) oder ‚ein Ries Papier' (= 1000 Bogen). In vergleichbarer Weise rechnete man auch im archaischen Sumer noch nicht mit wirklich abstrakten Zahlen, sondern hantierte mit konkreten Einheiten bestimmter Güter- und Objektklassen und stellte deren Menge durch additive Reihung der jeweils gültigen Zahlzeichen (vier kegelförmige Marken = vier Einheiten) bzw. durch Bündelung zu höherrangigen Zeichen (sechs oder zehn kegelförmige Marken = eine kreisrunde Marke) dar – dies bis hinauf zu Summen von mehreren tausenden und zehntausenden. Es war nach Damerow und Englund ein „eigenartiges symbolisches System für die Kodifizierung quantitativer Informationen, zu dem es keine Parallele in der späteren Entwicklung der Arithmetik gibt.“[10]

Erst im Laufe des 3. Jahrtausends v. Chr. bildete sich in Mesopotamien ein kontextunabhängiger Zahlbegriff heraus, der zum Verschwinden der vielen unterschiedlichen Spezialsysteme führte. Gegen Ende des Jahrtausends wurden dann auch die bis dahin noch beibehaltenen archaischen Zahlzeichenformen wie Kerben, Löcher usw. aufgegeben und durch keilschriftliche, aus einzelnen keilförmigen Strichen zusammengesetzte Zeichen ersetzt.

TONMARKEN ALS VORBILDER FÜR ZAHLZEICHEN?

Diese Ergebnisse führen uns noch einmal zurück zu den Tonmarken und Tonhüllen, die der frühesten Schrift vorausgingen. Schmandt-Besserat glaubt, dass sich ihr Bedeutungsgehalt – gewissermaßen ihre semantische „Lesung“ – zum Teil aus den beschriebenen Zahlzeichen des 3. Jahrtausends erschließen lässt, die ja auf dem Weg über die markierten Tonhüllen und die Zahlentäfelchen ursprünglich aus ihnen hervorgingen (vgl. S. 146–149). „Alle in Tonhüllen eingeschlossenen *tokens* waren Einheiten zur Zählung bestimmter Güter“, schrieb die Archäologin 1980, wobei „die Form der Marken die Art der betreffenden Güter anzeigte und ihre Menge durch die Anzahl der repräsentierten Einheiten ausgedrückt wurde.“[11] „Die Kugel und der Kegel“, so argumentierte sie weiter, „ähneln eingedrückten Zeichen, die für Getreidemaße wie Scheffel und Viertelscheffel stehen, während die Zylinder und die Scheiben mit Zeichen für Einheiten der Viehzählung korrespondieren, die am besten mit ‚ein Tier‘ und ‚eine Herde‘ (wahrscheinlich ‚zehn Köpfe‘) wiederzugeben sind. (...) Wie Kieselsteine wurden die Tonmarken in einer Beziehung 1 : 1 genutzt; drei Tiere und drei Scheffel Getreide wurden durch drei Zylinder und drei Kugeln wiedergegeben.“[12] Daneben habe es aber auch bereits die Technik der Bündelung zu höherrangigen Symbolen gegeben: ‚33 Tiere‘ seien etwa nicht durch 33 Zylinder versinnbildlicht worden, sondern durch drei Scheiben (= 30 Tiere) und drei Zylinder (= drei Tiere), wie sie in einer Tonhülle aus Susa gefunden wurden – also durch nur sechs anstelle von 33 *tokens*.

Diese Merkmale des Tonmarken-Systems – die Kennzeichnung der verschiedenartigen Zählgüter und die Möglichkeit der numerischen Bündelung – stellten nach Schmandt-Besserat einen bedeutsamen Fortschritt gegenüber den paläolithischen Kerbstäben dar, die stets nur gleichartige Zählmarken aneinandergereiht und noch keine Zählgutkennzeichnung und Bündelung ermöglicht hätten. Ein weiterer Fortschritt habe sich dann mit dem Übergang zur Schrift vollzogen, in der die quantitative von der qualitativen Information abgetrennt wurde. Letztere ging nun auf die Schriftzeichen über, die von jetzt an die Art der gezählten Güter angaben. Dadurch verloren die Zahlzeichen ihre Bindung an bestimmte Objektklassen und verwandelten sich in abstrakte, für Zählungen jeglicher Art verwendbare Zahlenangaben – ein Prozess, der freilich, wie wir gesehen haben, in der Realität einen längeren Zeitraum in Anspruch nahm.

SCHRIFTZEICHEN UND *TOKEN*-FORMEN

Schmandt-Besserat ging aber von Anfang an noch einen großen Schritt weiter, indem sie nicht nur die archaischen Zahlzeichen, sondern auch eine Reihe von frühen Schriftzeichen unmittelbar aus dem Tonmarken-System ableitete. Zur Begründung verwies sie unter anderem auf den Umstand, dass ein Teil der archaischen Ideogramme im Verhältnis zu den Dingen, die sie symbolisierten, merkwürdig abstrakt waren. Schon Adam Falkenstein hatte 1936 festgestellt, dass neben den bildhaften kleinen Skizzen von Tieren, Pflanzen und anderen Objekten eine große Anzahl von Zeichen existierten, deren „bildmäßige Grundlage dunkel bleibt“. Als Beispiel nannte er das aus einem Kreis mit eingeschriebenem Kreuz bestehende Ideogramm für ‚Schaf‘, „bei dem wenigstens ich nicht die geringste bildmäßige Beziehung zwischen dem Zeichen und dem Tier erkennen kann“.[13]

Schmandt-Besserat präsentierte hier einen Lösungsvorschlag, indem sie auf einen Tonmarkentyp hinwies, der dem ‚Schaf‘-Zeichen fast genau entsprach, und ähnliche *token*-“Doppelgänger“ auch für andere abstrakte Schriftzeichen wie etwa diejenigen für Öl, Kleidung oder Metall identifizierte (Abb. unten). Insgesamt listete sie über 50 solcher Entsprechungen zwischen komplexen Tonmarken und archaischen Schriftzeichen auf, die ihrer Ansicht nach nicht auf einem Zufall beruhten. Vielmehr ließen sie den Schluss zu, dass die betreffenden Ideogramme „nicht wirkliche Bilder oder Darstellungen der Objekte selbst“ gewesen seien, sondern graphische Umsetzungen der zuvor als Symbole für sie verwendeten Tonmarken, die daher

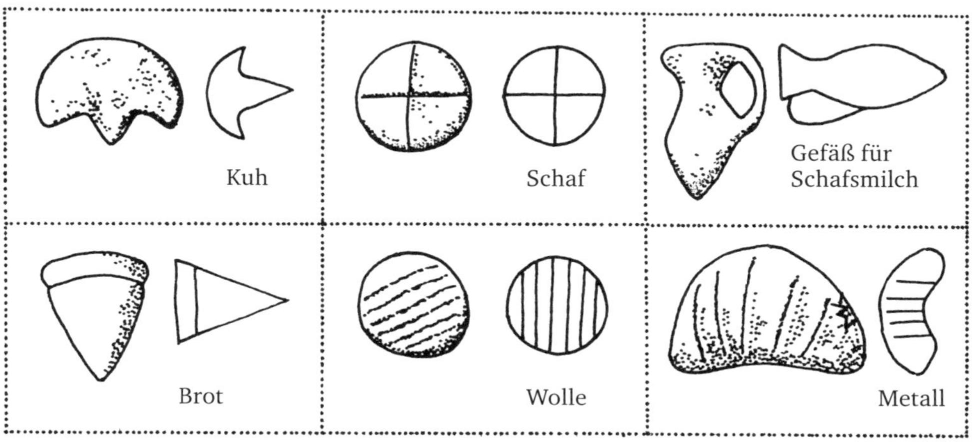

Entsprechungen von Tonmarkenformen und protokeilschriftlichen Zeichen nach Denise Schmandt-Besserat.

ebenfalls bereits die Bedeutungen ‚Schaf', ‚Öl' usw. gehabt haben müssten. Durch eine solche zeichnerische Nachahmung dreidimensionaler Vorbilder „konnte das neu entwickelte Schriftsystem" nach Schmandt-Besserat „aus einem Arsenal an bereits weithin verwendeten Symbolen des *token*-Dokumentationssystems schöpfen, indem es nur eine zweite Abstraktionsstufe hinzufügte".[14]

Dies könnte nicht nur die merkwürdige Verwendung abstrakter Zeichen für leicht darstellbare Dinge wie Schaf, Kleidung usw. einleuchtend erklären – es würde auch den Umstand verständlicher machen, dass das archaische Zeichensystem von Anfang an in voll entwickelter und standardisierter Form auftrat. Aus diesem Sachverhalt hatten früher viele Forscher geschlossen, dass der archaischen Schrift ein bislang unbekanntes Experimentier- und Entwicklungsstadium vorausgegangen sein müsse. Mit der Entdeckung des Tonmarkensystems als konzeptionellem Vorläufer der Ideographie wird diese Annahme überflüssig. Allerdings kommt der zahlenmäßig begrenzte Formenbestand der *tokens* nur als Vorbild für einen kleinen Teil der wohl um die 1200 archaischen Schriftzeichen in Frage. Nachdem auf diese Weise ein Grundbestand an vorwiegend abstrakten Ideogrammen entstanden war, wurde dieser nach Schmandt-Besserat gezielt durch zusätzlich entwickelte und nicht im *token*-System wurzelnde Schriftzeichen erweitert, die folgerichtig vorwiegend bildhaften Charakter hatten. Entgegen der früheren piktographischen Theorie hätten diese kleinen Bildskizzen also keineswegs den Ursprung der Schrift gebildet, sondern wären eine nachträgliche, sekundäre Entwicklung gewesen.

Diese Ableitung einzelner archaischer Schriftzeichen aus komplexen Tonmarken ist zweifellos das spektakulärste, aber auch das unsicherste Glied in der Argumentationskette der Archäologin – hier hat sie dementsprechend auch am meisten Widerspruch erfahren. Skeptiker wiesen darauf hin, dass manche ihrer Zeichenentsprechungen schon rein formal fragwürdig seien, dass einige auf nur einem einzigen oder wenigen Belegen basierten und dass die Forscherin beispielsweise Tonmarken, die ausschließlich in Susa gefunden wurden, mit Schriftzeichen aus Uruk gleichgesetzt habe. Nissen hat bei aller Aufgeschlossenheit kritisch eingewandt, dass das Symbol für Schaf, das auf den Uruk-Tafeln zu den am häufigsten verwendeten zählt, unter den Tonmarken nur vergleichsweise selten vorkommt – seltener jedenfalls, als man dies bei einer maßgeblich auf der Ziegen- und Schafzucht basierenden Ökonomie erwarten würde. Andererseits ist gerade in diesem Fall die Ähnlichkeit zwischen Schriftzeichen und Tonmarkenform derart frappierend, dass sich eine Bedeutungsgleichheit geradezu aufdrängt.

WAS KAM ZUERST?

Muss bei solchen Korrespondenzen aber stets die *token*-Form dem Schriftzeichen vorausgegangen sein und als Vorbild gedient haben, oder ist prinzipiell nicht auch die umgekehrte Beziehung denkbar? Dies hängt natürlich wesentlich von dem zeitlichen Verhältnis zwischen komplexen *tokens* und früher Schrift ab, und hier haben in den letzten Jahren mehrere Fachleute Schmandt-Besserats Annahme angezweifelt, die Tonmarken hätten ihre Blütezeit um die Mitte des 4. Jahrtausends v. Chr. gehabt (vgl. S. 142f.) und seien nach der Erfindung der Schrift relativ rasch verschwunden. Der Altorientalist Joan Oates wies etwa auf das Vorkommen von komplexen *tokens* im syrischen Tell Brak noch während des 3. Jahrtausends v. Chr. hin, und auch nach Piotr Michalowski „kann kein Zweifel daran bestehen, dass viele von ihnen mit den ersten Schrifttäfelchen gleichzeitig oder sogar jünger als diese waren".[15]

Schmandt-Besserat hat bei der Analyse des Materials aus Uruk selbst eingeräumt, dass dort „komplexe Tonmarken ein halbes Jahrhundert lang neben der frühen Schrift weiterexistierten", was auch nicht weiter verwunderlich sei, „da die neue Technologie die altüberkommenen Zählmarken schwerlich auf einen Schlag verdrängen konnte".[16] Angesichts eines solchen Nebeneinanders kann aber tatsächlich die Möglichkeit nicht ausgeschlossen werden, dass durch einen Rückkoppelungseffekt „bestimmte Tonmarken in der Form bereits existierender Schriftzeichen angefertigt wurden", wie Michalowski vermutet.[17]

Damit sind nur einige bislang ungeklärte Detailfragen angesprochen, und ihrer gibt es noch mehr. Doch sie sind Marginalien angesichts des gewaltigen Wissensfortschritts, der in den letzten 35 Jahren auf diesem Gebiet erzielt wurde. War bis Ende der 1960er Jahre der Ursprung der mesopotamischen Schrift noch in fast vollständiges Dunkel gehüllt, so wissen wir heute darüber mehr als bei irgend einem anderen Schriftsystem auf der Welt. Zu verdanken ist dies in erster Linie dem Scharfsinn und der geduldigen Forschungsarbeit Schmandt-Besserats und ihrer Vorgänger Amiet und Oppenheim. In welchem Maß auch immer zukünftige Forschungen ihre Hypothesen bestätigen oder modifizieren werden – als äußerst fruchtbarer und im besten Sinne des Wortes provozierender Ansatz haben sie sich bereits heute erwiesen.

ERFINDUNG ODER ALLMÄHLICHE ENTWICKLUNG?

Machen wir an dieser Stelle einen Augenblick Halt und wenden wir uns einer grundsätzlichen Frage zu, die sich aus den oben skizzierten Zusammenhängen ergibt. Kann man, so lautet sie, angesichts der beschriebenen Entstehungsgeschichte der mesopotamischen Schrift überhaupt noch von einer Erfindung sprechen, die zu einem bestimmten Zeitpunkt und an einem bestimmten Ort von bestimmten Individuen gemacht wurde? Wäre es nicht zutreffender, die Schriftentstehung im Zweistromland als einen allmählichen und kumulativen Entwicklungsprozess über viele Generationen hinweg anzusehen, von denen jede den bereits vorhandenen Dokumentationstechniken neue hinzufügte, bis aus dieser langwierigen gemeinsamen Anstrengung schließlich die Schrift als Endresultat hervorging?

Wie immer, wenn es um die Frage von Kontinuität oder Diskontinuität geht, divergieren auch hier die Meinungen unter den Fachleuten erheblich. Der Assyriologe und Schrifthistoriker Ignatz J. Gelb fragte schon 1958: „Wurde die Schrift wirklich richtig erfunden? Oder, anders ausgedrückt, gibt es so etwas wie ‚Erfindung'?", und er bekundete seine Skepsis gegenüber diesem Begriff. Man könne beobachten, so schrieb er, „dass die sog. ‚Erfindungen' nur Verbesserungen schon bekannter Dinge sind. Weder die Schrift oder das Geld, noch die Funktelegraphie oder die Dampfmaschine wurden durch einen einzigen Menschen zu einer bestimmten Zeit und in einer bestimmten Gegend erfunden. Ihre Geschichte und Vorgeschichte sind so lang wie die Geschichte der Kultur selbst."[18]

Es ist, als habe Gelb bei dieser Stellungnahme die jüngeren Forschungsergebnisse vorausgeahnt; jedenfalls nimmt sie in bemerkenswerter Weise vorweg, was Schmandt-Besserat 1992 – über 30 Jahre später – als Fazit ihrer Arbeit zum gleichen Thema schreibt: „Die Schrift war keine Erfindung aus dem Nichts, sondern nur das letzte Glied in einer langen Kette von Erfindungen, die aus sozialökonomischen und kognitiven Veränderungen resultierten" – sie war „das Ergebnis einer jahrtausendelangen Erfahrung im Umgang mit Zeichen".[19]

Gelb fuhr in seiner zitierten Stellungnahme allerdings wie folgt fort: „Bei allen großen kulturellen Errungenschaften müssen wir indessen mit dem entscheidenden Eingreifen eines genialen Menschen rechnen, der entweder mit einer geheiligten Tradition brach oder etwas, das andere nur spekulativ erwogen, in die Tat umsetzte. Leider kennen wir keinen der genialen Menschen, die für die wichtigsten Fortschritte in der Schriftentwicklung verantwortlich sind."[20] Langwierige Wegbereitung einer Erfindung, allmähliches Reifen ihrer Vorbedingungen und plötzliche Verwirklichung in einem individuellen Schöpfungsakt bildeten für ihn also keinen Widerspruch. Und in der Tat sind wohl bis heute die meisten Forscher davon überzeugt, dass es in Mesopotamien wie auch in den anderen Hochkulturen letztlich bestimmte Einzelindividuen – vielleicht Verwaltungsbeamte – waren, die die vorgefundenen Entwicklungselemente des Aufzeichnungswesens bündelten und zu einem neuen System ausformten, die also gewissermaßen aus den von Generationen gesponnenen Entwicklungsfäden den Knoten der Schrift knüpften.

Für den amerikanischen Sumerologen Marvin A. Powell etwa, der Schmandt-Besserats Theorie grundsätzlich zustimmt, besteht dennoch kein Zweifel daran, dass letztlich eine individuelle Erfindung das mesopotamische Schriftsystem hervorbrachte, „sicherlich kein Komitee und keine langsame Anhäufung von Zeichen um Zeichen von Generation zu Generation." – „Es gibt", so begründete der Forscher 1981 seine Vermutung, „in der Schriftgeschichte kein einziges Beispiel für die gemeinschaftlich-evolutionäre Erfindung einer Schrift. Individuen erfinden. Die Gemeinschaft der Benutzer modifiziert, passt an, bearbeitet, verfeinert, fügt hinzu und nimmt weg, aber sie erfindet nicht."[21]

Will man diese, von vielen Fachleuten geteilte Ansicht mit dem in Übereinstimmung bringen, was wir über das Tonmarken- und Tonhüllensystem wissen, dann erscheint die Vermutung am plausibelsten, dass die Idee der graphisch-symbolischen Repräsentation und vielleicht auch ein kleiner Grundstock an Zeichenformen allmählich auf dem beschriebenen Weg aus dem *token*-System erwuchs, während die Umsetzung dieser Idee in ein ganzes Schriftsystem und die Schaffung seines umfangreichen Zeichenbestandes ein einmaliger und bewusst vorgenommener Akt war. Welche Planmäßigkeit und Systematik er erforderte, lassen die lexikalischen Listen erahnen, die ja schon aus der ältesten Schriftstufe belegt sind (vgl. S. 154 f.) – möglicherweise spielten sie, wie Nissen erwogen hat, sogar selbst eine unmittelbare Rolle bei der Schaffung des Zeicheninventars. In jedem Fall hätten die „Schrifterfinder" nach diesem Modell an die ältere Tradition angeknüpft, sie weiterentwickelt und auf eine neue Stufe gehoben. Ihre Genialität hätte darin bestanden, dass sie die neuen Möglichkeiten erkannten und realisierten, die dem historisch gewachsenen und überlieferten System der Tonmarken innewohnten, und dass sie zugleich seine Beschränkungen durchbrachen. Dabei muss es, wie Nissen betont, „für alle Interessierten wie eine Offenbarung gekommen sein, als jemand die Idee einer Schrift ersann – egal, ob dieser Schritt in der bloßen Umwandlung dreier Dimensionen in zwei bestand oder ob er unabhängig erfolgte. Es muss sofort offensichtlich gewesen sein, dass dieses System die umfassende Antwort auf all die Probleme war, für die man zuvor einzelne Lösungen gesucht hatte, und dass es bei Aufgaben zu helfen imstande war, an die man sich vorher nicht hätte heranwagen können. Es sollte daher nicht überraschen, dass wir die Schrift bereits auf ihrer frühesten Stufe in Form eines gebrauchsfertigen Systems vorfinden."[22]

DIE HERAUSBILDUNG DER KLASSISCHEN KEILSCHRIFT

Im 3. Jahrtausend v. Chr. durchlief dieses Schriftsystem dann einen weiteren rasanten Entwicklungsprozess. Die formale Seite haben wir bereits kurz betrachtet: Die schon in der archaischen Schriftstufe Uruk III begonnene Auflösung der bildhaften Schriftzeichen in Ansammlungen keilförmiger Vertiefungen schritt rasch weiter voran, so dass etwa ab der Mitte des 3. Jahrtausends von den ursprünglichen Zeichenformen kaum mehr etwas zu erkennen war (Abb. S. 166). Dieser Abstraktions- und Vereinfachungsprozess setzte sich auch in den folgenden zwei Jahrtausenden fort, bis hin zur filigranen neuassyrischen Keilschrift um 700 v. Chr., deren Zeichen so „zierlich wie des Vogels Tritt im Schnee" waren.[23]

Zu einem bislang nicht genau gesicherten Zeitpunkt während des 3. oder frühen 2. Jahrtausends v. Chr. wurden die Zeichen überdies aus Gründen der Bequemlichkeit beim Schreiben um 90 Grad entgegen dem Uhrzeigersinn gedreht – standen sie zuvor aufrecht, wie es ihrer ursprünglichen

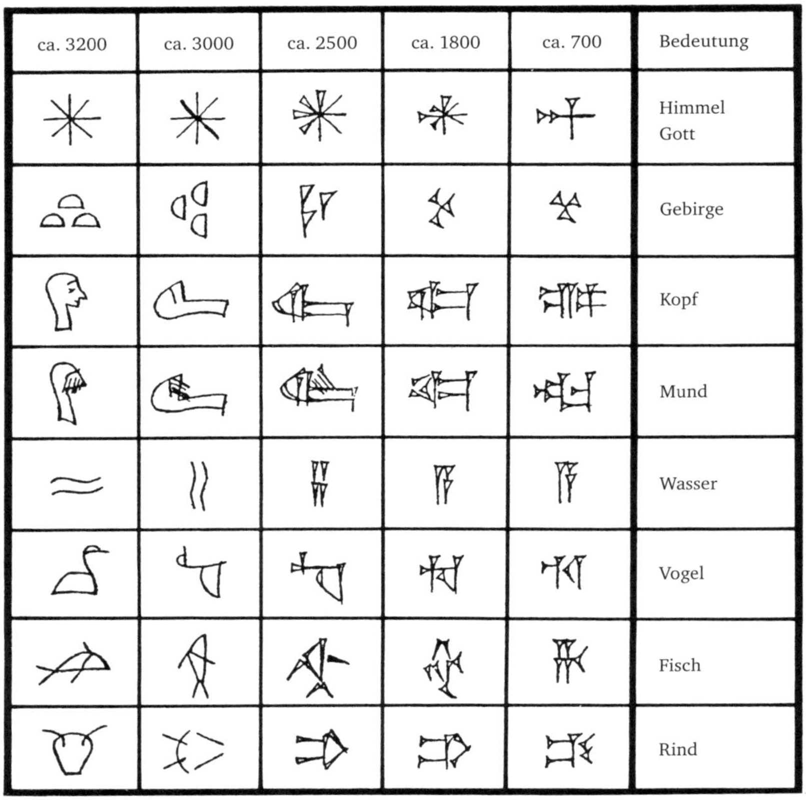

^
Entwicklung einiger mesopotamischer Schriftzeichen von der frühsumerischen (links) bis zur neuassyrischen Zeit (rechts).

Bildgestalt entsprach, so lagen sie seither waagrecht „auf dem Rücken", was man wegen ihrer ohnehin fortschreitenden Abstraktion aber offenbar nicht als störend empfand. In der zweiten Hälfte des 3. Jahrtausends wich außerdem die Beschriftung der Keilschrifttafeln in Feldern oder senkrechten Kolumnen nach und nach der Schreibung waagrechter Zeilen, die wie bei unserer Schrift von links nach rechts gelesen wurden.

Diese Entwicklung und Ausreifung der äußeren Schriftform ging Hand in Hand mit einer Veränderung ihrer inneren Struktur, wobei beide Komponenten sich gegenseitig beeinflussten. Eine Schrift, in der jedes Wort durch ein eigenes Bildzeichen repräsentiert wird wie in den archaischen Texten, hat den Nachteil, dass eine große Anzahl von Zeichen erforderlich ist und die Ausdrucksfähigkeit trotzdem beschränkt bleibt, weil sich viele Worte und Begriffe nicht oder nur schwer durch bildhafte Symbole ausdrücken lassen.

Allerdings kann man den Ausdrucksspielraum innerhalb der Ideographie bereits erweitern, indem man beispielsweise ein Zeichen nicht nur zur

Schreibung des unmittelbar dargestellten Wortes bzw. Objektes benutzt, sondern darüber hinaus auch zum Ausdruck semantisch verwandter Begriffe. So bezeichnete in der frühsumerischen Schrift etwa das Zeichen für ‚Fuß' auch die mit diesem Körperteil verbundenen Tätigkeiten des Gehens und Stehens, und das Zeichen für ‚Pflug' stand ebenso für die Begriffe ‚pflügen' und ‚Pflüger' – mit jeweils unterschiedlichen lautlichen Lesungen wohlgemerkt. In ähnlicher Weise wurde das Bild eines Sterns, das ursprünglich allein diesen Himmelskörper bezeichnete, nach und nach auch zum Schriftzeichen für die Begriffe ‚Himmel' und ‚Gottheit', und das Bild der Sonne zum Zeichen für ‚Tag' und ‚weiß'.

Neben dieser Methode der Bedeutungsübertragung wurde aber von Anfang an auch diejenige der Zeichenkombination angewandt, um das Ausdrucksvermögen der Schrift auf möglichst ökonomische Weise zu steigern. So schrieb man etwa das Wort ‚essen' durch eine Kombination der Zeichen für ‚Kopf' und ‚Brot', während die Zusammenstellung der Symbole für ‚Kopf' und ‚Wasser' gleichbedeutend mit dem Begriff ‚trinken' war. Auch diese Methoden zur Erweiterung der Ausdrucksfähigkeit, die sich in nahezu allen Wortschriften finden, stoßen aber rasch an ihre Grenzen, wenn es um die Schreibung von Orts- und Personennamen oder von grammatischen Bildungselementen geht. Um diese Grenzen zu durchbrechen, musste das ideographische Schriftprinzip, das vorwiegend auf der Bedeutung der Worte beruht, durch das phonetische Prinzip ergänzt und teilweise ersetzt werden, das die Lautung der geschriebenen Wörter in den Vordergrund stellt.

DAS PHONETISCHE PRINZIP

Es ist bislang nicht mit Sicherheit geklärt, wann dieser Phonetisierungsprozess, in dessen Verlauf viele Zeichen ihre ursprüngliche, durch die Abstraktion ja ohnehin verwischte Bildbedeutung verloren und stattdessen bestimmte Lautwerte erhielten, in der mesopotamischen Schrift begann. Adam Falkenstein glaubte, einen ersten Beleg dafür auf einigen Schrifttafeln aus Uruk III und Djemdet Nasr erkennen zu können, auf denen der Personenname *en-lil-ti* (etwa: ‚Enlil erhält am Leben') mit dem Zeichen des Pfeils (sumerisch *ti*) an Stelle des bedeutungsmäßig völlig fremden, aber sumerisch ebenfalls *ti(l)* lautenden Zeichens für ‚Leben' geschrieben worden sei. Diesen Sachverhalt wertete er überdies als Beweis dafür, dass auf den betreffenden Tafeln bereits sumerische Sprache vorliegen müsse (vgl. S. 153), da die beiden Begriffe nur dort gleichlautend seien. Nach Ansicht der meisten heutigen Fachleute beruht dieses Beispiel indessen auf einem Lesefehler – dennoch vermuten auch sie, dass in den archaischen Texten bereits in einem beschränkten Ausmaß phonetische Elemente und Übertragungen vorkamen, wenngleich der definitive Nachweis dafür bislang fehlt.

Um die Mitte des 3. Jahrtausends v. Chr. war die Phonetisierung der sumerischen Schrift dann aber weitgehend vollzogen. Dabei wurden nicht nur schwierig zu schreibende Wörter durch leichter darstellbare Zeichen gleich oder ähnlich klingender Wörter wiedergegeben, wie sich etwa im Deutschen das Bild der Kornähre für das Wort ‚Ehre' oder die Darstellung einer Uhr und eines Laubblattes zur Schreibung des Wortes ‚Urlaub' verwenden ließe; aus dieser als „Rebus-Verfahren" bezeichneten Lautübertragung gingen in der Folge vielmehr eine größere Anzahl regelmäßig verwendeter, festgelegter Silbenzeichen für Lautfolgen wie *ba, bi, ab, ib* usw. hervor. Die Sumerer nutzten die dadurch geschaffene Möglichkeit der phonetischen, silbischen Schreibung wegen der besonderen Eigenarten ihrer Sprache jedoch nur in sehr begrenztem Maß – sie verwendeten die Silbenzeichen vorwiegend zur Fixierung von Namen und grammatischen Elementen, während sie die Wortstämme in der Regel weiterhin mit Logogrammen schrieben. Dennoch trug bereits diese teilweise Phonetisierung der Schrift, ihre Umformung in eine gemischte Wort-Laut-Schrift, dazu bei, den Zeichenbestand ganz erheblich zu reduzieren: Wird er für die archaischen Texte heute auf etwa 1200 geschätzt (vgl. S. 152), so umfasste er gegen Ende des 3. Jahrtausends v. Chr. wohl nur noch etwa 600 Zeichen.

Stärkeren Gebrauch von der silbischen, lautlichen Schreibweise machten dann in der zweiten Hälfte des 3. Jahrtausends die in der Gegend des späteren Babylon ansässigen Akkader und seit dem frühen 2. Jahrtausend die ebenfalls akkadisch sprechenden Babylonier im Süden und Assyrer im Norden Mesopotamiens. Sie verdrängten die Sumerer als politische Kraft und wohl auch als eigenständiges Volk, pflegten aber ihre kulturellen Errungenschaften weiter und wurden so zu ihren Erben und Nachfolgern in Mesopotamien. In diesem Rahmen tradierten sie auch das Sumerische, das als gesprochene Sprache wahrscheinlich zu Beginn des 2. Jahrtausends ausstarb, als religiös-literarische Schriftsprache bis ins 1. Jahrtausend v. Chr. weiter – ähnlich, wie es im mittelalterlichen und frühneuzeitlichen Europa mit dem Lateinischen geschah.

Die Babylonier und Assyrer verwendeten die Keilschrift aber auch zur Schreibung ihrer eigenen, völlig anders strukturierten Sprache und hoben dabei das phonetische Element sehr viel stärker hervor. Zu einer reinen Silbenschrift wurde indessen auch diese babylonisch-assyrische Keilschrift des 2. und 1. Jahrtausends v. Chr. nicht. Sie blieb vielmehr ein gemischtes Wort-Silben-System, denn viele Zeichen behielten neben ihren lautlichen auch noch ihre logographischen Werte, und Ideogramme dienten nicht zuletzt als Hinweisgeber für das Textverständnis – als sog. Determinative (Deutzeichen). Diese waren vor allem deshalb erforderlich, weil viele Keilschriftzeichen ganz unterschiedliche Lesungen erlaubten, so dass es sich nach wie vor um ein ziemlich verwickeltes und schwierig zu beherrschendes Schriftsystem handelte. Immerhin aber ließ sich ein normaler Text der altbabylonischen Zeit (erste Hälfte des 2. Jahrtausends v. Chr.) bei vorwiegend silbischer Schreibweise schon mit etwa 100 bis 150 Silbenzeichen und einigen Dutzend Wortzeichen gut und bequem aufzeichnen, obwohl der Gesamtzeichenbestand der mesopotamischen Keilschrift während ihrer ganzen Verwendungszeit stets mehrere hundert Zeichen umfasste.

DER AUFSTIEG ZUM UNIVERSELLEN AUSDRUCKSMITTEL

Der Hauptwert der Phonetisierung lag aber in einer vergrößerten Ausdrucks- und Leistungsfähigkeit der Schrift, in ihrer erhöhten Flexibilität und Differenziertheit. Sie ermöglichte es nunmehr, die gesprochene Sprache zumindest annähernd lautgetreu aufzuzeichnen, womit sie von einer „Partial"-

^
Sitzstatuette des sumerischen Stadtfürsten Gudea von Lagasch mit Keilinschrift aus dem späten 3. Jahrtausend v. Chr.

zur „Vollschrift“ wurde (vgl. S. 126 f.). Damit waren auch die Voraussetzungen gegeben, sie über ihre ursprüngliche Funktion als wirtschaftlich-administratives Memorierungsinstrument hinaus in ein viel- und schließlich allseitiges Überlieferungs- und Ausdrucksmittel zu verwandeln.

Einen ersten Schritt in dieser Richtung stellten kurze Bau- und Weiheinschriften mesopotamischer Könige dar, die seit etwa 2700 v. Chr. belegt sind und die sich in der zweiten Jahrtausendhälfte allmählich zu längeren Berichten über ihre Regierungs- und insbesondere ihre Bautätigkeit entwickelten – sie können als die Anfänge einer Geschichtsschreibung im Zweistromland bezeichnet werden. Auch erste literarische Schriftzeugnisse wie Aufzeichnungen von Mythen, Hymnen und Sprichwörtern reichen nach heutigem Erkenntnisstand bis in die Periode um 2600 oder 2700 v. Chr. zurück – aus der Zeit davor liegen bislang keine entsprechenden Dokumente vor, und angesichts der Rohheit und Undifferenziertheit des archaischen Schriftsystems (vgl. S. 158) sind sie wohl auch kaum zu erwarten.

In der zweiten Hälfte des 3. Jahrtausends v. Chr. nahmen solche Texte dann aber an Häufigkeit und an Komplexität zu, und man schrieb nun auch längere religiöse und literarische Werke sowie erste Gesetzessammlungen nieder. Und spätestens mit dem Beginn des 2. Jahrtausends wurde die Keilschrift zum allgegenwärtigen und unentbehrlichen Hilfsmittel der Religion wie des Herrscherkults, der Geschichtsschreibung wie der Kodifizierung des Rechts. Man verwendete sie von nun an ebenso selbstverständlich für alltägliche Amts- oder Privataufzeichnungen wie für Werke der Dichtung und der sich herausbildenden Wissenschaften – beispielsweise der Astronomie, der Mathematik und der Medizin.

Mit Hilfe der Keilschrift wurden einige der bedeutendsten kulturellen Zeugnisse der Menschheitsgeschichte geschaffen – so etwa der 282 Paragrafen umfassende Gesetzeskodex des Hammurabi von Babylon aus dem 18. Jahrhundert v. Chr. oder das berühmte, in einer späten Fassung aus dem 1. Jahrtausend v. Chr. überlieferte Gilgamesch-Epos (Abb. rechts), das aber auf sehr viel ältere sumerische Vorläufer zurückgeht. Mit der Entwicklung der Schrift und der Schriftkultur wurde es bald auch üblich, das auf diese Weise fixierte Wissen in Zentren der Bildung und der Gelehrsamkeit systematisch zu sammeln und zu speichern – das bezeugen eine ganze Reihe von Archiven und Bibliotheken, die in Vorderasien bereits vom 3. Jahrtausend v. Chr. an nachgewiesen sind. Als bekanntestes Beispiel gilt die große Bibliothek des assyrischen Königs Assurbanipal in Ninive aus dem 7. Jahrhundert v. Chr., unter deren mehr als 25 000 Keilschrifttafeln und Fragmenten sich auch die erwähnte Fassung des Gilgamesch-Epos befand.

Doch nicht nur thematisch, sondern auch geographisch weitete sich der Verwendungsbereich der Keilschrift seit dem späten 3. Jahrtausend v. Chr. erheblich aus. Etwa zu dieser Zeit wurde sie von den Elamitern im südwestlichen Iran übernommen, die dafür ihr eigenes früheres Schriftsystem (vgl. S. 149) wieder aufgaben, und im 2. Jahrtausend dann von rund einem Dutzend weiterer Völker wie etwa den Hurritern im nördlichen Mesopotamien

^
Fragment einer Keilschrifttafel mit Passagen des Gilgamesch-Epos aus der Bibliothek des assyrischen Königs Assurbanipal in Ninive (7. Jahrhundert v. Chr.). Sie veranschaulicht nicht zuletzt die Feinheit der Keilschrift in neuassyrischer und neubabylonischer Zeit.

und den Hethitern in Anatolien. Diese Völker verwendeten die Keilschrift meist zur Schreibung ihrer eigenen Sprachen und formten sie dementsprechend um.

Akkadisch diente in der zweiten Hälfte des 2. Jahrtausends v. Chr. aber außerdem auch als Verkehrs- und Diplomatiesprache des gesamten Vorderen Orients – sogar die ägyptischen Pharaonen wickelten ihre außenpolitische Korrespondenz auf Keilschrifttafeln in dieser Sprache ab, wie ein in Tell el-Amarna in Ägypten gefundenes Archiv aus dem 14. Jahrhundert v. Chr. beweist. Seit der Wende zum 1. Jahrtausend v. Chr. erwuchs der Keilschrift dann allerdings in den frühen Buchstabenschriften, die mittlerweile an der östlichen Mittelmeerküste entstanden waren, ein ernsthafter und langfristig überlegener Konkurrent (vgl. S.213–215). Aramäische Stämme brachten ihr von den Phöniziern übernommenes, auf Papyrus oder Leder geschriebenes Alphabet nach Mesopotamien mit, als sie sich dort ausbreiteten, und drängten die Keilschrift allmählich zurück. Diese Entwicklung vollendete sich, als das Zweistromland mit dem Ende des Neubabylonischen Reiches 539 v. Chr. die Unabhängigkeit verlor und Teil des Altpersischen Reiches wurde, in dem unter dem Königshaus der Achämeniden „Reichsaramäisch" Amtssprache war – von den in drei Keilschriftsprachen abgefassten Inschriften dieser Perserkönige nahm zu Beginn des 19. Jahrhunderts auch die lange Entzifferungsgeschichte der Keilschrift ihren Ausgang, die besonders mit den Namen Georg Friedrich Grotefend und Henry C. Rawlinson verbunden ist. In den letzten Jahrhunderten vor der Zeitwende war die Keilschrift nur noch in wenigen Städten und Tempeln Südmesopotamiens in Gebrauch und wurde schließlich zu einer reinen Spezialschrift der Priester und Astronomen, bis sie endgültig verschwand – der späteste datierbare Keilschrifttext ist eine Tafel mit astronomischen Aufzeichnungen aus dem Jahr 74/75 n. Chr.

DIE ÄGYPTISCHEN HIEROGLYPHEN

DAS ÄLTESTE SCHRIFTSYSTEM DER WELT?

Waren die Anfänge der Schrift in Mesopotamien äußerst prosaischer Natur, so trat sie in der zweiten großen Hochkultur des alten Orients – in Ägypten – schon in ihren Anfängen in sehr viel eindrucksvollerem Rahmen in Erscheinung. Zu den ersten bekannten Schriftzeugnissen zählen dort mit Reliefdarstellungen verzierte Schiefertafeln zum Verreiben von Schminke – sog. Paletten – und ebenfalls verzierte Köpfe von Prunkkeulen, die die Taten von Göttern und Königen preisen und damit dem religiösen wie dem Herrscherkult, ja der Geschichtsschreibung im weitesten Sinne dienten. Sie wurden Ende des 19. Jahrhunderts im Horus-Tempel von Hierakonpolis, der vorgeschichtlichen Hauptstadt Oberägyptens, ausgegraben und stammen aus den Jahrzehnten vor und nach 3000 v. Chr., sind also wahrscheinlich ungefähr 200 Jahre jünger als die frühesten mesopotamischen Schriftfunde (Abb. S. 182).

Diese Zeitperiode bezeichnet man traditionell auch als Reichseinigungszeit, denn in ihr wurden nach der antiken Überlieferung die zuvor unabhängigen Reiche Oberägyptens (im Süden, das heißt im Niltal) und Unterägyptens (im Norden, das heißt im Deltagebiet) zu einem einheitlichen Staat zusammengeschlossen, und zwar durch gewaltsame Unterwerfung des Nordens durch den Süden. Heute weiß man freilich, dass diese „Vereinigung der beiden Länder“, die die Ägypter selbst als die Geburt ihres Reiches und den Beginn ihrer Geschichte ansahen, ein länger andauernder Prozess war, der wohl bereits in der letzten Phase der Vorgeschichte um 3200 v. Chr. begann – er wurde jedoch in der Zeit bis zur Jahrtausendwende offenbar immer wieder durch regionale Aufstände und separatistische Tendenzen bedroht. Die gewaltsame Niederschlagung einer solchen Rebellion und die Verteidigung (oder endgültige Herstellung?) der Reichseinheit scheint auf der bekanntesten Prunktafel aus Hierakonpolis – der über 60 cm hohen sog. Narmer-Palette (Abb. S. 174) – dargestellt zu sein.

DIE NARMER-PALETTE

Die eine Seite dieser Tafel wird beherrscht von der im Relief herausgearbeiteten mächtigen Figur eines Königs mit der Weißen Krone Oberägyptens, der einen vor ihm knienden Feind am Schopfe hält und mit der Keule zum Schlag ausholt. Darunter sieht man zwei kleinere, fliehende oder gestürzte Gegner. Im oberen Teil der anderen Tafelseite feiert derselbe Herrscher seinen Sieg mit einem Triumphzug, wobei er die Rote Krone Unterägyptens als Zeichen seiner Herrschaft auch über diesen Landesteil trägt (Abb. S. 176). Begleitet von zwei (nur halb so groß dargestellten) Würdenträgern schreitet er hinter vier (noch kleineren) Standartenträgern auf zwei Reihen enthaupteter, am

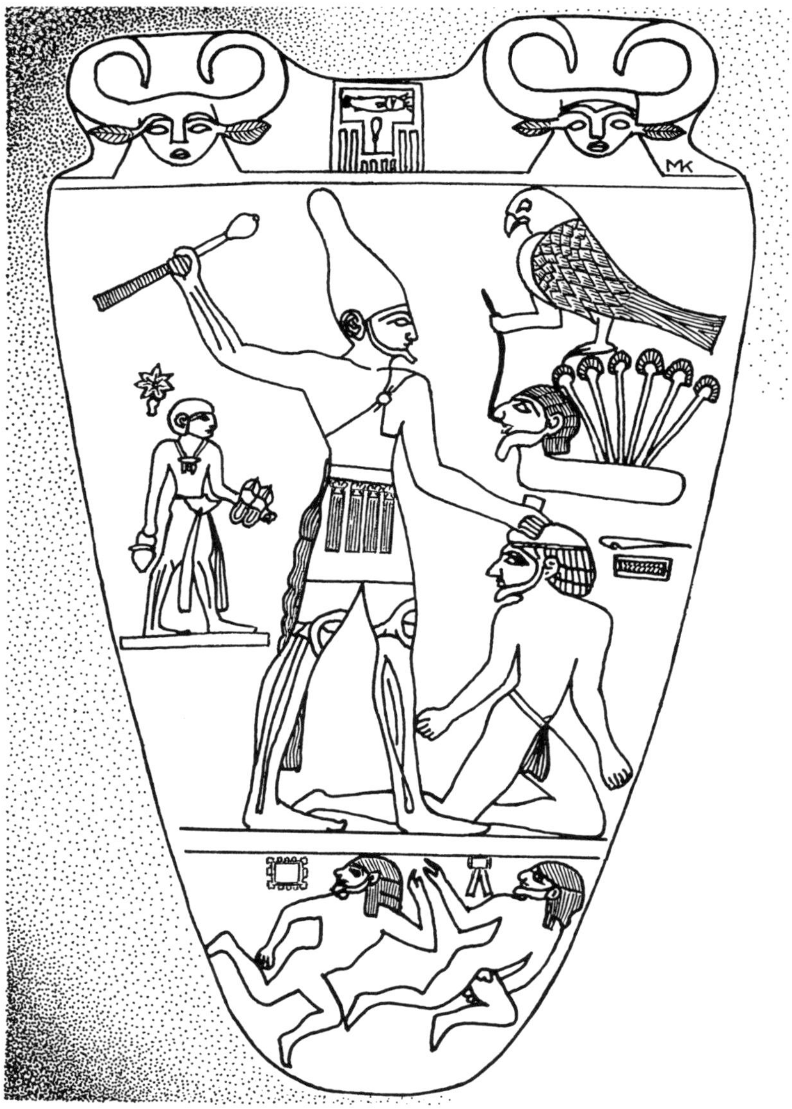

^

„König Narmer schlug den Harpunengau". Rückseite der Narmer-Palette aus der ägyptischen Reichseinigungszeit, um 3000 v. Chr.

Boden liegender Feinde zu, deren Köpfe zwischen ihren Beinen liegen. In der Tafelmitte sieht man ein traditionelles Motiv, zwei sog. Schlangenhalspanther (oder -löwen), zwischen deren verschlungenen Hälsen sich eine napfförmige Vertiefung zum Verreiben der Schminke befindet. Die beiden Wesen werden von zwei Wärtern an der Leine gehalten und damit gebändigt – wohl ein Symbol der Einheit und Befriedung. Ganz unten auf dieser Seite greift ein Stier als Symbol des Königs eine mit Zinnen bewehrte Festung an und zerstört sie.

Bis hierher haben wir es mit einer rein darstellenden bzw. symbolischen Bildersprache zu tun, wie sie aus der ägyptischen Vorgeschichte ebenso wie aus der historischen Zeit gut bekannt ist. Den Verfertigern der Palette reichte diese Bildersprache aber offenbar nicht mehr aus. Sie wollten exakter festhalten, wer über wen gesiegt hatte, und schrieben deshalb über und neben die abgebildeten Personen deren Namen oder Titel. Dazu verwendeten sie unscheinbare kleine Bildzeichen, die für bestimmte Wörter, Laute und Begriffe der altägyptischen Sprache standen – sog. Hieroglyphen („Heilige Kerben"), wie diese Schriftzeichen nach ihrer griechischen Bezeichnung bis heute genannt werden. Obwohl man schon seit längerem weiß, was diese Beischriften auf der Narmer-Palette in etwa bedeuten, bleibt ihre genaue „Lesung" bis heute vielfach umstritten – insbesondere sind sich die Fachleute bei manchen der Zeichen nicht einig darüber, ob sie noch ausschließlich als ideographische Begriffszeichen oder schon als phonetische Rebus- und Lautzeichen zu lesen sind.

Ein Beispiel dafür ist der Thronname des siegreichen Königs, der auf der Palette insgesamt dreimal erscheint: einmal neben dem schreitenden Herrscher selbst, außerdem auf beiden Seiten ganz oben zwischen den gehörnten Köpfen der Himmelsgöttin Hathor in einem die Palastfassade symbolisierenden Rechteck. Er besteht aus dem Bild eines Welses (altägyptisch *nar)* und dem eines Meißels (altägyptisch *mer)* und lässt sich daher *Narmer* lesen (Abb. S. 177). Umstritten ist aber, ob die Zeichen hier tatsächlich bereits völlig unabhängig von ihrer Bildbedeutung als rein lautliche Rebuszeichen verwendet wurden. Sollte doch noch ihr Bildwert ausschlaggebend gewesen sein, so könnte der Name des Königs in übertragener Bedeutung auch „Stechender Wels" gelautet haben. Spätere historische Quellen helfen nicht bei der Entscheidung dieser Frage, denn ein König Narmer ist in den überlieferten altägyptischen Herrscherlisten nicht verzeichnet, so dass seine Identität bis heute nicht eindeutig geklärt werden konnte. Früher identifizierte man ihn oft mit dem legendären Menes, der in den antiken Quellen als Begründer des ägyptischen Einheitsreiches und der 1. Dynastie genannt ist. Heute betrachtet man ihn dagegen eher als den unmittelbaren Vorgänger des Menes und letzten in einer Reihe prädynastischer Könige, die bereits über große Teile Ägyptens herrschten und die von der modernen Ägyptologie in einer „0. Dynastie" zusammengefasst werden (Abb. S. 182).

Ähnliche Schwierigkeiten wie beim Königsnamen bestehen auch in der exakten Lesung der anderen Namens- und Titelbeischriften auf der Palette.

Neben dem Kopf des von Narmer niedergeschlagenen und vor ihm knienden Feindes (wahrscheinlich dem Häuptling der besiegten Region) finden sich beispielsweise die Bildzeichen einer Harpune und eines Rechtecks mit stilisierten Wellen; sie werden manchmal ideographisch als ‚Harpunengau', zuweilen aber auch als Rebusschreibung eines Namens (etwa: *washi)* gedeutet (Abb. S. 177).

LAUTSCHRIFTZEICHEN UND „SCHRIFTGEMÄLDE"

Wie stark zu dieser Zeit Schrift und Bild bzw. Ideenschrift (vgl. S. 126) noch miteinander verknüpft waren, verdeutlicht die rechts über der Unterwerfungsszene befindliche Bildkomposition, die einige Forscher geradezu als „Schriftgemälde" bezeichnet haben. Sie zeigt das ovale Hieroglyphenzeichen für ‚Land', das hier zusätzlich mit einem Kopf versehen ist und aus dessen Rücken Papyrusstauden – die Symbolpflanzen Unterägyptens – herauswachsen. Auf letzteren thront der falkengestaltige Gott Horus, die Verkörperung des Königs, und hält das ‚Papyrus-Land'-Zeichen an einem mit dessen Kopf verbundenen Strick fest. Der britische Ägyptologe Alan H. Gardiner hat diese Szene 1927 als bilderschriftliche Fixierung eines ganzen Satzes gedeutet und wie folgt „übersetzt": „Der Falkengott Horus bringt [dem König] Gefangene aus dem Papyrusland [dem Delta]."[1]

Das Ensemble wäre dabei, trotz der Einbeziehung eines mutmaßlichen Schriftzeichens (nämlich der Hieroglyphe für ‚Land'), noch völlig dem symbolischen, ganzheitlichen Darstellungsprinzip der Ideenschrift verpflichtet gewesen, nicht dem syntaktischen Gliederungsprinzip der Schrift (vgl. S. 126). Als Lesung der ganzen Palettenseite wurde in jüngerer Zeit vorgeschlagen: „Gott Horus führte dem König Narmer unterägyptisches Fremdland als Beute zu; der König schlug den Harpunengau und seine Städte."[2]

^
Triumphzug von König Narmer und seinen Würdenträgern. Ausschnitt aus der Vorderseite der Narmer-Palette.

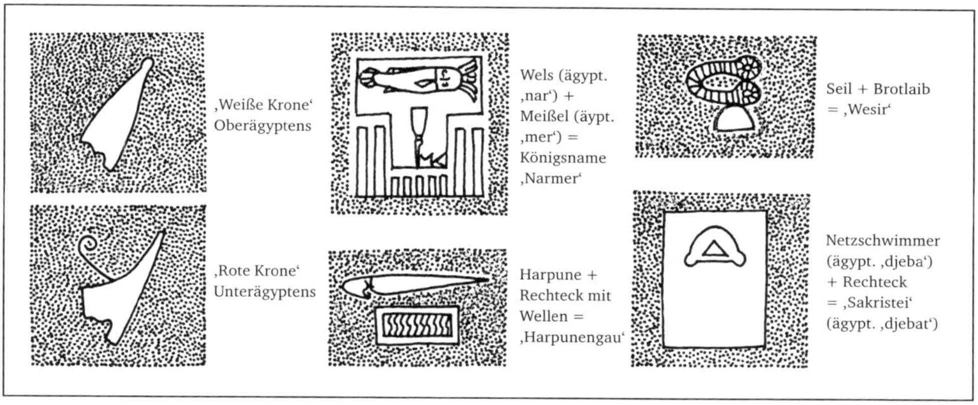

Schriftzeichen und Symbole auf der Narmer-Palette.

Dabei wären, wie Siegfried Schott 1950 bemerkte, „lediglich die Worte ‚Narmer' und ‚Harpunengau' mit Hieroglyphen geschrieben [wenn man von dem Zeichen für ‚Land' absieht]. Der Rest des Satzes wäre abgebildet."[3] Auf andere Weise ließen sich handlungs- und satzmäßige Bezüge bei dem unvollkommenen Entwicklungsstand der Schrift zu dieser Zeit wohl auch noch nicht darstellen.

Dass es neben solchen ideenschriftlich anmutenden Bild-Schrift-Verschmelzungen, die sich auch noch auf späteren ägyptischen Denkmälern finden, tatsächlich auch schon auf der Narmer-Palette rein phonetische Schreibungen gab, zeigt das Beispiel des Würdenträgers, der dem König in dem Triumphzug auf der anderen Tafelseite vorangeht. Die Hieroglyphenzeichen eines Seils und eines Brotlaibes über seinem Kopf würden, ideographisch gedeutet, kaum einen Sinn ergeben, sondern stehen hier allein wegen ihrer Lautung: Sie geben in zweiteiliger Rebusschreibweise seinen Titel (*thati* oder *tschati* = Wesir) an und sind damit schon echte Phonogramme. Auf ähnliche Weise steht das von einem Rechteck umgebene Bildzeichen eines Netzschwimmers (Lautwert *djeba)* ganz links in der Szene offenbar als Rebuszeichen für das ähnlich lautende Wort *djebat* (‚Sakristei', ‚Ankleidehaus' oder ähnliches), wobei das Rechteck wohl den Gebäudeumriss andeuten soll (Abb. oben).

Ein vergleichbares Nebeneinander von archaischer Bildsymbolik und bereits recht entwickelter Hieroglyphenschreibweise findet sich auch auf den anderen erwähnten Denkmälern aus der ägyptischen Frühzeit. Auf einer Prunkkeule aus Hierakonpolis ist der durch das Bild eines Skorpions bezeichnete König „Skorpion" oder *Sereq* – wahrscheinlich ein Vorgänger Narmers – bei einer landwirtschaftlichen Zeremonie oder der Einweihung eines Kanals dargestellt. Seinem Namen ist dabei als Königszeichen eine Rosette beigefügt, die sich auch auf der Narmer-Palette findet: Sie kennzeichnet dort den hinter dem König laufenden Sandalenträger als „königlichen Diener" oder ähnliches. Wohl ebenfalls aus der Zeit Skorpions stammt die leider nur fragmentarisch erhaltene „Städte-Palette“. Auf ihr werden die Mauern von sieben befestigten Städten, deren Namen durch Hieroglyphenzeichen in ihrem Inneren angegeben sind, von ebenso vielen bildlichen oder hieroglyphischen Symbolen, unter denen sich auch ein Skorpion befindet, „zerhackt“, das heißt zerstört.

Früher galten diese Prunkobjekte aus der Reichseinigungszeit als die ältesten ägyptischen Schriftdenkmäler, und da sie, wie erwähnt, ungefähr 200 Jahre jünger sind als die ersten protokeilschriftlichen Tafeln aus Mesopotamien, zweifelte kaum jemand daran, dass die Ägypter den Anstoß zur Entwicklung einer Schrift aus dem Zweistromland übernommen hatten. In der älteren Forschung ging das bis zu der Vermutung, eine aus Vorderasien stammende „dynastische Rasse“ sei am Ende des 4. Jahrtausends ins Niltal eingewandert und habe dort die Schrift und die anderen Neuerungen der Hochkultur eingeführt. Derart extreme Positionen vertritt heute kein ernst zu nehmender Forscher mehr, und auch der Gedanke, die altägyptische Schrift könnte gewissermaßen „eins zu eins“ aus der mesopotamischen abgeleitet worden sein, steht mittlerweile nicht mehr zur Debatte – dazu sind die Unterschiede in der Struktur der beiden Schriftensysteme viel zu groß, gar nicht zu reden von ihren völlig unterschiedlichen Zeichenformen.

Nach wie vor nahe liegend ist dagegen die Vermutung, dass sich mit den engen wirtschaftlichen und kulturellen Kontakten, die im späten 4. Jahrtausend v. Chr. zwischen den verschiedenen Regionen des Nahen und Mittleren Ostens bestanden, auch die Idee des Schreibens über die Kultur- und Ländergrenzen hinweg verbreitet und ihren Einfluss auf die bis dahin noch schriftlosen Kulturen ausgeübt haben könnte. Wie stark dieser Einfluss indessen genau war und wie er im Einzelnen wirkte, darüber wissen wir bis heute nichts Genaueres. Und neuerdings scheint sogar wieder offen, ob sein Ausgangspunkt tatsächlich das Zweistromland war, wie die Forschung seit mehr als hundert Jahren annimmt. In Ägypten sind nämlich jüngst Schriftzeugnisse zutage gekommen, die sehr viel älter sind als die Narmer-Palette oder die Skorpion-Keule und die nach Meinung mancher Forscher sogar die frühesten Schrifttäfelchen Mesopotamiens an Alter übertreffen.

DAS GRAB „U-J“ IN OBERÄGYPTEN

Diese Schriftzeugnisse fanden sich auf dem berühmten Königsfriedhof von Abydos in Oberägypten rund 500 km südlich von Kairo, auf dem die ersten Könige der Dynastischen Zeit beigesetzt wurden. Ein deutsches Team um den Ägyptologen Günter Dreyer, das hier seit 1985 Ausgrabungen durchführt, stellte jedoch bald fest, dass der historische Friedhof nur die Fortsetzung einer Nekropole aus weit älterer, vordynastischer Zeit war. Aus ihren mehreren hundert Gräbern ragten etwas mehr als ein Dutzend durch ihre ungewöhnliche Größe und ihre besondere Bauweise mit luftgetrockneten Lehmziegeln heraus. Offenkundig handelte es sich bei ihnen um die Grabstätten einer herrschenden Elite, und zwar nach Dreyers Vermutung um jene der vorgeschichtlichen Könige der „Dynastie 0" (vgl. S. 175). Und unter ihnen erwies sich wiederum ein mit zwölf Kammern und 8 x 10 m Größe ungewöhnlich geräumiges Grab mit der wissenschaftlichen Bezeichnung „U-j" (sie ist zusammengesetzt aus dem Buchstaben des Friedhofs und dem Signum des Grabes) als das kulturgeschichtlich bei weitem interessanteste.

In seinen Kammern fanden die Archäologen zahlreiche noch recht gut erhaltene Tongefäße, und einstmals waren es ihrer noch sehr viel mehr gewesen, wie zahllose Abdrücke im Sandboden deutlich erkennen ließen – nach Dreyers Berechnung muss das Grab ursprünglich mit annähernd 2000 dicht an dicht gestellten und in mehreren Lagen übereinander gestapelten Keramikgefäßen vollgepackt gewesen sein. Die verschiedenen Gefäßtypen enthielten unterschiedliche Nahrungsmittel wie Fett, Öl, Bier und Speisen sowie geharzten Wein aus Kanaan (Palästina), die dem Grabherrn nach altägyptischem Brauch ein angenehmes Weiterleben im Jenseits sichern sollten. Und dass es sich bei diesem Grabherrn tatsächlich um einen König der „Dynastie 0" gehandelt haben dürfte, darauf weisen neben dem Grabprunk und Beigabenreichtum auch ein Elfenbeinszepter und andere herrschaftliche Beigaben hin, die man in der Hauptkammer fand.

Für unser Thema wichtig ist nun, dass 95 dieser erhalten gebliebenen Gefäße aus dem Grab U-j sowie 80 Scherben von weiteren jeweils ein bis zwei großformatige Bildzeichen tragen, die mit schwarzer Tinte auf ihnen aufgemalt wurden. Sie stellen zumeist Tiere wie Skorpione (Abb. S. 180 links), Meeresschnecken oder Fische dar, doch auch Baum- und Pflanzenzeichen sind recht häufig vertreten. Überdies fanden sich in dem Grab auch noch 185 nur wenige Zentimeter große Täfelchen aus Knochen und Elfenbein, in die gleichfalls Tier- und Pflanzensymbole (Abb. S. 180 rechts), aber auch kleine Skizzen von Menschen sowie abstrakte Zahlzeichen eingeschnitten bzw. -geritzt wurden. Sie weisen am Rand jeweils eine Durchbohrung auf, die offenkundig dazu diente, sie als Etiketten an Holzkisten oder anderen Behältnissen in dem Grab zu befestigen.

Die meisten der insgesamt 50 unterschiedlichen Zeichen auf diesen Etiketten sind aber bemerkenswerterweise auch „als Hieroglyphen in dynastischer Zeit belegt", wie Dreyer feststellt, und da sie überdies mehrfach in Gruppen von bis zu drei Zeichen vorkommen, hält der Ägyptologe es für „wahrscheinlich, dass sie zumindest zum Teil nicht einfach als Symbole zu verstehen sind, sondern wie Hieroglyphen zu lesen waren". Beispielsweise kommt dort bereits recht häufig das Bild eines Falken in Verbindung mit einem unterteilten Rechteck vor, das aus historischer Zeit als Signum des Königs mit seiner Residenz wohlbekannt ist, und daneben glaubt Dreyer auch schon einige phonetische Lesungen identifizieren zu können (vgl. S. 184). Insgesamt interpretiert er die beinernen Etiketten als „Herkunftsvermerke oder Kontrollangaben von verschiedenen Verwaltungsinstanzen" für die einzelnen Grabbeigaben.[4]

^
Die frühesten Schriftzeugnisse Ägyptens aus dem Grab U-j von Abydos. Links: Schriftzeichen „Skorpion" und „Baum" als Tintenaufschrift auf einem Tongefäß; rechts: Anhängetäfelchen mit den Schriftzeichen „Elefant" (altägypt. *ab*) und „Berg" (altägypt. *dschu*) = *abdschu* (Abydos).

DIE ÄLTESTEN SCHRIFTZEUGNISSE DER WELT?

Ähnliches vermutet der Forscher auch im Hinblick auf die Tintensymbole auf den Tongefäßen. Da die betreffenden Gallonen nach Ausweis der organischen Rückstände in ihrem Inneren durchweg Pflanzenfett enthielten, können die Zeichen kaum etwas mit ihrem Inhalt zu tun haben, sondern dürften sich eher auf ihren Ursprungsort beziehen. Und da sie überdies auffällig oft ein Tiersymbol wie einen Skorpion, einen Fisch oder eine Meeresschnecke in Verbindung mit einem Baum oder einem Pflanzenwedel zeigen, bietet es sich nach Dreyer an, sie als „Herkunftsangaben von Gütern bzw. Wirtschaftsanlagen aufzufassen, die nach dem jeweiligen König, der sie gründete, als ‚Plantage' (Baum/Pflanze) des ‚NN' (Königsname) benannt worden sind". Dieses Verfahren ist dem Forscher zufolge „auch später noch mehrfach belegt, so bei der Bezeichnung von Gütern im frühen Alten Reich."[5] Die Verbindung der beiden Bildzeichen ‚Skorpion' und ‚Baum' (Abb. oben links) wäre demnach etwa als ‚landwirtschaftliches Gut des Königs Skorpion' zu lesen. Und da eben diese Zeichenkombination sowie das Skorpionsymbol allein auf den beschrifteten Tongefäßen des Grabes bei weitem am häufigsten vorkommt, vermutet Dreyer einleuchtend, dass in ihm ein König dieses Namens bestattet gewesen sein dürfte, bei dem es sich um einen Vorgänger und Namensvetter des auf der späteren Steinkeule aus Hierakonpolis abgebildeten „Skorpion" gehandelt haben muss. Er regierte nach Vermutung des Ägyptologen ungefähr in der Mitte der bis zu 20 Könige umfassenden „Dynastie 0", die bei einer angenommenen Regierungszeit der einzelnen Herrscher von zehn bis 15 Jahren insgesamt 200 bis 300 Jahre umfasst haben könnte (Abb. S. 182).

ÄLTER ALS DIE MESOPOTAMISCHE KEILSCHRIFT?

Das ägyptische Königtum und mit ihm die Hieroglyphenschrift reichten also offenkundig sehr viel weiter in die Vorgeschichte zurück als bisher angenommen, zumal die Schriftzeugnisse des Grabes U-j nach Dreyers Einschätzung kaum die ältesten in der ägyptischen Geschichte gewesen sein dürften, bezeugen sie doch „ein schon weit entwickeltes Schriftsystem".[6]

Dieser Umstand veranlasste in den vergangenen Jahren viele Kommentatoren, die traditionell angenommene Abfolge der Schrift- und Kulturentwicklung im Alten Orient komplett in Frage zu stellen. „Galt die sumerische Keilschrift lange Zeit als ältestes uns überliefertes Schriftsystem, so ist nach neuesten wissenschaftlichen Erkenntnissen nicht auszuschließen, dass die Ägypter bei der Entwicklung der Schrift den Sumerern voraus waren", konnte man 1996 beispielsweise in der „Frankfurter Rundschau" lesen,[7] und der „Spiegel" meldete ohne Umschweife, die sumerische Hypothese lasse sich „offenbar nicht länger halten." – „Es ist nunmehr durchaus denkbar, dass die Idee des Schreibens von Ägypten nach Mesopotamien gelangte", zitierte das amerikanische Wissenschaftsmagazin „Science" den Projektleiter Dreyer selbst,[8] und auch der „Spiegel" verkündete, „dass die Anregung zum Schreiben in Wirklichkeit von Ägypten an den Euphrat drang und nicht umgekehrt", da „die Anfänge der Schrift in Ägypten nun einige Jahrhunderte vordatiert werden" müssten.[9]

Um sich ein fundiertes Urteil über diese Mutmaßungen bilden zu können, muss man einen etwas genaueren Blick auf die Chronologie der altorientalischen Hochkulturen werfen, die sich dabei als ziemlich verwickelte Materie entpuppt. Sowohl für das alte Ägypten wie auch für das alte Mesopotamien existieren nämlich zwei unterschiedliche Chronologiesysteme, die nicht in Übereinstimmung miteinander zu bringen sind.[10] Die auf astronomischen Daten, überlieferten Königslisten und anderen antiken Schriftquellen basierende „historische Datierung" führt zu einer „kurzen Chronologie", in der beispielsweise die Uruk IVa-Zeit in Mesopotamien um 3200 v. Chr. und die 1. Dynastie in Ägypten um 2960 begann (Abb. S. 182), wie es in diesem Buch und in den meisten anderen Werken über den Alten Orient angenommen wird. Der naturwissenschaftliche Zeitansatz auf der Basis „kalibrierter", das heißt anhand der Jahrringe von Bäumen berichtigter C 14-Daten von Objekten aus Holz, Riedgras oder anderen organischen Materialien liefert in beiden Ländern hingegen eine um ca. 200 Jahre ältere sog. „lange Chronologie". Nach ihr begann in Ägypten die 1. Dynastie schon um 3150 v. Chr., und selbst das durch historische Dokumente bestens abgesicherte Neue Reich in der zweiten Hälfte des 2. Jahrtausends v. Chr. liefert regelmäßig erheblich „zu alte" C 14-Daten. Die Gründe für diese Divergenz der ansonsten in ihrer inneren Abfolge übereinstimmenden Chronologiesysteme werden in den Altertumswissenschaften schon seit Jahrzehnten kontrovers diskutiert und sind bis heute unklar.

Die These von der zeitlichen Priorität der altägyptischen Schrift beruht nun auf einem Vergleich der kalibrierten C-14-Daten des Grabes U-j, die um

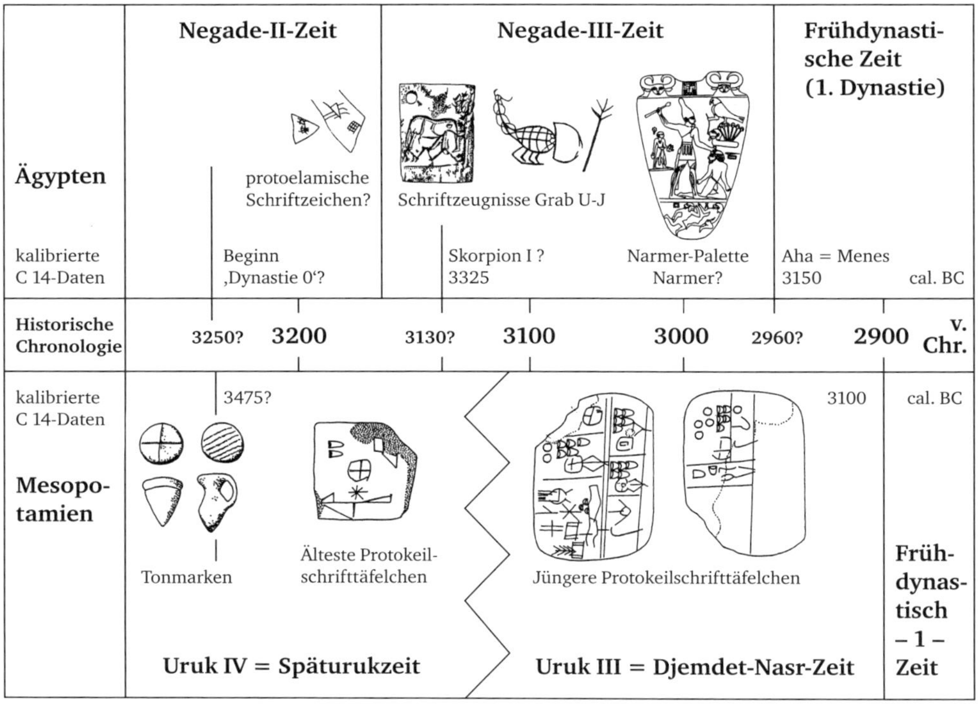

Chronologietabelle zum Alter der frühesten ägyptischen (oben) und mesopotamischen (unten) Schriftfunde. Die fett gedruckten Daten in der mittleren Leiste geben die Zeitansätze nach der gängigen „historischen Chronologie", die kleineren Daten darüber und darunter kalibrierte („geeichte") Radiokarbondaten (C 14-Daten) für beide Länder an. Wie die Tabelle verdeutlicht, differieren beide Datierungssysteme um ungefähr 200 Jahre.

3325 v. Chr. herum pendeln (Abb. oben), mit dem Zeitansatz der Uruk IV-Schrift in Mesopotamien nach der dortigen historischen Chronologie (um 3200 v. Chr.). Es leuchtet unmittelbar ein, dass dies ein irreführendes Verfahren ist, da hier zwei völlig unterschiedliche Chronologiesysteme und daher gewissermaßen Äpfel mit Birnen verglichen werden.

Datiert man die ältesten Schriftzeugnisse Ägyptens auf der Basis naturwissenschaftlicher Methoden, so muss man dies selbstredend auch im Falle der mesopotamischen tun, und dabei löst sich der vermeintliche Zeitvorsprung Ägyptens augenblicklich in Wohlgefallen auf. Denn die Uruk IVa-Zeit, der die ältesten Protokeilschrifttafeln des Zweistromlands *mindestens* entstammen dürften (ihre genaue stratigraphische Zuordnung ist ja schwierig, vgl. S. 150), rutscht dann in Richtung auf die Jahrtausendmitte – in die Zeit um 3450 v. Chr. (Abb. oben). Damit wären die Tontäfelchen aus Uruk aber nach wie vor um über 100 Jahre älter als die Schriftbelege aus dem Grab U-j in Ägypten, dessen Entstehungszeit (die sog. „Negade IIIa-Periode") denn auch traditionell mit der nachfolgenden Uruk III- oder Djemdet-Nasr-Zeit in Mesopotamien parallelisiert wird, während der im Zweistromland bereits die zweite Schriftstufe vorlag (vgl. S. 150 f.).

Und noch ein weiteres Indiz spricht gegen die angebliche Priorität der altägyptischen Schrift: In einem noch nicht ausgegrabenen Teil des Friedhofs von Abydos fanden Dreyer und seine Mitarbeiter nämlich drei beschriftete Gefäßscherben aus der (dem Grab U-j um einige Jahrzehnte vorausgehenden) Negade II-Zeit. Die auf ihnen eingeritzten geometrischen Zeichen können nach dem Urteil des Ägyptologen „keinesfalls als Vorläufer von Hieroglyphen angesehen werden und sind in dieser Art auch als Topfmarken sonst nicht belegt" – vielmehr sei „eine gewisse Ähnlichkeit mit protoelamischen Zeichen unverkennbar". Die protoelamische Schrift aber entstand, wie wir gesehen haben, kurz nach der mesopotamischen um 3100 v. Chr. im Südwestiran (vgl. S. 149), und wenn die drei Scherben aus Abydos tatsächlich zu ihr gehörige Schriftzeichen tragen, dann beweist allein schon dieser Umstand, dass man das einige Jahrzehnte jüngere Grab U-j und seine hieroglyphischen Zeugnisse nicht vor die Erfindung der Schrift in Vorderasien datieren kann. Dreyer selbst nimmt in seiner Publikation vielmehr die umgekehrte Abfolge an: Nach seiner Vermutung könnten am ägyptischen Königshof in Abydos seinerzeit Handwerker aus Elam tätig gewesen sein, die „die ihnen geläufigen Zeichen als Inhalts- oder Besitzervermerke auf ägyptischen Gefäßen eingeritzt und so die Idee der Schrift vermittelt" hätten. Diese Idee sei dann in den folgenden Jahrzehnten, wie die Funde aus dem nur wenige Generationen jüngeren Grab U-j belegten, „ganz eigenständig weiterentwickelt" worden[11] und habe zur Herausbildung der ältesten Hieroglyphenschrift geführt.

FRÜHE PHONETISIERUNG AM NIL

Von einer Vermittlung der Schrift aus Ägypten nach Vorderasien kann nach alldem also keineswegs die Rede sein, und doch haben Dreyers Funde in Abydos höchste Bedeutung für die Schriftgeschichte. Sie lassen die Anfänge dieses Kommunikationsmittels im Zweistromland, im Südwestiran und am Nil nämlich sehr viel näher zusammenrücken als bisher angenommen, so dass die Frage, in welcher dieser Regionen es zuerst vorhanden war, letztlich fast gegenstandslos wird. Und möglichweise wird sie sich mit archäologischen Mitteln auch niemals zuverlässig beantworten lassen, denn wenn zwischen dem Übergreifen der Idee des Schreibens von einer Kultur in die andere nicht wie bislang angenommen Jahrhunderte, sondern nur Jahre oder Jahrzehnte lagen, dann wäre die archäologische Chronologie mit der zeitlichen Aufgliederung eines solch kurzen Zeitraums angesichts der beschriebenen Datierungsspielräume und der Zufälle in der Fundüberlieferung sicherlich überfordert (vgl. S. 148).

Für eine – allerdings stark geschrumpfte – zeitliche Priorität Vorderasiens sprechen nach wie vor die erörterten historischen und C-14-Daten sowie der Umstand, dass sich die mesopotamische Protokeilschrift entwicklungsmäßig sehr plausibel aus dem vorgeschichtlichen *token*-System ableiten lässt (vgl. S. 161 f.), während in Ägypten ein vergleichbarer funktioneller Vorläufer bislang fehlt. Dagegen haben die Forschungen Dreyers die schon länger gehegte Vermutung erhärtet, dass die Ägypter ihren mesopotamischen Zeitgenossen im Hinblick auf die Phonetisierung der Schrift wohl ein ganzes Stück voraus waren. Neben „schon von der dekorierten Keramik her vertrauten" und „ohne weiteres verständlichen einfachen Bildzeichen wie z. B. Tieren, Göttersymbolen, Pflanzen, Bergen und Wasserlinien" identifizierte Dreyer nämlich bereits auf den ältesten Schriftzeugnissen des Grabes U-j auch eine Reihe offenkundiger Rebus-Schreibungen. So zeigt eines der dortigen Anhängetäfelchen beispielsweise einen Elefanten über stilisierten Bergen (Abb. S. 180), was bei Einsetzung der aus späteren Zeiten geläufigen Lautwerte beider Begriffe das Wort *ab-dschu* ergäbe – nach Dreyer eine frühe phonetische Schreibung des Ortsnamens Abydos. Und wie der Ägyptologe betont, lassen sich noch „andere Zeichengruppen mit den später belegten Lautwerten einleuchtend lesen",[12] während im Zweistromland eindeutige Lautzeichen erst ab dem 3. Jahrtausend v. Chr. nachweisbar sind (vgl. S. 167).

VERWALTUNGSSCHRIFT AUCH IN ÄGYPTEN

Dreyers Entdeckungen in Abydos korrigieren schließlich auch noch die traditionelle, in der älteren Ägyptologie tief verwurzelte Vorstellung, die Schrift habe sich in dem Land am Nil – im markanten Gegensatz zum benachbarten Zweistromland – nicht aus profanen praktischen Gründen, sondern aus einem höheren „Streben nach Geschichtlichkeit" heraus entwickelt.

Ganze Generationen von Ägyptologen hatten diese angebliche Andersartigkeit der frühen Schriftdenkmäler Ägyptens mit Inbrunst hervorgehoben, in der man einen Beleg für eine besondere – eher den erhabenen und sakralen denn den alltäglichen Dingen zugewandte – Geisteshaltung der alten Ägypter zu erkennen glaubte. So unterstrich beispielsweise der Ägyptologe Alexander Scharff 1942, dass „beide Schriften, der Veranlagung der beiden Völker entsprechend, ganz verschiedenen Zwecken dienen sollten, indem nämlich die Keilschrift (...) in erster Linie auf wirtschaftliche Texte (Rechnungen, Quittungen, Listen usw.) eingestellt war, während die ägyptische Schrift von Anbeginn an religiösen und historischen Mitteilungen diente".[13] Auch sein Fachkollege Hellmut Brunner betonte 1965, es sei „geistesgeschichtlich von hoher Bedeutung, dass die Schrift am Nil nicht aus technischen oder wirtschaftlichen Bedürfnissen, sondern aus einer gewandelten geistigen Struktur entstanden" sei, die man „wohl in einem etwas erweiterten Begriff einen historischen Sinn nennen" könne.[14] Und noch in einem 1968 erschienenen Handbuch des Prähistorikers Hermann Müller-Karpe heißt es: „In Ägypten erwuchs die Erfindung der Schrift aus dem neuen Geschichtsbewusstsein, das in der Zeit um 3000 v. Chr. mit der Gründung des

^
„Annalentäfelchen" aus dem Beginn der 1. Dynastie mit der hieroglyphischen Jahresbezeichnung „König Aha schlägt das Land Nubien".

Einheitsreiches und des Königtums zusammenhing, und gab ihrerseits ihm den adäquaten Ausdruck."[15]

Die Herkunftsvermerke auf den Tongefäßen und Knochenetiketten des Grabes U-j zeigen demgegenüber sehr klar, dass die Schrift auch in Ägypten von Anbeginn für schlichte Dokumentations- und Verwaltungszwecke benutzt wurde, und ganz ähnliche Kontrollvermerke und Verwaltungsnotizen finden sich auch auf weit jüngeren Grabbeigaben und Behältnissen für Steuerabgaben bis hinein in die dynastische Zeit. Die vermerkten Informationen wurden dabei im Laufe der Zeit freilich immer umfangreicher und komplexer. So wurde es beispielsweise mit dem Beginn der 1. Dynastie üblich, den Herkunftsvermerken und Königsnamen auf elfenbeinernen oder hölzernen Kontrolletiketten eine genaue hieroglyphische Jahresbezeichnung als Datierungsvermerk hinzuzufügen. Dabei führte man aber noch keine numerische Jahreszählung durch, sondern „benannte" die Jahre – ähnlich wie in den *winter counts* der nordamerikanischen Indianer (vgl. S. 118 f.) – nach wichtigen Ereignissen, die in ihnen stattgefunden hatten (z. B. Abb. oben: „König Aha schlägt das Land Nubien"). Diese sog. Jahres- oder Annalentäfelchen wurden offenbar gesammelt und bildeten eine der Grundlagen der Königsannalen – fortlaufender Herrscherlisten, die für die Regierungsjahre jedes Königs die denkwürdigsten Ereignisse festhielten und die ein Kernstück der altägyptischen Geschichtsschreibung bildeten.

WESENTLICHES FÜR IMMER VERLOREN

Die Schrift wurde also offenbar auch im alten Ägypten von Anfang an im Verwaltungsalltag benutzt, und dass aus der Frühzeit nur so wenige Schriftdokumente bekannt sind, hat seine Ursache wahrscheinlich in dem am Nil überwiegend verwendeten Schreibmaterial. Es handelte sich dabei wohl schon früh um den aus späteren Zeiten vielfach belegten Papyrus (vgl.

S. 191), der im Gegensatz zu den in Mesopotamien verwendeten Tontafeln leider archäologisch schlecht erhaltungsfähig ist und deshalb nur in Ausnahmefällen die fünf Jahrtausende bis heute überdauert hat. Dennoch ist uns schon aus einem Grab der 1. Dynastie eine erste – leider unbeschriebene – Papyrusrolle überliefert, und auch das von Anbeginn in den Schriftzeugnissen erscheinende Hieroglyphenzeichen einer solchen Rolle mit Schreibgerät (vgl. S. 190) bezeugt, dass dieses Material schon damals als gängiger Beschreibstoff diente.

Es ist also durchaus möglich, dass die altägyptischen Verwaltungsbeamten bereits zu Zeiten Skorpions und Narmers umfangreiche Akten auf Papyrus oder anderen pflanzlichen Beschreibstoffen führten, von denen allerdings wegen ihrer Vergänglichkeit nichts bis in unsere Zeit erhalten geblieben ist. In jedem Fall kann nach alldem aber kaum mehr ein Zweifel daran bestehen, dass die Schrift auch am Nil zuvörderst aus den Alltagserfordernissen des Staates und der Verwaltung heraus entstand. „Wahrscheinlich wurde sie von der königlichen Hofverwaltung eingeführt, als Produktion und Warenverteilung dort einen so großen Umfang angenommen hatten, dass sie nicht mehr ohne weiteres überschaubar waren“, nimmt Günter Dreyer an. „Zur Erfassung und Lenkung von Warenströmen“ mussten nach seiner Vermutung „Verwaltungsabteilungen eingerichtet werden, die über die Produktion, den Ein- und Ausgang sowie die Lagerung von Gütern ‚Buch führten‘, Mengen und Qualität prüften und die Verteilung organisierten.“

^

In Sandstein gehauene Hieroglyphen in der „Weißen Kapelle“ Sesotris I. in Karnak, Ägypten, Anfang 2. Jahrtausend v. Chr. – Die ägyptischen Hieroglyphen hatten neben ihrer Funktion als Schriftzeichen stets auch einen hohen künstlerischen und ästhetischen Wert.

„Zur einfachen Kennzeichnung mögen zunächst Symbole genügt haben, die assoziativ auf bestimmte Ortsnamen, topographische Gegebenheiten oder Institutionen schließen ließen", doch sei „offenbar sehr bald" auch „das Rebus-Prinzip angewandt" worden (vgl. S. 184).[16] Auf diese Weise entstand die Schrift vermutlich auch in Ägypten als „Hilfsmittel für die Durchführung einer ordnungsgemäßen Verwaltung" und damit aus „den Bedürfnissen des Alltags" heraus, wie es Dreyers Fachkollege Wolfgang Schenkel schon 1983 formulierte.[17]

Damit ist neben der früher angenommenen zeitlichen wohl auch die lange Zeit konstruierte funktionale Kluft zwischen dem Schriftgebrauch in Ägypten und im Zweistromland hinfällig geworden. Was als Unterschied bestehen bleibt, ist indessen die Tatsache, dass die Schrift am Nil bereits früh nicht *nur* für die Wirtschaftsverwaltung, sondern auch für den Götter- und Herrscherkult sowie für die historische Überlieferung genutzt wurde. Sie entsprang dort also möglicherweise vielfältigeren Bedürfnissen, wobei derzeit nicht zu entscheiden ist, welches von ihnen das primäre und für ihre Entstehung ausschlaggebende war. Auch in Ägypten dauerte es aber einige Jahrhunderte, bis das Schriftsystem so weit entwickelt und so flexibel gestaltet war, dass sich damit auch längere und komplexere Texte niederschreiben ließen und die Keime einer regelrechten „Literatur" entstanden – nach heutigem Wissen war dies etwa seit der 4. Dynastie im 26. Jahrhundert v. Chr. der Fall.

EINE BILDHAFTE, ABER KEINE BILDERSCHRIFT

Bei der um diese Zeit voll ausgebildeten, klassischen Hieroglyphenschrift handelte es sich – wie schon mehrfach angedeutet – keineswegs um eine Bilderschrift im Sinne reiner Piktographie, in der jeder Begriff durch ein eigenes Bildzeichen symbolisiert würde. Solche Bild- und Begriffszeichen (Piktogramme bzw. Ideogramme), bei denen die bildliche Darstellung direkt das gemeinte Objekt oder Wort bezeichnete, existierten zwar in größerer Zahl und blieben während der ganzen 3000 Jahre währenden Geschichte der Hieroglyphenschrift in Gebrauch – freilich nur als eine unter mehreren Zeichenarten. Viele der an die 1000 klassischen Hieroglyphen fungierten demgegenüber trotz ihrer ausgesprochen bildhaften Gestalt vorwiegend als Lautzeichen (Phonogramme) – die Erkenntnis dieses Umstandes eröffnete zu Beginn des 19. Jahrhunderts dem Franzosen François Champollion den Weg zur Entzifferung der Hieroglyphenschrift.

Die meisten dieser Lautzeichen, die sich aus der Rebusschreibweise von Wörtern entwickelt hatten, standen für Verbindungen von zwei oder drei Konsonanten (Abb. S. 188 unten). Die alten Ägypter besaßen aber auch schon sog. Einkonsonantenzeichen für die 24 wichtigsten Einzellaute ihrer Sprache (Abb. S. 188 oben), mit denen sich Wörter regelrecht „buchstabieren" ließen. Theoretisch hätte sich daraus eine hieroglyphische Buchstabenschrift entwickeln können, doch dies geschah nicht – die Ägypter be-

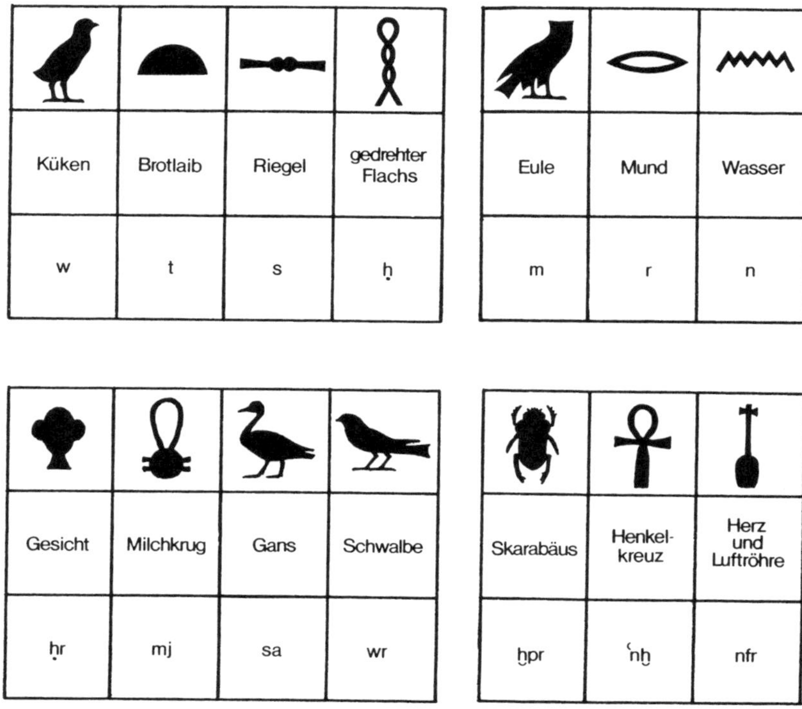

^
Einige Beispiele ägyptischer Hieroglyphen mit ihrer ursprünglichen Bildbedeutung und ihrem annähernden Lautwert. Oben: Einkonsonantenzeichen; unten links: Zweikonsonantenzeichen; unten rechts: Dreikonsonantenzeichen.

schränkten sich vielmehr im wesentlichen darauf, fremde Eigennamen und anders nur schwer schreibbare Wörter auf diese Weise zu buchstabieren. Champollions Entzifferung der Hieroglyphen ging bezeichnenderweise von zwei auf diese Weise wiedergegebenen Namen – nämlich „Ptolemaios“ und „Kleopatra“ – aus.

Die meisten Wörter wurden durch Kombination von Begriffs- und/oder Ein-, Zwei- oder Dreikonsonantenzeichen geschrieben, wobei man die Vokale der gesprochenen Sprache nicht aufzeichnete, die Wörter also auf ihr Konsonantengerippe reduzierte. Dieses Verfahren bringt bei der Anwendung des Rebusprinzips Vorteile, denn die Zahl der ähnlich lautenden Wörter – der Homonyme – erhöht sich dabei naturgemäß um ein Vielfaches. Man kann also in sehr ökonomischer Weise ein und dasselbe Zeichen für Wörter verwenden, die bei einer Fixierung auch der Vokale unterschiedlich geschrieben werden müssten: Im Deutschen ließe sich auf diese Weise zum Beispiel die Konsonantenfolge ›hs‹ zur Schreibung so unterschiedlicher Wörter wie ‚Haus‘, ‚Hose‘, ‚Hase‘, ‚heiß‘ oder ‚Hass‘ benutzen. Was dem Schreiber die Arbeit erleichtert, kann für den Leser aber umgekehrt zu einer Erschwernis führen, denn bei einer solchen Schreibweise lässt sich oftmals nicht ohne weiteres erkennen, welches der in Frage kommenden konsonantischen Homonyme im konkreten Fall das richtige, welche Lesung also gemeint ist.

Um hier Klarheit zu schaffen, wurde es in der Hieroglyphenschrift bald üblich, vielen der auf diese Weise geschriebenen Wörter ein Ideogramm (Begriffszeichen) als stumme, nicht mitzusprechende Lesehilfe beizugeben. Dieses „Determinativ“ oder Deutzeichen ordnete die Zeichengruppe einem bestimmten Begriffsbereich (zum Beispiel Tiere, Länder, Tätigkeiten usw.) zu und half auf diese Weise, das im jeweiligen Kontext gemeinte Wort zu identifizieren. Da diese Determinative in der Regel am Wortende standen, fungierten sie gleichzeitig als eine Art von Trennungszeichen in der ansonsten ohne Wortabstände und Interpunktion geschriebenen Schrift.

Für die altägyptischen Schreiber, die ihre Sprache von Kindesbeinen an beherrschten, dürfte es dank dieser Lesehilfen kein Problem gewesen sein, die Wörter rasch und sicher zu erkennen und die fehlenden Vokale im Geist in das Konsonantengerippe einzufügen. Ihnen dürfte die Vokallosigkeit der Schrift also ebenso wenig Schwierigkeiten bereitet haben wie einem moder-

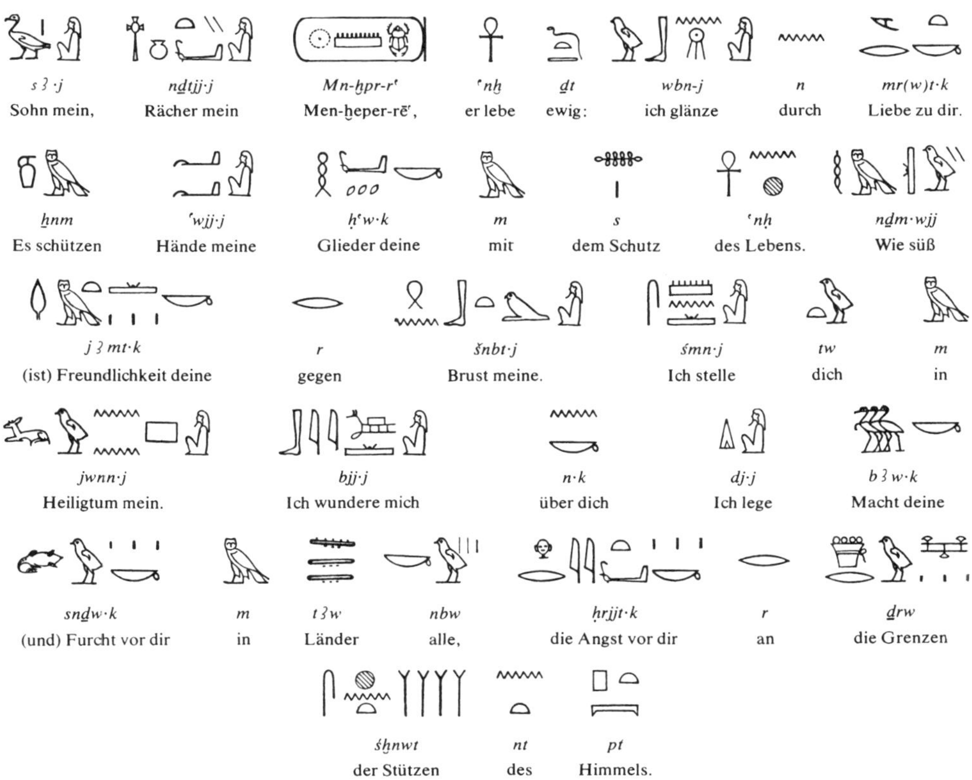

^
Beispiel für die Lesung eines hieroglyphischen Textes; unter den Hieroglyphenzeichen jeweils die lautliche Umschrift und die Übersetzung.

nen Araber die Lektüre eines ebenfalls ohne Vokale geschriebenen und „unpunktierten“ Textes in seiner Landessprache (vgl. S. 215) oder uns selbst das Verständnis einer vorwiegend konsonantisch abgekürzten Zeitungsannonce („Whg. m. Ztrlhzg. u. Grg. in Stgt. bldmglchst z. verm.“).

Die moderne Ägyptologie hingegen weiß aufgrund der vokallosen Schreibweise bis heute zumeist nicht genau, wie die einzelnen Wörter im alten Ägypten ausgesprochen wurden. Sie hat sich durch indirekt erschlossene oder rein konventionelle Vokaleinfügungen beholfen und so eine Art von „künstlichem Altägyptisch“ geschaffen, das mit der seinerzeit wirklich am Nil gesprochenen Sprache vermutlich nicht viel Ähnlichkeit hat. So könnte die uns unter dem Namen „Nofretete“ bekannte Königin tatsächlich eher *Nafteta* geheißen haben, und das ist keineswegs ein extremes Beispiel.

MONUMENTALER UND ALLTÄGLICHER SCHRIFTGEBRAUCH

Die nach diesen Prinzipien aufgebaute Hieroglyphenschrift hatte neben ihrer Funktion als Informationsträger stets auch einen hohen dekorativen, künstlerischen und symbolischen Wert. Sie diente dementsprechend vorwiegend als „Monumentalschrift“ auf Denkmälern, in Tempeln und Gräbern – zur Anbringung von Texten an exponierten Stellen also, die repräsentativ wirken sollten und „der Ewigkeit geweiht“ waren. Die Zeichen konnten dabei ebenso gut in Stein gemeißelt wie in Holz geschnitten oder mit dem Pinsel (oft in vielen Farben und zusammen mit prächtigen Bildern) auf die unterschiedlichsten Materialien gemalt sein. In jedem Fall war die hieroglyphische Schreibweise relativ aufwendig und zu unrationell für die Schreibung längerer und alltäglicher Texte.

Aus und neben den Hieroglyphen entwickelte sich daher von Anfang an eine leichter zu handhabende Gebrauchs- und Kursivschrift, das sog. Hieratische (griech.: „heilige“ oder „Priesterschrift“), das im wirtschaftlichen Bereich, in den Verwaltungsstellen des Staates und der Tempel sowie bei literarischen Texten, Briefen usw. Verwendung fand. Obwohl aus der Hieroglyphenschrift hervorgegangen und im Zeichenbestand und der Struktur prinzipiell mit ihr identisch, war die hieratische Schrift so weit stilisiert und vereinfacht, dass sie sich erheblich flüssiger und schneller schreiben ließ (Abb. S. 191) – man könnte als Vergleich etwa das Verhältnis zwischen der modernen Druck- und der Schreibschrift heranziehen. Geschrieben wurde sie zunächst in senkrechten, seit dem Beginn des 2. Jahrtausends v. Chr. dann in waagrechten Zeilen von rechts nach links – bei den Hieroglyphen wählte man die Schreibrichtung dagegen freier nach praktischen und ästhetischen Gesichtspunkten.

Als typisches Schreibgerät dienten eine Palette mit getrockneter schwarzer und roter Tinte aus Ruß bzw. Ocker und Gummi arabicum, die mit Wasser angelöst wurde, ein Napf mit der dazu benötigten Flüssigkeit und ein Binsenstengel, der an einem Ende zu einem Pinsel zerfasert war und ge-

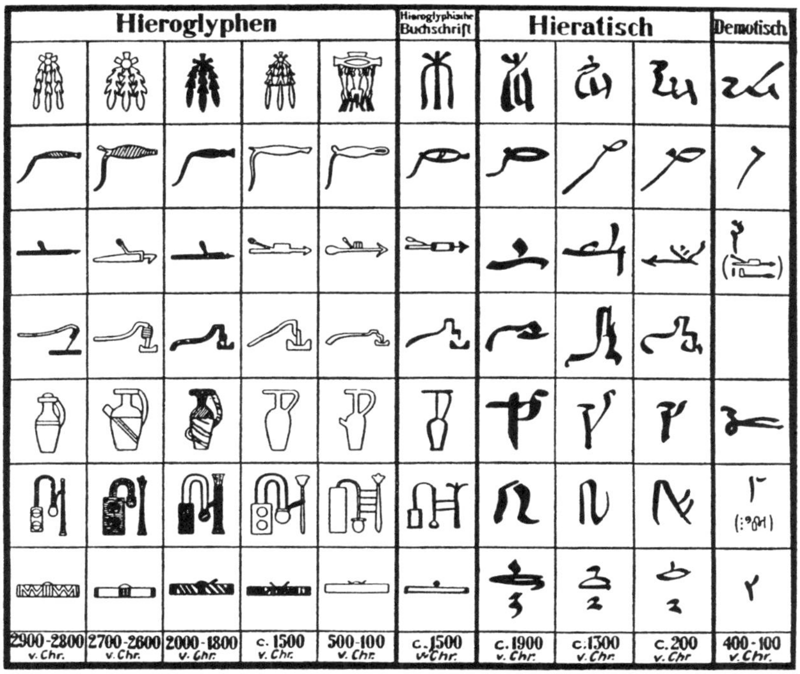

^
Entwicklung einiger Hieroglyphen und der aus ihnen abgeleiteten hieratischen und demotischen Zeichen im Verlauf dreier Jahrtausende (2900 bis 100 v. Chr.).

wöhnlich in einem Holzbehälter aufbewahrt wurde. Den häufigsten Beschreibstoff bildete der schon erwähnte Papyrus, von dem sich auch unser Wort „Papier“ ableitet. Er wurde hergestellt, indem man das Mark der damals besonders im Nildelta massenhaft vorkommenden Papyrusstaude in Streifen schnitt, diese in zwei Lagen kreuzweise übereinander legte und so lange klopfte bzw. presste, bis sie sich fest miteinander verbunden hatten. Die auf diese Weise gefertigten Blätter wurden dann getrocknet, poliert und zu einer langen, gerollten Bahn zusammengeklebt – der auf den ägyptischen Schreiberdarstellungen wiedergegebenen typischen Papyrusrolle.

Die altägyptische Schrift vermochte sich länger als die mesopotamische zu behaupten und allen Einflüssen der in den Nachbarregionen entstandenen Buchstabenschriften zu trotzen. Im 7. Jahrhundert v. Chr. bildete sich mit dem sog. „Demotischen“ (griech. „Volksschrift“) sogar noch einmal eine neue, noch etwas handlichere Kursive heraus, die das Hieratische als Gebrauchsschrift bei den Alltags- und Verwaltungstexten – nicht hingegen im religiösen Bereich – verdrängte. Selbst als Ägypten nach 525 v. Chr. nacheinander unter persische, griechische und römische Herrschaft geriet, hielt sich neben der aramäischen bzw. griechischen Verwaltungssprache und -schrift unter den Einheimischen auch weiterhin das Demotische, und die

^
Darstellung der Papyrusernte auf einem altägyptischen Relief aus der 5. Dynastie. Die Arbeiter ziehen die Pflanzenstengel aus dem schlammigen Boden und transportieren sie in Bündeln zu den Trockenplätzen.

Hieroglyphenschrift lebte zumindest in den Tempeln fort, wo sie sich freilich immer mehr zu einer lebensfernen, künstlich verkomplizierten und ungezügelt wuchernden Geheimschrift der Priester entwickelte. Erst als sich nach der Zeitwende das Christentum in Ägypten ausbreitete und mit der altehrwürdigen heidnischen Religion auch die Reste der unter den Pharaonen erblühten Kultur vernichtete, hatte die Stunde der „Heiligen Zeichen" geschlagen: Seit dem 3. Jahrhundert n. Chr. wurden sie vom sog. koptischen Alphabet abgelöst, das aus 24 griechischen Buchstaben und sieben Zusatzzeichen aus dem Demotischen bestand. Damit hatte die Buchstabenschrift auch in dem Land am Nil die Oberhand gewonnen – der letzte bekannte hieroglyphische Text datiert aus dem Jahre 394 n. Chr., der letzte demotische aus dem Jahr 452.

Die Entwicklung der Schrift in Asien

Neben der mesopotamischen und der altägyptischen Hochkultur zählen zwei frühe asiatische Zivilisationen – nämlich diejenige des Indus-Gebiets und die chinesische – zu den ältesten Schriftkulturen der Menschheitsgeschichte.
Die sogenannte Indus-Kultur, auch „Harappa-Kultur" genannt, die sich von etwa 2600 bis 1700 v. Chr. über ein riesiges Gebiet des heutigen Pakistan und Nordwestindien mit dem Flusstal des Indus als Zentrum erstreckte, ist bis heute in mancherlei Hinsicht rätselhaft geblieben. Unter ihren rund 1000 bekannten Fundplätzen sind die Städte Mohenjo-Daro und Harappa am besten untersucht. Sie können sich in Größe und urbaner Ausstattung ohne weiteres mit den Zentren des alten Mesopotamien und Ägypten mes-

sen und zeugen mit ihrem regelmäßig angelegten Straßennetz, ihren großzügigen Ziegelbauten und einem für damalige Zeiten einzigartigen Kanalisationssystem von einer hoch entwickelten städtischen Kultur. Gleichzeitig fehlen aber bislang alle eindeutigen Hinweise auf die Existenz großer Tempel oder Herrscherpaläste wie in den anderen frühen Hochkulturen und damit auf gesellschaftliche Institutionen, die eine solche organisatorische Leistung hätten vollbringen können. Bis heute wissen wir außerdem nicht mit Sicherheit, wer die Träger dieser Zivilisation waren und warum sie nach knapp einem Jahrtausend der Blüte noch vor 1600 v. Chr. wieder unterging.

Ebenso rätselhaft wie die Kultur selbst blieb bis heute auch ihre Schrift, die sog. Indus-Schrift, deren älteste Vorformen bis ins 4. Jahrtausend v. Chr. zurückzureichen scheinen. Sie ist in einer Anzahl von Keramik-Graffiti, vor allem aber auf über 3000 zumeist steinernen Siegeln überliefert, in die neben Darstellungen von Tieren auch kurze Inschriften aus in der Regel vier bis fünf (im Höchstfall 20) teils bildhaft, teils linear wirkenden Zeichen eingeschnitten wurden (Abb. unten). Sollten in dieser Schrift auch längere Texte geschrieben worden sein, was als wahrscheinlich gilt, so geschah dies vermutlich auf vergänglichen Materialien.

Bei den Siegelinschriften dürfte es sich zumeist um die Namen, Titel und eventuell weitere Attribute der Besitzer handeln, was zusammen mit der Kürze der Zeichenfolgen und der Unsicherheit über die dahinter stehende Sprache ein schwer wiegendes Hindernis für die Entzifferung darstellt. An viel versprechenden bis abwegigen Versuchen dazu hat es nicht gefehlt, doch war bislang keiner von ihnen überzeugend genug, um in der Fachwelt einhellige Anerkennung zu finden. Die Indus-Schrift zählt daher bis heute zu den unentzifferten Schriftsystemen. Mit hoher Wahrscheinlichkeit lässt sich aufgrund ihrer rund 400 unterschiedlichen Zeichen nur sagen, dass es sich weder um eine reine Wort- noch um eine reine Silbenschrift gehandelt haben dürfte, sondern vermutlich um ein gemischtes logographisch-lautliches System, wie wir es ja auch aus dem alten

^ Siegel der Induskultur mit Tierdarstellungen und Schriftzeichen (oben).

Mesopotamien und Ägypten kennen. Geschrieben wurde sie vermutlich von rechts nach links oder von Zeile zu Zeile wechselläufig.

Eine historisch ungleich bedeutsamere Rolle spielte die seit dem 2. Jahrtausend v. Chr. belegte Schrift der chinesischen Hochkultur, die sich im Rahmen dieser großen Weltzivilisation über 3500 Jahre hinweg kontinuierlich und ohne wesentliche Brüche bis in die Gegenwart fortentwickelte und damit die älteste (und gleichzeitig altertümlichste) heute noch existierende Schrift ist.

Ihre frühesten eindeutigen Zeugnisse stammen aus der Shang-Dynastie im 16. bis 11. Jahrhundert v. Chr. – der chinesischen Überlieferung zufolge die zweite Dynastie nach dem legendären Xia-Königreich, dessen Beginn ins frühe 2. Jahrtausend gesetzt wird. Auch in China scheint demnach ein Zusammenhang zwischen Staatsbildung und Entstehung der Schrift bestanden zu haben, der sich jedoch bislang nicht so exakt nachweisen lässt wie in Mesopotamien oder in Ägypten. Inwieweit ältere Symbole auf Tongefäßen und Schildkrötenpanzern aus der chinesischen Jungsteinzeit, die bis ins 5. bzw. 7. Jahrtausend v. Chr. zurückreichen, bei ihrer Herausbildung eine Rolle gespielt haben, lässt sich bislang noch nicht zuverlässig sagen. Chinesische Forscher gehen von einer bis ins Neolithikum zurückreichenden Entstehungsgeschichte aus, die meisten westlichen Fachleute sind hingegen skeptisch, weil die betreffenden Symbole allem Anschein nach eher in den Bereich der Ideenschrift als in den der sprachlich gebundenen Schrift gehören (vgl. S. 126).

Die ältesten Shang-zeitlichen Schriftzeichen fanden sich auf Tierknochen und Schildkrötenpanzern, die bei Ausgrabungen nahe der Shang-Hauptstadt Anyang in der heutigen Provinz Henan (etwa 500 km südlich von Peking) zutage kamen (Abb. S. 195). Mit den Schriftzeichen gravierte man an die Ahnengeister gerichtete Orakelfragen auf den Knochen ein, die die Priester bzw. Wahrsager anschließend so lange im Feuer erhitzten, bis im Bereich zuvor auf ihnen angebrachter Kerben und Vertiefungen charakteristische Risse entstanden, aus denen man die Antworten der Ahnen herauslas. Die beinernen Schriftzeugnisse werden nach dieser Verwendungsart auch als Orakelknochen bezeichnet.

Zum Teil ebenfalls aus der Shang-Dynastie, vor allem aber aus der nachfolgenden Zhou-Zeit (11. bis 3. Jahrhundert v. Chr.) stammen bronzene Kult- und Opfergefäße mit gegossenen Inschriften, bei denen es sich um die zweitältesten Schriftzeugnisse handelt. Legt man dieses Material zugrunde, so könnten die Ursprünge der chinesischen Schrift im religiös-sakralen Bereich gelegen haben, bevor im l. Jahrtausend v. Chr. die reiche altchinesische Literatur mit ihren historischen, philosophischen und gesellschaftstheoretischen Werken, ihren Weisheitsbüchern und ihrer Dichtung entstand.

Die früheste, Shang-zeitliche Schrift besaß etwa 3000 Zeichen, von denen sich einige hundert bis in die moderne chinesische Schrift erhalten haben, wenngleich sie aufgrund eines Jahrtausende andauernden Abstraktions- und Stilisierungsprozesses oft kaum mehr eine Ähnlichkeit mit ihren noch ziemlich bildhaften Vorläufern aus dem 2. Jahrtausend v. Chr. zeigen. Auch in ihrer Struktur wies die früheste Schrift bereits alle grundlegenden Elemente der heutigen auf, so dass tatsächlich von einer Kontinuität über 3500 Jahre hinweg gesprochen werden kann. Dies ist um so bemerkenswerter, als es sich bei der chinesischen Schrift um eine reine Wort- bzw. Begriffsschrift handelt, die bis heute erfolgreich allen Einflüssen des in der übrigen Welt dominierenden alphabetischen Schriftprinzips getrotzt hat.

Die Chinesen ordnen ihre Schriftzeichen von alters her sechs verschiedenen Kategorien zu, von denen die ersten fünf (einfache Bildzeichen, abstrakte Ideogramme, Zeichenkombinationen, Bedeutungsübertragungen und Rebus-Schreibungen) dem entsprechen, was wir schon aus Mesopotamien und dem alten Ägypten kennen (vgl. S. 165–168 und 187–190). In den Anfängen der chinesischen Schrift gehörten die meisten Zeichen diesen fünf Kategorien an – in der modernen Schrift sind es hingegen nur noch etwa zehn Prozent.

90 Prozent der heutigen Zeichen zählen zur sechsten Kategorie, die in den Shang-Texten nur in einem geringen Maße auftrat und die eine Besonderheit der chinesischen Schrift darstellt.

Es handelt sich um die sog. *Xingsheng*-(„Gestalt und Laut"-)Zeichen, deren jedes sich aus zwei ursprünglich unabhängigen Schriftzeichen zusammensetzt, von denen eines – das Phonetikum oder Lautzeichen – die Lautung des betreffenden Wortes in Rebus-Schreibweise angibt, während das andere – das Determinativum oder Radikal bzw. Klassenzeichen – sinntragend ist und die semantische Familie anzeigt, der das Wort angehört (Abb. S. 196). Es wird dadurch einem bestimmten Bedeutungskreis zugeordnet und von anderen Wörtern mit ähnlicher Lautung abgegrenzt. So bildet etwa das Lautzeichen *fang* (‚Viereck') in Kombination mit dem Klassenzeichen ‚Erde' das Wortzeichen *fang* = ‚Bezirk', in Kombination mit dem Klassenzeichen ‚Holz' das Wortzeichen *fang* = ‚Brett' und in Kombination mit dem Radikal ‚Seide' das Wortzeichen

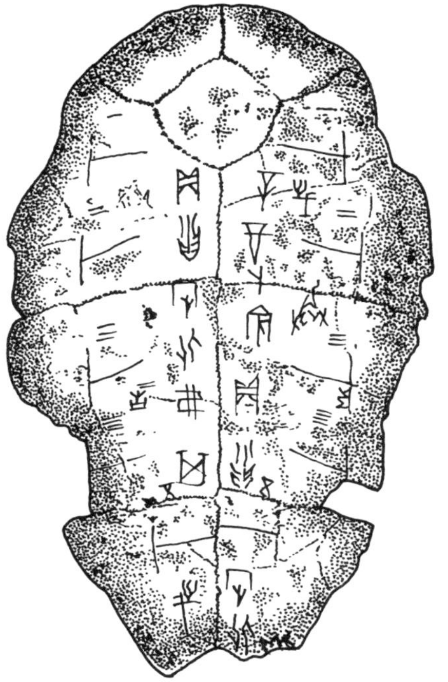

^
Auf einem Schildkrötenpanzer eingeritzte altchinesische Schriftzeichen aus der Shang-Zeit, 2. Jahrtausend v. Chr.

fang = ‚spinnen'. (Abb. S. 196). Wir haben hier im Grunde eine ähnliche Unterscheidung von homonymen Wörtern mittels semantischer Determinative vor uns wie in der mesopotamischen und der altägyptischen Schrift (vgl. S. 168 und 189); anders als dort wurden die beiden Komponenten in China aber nicht nur im Zusammenhang von Sätzen in Bezug zueinander gestellt, sondern innerhalb der einzelnen Schriftzeichen untrennbar miteinander verbunden.

In dieser Verfahrensweise liegt der riesige Zeichenbestand der chinesischen Schrift begründet, der schon um die Zeitwende rund 10 000 Logogramme umfasste. Die größten modernen Wörterbücher enthalten sogar bis zu 50 000 verschiedene Schriftzeichen, die nach der Anzahl ihrer Striche sowie den heute verwendeten 214 unterschiedlichen Radikalen (Determinativzeichen) geordnet sind. Kein Chinese beherrscht allerdings diesen gewaltigen Zeichenbestand auch nur annähernd; für den Alltagsgebrauch – beispielsweise die Zeitungslektüre – genügt die Kenntnis von etwa 2000 bis 3000 Zeichen, die den Kindern in fünf oder sechs Jahren Schulunterricht beigebracht werden. Ein auch nur elementares Erlernen der chinesischen Schrift ist dennoch in jedem Fall erheblich schwieriger und zeitaufwendiger als das Erlernen einer alphabetischen Schrift, obgleich man viele Zeichen im Zuge der Reformbemühungen seit der Gründung der Volksrepublik China vereinfacht hat und das Schriftsystem insgesamt vereinheitlicht und rationeller gestaltet wurde.

Man fragt sich zwangsläufig, aus welchen Gründen ein derart kompliziertes, altertümliches Schriftsystem bis heute im volkreichsten Land der Erde bestehen blieb und allen Alphabetisierungsversuchen erfolgreich widerstanden hat. War es das Gewicht der Tradition in dem sich lange gegen äußere Einflüsse abschirmenden Riesenreich oder der Umstand, dass die Schrift dort jahrtausendelang in den Händen einer kleinen und elitären, gebildeten Oberschicht lag? Diese Faktoren spielten sicherlich eine große Rolle, doch gibt es darüber hinaus auch noch einige praktische Gründe, die der Übernahme einer reinen Lautschrift bislang im Wege standen. Einer davon ist die Tatsache, dass das Chinesische eine mono-syllabische, also vorwiegend aus einsilbigen Grundwörtern bestehende Sprache ist, bei der daher sehr viele Wörter homonym, das heißt gleichlautend sind. Sie werden im gesprochenen Chinesisch durch Tonhöhendifferenzen und den Kontext voneinander unterschieden, während ihre rein alphabetische Schreibung die stete Gefahr von Verwechslungen und Deutungsproblemen mit sich bringen würde. Die logographische Schrift, in der ja jedes dieser Wörter sein eigenes, unverwechselbares Zeichen besitzt (Abb. oben), ist dieser Sprachstruktur also zunächst einmal besser angepasst.

Ein zweiter Grund besteht darin, dass die chinesische Sprache – unter anderem aufgrund der Größe des Staatsgebiets – in mehrere Idiome und zahlreiche regionale Einzeldialekte zerfällt, die sich teilweise so stark voneinander unterscheiden, dass eine mündliche Verständigung ihrer Sprecher kaum oder nur schwer möglich ist. Die Schriftzeichen sind dagegen in allen Landesteilen einheitlich und bilden somit ein verbindendes schriftsprachliches Band. Dies gilt über China hinaus sogar für Japan, Korea und Vietnam, wo das Chinesische jahrhundertelang die Schriftsprache der Gebildeten und Literaten war und wo die landeseigenen Schriftsysteme zum Teil noch heute viele chinesische Zeichen enthalten.

Ein letzter Grund für das erfolgreiche Überleben der chinesischen Schrift mag schließlich gerade in ihrer archaischen Struktur selbst liegen, ihrem Wurzeln in

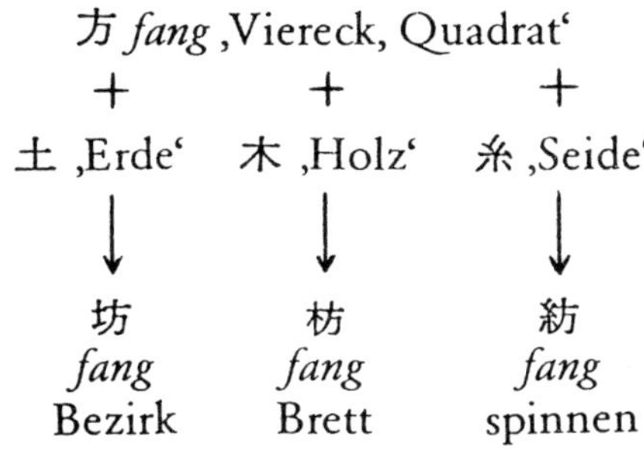

Beispiel für die Bildung zusammengesetzter chinesischer Schriftzeichen (unten) aus einem phonetischen (oben) und einem sinntragenden Element (Mitte).

bildhaften Zeichen, die nach einer Formulierung André Leroi-Gourhans „den Gegenstand oder die Handlung mit einem Halo [Ring] versehen, der den verengten Sinn, den die Worte in den linearen Schriften angenommen haben, weit übersteigt." – „Transkribiert man *ngan* (der Friede) und *kià* (die Familie) in Buchstabenschrift", schrieb der Forscher weiter, „so reduzieren sich die so hervorgerufenen Vorstellungsinhalte auf ihr Skelett. Vergegenwärtigt man dagegen die Vorstellung des Friedens, indem man eine Frau unter ein Dach setzt, so eröffnet man damit eine im eigentlichen Sinne mythographische Perspektive" durch die „Verschränkung zweier Bilder, die mit der ganzen Tiefe ihres ethnischen Umfeldes ins Spiel kommen."[18]

Unter anderem dieser assoziative Charakter der chinesischen Schrift hat sie in der Kalligraphie, der traditionellen Schriftmalerei, mit der Kunst verschmelzen lassen. Und das ganze Für und Wider einer Umwälzung des chinesischen Schriftsystems kommt vielleicht am besten in der Person Mao Zedongs, des Gründers der Volksrepublik China, zum Ausdruck, der einerseits vehement die Schriftreform propagierte und andererseits die von ihm verfassten Gedichte nach den altehrwürdigen Traditionen der Schreibkunst kalligraphierte, um ihre Schönheit auch optisch wirken zu lassen.

SCHRIFT UND GESELLSCHAFTLICHE MACHT

DIE FRÜHE SCHREIBKUNST ALS HERRSCHAFTSMITTEL UND SOZIALES PRIVILEG

Bei der mesopotamischen und der altägyptischen Schrift handelte es sich wie gezeigt um ziemlich komplexe, schwierig zu erlernende Schriftsysteme. Um Keilschrift oder Hieroglyphen schreiben und lesen zu können, musste man jeweils mehrere hundert Zeichen mit ihren oft mehrdeutigen Wort- und Lautwerten sowie ihren unterschiedlichen Anwendungs- und Kombinationsmöglichkeiten kennen. Dies erforderte eine intensive mehrjährige Ausbildung und Übung, die der großen Masse der Bevölkerung, für die es keinerlei Schulunterricht gab, versagt blieb. Tatsächlich war die Beherrschung der Keilschrift und der altägyptischen Schrift daher während der gesamten drei Jahrtausende ihrer Verwendung das Privileg einer schmalen, spezialisierten Schicht von „Kopfarbeitern“, so dass die frühen Hochkulturen neben anderen Arbeitsteilungen und Spezialisierungen auch eine strikte Trennung von körperlicher und intellektueller Arbeit aufwiesen.

WIE VIELE SCHRIFTKUNDIGE GAB ES?

Den genauen Anteil der Schriftkundigen an der damaligen Gesamtbevölkerung zu ermitteln, ist quellenbedingt äußerst schwierig – selbst über die Alphabetisierungsrate im frühneuzeitlichen Europa sind wir zum Teil nur ziemlich unzureichend unterrichtet. Erschwerend kommt noch hinzu, dass es vielfache Übergänge zwischen völliger Schriftunkundigkeit und voller Schriftbeherrschung gibt: Ist jemand, der mit Mühe seinen eigenen Namen schreiben und vielleicht noch einige wenige Schriftzeichen bzw. Worte entziffern kann, jedoch nicht in der Lage ist, komplexere Texte zu lesen und zu schreiben, unter den literalen (schriftkundigen) oder den aliteralen Teil der Bevölkerung zu rechnen?

Trotz dieser Schwierigkeiten wurden einige Versuche unternommen, aus dem archäologischen Material Rückschlüsse auf die ungefähre Verbreitung der Schriftkenntnis im alten Ägypten und Mesopotamien zu ziehen. Diese Untersuchungen lassen insgesamt sehr niedrige Literalitätsraten vermuten. Für das ägyptische Alte Reich im 3. Jahrtausend v. Chr. veranschlagten die Ägyptologen John Baines und Christopher Eyre nach der Größe der pharaonischen Totenstädte bei Memphis nahe Kairo, in denen man auch die hohen Amts- und Würdenträger bestattete, die Zahl der Schriftkundigen auf etwa 5000 bis 10 000. Das würde bei einer geschätzten damaligen Gesamtbevölkerung Ägyptens von 1 bis 1,5 Millionen Menschen einer Literalitätsrate von 0,3 bis 1 Prozent entsprechen. Im Verlauf des 2. Jahrtausends v. Chr. (Mittleres und Neues Reich) dürfte dieser Prozentsatz etwas angestiegen sein, und an einzelnen Orten mag er beträchtlich höher gelegen haben – so etwa in der Siedlung Deir el-Medine bei Theben in Oberägypten. Dort lebten im 13. bis 11. Jahrhundert v. Chr. die Arbeiter und Handwerker, die die Grabanlagen im berühmten „Tal der Könige“ erbauten und ausstatteten, unter anderem mit beschrifteten Bilddarstellungen und religiösen Texten. Für diese Spezialistengemeinschaft schätzten Baines und Eyre den Anteil der Schriftkundigen auf etwa 5 bis 7 Prozent – doch das war eine seltene Ausnahme.

In Mesopotamien konnte man den Archiven von vier bedeutenden Städten aus der Periode um 2000 v. Chr. (sog. Ur-III-Zeit) die Namen von über 500 offiziell tätigen Schreibern entnehmen, die einem vergleichsweise kurzen Zeitraum von 30 Jahren zuzurechnen sind. Auf altbabylonischen Tontafeln aus der Stadt Sippar nördlich von Babylon hat die amerikanische Forscherin Rivkah Harris die Namen von 185 Schreibern gezählt, die sich hier auf einen Zeitraum von 300 Jahren (1894 bis 1595 v. Chr.) verteilen – 90 dieser Namen stammen dabei aus einer ungefähr 80 Jahre dauernden Zeitperiode. Nimmt man an, dass die tatsächliche Zahl der beamteten Schreiber um einiges höher lag als aus dem ja sicher nicht vollständigen Fundmaterial zu erschließen, und dass möglicherweise auch noch der eine oder andere normale Bürger schreiben konnte, so dürften in den größeren mesopotamischen Städten jeweils einige hundert gleichzeitig lebende Personen des Schreibens und Lesens kundig gewesen sein – das entspräche bei einer nach tausenden zählenden Gesamteinwohnerschaft (für Sippar schätzt man bis zu 10 000 Bewohner) einer Literalitätsrate von einigen Prozent. In kleineren Städten oder Dörfern wird der Anteil sicher erheblich niedriger gelegen haben – andererseits gibt es Hinweise darauf, dass assyrische Kaufleute, die in der ersten Hälfte des 2. Jahrtausends v. Chr. in Anatolien ansässig waren, ihre Keilschriftbriefe in die Heimat größtenteils selbst verfassten, das heißt wohl zumindest teilweise schreiben konnten.

Doch ob sich die Literalitätsrate nun im Bereich von Prozentbruchteilen bewegte oder mehrere Prozente betrug – die geschätzten Zahlen verdeutlichen in jedem Fall, dass der Begriff „Schriftkultur“ im Hinblick auf Altägypten und Mesopotamien (wie auch auf die meisten anderen schriftbesitzenden Kulturen bis in die Neuzeit hinein) mit Bedacht zu verwenden ist und keineswegs mit einer breiten Verankerung der Schriftkenntnis in der Bevölkerung gleichgesetzt werden darf. Die meisten Menschen bedienten sich zur Verständigung sowie zur Bewahrung und Überlieferung von Informationen weiterhin ausschließlich der mündlichen Mitteilung, des Gedächtnisses oder nichtschriftlicher Hilfsmittel. Die Nutzung des Mediums Schrift blieb jener kleinen Minderheit vorbehalten, die sie für ihre berufliche Tätigkeit im

Rahmen der weit verzweigten Bürokratie oder anderer Bereiche des gesellschaftlichen Überbaus benötigte und die man verallgemeinernd als die Schicht der „Schreiber“ bezeichnet.

UNBEDINGTER GEHORSAM UND RESPEKT

Zugang zur Schreiberausbildung hatten in der ägyptischen und mesopotamischen Frühzeit wahrscheinlich vorwiegend die Söhne der höheren Verwaltungsbeamten und der Aristokratie. Mit dem wachsenden Bedarf an Beamten und Priestern im Zuge der Vergrößerung der Bürokratie, des Staatsapparates und der Priesterschaft dürfte sich ein Teil der Schreiber, wie überlieferte Herkunftsangaben vermuten lassen, dann aber auch aus den Schichten der mittleren und niederen Beamten, der Kaufleute und Händler rekrutiert haben. Für die Bauern wie für die Mehrzahl der Handwerker und Arbeiter war die Finanzierung der Schreiberausbildung, die ihren Kindern prinzipiell gleichfalls offen stand, im allgemeinen sicher zu kostspielig – die Söhne mussten hier wahrscheinlich schon frühzeitig zum Unterhalt der Familie beitragen. Dass es freilich auch vereinzelte Ausnahmen gab, zeigt das Beispiel einiger Würdenträger des ägyptischen Neuen Reiches (zweite Hälfte des 2. Jahrtausends v. Chr.), die in ihren Biographien stolz auf ihr Emporkommen aus einfachen Verhältnissen hinwiesen.

Auch Mädchen und Frauen waren von der Schreiberausbildung nicht grundsätzlich ausgeschlossen, und es gab in Mesopotamien wie in Ägypten urkundlich belegt eine kleine Anzahl von Schreiberinnen. Sie waren freilich seltene Ausnahmen und offenbar auch nicht besonders hoch angesehen, trägt doch eine Orakelfrage des assyrischen Königs Assurbanipal (7. Jahrhundert v. Chr.) die an den Gott gerichtete Beischrift: „Sieh darüber hinweg, dass dies eine Frau geschrieben und vor dich gebracht hat.“[1] Obwohl in Mesopotamien wie in Ägypten zwei Göttinnen, nämlich *Nisaba* und *Seschat*, als Schreibergottheiten fungierten, war der Beruf also eine Domäne der Männer. Er wurde – wenngleich rechtlich offenbar allen zugänglich – ganz überwiegend von Abkömmlingen der Ober- und Mittelschichten ausgeübt.

Diese Elite zog man in einer langen und harten Ausbildung für ihre zukünftigen Aufgaben heran. Die Jugendlichen lernten – wie in anderen Berufen – zu Beginn wohl oftmals beim eigenen Vater oder bei einem erfahrenen Meister, bald aber auch in wohlorganisierten Tempel-, Palast- oder Privatschulen, deren Ausbildungspläne und -niveaus vermutlich sehr unterschiedlich waren und vom Elementarunterricht bis zur höheren „akademischen“ Ausbildung reichten. Die Schulzeit dauerte in Mesopotamien nach Aussage eines Textes vom „Kindsein an bis zur Mannbarkeit“,[2] also vielleicht zehn Jahre. In Ägypten folgte auf einen vierjährigen elementaren Unterricht in der Schreibschule eine bis zu zehn Jahre oder länger dauernde, höhere und spezialisierte Ausbildung am zukünftigen Arbeitsplatz. Die Tempel und Verwaltungsstellen sorgten auf diese Weise selbst für die bedarfsorientierte Unterrichtung ihres Nachwuchses.

^
Sitzstatue des ägyptischen Schreibers Dersenedj, um 2370 v. Chr., roter Granit, vermutlich aus Giza.

Als Zeugnisse dieser Ausbildung im „Tafelhaus", der *edubba*, wie die Schule in Babylonien hieß, und in den altägyptischen Schulen und Kanzleien sind bei Ausgrabungen tausende von Unterrichtstexten und Schreibübungen auf Tontafeln bzw. auf Kalksteinsplittern, Keramikscherben oder Papyrus zum Vorschein gekommen. Sie gewähren zusammen mit einigen literarischen Schilderungen einen gewissen Einblick in die Unterrichtsthemen und -methoden. Der eigentliche Lese-, Schreib- und Sprachunterricht, der im Mesopotamien des 2. und 1. Jahrtausends v. Chr. neben dem Akkadischen auch weiterhin das gar nicht mehr gesprochene Sumerisch umfasste, scheint danach ausgesprochen trocken und eintönig gewesen zu sein. Er bestand offenbar zu großen Teilen aus dem schier endlosen Abschreiben und Auswendiglernen von Wort- und Begriffslisten, wie wir sie im Zusammenhang mit der frühen Uruk-Schrift bereits kennen gelernt haben (vgl. S. 154 f.), aus Diktaten sowie dem Kopieren und Rezitieren immer komplizierter werdender literarischer und belehrender Texte, die für die Schüler wegen ihrer Altertümlichkeit zum Teil kaum mehr verständlich waren. Kreativität und schöpferische Entfaltung hatten offenkundig keinen hohen Stellenwert.

Viel anders dürfte es auch in den ägyptischen Schulen nicht gewesen sein. Dort wurden die Schüler nach den Worten der Ägyptologin Adelheid Schlott allerdings „in einer Art ‚Ganzheitsmethode'" unterrichtet, das heißt, sie lernten „nicht erst einzelne Zeichen, die sie dann zu Wörtern und schließlich Sätzen zusammenfügten, sondern von vornherein ganze Wörter, wahrscheinlich Sätze, deren Gesamtbild sie sich einprägten. Dabei ging man von der hieratischen Schrift [vgl. S. 190 f.] aus, während Hieroglyphen erst später durchgenommen wurden."[3]

Neben dieser Basisausbildung, die ihnen gleichzeitig gewisse Grundkenntnisse der Literatur, der Grammatik und der Formulierungskunst vermittelte, spielten auch andere Disziplinen im Unterricht eine Rolle: Rechnen und Geometrie etwa, die die zukünftigen Beamten für Berechnungen über den Bedarf oder die Verteilung von Gütern, zur Vermessung von Feldflächen und dergleichen benötigten. Vermittelt wurden ferner gewisse Grundlagen der Rechtspflege und anderer Bereiche, mit denen die Schreiber im Berufsleben häufig konfrontiert wurden. Ein großer Teil dieser spezielleren Kenntnisse wurde in Ägypten freilich nicht in der Schule, sondern in der Einzelausbildung unter der Obhut eines fähigen Beamten vermittelt, was die Berufsbezogenheit dieses Wissens unterstreicht.

RIGIDE ERZIEHUNGSMETHODEN

Die im Unterricht angewandten Erziehungsmethoden waren nach heutigen Maßstäben alles andere als fortschrittlich. Um trotz der trockenen, anstrengenden und langweiligen Paukerei die „Zucht und Ordnung“ unter den minderjährigen Schülern aufrechtzuerhalten, wurde reichlich vom Rohrstock Gebrauch gemacht, wie das ja bis vor nicht allzu langer Zeit auch in unseren Grundschulen üblich war. In Ägypten lautete die pädagogische Grundweis-

^
Vier ägyptische Schreiber mit Palette, Binse und Papyrusrolle verneigen sich vor ihrem Vorgesetzten oder einem hohen Gast. Kalksteinfragment aus der 18. Dynastie, Mitte des 2. Jahrtausends v. Chr.

heit: „Der Jüngling hat einen Rücken; er hört, wenn man ihn schlägt."[4] An diese Maxime hielt man sich auch in den mesopotamischen Schulen. In einer beliebten und immer wieder kopierten humoristischen Erzählung aus dem Babylonien des frühen 2. Jahrtausends v. Chr. schildert ein Schüler einen typischen Tag seiner Ausbildung, der bereits übel begann: „Im Tafelhaus sagte der ‚Mann vom Dienst' zu mir: ‚Warum bist du [zu] spät gekommen?' Ich bekam Angst, mein Herz klopfte. Ich trat vor meinen Meister, verbeugte mich vor ihm. Mein ‚Vater des Tafelhauses' [der Lehrer] las meine Tafel, wurde darüber [Textteil fehlt]…, schlug mich".[5] Im weiteren Verlauf dieses Schultags bekommt der Knabe insgesamt acht mal aus unterschiedlichem Anlass von verschiedenen Mitgliedern des Kollegiums Schläge, unter anderem nochmals vom Lehrer wegen seiner schlechten Handschrift. Die Lage bessert sich erst, als die Eltern den „Vater des Tafelhauses" zum Essen einladen und mit Geschenken überhäufen, woraufhin der gestrenge Pädagoge seinen Schüler plötzlich mit den Worten preist: „Unter deinen Brüdern mögest du der Führer, unter deinen Gefährten das Oberhaupt sein, unter allen Schuljungen mögest du die höchste Stellung innehaben."[6]

Dieser Wunsch weist auf ein weiteres wichtiges Erziehungsziel der altorientalischen Schule hin, nämlich der künftigen staatstragenden Elite ein streng hierarchisch orientiertes Statusdenken anzudressieren, sie zu Ehrgeiz und Machtstreben gegenüber Gleichgestellten und Untergebenen, dagegen zu unbedingtem Gehorsam und Respekt vor den Autoritäten zu erziehen. „Komm, mein ‚Sohn', nimm Platz zu meinen Füßen", sagt in einem mesopotamischen Text ein Lehrer zu seinem Prüfling – der Sitz des Meisters lag, wie archäologische Befunde bestätigen, höher als die Plätze der Zöglinge.[7] Und an anderer Stelle wird einem Schüler empfohlen: „Sei bescheiden, bezeig' Ehrfurcht vor deinem ‚Aufseher'! Wenn du ihm ständig Ehrfurcht bezeigst, wird dich dein ‚Aufseher' lieben."[8] In den altägyptischen Texten kommt diese Erziehung zur Unterwürfigkeit und zum absoluten Gehorsam noch deutlicher zum Ausdruck. „Sieh dir einen Schreiber an, der hört [auf die Worte der Großen]. Einer, der hört, wird ein Tüchtiger. Hüte dich vor Worten, die dagegen sind", heißt es dort etwa in einem Lehrtext,[9] und in einem anderen wird kurz und prägnant die bürokratische Grundtugend formuliert: „Krümme deinen Rücken vor deinem Oberhaupte, deinem Vorgesetzten (…). Es ist übel, wenn man dem Vorgesetzten widerstrebt. Man lebt solange, als er milde ist."[10]

WISSEN BRINGT MACHT

Hatten die Schüler ihre mehrjährige Ausbildung erfolgreich absolviert, winkte ihnen aber auch eine privilegierte berufliche und soziale Stellung, denn aus den Reihen der Schriftkundigen rekrutierten sich die Staatsbeamten und Tempelangestellten bis in die höchsten Ränge hinein. Aus Mesopotamien gibt es, so Hans J. Nissen, „genügend Belege für Schreiber, die hohe Beamte wurden: Rechnungsführer, Präfekt, Katasterleiter, Aufseher über Arbeiter, Generalverwalter, ja selbst Stadtfürsten. Letztlich scheint eine Schreiberausbildung für die Ausübung übergeordneter Funktionen nahezu durchweg erforderlich gewesen zu sein."[11] Dies galt nach Adelheid Schlotts Worten auch für Ägypten: „Nur wer die Schrift beherrschte, konnte die Verwaltungslaufbahn einschlagen" und dadurch „Mitglied der gesellschaftlichen Elite" werden.[12]

Schreibkundige konnten sich freilich auch selbständig machen und ihre Fähigkeiten einem reichen Privatmann oder der schriftunkundigen Bevölkerung gegen entsprechende Bezahlung zur Verfügung stellen, beispielsweise bei der Abfassung von Briefen und anderen Schriftstücken. Der Beruf des Schreibers war so angesehen, dass in Mesopotamien selbst Könige es nicht als unter ihrer Würde erachteten, neben ihren Herrschertiteln den Titel *dubsar* (‚Tafelschreiber') zu tragen, und dass in Ägypten auch Prinzen und höchste Beamte sich gern im charakteristischen Schreibersitz darstellen ließen (Abb. S. 201).

Dem „akademischen Nachwuchs" wurde, um seine Strebsamkeit zu fördern und ihm den sauren Schulalltag etwas zu versüßen, dieser zukünftige soziale Aufstieg in den leuchtendsten Farben ausgemalt – besonders in Ägypten, von wo wir eine ganze Reihe sog. Weisheitslehren dieses Inhalts kennen. Sie spielten im Unterricht eine zentrale Rolle und mussten von den Schülern immer wieder abgeschrieben werden.

Das älteste überlieferte und sozusagen klassische Beispiel ist die im Mittleren Reich entstandene „Lehre des Cheti" für seinen Sohn Pepi, an deren Anfang es heißt: „Er fuhr südwärts zur Residenz, um ihn in die Schreiberschule zu tun, unter die Kinder der Großen, als einen, der an der Spitze der Residenz steht." Dabei predigt der Vater dem Sohn: „Du sollst dich um die Schriften kümmern", denn „es gibt nichts, das über die Bücher ginge (...) – ich führe dir ihre Schönheit vor Augen, sie ist größer als die aller anderen Berufe, und es gibt nichts mehr in diesem ganzen Lande, was ihnen gliche." Nacheinander lässt der Vater dann die verschiedenen Berufe und Handwerke Revue passieren und schildert seinem Sprössling beredt ihre Mühsal und ihr Elend: „Ich habe den Erzarbeiter über seiner Arbeit beobachtet, an der Öffnung seines Schmelzofens. Seine Finger sind krokodilartig, er stinkt mehr als Fischlaich. Jeder Holzarbeiter führt den Meißel; er ist müder als ein Ackersmann; sein Feld ist das Holz, seine Hacke der Erzstichel. In der Nacht dann ist er zerschlagen, da er viel geleistet hat bei der Arbeit. Aber in der Nacht noch ist dort Licht." Nachdem der Vater die anderen körperlichen Tätigkeiten auf die gleiche abschreckende Weise beschrieben hat, stellt er ihnen die Vorteile und Segnungen der geistigen Arbeit, des Schreiberdaseins, gegenüber: „Siehe, es gibt keinen Beruf, in dem einem nicht befohlen wird, außer dem des Beamten; er ist es, der selbst befiehlt. Wenn du schreiben kannst, so wird dir das nützlicher sein als alle die Berufe, die ich dir vorgetragen habe. (...) Sieh, es gibt keinen Schreiber, der ohne Nahrung wäre, ohne die Dinge des Palastes. Die *Meschenet*, die dem Schreiber zugewiesen ist, ist es, die ihn an die Spitze der Verwaltung bringt.

Danke deinem Vater und deiner Mutter, die dich auf den Weg der Lebenden setzen."[13]

In einer ganzen Reihe von Schultexten des Neuen Reiches wurden diese Ratschläge und Ermahnungen immer aufs neue wiederholt und variiert: „Werde Schreiber! Der ist vom Arbeiten befreit und ist vor jedem Werk geschützt; (...) Er ist von der Mühsal gelöst; du hast nicht viele Herren und hast nicht eine Menge von Vorgesetzten." – „Der Schreiber, der leitet die Arbeit aller Leute. Für ihn gibt es keine Abgabe, da er mit Schreiben zinst, und es gibt keine Steuer für ihn. Merke es dir." – „Setze dir den Schreiber ins Herz, sieh, dann stehst du selbst über jeder Arbeit und wirst ein angesehener Rat." – „Bist du ein Esel? Den leitet man, denn er hat keinen Verstand in seinem Leibe. (...) Richte du deinen Sinn darauf, Schreiber zu werden, damit du die ganze Welt leitest."[14] Und schließlich: „Ein Mann ist zugrunde gegangen, sein Leichnam ist Staub, alle seine Zeitgenossen sind zur Erde gegangen: Das Buch aber ist es, das sein Andenken weiterreicht von Mund zu Mund. Eine Schrift ist nützlicher als ein gemauertes Haus, (...) als ein Denkstein im Tempel."[15]

Kurz gesagt, wer schreiben und lesen konnte und eine entsprechende berufliche Stellung innehatte, war „etwas Besseres" und fühlte sich auch so. Allerdings stellen die zitierten Passagen die Segnungen des Schreiberdaseins wahrscheinlich doch etwas übertrieben dar, denn nur einige wenige schafften wirklich den Weg in die Spitzenpositionen der staatlichen und religiösen Hierarchie. Die große Masse der Schreiber musste sich mit eher durchschnittlichen, weisungsgebundenen Stellungen im Mittelfeld und im Unterbau der Bürokratie zufrieden geben, etwa als Verwaltungsangestellte oder Tempel- bzw. Palastschreiber.

SCHREIBER ALS STAATSBÜTTEL

Teil des herrschenden Apparates, der das Land fest im Griff hielt und in vielerlei Hinsicht über das Wohl und Wehe der Bevölkerung entschied, waren die Schreiber aber in jedem Fall. In ihren Händen lag beispielsweise die Lebensmittel- und Güterzuteilung an die von der unmittelbaren Nahrungsproduktion freigestellten und auf die eine oder andere Weise vom Tempel oder Palast abhängigen Berufs- und Bevölkerungsgruppen. Ebenso oblag ihnen die Eintreibung und Kontrolle der bäuerlichen Naturalsteuer, die die Grundlage des ganzen Umverteilungssystems bildete (vgl. S. 133 f.). Kamen die Bauern ihrer Abgabepflicht nicht nach, so zeigte sich sehr schnell, dass selbst niederrangige Staatsfunktionäre durchaus eine Machtstellung innehatten und mit handfesten Befugnissen ausgestattet waren. Einer der erwähnten ägyptischen Schultexte aus dem Neuen Reich schildert das wie folgt: „Denkst du nicht, wie es dem Ackersmann geht, wenn man die Ernte aufschreibt? Der Wurm hat die Hälfte des Korns geholt und das Nilpferd hat das andere gefressen. (...) Doch der Schreiber landet am Damm und will die Ernte aufschreiben [das heißt die Steuern einziehen]; die Türhüter [Unter-

^
Szenen aus einem ägyptischen Grabgemälde des 15. Jahrhunderts v. Chr.: Ein Feldschreiber (stehend) überprüft die Ernteerträge, die von vier untergeordneten Schreibern notiert werden (links). In der rechten Szene überwacht er die Züchtigung abgabesäumiger Bauern.

beamte] haben Stöcke, und die Schwarzen [nubische Hilfspolizisten] haben Palmruten. Sie sagen: ‚Gib Korn her.' ‚Es ist keins da.' Sie schlagen ihn lang ausgestreckt, er wird gebunden und in den Graben geworfen. (…) Seine Frau wird vor ihm gebunden, und seine Kinder werden gefesselt; seine Nachbarn verlassen sie, sie fliehen und besorgen ihr Korn [bringen es in Sicherheit]."[16]

Während ein Teil der schriftkundigen Elite auf solch handfeste Weise zur Aufrechterhaltung der staatlichen Ordnung beitrug, tat es ein anderer, schöngeistig orientierter Teil durch die Komposition wortreicher Hymnen und Gesänge auf die Götter und Herrscher, die über dieser Ordnung walteten und sie verbürgten, denen die Menschen daher dankbar Folge zu leisten hatten. „Die hohe poetische, erzählerische und gedankliche Qualität" vieler literarischer Werke aus Altägypten darf, so schreibt Schlott, „nicht darüber hinwegtäuschen, dass sie einer ‚littérature dirigée' angehören" – einem Schrifttum also, das durchweg „im Auftrag oder zumindest mit Billigung der Regierung abgefasst wurde".[17]

Schon diese wenigen Beispiele verdeutlichen, dass die frühe Schreibkunst viel mit Machtausübung und -verherrlichung zu tun hatte, dass sie auf oft subtile, bisweilen auch ziemlich grobschlächtige, stets jedoch allgegenwärtige Weise mit der Herrschaft verbunden war, sie organisieren half, ihrer Festigung diente und sie dadurch erst ermöglichte. „Die Herausbildung zentralisierter, bürokratischer Institutionen im großen Maßstab", urteilt die

Sumerologin Margret W. Green über Mesopotamien, „mag selbst eine Konsequenz aus der Schaffung der Mittel gewesen sein, die ihr Funktionieren ermöglichten. Ganz gewiss befähigte der Schriftgebrauch die Verwaltung, zu wachsen und durch schriftliche Anweisungen direkte Amtsgewalt selbst über die niedrigsten Ränge des Personals und der Untergebenen auszuüben."[18]

SEGEN ODER FLUCH?

Manche Forscher sind aufgrund dieser Sachverhalte zu einer vorwiegend negativen Bewertung der Rolle der Schrift in der Menschheitsgeschichte gelangt. So urteilte etwa der bekannte französische Völkerkundler Claude Lévi-Strauss, die Schrift habe in ihren Anfängen kaum positive kulturelle oder intellektuelle Fortschritte bewirkt. „Die einzige historische Erscheinung, die mit ihrem Aufkommen zusammenfiel", schrieb er, „ist die Gründung von Städten und Reichen, mit anderen Worten die Integration einer großen Zahl von Individuen in ein politisches System und ihre Aufteilung in Kasten und Klassen." Demnach habe „die primäre Funktion der schriftlichen Mitteilung darin [bestanden], die Versklavung zu erleichtern. Die Verwendung der Schrift zu uneigennützigen Zwecken, das heißt im Dienste intellektueller oder ästhetischer Bemühungen, stellte ein sekundäres Ergebnis dar, das sich außerdem nicht selten in ein Mittel verwandelte, um das primäre zu verstärken, zu rechtfertigen oder zu vertuschen."[19]

Lévi-Strauss arbeitet hier den negativen, repressiven Aspekt des frühen Schriftgebrauchs sehr pointiert heraus. Ihm standen aber, wie wir gesehen haben, ungeheure zivilisatorische Fortschritte und Leistungen gegenüber. Wir haben es hier also mit der auch in anderen Bereichen anzutreffenden Ambivalenz des technischen Fortschritts zu tun, der sich oftmals auch und zunächst im Negativen manifestierte – man denke nur an die Metallverarbeitung, zu deren frühesten „Errungenschaften" die Entwicklung wirksamerer Waffen zählte –, ohne dass er deshalb aufhörte, insgesamt doch Fortschritt zu sein.

Unzweifelhaft ist hingegen, dass der beschriebene herrschaftliche Kontext der frühen Schriftnutzung letztlich zu einem Hemmschuh für die Weiterentwicklung dieses Kommunikationsmittels selbst wurde. Es gab sicherlich eine ganze Reihe sehr unterschiedlicher Gründe dafür, weshalb man die komplizierten und schwer zu erlernenden Schriftsysteme Mesopotamiens und Altägyptens nicht durch eine stärkere Beschränkung auf ihre ja vorhandenen lautlichen Elemente vereinfachte. Die Macht der Tradition wird hier ebenso von Bedeutung gewesen sein wie die Struktur der betreffenden Sprachen. Ganz gewiss spielten aber auch gesellschaftliche Faktoren eine entscheidende Rolle, denn „ein Verharren der Entwicklung individueller Schriften wurde häufig begünstigt, wenn sie unter der Kontrolle einer priesterlichen oder politischen Kaste standen", wie der Schrifthistoriker I. J. Gelb schon 1958 feststellte.[20] Die Kompliziertheit des Schriftsystems erleichterte diesen Minderheiten die Aufrechterhaltung ihres Wissens- und Bildungsmonopols, während jede Vereinfachung und damit leichtere Erlernbarkeit es potenziell gefährdet hätte. So gesehen war die Schriftunkundigkeit der breiten Bevölkerung in den frühen Hochkulturen nicht einfach eine unvermeidliche Folge des in seinen Anfängen zwangsläufig noch ziemlich schwerfälligen neuen Kommunikationsmittels. Sie war vielmehr ebenso sehr die Konsequenz der Herrschaft einer Elite, die an der weiteren Verbreitung der Schriftkenntnis und der mit ihr verbundenen Bildungsgüter gar nicht interessiert war und die dementsprechend auch keinerlei Anstrengungen in dieser Richtung unternahm.

Es ist daher sicherlich kein Zufall, dass sich der nächste große Fortschritt in der Schriftentwicklung – die Herausbildung der Buchstabenschrift – nicht in Mesopotamien oder in Altägypten vollzog, sondern an der Peripherie dieser beiden großen Kulturen: im Bereich der östlichen Mittelmeerküste nämlich, wo gänzlich andere Voraussetzungen und Erfordernisse herrschten.

Die altamerikanischen Schriftsysteme

Die präkolumbischen Hochkulturen Altamerikas wiesen im Vergleich mit denen des Alten Orients einige markante Besonderheiten auf. In der Alten Welt entstanden die frühesten städtisch und staatlich organisierten Gesellschaften in der späten Kupfer- und frühen Bronzezeit, auf der Basis einer hoch entwickelten und weit verbreiteten Metallverarbeitung und anderer einschneidender technologischer Neuerungen (vgl. S. 133). Im präkolumbischen Mittelamerika und Andenraum hingegen wuchsen hochorganisierte, komplexe und hierarchisch gegliederte Stadtstaaten und Flächenreiche auf einer wirtschaftlich-technologischen Basis heran, die dem europäischen Betrachter in vielerlei Hinsicht archaisch und unentwickelt erscheint.

Zu den in Altamerika weniger entwickelten oder nicht so umfassend genutzten Basistechnologien gehörte auch die Schrift. Obwohl die präkolumbischen Kulturen seit dem 1. Jahrtausend v. Chr. mehr als ein Dutzend unterschiedlicher Schriftsysteme hervorbrachten und die Olmeken im Süden Mexikos, von denen die ältesten Schriftzeugnisse stammen, bereits im 7. Jahrhundert das Prinzip der Lautschreibung kannten, waren in den meisten Kulturen zur Zeit der spanischen Eroberung vergleichsweise archaische und rudimentäre Schriftsysteme in Gebrauch, die sich kaum für die Niederschrift längerer Texte eigneten. Sie fungierten, soweit es die überlieferten Zeugnisse erkennen lassen, auch nicht als Alltagsschrift in allen gesellschaftlichen Bereichen, sondern blieben zumeist auf bestimmte eng umgrenzte Anwendungsgebiete wie die Astronomie/Astrologie und das in Mesoamerika allgegenwärtige Kalenderwesen sowie die Religion und den Herrscherkult beschränkt.

Als eine Hochkultur ohne Schrift – und zwar als einziges derartiges Beispiel in der Menschheitsgeschichte – gilt traditionell das Reich der Inka im Peru des späten 15. und frühen 16. Jahrhunderts n. Chr. Die als ausgesprochen statistikbesessen und registrierfreudig bekannten Inka-Herrscher, die ihr Imperium mit einem perfekt organisierten Verwaltungs-, Versorgungs- und Kontrollsystem überzogen, benötigten dafür anscheinend kein graphisches Aufzeichnungsmittel. Sie kamen allein mit dem *quipu*-Knotenschnursystem aus (vgl. S. 110 f.), das durch Kombination verschiedenfarbiger Schnüre und komplexe Knotenfolgen nicht nur die Speicherung von Zahleninformationen aller Art erlaubte, sondern auch als Gedächtnisstütze bei der Bewahrung von historischen Daten, Genealogien, Gesetzesvorschriften und anderem dienen konnte.

Einige Forscher stellten Ende der 1960er Jahre freilich die Hypothese auf, die Inka hätten über dieses *quipu*-System hinaus auch noch eine voll entwickelte Schrift in

^
Geometrische „Tocapu"-Symbole auf einem peruanischen Holzbecher; es handelt sich möglicherweise um Wortzeichen einer lange Zeit unbekannten Inka-Schrift.

Aztekische Stämme – bezeichnet durch ihre Namensembleme – auf dem Marsch (Fußabdrücke) nach Tenochtitlán. Zeichnung aus einer Azteken-Bilderhandschrift.

Gestalt standardisierter geometrischer Symbole (*tocapu*) auf Textilien und Gefäßen gekannt, die als regelrechte logographische oder silbische Texte zu lesen seien (Abb. S. 209). Bei diesem sog. *quillca*-System hätte es sich allerdings nicht um eine Alltags- und Gebrauchsschrift, sondern um eine reine Sakral- oder Prunkschrift gehandelt. Die Interpretation der Zeichen als Schrift ist zudem bis heute umstritten.

Die bekannteste unter den zahlreichen Partialschriften Altamerikas ist diejenige der Azteken im Mexiko des 12. bis 16. Jahrhunderts n. Chr. Sie ist auf einer größeren Anzahl von Skulpturen sowie in einer Reihe zumeist nachkolonialer Handschriften (sog. Codices) überliefert und zeichnete sich durch einen mehrschichtigen Aufbau aus: Die hauptsächlichen Fakten und Vorgänge wurden in Form von „erzählenden Bildern" und Zeichnungen, das heißt auf nichtschriftliche Weise, wiedergegeben. Zur Veranschaulichung schwer darstellbarer Sachverhalte bediente man sich aber zusätzlicher schriftartiger Symbole: So zeigen etwa stilisierte Zungen oder Blasen vor den Mündern der Akteure an, dass diese sprechen, Abfolgen schwarzer Fußabdrücke versinnbildlichen die Begriffe ‚gehen' oder ‚Weg' (Abb. S. 210) und das Bild eines brennenden Tempels symbolisiert den Begriff ‚Eroberung'. Orts- und Personennamen wurden den Bilddarstellungen schließlich in Form regelrechter Wortzeichen beigefügt, bei denen oft auch das Rebus-Prinzip (vgl. S. 168) Anwendung fand. So ist etwa in einer Kampfszene, die die Eroberung der Stadt Chalco darstellt, der Stadtname durch das Symbol für ‚kostbarer Grünstein' *(chalchihuitl)* angedeutet, und ebenso gab man zum Beispiel den Ortsnamen *Azca-potzalco* phonetisch näherungsweise mit den Zeichen für ‚Ameise' *(azcatl)* und ‚Hügel' *(potzalli)* wieder.

Das System zeigt in dieser unauflöslichen Verbindung von Bild und Schrift eine gewisse Ähnlichkeit mit der Narmer-Palette

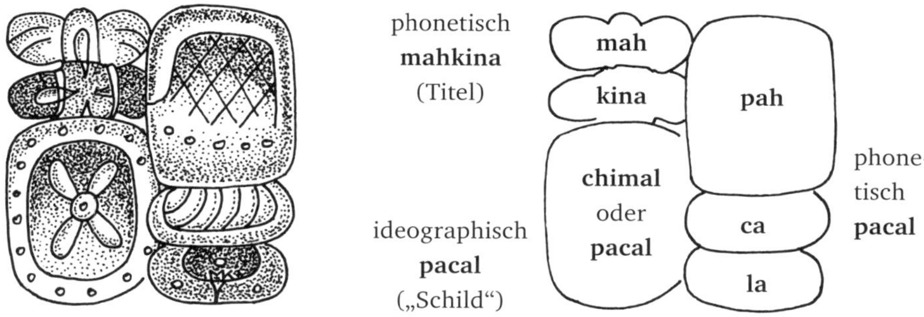

Namensglyphe des Maya-Herrschers „Pacal" (links) und ihre phonetisch-ideographische Zusammensetzung (rechts).

und anderen Schriftzeugnissen aus der ägyptischen Frühzeit (vgl. S. 174–177). Für die eigenständige und sprachlich exakte Aufzeichnung längerer zusammenhängender Texte war es nicht geeignet und wohl auch gar nicht konzipiert – es bildete eher eine auf Interpretation und Deutung hin angelegte Gedächtnisstütze. Anwendung fand diese eigentümliche Proto-Schrift vor allem im Bereich der Religion, der Astrologie und der Kalenderkunde sowie bei der Fixierung von Genealogien und historischen Ereignissen – zumindest unter dem letzten Azteken-Herrscher Moctezuma wurden mit ihrer Hilfe aber auch umfangreiche Tributlisten, Landregister und Rechnungsbücher geführt.

Die am höchsten entwickelte und zusammen mit dem Vorgängersystem der Olmeken wohl auch einzige Vollschrift Altamerikas war diejenige der Maya in Guatemala und auf der Halbinsel Yucatan, die auf zahlreichen Steindenkmälern der klassischen Periode der Maya-Kultur (ca. 250 bis 900 n. Chr.), auf Keramik sowie in vier nachklassischen Bilderhandschriften überliefert ist. Sie galt noch vor wenigen Jahrzehnten als unentziffert oder sogar unentzifferbar, in den 1980er Jahren gelang jedoch dank der geduldigen und systematischen Arbeit einer ganzen Reihe von Forschern der entscheidende Durchbruch zu ihrer Entschlüsselung. Entscheidend dafür war die Erkenntnis, dass die insgesamt etwa 800 Maya-Glyphen trotz ihrer fast barocken Bildhaftigkeit keineswegs nur einfache Wort- und Begriffszeichen darstellten, wie man lange Zeit annahm. Es handelte sich vielmehr wie bei den meisten frühen Schriften um ein aus Wort- und Lautzeichen kombiniertes, logographisch-silbisches System, bei dem ideographische Schreibungen neben phonetischen standen, beide Prinzipien aber oft auch auf recht komplexe Weise miteinander verknüpft wurden wie bei der in der Abb. oben gezeigten Aufzeichnung des Herrschernamens „Pacal".

Die Grundelemente der Maya-Inschriften bildeten quadratische oder rechteckige Glyphen-Blöcke, die aus einem einzelnen Ideogramm, aber auch aus einem Haupt- bzw. Stammzeichen und einem oder mehreren kleineren Zusatzzeichen (Affixen) zur Angabe von phonetischen Ergänzungen, grammatikalischen Elemente u. ä. bestehen konnten. Die Maya-Schrift ermöglichte es dank dieser Zusatzzeichen, die gesprochene Sprache annähernd vollständig und lautgetreu wiederzugeben. Wenngleich bis heute noch nicht alle Maya-Glyphen vollständig entziffert sind, so ist es doch schon ein beträchtlicher Teil; und da man den Aufbau und die Struktur der Schrift mittlerweile recht genau kennt, wird die Entzifferung mit Sicherheit rasch weiter voranschreiten. Von einem „Geheimnis der Maya-Glyphen" wie noch vor 20 Jahren kann jedenfalls heute nicht mehr die Rede sein.

Die fortschreitende Entzifferungsarbeit lässt auch wichtige neue Aufschlüsse über die Geschichte der Maya-Kultur erwarten, denn entgegen der früheren Vermutung, die Schriftzeugnisse bewegten sich fast ausschließlich im Bereich der Kosmologie, Religion und Kalenderwissenschaft, hat sich mittlerweile gezeigt, dass ein Großteil der Inschriften historischen Inhalts ist und etwa die Geburt, Heirat, Thronbesteigung und den Tod einzelner Herrscher sowie Kriege und andere wichtige Ereignisse verzeichnet. Auf die Existenz wirtschaftlicher oder administrativer Texte gibt es hingegen bis heute keinerlei Hinweise.

Einer der Gründe dafür mag sein, dass wir fast nur monumentale, „der Ewigkeit geweihte" Inschriften auf Stein kennen, dagegen nicht die einstmals sicher sehr viel häufigeren Texte auf Tierhäuten oder Baumrindenpapier. Die spanischen Konquistadoren, die im 16. Jahrhundert unter dem Banner des Kreuzes über Mittelamerika herfielen, zerstörten nämlich nicht nur die dort noch existierenden Indianerkulturen, sondern auch fast ihr ganzes kulturelles Erbe in Form von Bibliotheken und Archiven, tausenden und abertausenden von Schriftstücken und Manuskripten. In der Kolonialzeit verbreitete sich nach einer Übergangsphase, während der die Eroberer einzelne Elemente der einheimischen Schriftsysteme fortbestehen ließen, um sie für die Missionierung und kulturelle Indoktrination der Bevölkerung zu benutzen, dann das europäische Alphabet als das einzige oder doch zumindest weithin beherrschende Schriftsystem. Die Alphabetisierung der Welt erfolgte also, wie dieses Beispiel eindringlich zeigt, keineswegs immer durch einen freien Wettbewerb der Schriftsysteme, sondern mindestens im gleichen Ausmaß auch durch brutale Machtpolitik.

AM ENDE DAS ALPHABET

DIE ENTSTEHUNG UND AUSBREITUNG DER BUCHSTABENSCHRIFT

An der Ostküste des Mittelmeers, im Gebiet Palästinas, des Libanon und Westsyriens, waren im 3. und 2. Jahrtausend v. Chr. blühende Hafen- und Handelsstädte entstanden, die aufgrund ihrer geographischen Lage zwischen den Großmächten der damaligen Zeit – Ägypten im Süden, Mesopotamien im Osten, dem anatolischen Hethiterreich im Norden und dem minoischen Kreta bzw. mykenischen Griechenland im Westen – oft zum Streit- und Ausbeutungsobjekt dieser Mächte wurden. Zugleich verschaffte ihnen ihre Lage aber auch eine Schlüsselfunktion im internationalen Wirtschaftsaustausch und brachte ihnen außerordentliche ökonomische Vorteile sowie einen beträchtlichen Wohlstand ein.

Die Levantestädte exportierten nicht nur eigene Produkte wie Holz (die berühmten „Zedern des Libanon"), Öl, Kupfer und mit dem Farbstoff der Purpurschnecke gefärbte Gewebe, nach denen die südliche Levante den semitischen Namen „Kanaan" und das Libanongebiet später die griechische Bezeichnung „Phönizien" erhielt, was beides etwa „Purpurland" bedeutet; sie stellten darüber hinaus auch die Häfen, über die der Handel aus allen Richtungen abgewickelt wurde, und bildeten so den Hauptumschlagplatz für die Warenströme der großen Handelsmächte.

EIN SCHMELZTIEGEL DER SPRACHEN UND KULTUREN

In den Küstenstädten der Levante lebten neben der (zu den Semiten gehörenden) kanaanäischen Stammbevölkerung viele auswärtige Diplomaten, Kaufleute, Händler und Handwerker – Angehörige von mehr als einem halben Dutzend verschiedener Völker mit ebenso vielen Sprachen und Schriftsystemen. Die Region war also ein wahrer Schmelztiegel der unterschiedlichsten ethnischen und kulturellen Elemente. Aus diesem Milieu ergaben sich in höherem Maß als anderswo Anregungen für eine grundlegende Vereinfachung der Schrift, entstand aber gleichzeitig auch das dringende Bedürfnis nach einer solchen Schriftreform. Denn im Handelsverkehr mussten beispielsweise viele fremde Orts- und Personennamen sowie Begriffe aus anderen Sprachen lautgetreu aufgezeichnet werden, was mit den herkömmlichen gemischten Wort-Laut-Schriften nur recht unvollkommen und mühsam möglich war (vgl. S. 168 und 188).

ÄGYP.	PHÖN.	HEBRÄISCH				GRIECHISCH				LAT.
1	2	3 Bu	4 Lt	5 Zw	6 Nm	7 Bu	8 Lt	9 Zw	10 Nm	11
	𐤀	א	ʼ	1	álef 'Rind'	Αα	a	1	álpha	A
	𐤁	ב	b	2	beth 'Haus'	Ββ	b	2	bêtha	B
	𐤂	ג	g	3	gimel 'Kamel'	Γγ	g	3	gámma	C
	𐤃	ד	d	4	daleth 'Tür'	Δδ	d	4	délta	D
	𐤄	ה	h	5	he	Εε	e	5	è-psilón	E
	𐤅	ו	w	6	waw 'Nagel'	Ϝς	–	6	vaû	F
	𐤆	ז	z	7	zajin 'Waffe'	Ζζ	z	7	zêta	(G)
	𐤇	ח	ḥ	8	ḥeth	Ηη	ä	8	êta	H
	𐤈	ט	ṭ	9	ṭeth	Θϑ	th	9	thêta	100?
	𐤉	י	j	10	jod 'Hand'	Ιι	i	10	jôta	I
	𐤊	כ	k	20	kaf 'offene Hand'	Κκ	k	20	káppa	K
	𐤋	ל	l	30	lamed	Λλ	l	30	lámbda	L
	𐤌	מ	m	40	mem 'Wasser'	Μμ	m	40	mŷ	M
	𐤍	נ	n	50	nun 'Fisch Schlange'	Νν	n	50	nŷ	N
	𐤎	ס	s	60	samek	Ξξ	x	60	xî	–
	𐤏	ע	ʿ	70	ayin 'Auge'	Οο	o	70	ò-mikrón	O
	𐤐	פ	p	80	pe 'Mund'	Ππ	p	80	pî	P
	𐤑	צ	ṣ	90	ṣade	—	—	—	—	—
	𐤒	ק	q	100	qof	Ϙϙ	–	90	kóppa	Q
	𐤓	ר	r	200	reš 'Kopf'	Ρρ	r	100	rhô	R
	𐤔	ש	š	300	šin 'Zahn'	Σσ	s	200	sîgma	S
	𐤕	ת	t	400	tau 'Zeichen'	Ττ	t	300	taû	T
		ך	-k	(500)	(kaf)	Υυ	ü	400	ŷ-psilón	V
		ם	-m	(600)	(mem)	Φφ	ph	500	phî	1000
		ן	-n	(700)	(nun)	Χ↓	ch	600	chî	X
		ף	-f	(800)	(fe)	↓Ψ	ps	700	psî	50?
		ץ	-s	(900)	(sade)	Ωω	ō	800	ô-méga	–
						ϠͲ	–	900	sampî	–

^
Übersicht über die Entwicklung der Buchstabenschrift.

Vor allem aber war die Ökonomie in den Levantestädten sehr viel stärker von privatem Handel und Gewerbe, von der Tätigkeit unabhängiger und auf eigene Rechnung wirtschaftender Unternehmer geprägt als in den bürokratischen Ordnungen Mesopotamiens und Ägyptens, wo das private Unternehmertum – wenngleich es zweifellos existierte – zumeist im Schatten der übermächtigen Palast- oder Tempelwirtschaften stand (vgl. S. 133). Auf deren Bedürfnisse war die Institution der berufsmäßigen Schreiber zugeschnitten. Die „mittelständischen" Privathändler und -kaufleute in den Levantestädten konnten sich hingegen in der Regel kaum eine eigene, fest angestellte Schreibkraft leisten – für sie war es wünschenswert, die wichtigsten alltäglichen Geschäftsnotizen und -briefe selbst abfassen zu können, und dafür bildete eine leicht erlernbare und einfach zu handhabende Schrift die Voraussetzung. Es habe daher den Anschein, schrieb 1941 der britische Prähistoriker V. Gordon Childe, „dass eine einfache Buchstabenschrift ersonnen wurde, um die Geschäfte der kleinen Kaufleute zu erleichtern". Und er fuhr fort: „Der Kaufmann musste sein eigener Buchhalter sein. Dies war der soziologische Ursprung der phönizischen Schrift."[1]

Zumindest war es einer von mehreren Faktoren, die dazu führten, dass man um die Mitte des 2. Jahrtausends v. Chr. gerade im Bereich der multikulturellen und vom Handel geprägten Levanteküste mit einfacheren, flexibler gestalteten und leistungsfähigeren Schriftsystemen zu experimentieren begann. Diese lehnten sich in der Schreibtechnik und in ihrem Zeichenbestand zwar zum Teil an die auch hier gebräuchliche altägyptische und mesopotamische Schrift an; im Gegensatz zu diesen beruhten sie aber auf der Fixierung aller Worte und Begriffe ausschließlich mit Einzelbuchstaben, die für die Einzellaute bzw. Phoneme der gesprochenen Sprache standen (vgl. S. 39). Damit war erstmals in der Schriftgeschichte das phonetische Prinzip konsequent durchgeführt – mit einer wichtigen Einschränkung allerdings: Man notierte in diesen frühen Buchstabenschriften nämlich nur die Konsonanten, nicht hingegen die Vokale, und das ist in den semitischen Schriften im Prinzip bis heute so geblieben. Sie kennen im Grundsatz keine Buchstaben für die Vokale – allerdings wurden im Laufe der Zeit verschiedene Hilfszeichen zu ihrer Andeutung entwickelt.

Manche Forscher haben aus dieser Vokallosigkeit der frühen semitischen Schriften geschlossen, es habe sich in Wahrheit doch noch um gleichsam verdeckte silbische Systeme gehandelt, bei deren Konsonantenzeichen jeweils ein bestimmter Vokal „stumm mitgedacht" wurde. Doch ob man das nun als quasi-silbisches System bezeichnen mag oder nicht – Tatsache bleibt, dass ein leicht erlernbarer Bestand von maximal 30 konsonantischen Zeichen jetzt dazu ausreichte, all das aufzuzeichnen, wofür man in den bisherigen Schriftsystemen hunderte von Wort- und Lautzeichen benötigt hatte. Die so strukturierte Buchstabenschrift war überdies sehr viel flexibler und besser geeignet, fremdsprachige Wörter und Namen – im Prinzip den gesamten Lautbestand der menschlichen Sprache mit Ausnahme der Vokale – ausreichend präzise wiederzugeben.

EIN ABKÖMMLING DER HIEROGLYPHENSCHRIFT?

Bereits im 19. Jahrhundert, als man nur die jüngste und ›klassische‹ dieser ersten Buchstabenschriften kannte – die seit etwa 1100 v. Chr. im ganzen Levantebereich verbreitete phönizische Schrift nämlich –, sahen eine ganze Reihe von Gelehrten, dass dieses bereits hoch entwickelte alphabetische System kaum ohne Vorbilder und Vorläufer entstanden sein konnte. Dabei dachte man zumeist an eine direkte oder indirekte Herkunft aus der ägyptischen Schrift, und in der Tat ließen mehrere Indizien eine solche Ableitung plausibel erscheinen. So hatten beide Schriftsysteme nicht nur die Vokallosigkeit gemeinsam (vgl. S. 188 f. und 215), sondern auch die von rechts nach links führende Schreibrichtung und die mutmaßliche Hauptschreibtechnik, nämlich mit Tinte bzw. Tusche auf Papyrus oder Leder (vgl. S. 190 f.). Und da die semitischen Buchstaben nach konkreten Dingen wie ‚Rind', ‚Haus', ‚Kamel', ‚Tür' usw. benannt waren (Abb. S. 214), vermutete man weiter, dass sie ursprünglich aus den Bildern dieser Objekte hervorgegangen waren, wenngleich die phönizischen Schriftzeichen davon kaum mehr etwas erkennen ließen.

Eine völlig unverhoffte und scheinbar eindeutige Bestätigung dieser Überlegungen erbrachte im Jahre 1905 eine britische Forschungsexpedition, die unter Leitung des Archäologen Sir Flinders Petrie auf der Sinai-Halbinsel stattfand. Die Wissenschaftler entdeckten dort, bei dem altägyptischen Tempel von Serabit el Khadem und den Türkisminen des Wadi Maghara, neben einer großen Anzahl ägyptisch-hieroglyphischer Schriftzeugnisse auch ein rundes Dutzend Inschriften in einer bis dahin völlig unbekannten Schrift, die in Felswände eingraviert oder auf Kleinkunstwerken angebracht waren. Da sich in ihnen nur maximal 30 verschiedene Zeichen zählen ließen, schlossen Petrie und nach ihm der englische Ägyptologe Alan H. Gardiner, dass es sich um eine reine Buchstabenschrift handeln müsse. Sie stammte nach dem archäologischen Kontext aus dem 18. oder 15. Jahrhundert v. Chr., war somit erheblich älter als das klassische phönizische Alphabet.

Vor allem aber wiesen die Zeichen dieser „Sinai-Schrift" bzw. „protosinaitischen Schrift" einen weitgehend bildhaften Charakter und in einigen Fällen bemerkenswerte Ähnlichkeit mit ägyptischen Hieroglyphenzeichen auf, während sich andererseits auch Anklänge an die linearen, auf einfache Strichformen reduzierten Buchstabenzeichen der späteren phönizischen Schrift finden ließen (Abb. S. 214 und 224). Daher glaubten viele Forscher, hier den endgültigen Beweis für die Herkunft der phönizischen Buchstabenschrift aus den ägyptischen Hieroglyphen – gleichsam eine Zwischenstufe dieser Entwicklung – in Händen zu halten. „Hier ist das missing link [das fehlende Bindeglied] für die Abstammung des phönizischen Alphabets von der ägyptischen Schrift gefunden", schrieb 1917 der deutsche Gelehrte Kurt Sethe euphorisch.[2]

Das Verfahren der Schriftentlehnung stellte man sich zumeist so vor, dass die Erfinder der Sinai-Schrift für jeden Konsonanten ihrer semitischen

^
Steinerne Sphinx von Serabit el Khadem auf der Sinaihalbinsel mit protosinaitischer Buchstabeninschrift, ca. 1800–1500 v. Chr.

Sprache ein mit diesem Laut beginnendes Wort ausgewählt und dieses durch das entsprechende ägyptische Hieroglyphenzeichen dargestellt hätten – ungeachtet seiner andersartigen Lautung in der ägyptischen Sprache. Für den konsonantischen Kehlkopfverschluss „'" wählte man dieser Theorie zufolge also das mit ihm beginnende Wort *'aleph* (‚Rind') und schrieb es mit der betreffenden ägyptischen Hieroglyphe, einem kleinen Ochsenkopf (Abb. S. 214); für den Laut *b* benutzte man das semitische Wort *beth* (‚Haus') mit dem entsprechenden ägyptischen Hieroglyphenzeichen usw. – so, als würden wir im Deutschen den Laut *b* mit dem Bild einer Birne, den Laut *f* mit der Skizze einer Feige „schreiben" und so weiter bis *z* wie Zitrone.

Dieses Verfahren, nach dem die Piktogramme den Anfangslaut des jeweils bildlich dargestellten Wortes bzw. Gegenstandes als phonetischen Wert erhalten, wird als „akrophonisches Prinzip" bezeichnet. Dass es eine wichtige Rolle bei der Entwicklung der semitischen Schrift gespielt haben müsse, nahm man auch deshalb an, weil nicht nur *'aleph* und *beth,* sondern auch die meisten anderen semitischen Buchstabennamen Wörter für konkrete Dinge waren. Manche Forscher halten diese Schlussfolgerung allerdings für nicht stichhaltig und die Buchstabennamen für nachträgliche, von der eigentlichen Schriftschöpfung unabhängige Bezeichnungen.

DIE „HERRIN DES TÜRKIS"

Die vermutete Beziehung zwischen der protosinaitischen und der späteren phönizischen Schrift schien sich eindrucksvoll zu bestätigen, als Alan H. Gardiner 1916 auf eine in mehreren Sinai-Inschriften wiederkehrende Gruppe von vier Zeichen (‚Haus', ‚Auge', ‚Ochsenstachel' und ‚Kreuz') versuchsweise die Lautwerte der ihnen nach Form bzw. Namen entsprechenden späteren semitischen Buchstaben übertrug und auf diese Weise die Lesung *ba'alat* (‚Herrin') erhielt. Man deutete dieses Wort als kanaanäische Bezeichnung der ägyptischen Himmelsgöttin Hathor, die auf dem Sinai als Ortsgöttin verehrt wurde und der nicht nur der Tempel von Serabit el Khadem, sondern auch zahlreiche ägyptische Inschriften geweiht waren. Besonders plausibel wurde diese Deutung durch den Umstand, dass sich eine der an Hathor gerichteten ägyptischen Inschriften gemeinsam mit den vier Zeichen in protosinaitischer Schrift auf einer kleinen Steinsphinx fand (Abb. S. 217). Hier handelte es sich mit hoher Wahrscheinlichkeit um ein zweisprachig beschriftetes Weihegeschenk an die Ortsgöttin, eine sog. Bilingue.

„Ich habe keine Vorschläge für die Lesung irgend eines anderen Wortes, so dass die Entzifferung des Namens *ba'alat,* soweit es mich betrifft, eine nicht verifizierbare Hypothese bleiben muss", schrieb Gardiner abschließend,[3] und daran hat sich bis heute kaum etwas geändert. Zwar entdeckten seither weitere Forschungsexpeditionen auf dem Sinai neues Material, so dass mittlerweile etwa drei Dutzend protosinaitischer Inschriften bekannt sind, und überdies legten mehrere Fachleute komplette oder teilweise Entzifferungs- und Lesungsvorschläge vor. Sie kamen dabei jedoch zu sehr unterschiedlichen Resultaten, und keiner dieser Vorschläge ist bis heute in der Fachwelt einhellig anerkannt, so dass die Sinai-Schrift immer noch als weithin unentziffert gelten muss. Mit einiger Sicherheit lässt sich nur sagen, dass es sich um eine sehr archaische und wahrscheinlich ägyptisch beeinflusste, aber von Semiten entwickelte Buchstabenschrift handelte.

Ihre Benutzer dürften semitische Arbeiter gewesen sein, die in den Türkisminen des Sinai für den pharaonischen Staat schufteten. Dass diese Arbeiter die Schrift selbst vor Ort erfunden und für ihre Zwecke gestaltet haben könnten, wie man früher gelegentlich annahm, wird heute eher angezweifelt. Tatsächlich ist es sehr viel wahrscheinlicher, dass ein so schwieriger und Erfahrung im Lesen und Schreiben erfordernder Schritt wie die Erfindung einer Alphabetschrift in den blühenden levantinischen Handelsstädten vollzogen wurde und nicht in den peripheren und unwirtlichen Weiten des Sinai. In den städtischen Zentren lebten schließlich die Kaufleute und Händler, die mutmaßlichen Hauptinteressenten eines vereinfachten Schriftsystems, und dort saßen auch die berufsmäßigen Schreiber – einheimische und solche aus Ägypten und Mesopotamien –, deren tägliches Brot die Verwendung der Schrift war und die daher auch die für ihre Vereinfachung notwendigen Kenntnisse mitbrachten.

DIE PROTOKANAANÄISCHE SCHRIFT

Tatsächlich kamen seit den 1930er Jahren im gesamten palästinisch-libanesischen Küstenbereich mehr und mehr Zeugnisse einer zuvor unbekannten, „protokanaanäischen" Schrift zutage. Ihre ältesten Belege, eine Handvoll kurzer Inschriften mit noch sehr bildhaften und zum Teil an die Sinai-Schrift erinnernden Zeichen (Abb. S. 220 oben), reichen bis ins 17./16. Jahrhundert v. Chr. zurück und sind damit etwa gleich alt oder etwas älter als die Schriftzeugnisse vom Sinai. Die meisten Stücke stammen jedoch aus der zweiten Jahrtausendhälfte bis etwa ins 11. Jahrhundert v. Chr. und zeigen einen bereits deutlich stilisierteren, linearen Charakter (Abb. S. 220 unten).

Die Interpretation dieser Schrift und ihrer Entwicklung wird durch das begrenzte Material, die teilweise großen zeitlichen Lücken und die Kürze der Texte erschwert. Es handelt sich bei ihnen fast durchweg um knappe, manchmal nur drei oder vier Zeichen umfassende Namensangaben, Weihe- oder Besitzinschriften auf Keramik, Stein oder auf Metallgegenständen. Diese einseitige Fundauswahl ist sicherlich überlieferungsbedingt und hängt mit der Vergänglichkeit der organischen Beschreibstoffe (wahrscheinlich Papyrus, Holz oder Leder) zusammen, für die diese Schrift ihrem ganzen Duktus und Charakter nach offensichtlich geschaffen war. Die ehemals gewiss weit zahlreicheren und auch längeren Texte auf diesen Materialien haben sich nicht erhalten und stehen damit der heutigen Forschung nicht zur Verfügung – wir kennen lediglich die flüchtigen „Graffiti", die zum Teil auch noch von ungeübter Hand geschrieben sein mögen. Daher bleibt die Lesung vor allem der ältesten protokanaanäischen Inschriften bis heute weitgehend spekulativ – ja, es ist aufgrund der bislang unbekannten Gesamtzeichenzahl noch nicht einmal völlig sicher, ob sie wirklich bereits durchweg der Alphabetschrift zuzuordnen sind oder zum Teil noch silbischen Systemen angehörten. Eine solche „pseudohieroglyphische" Silbenschrift mit rund 120 bekannten Zeichen war zu Beginn des 2. Jahrtausends v. Chr. in der libanesischen Hafenstadt Byblos in Gebrauch, nach der sie als „Byblos-Schrift" bezeichnet wird.

Bei den jüngeren Inschriften aus der zweiten Hälfte des 2. Jahrtausends bestehen dagegen keine derartigen Zweifel mehr. Hier liegt eindeutig eine konsonantische Buchstabenschrift vor, die sich auch in ihrem linearen äußeren Erscheinungsbild der klassischen phönizischen Schrift der Jahrtausendwende annähert. Deshalb trennen manche Forscher diese jüngeren Schriftzeugnisse auch von den älteren ab und fassen sie unter der Bezeichnung „altkanaanäische Schrift" als eigene Gruppe zusammen.

URSPRUNG IN DEN HIEROGLYPHEN ODER IM HIERATISCHEN?

Wie man das Verhältnis dieser beiden Schriftgruppen oder -stufen zueinander sieht, hat nicht geringe Auswirkungen auf die Rekonstruktion der Entwicklungsgeschichte der Buchstabenschrift. Denn wenn man die altkanaanäischen Inschriften in bruchloser Entwicklung aus den protokanaanäi-

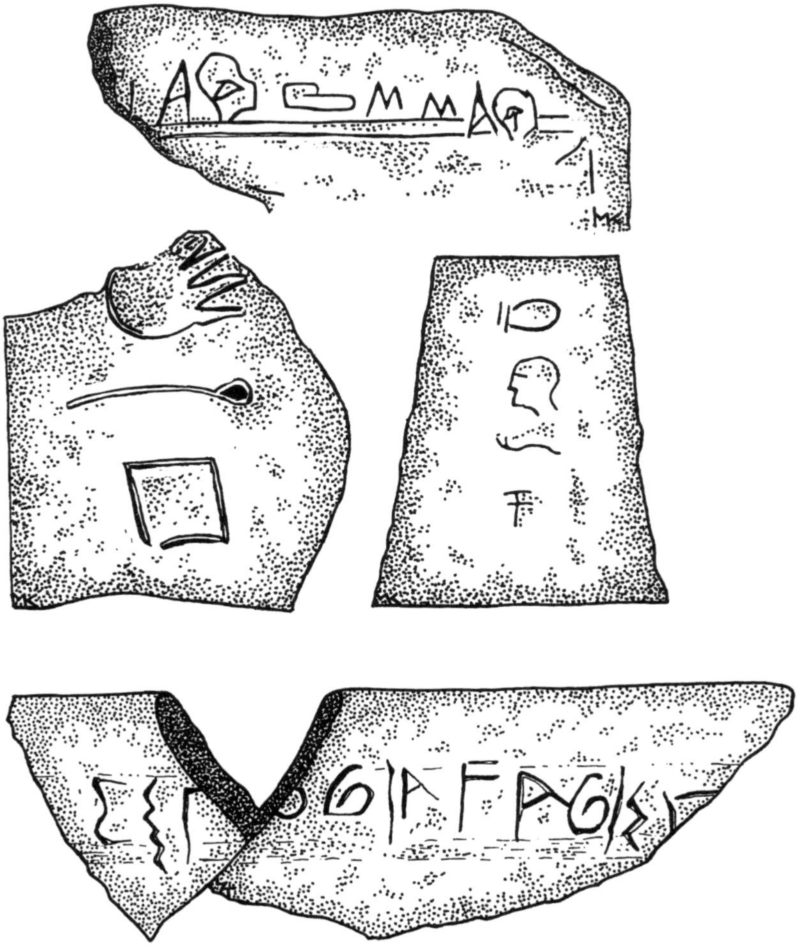

Oben und Mitte: Frühe protokanaanäische Inschriften auf Keramik und Bronze aus Palästina, 17. bis 15. Jahrhundert v. Chr. Unten: Altkanaanäische Buchstabeninschrift auf einem Schalenfragment aus Palästina, 12. Jahrhundert v. Chr.

schen ableitet, kommen wegen der Bildhaftigkeit letzterer eigentlich nur die ägyptischen Hieroglyphen als ursprüngliches Vorbild in Frage, ähnlich wie bei einer Ableitung aus der „Sinai-Schrift" (vgl. S. 216–218). Sieht man hingegen keine solche Kontinuität, sondern betrachtet die protokanaanäischen Inschriften als folgenlose frühe Versuche – gewissermaßen als einen „toten Zweig" der Schriftentwicklung –, dann bietet sich für die Ableitung der ja ausgeprägt linearen altkanaanäischen Schrift eher die ägyptische Kursive, das Hieratische, an (vgl. S. 190 f.).

In der Tat gab es neben den zahlreichen Anhängern der „Hieroglyphen-Theorie" immer wieder auch einzelne Forscher, die für diese zweite Interpretationsmöglichkeit plädierten. Und wenngleich sie im Unterschied zu ihren Kontrahenten keine archäologischen Funde zur Untermauerung ihrer Position vorlegen konnten, verfügten sie doch über starke Argumente. Vor allem konnten sie darauf hinweisen, dass die von den ägyptischen Schreibern und Diplomaten in Kanaan am häufigsten verwendete und daher sicher bei den Einheimischen auch bekannteste Schrift eben das für Alltagszwecke benutzte Hieratische war. „Diese Geschäftsleute, diese Händler brauchten eine Kursive; sie fanden sie in dem hieratischen Ägyptisch, das sie vor Augen hatten", schrieb 1931 einer der wichtigsten Vertreter dieses Denkansatzes, M. A. Mallon. Und er legte auch gleich eine in ihrer Einfachheit spontan einleuchtende Theorie darüber vor, auf welche Weise die semitische Buchstabenschrift aus diesem Vorbild hervorgegangen sein könnte.

Wie schon erwähnt, hatten die Ägypter selbst ein „Alphabet" von 24 Einkonsonantenzeichen entwickelt, das sie freilich nie in reiner Form gebrauchten, sondern vor allem bei der Schreibung fremder Orts- und Eigennamen verwendeten (vgl. S. 187 f.). „Es war sicherlich diese Art der Schreibweise, die die Einwohner von Byblos [der bedeutendsten ägyptisch beeinflussten Stadt in der Levante] bei den ägyptischen Schreibern in Anwendung sahen" und in der Folge nachahmten, so die Vermutung Mallons. „Sie entlehnten von den Ägyptern jene Konsonanten oder Halbkonsonanten, die diesen zur Aufzeichnung semitischer Wörter dienten" und machten auf diese Weise das „buchstabierende" Schreiben, das bei den Ägyptern selbst eine seltene, spezielle Anwendungsform war, zur normalen Schreibweise. Diese Neuerung kam, so Mallon, „einer Erfindung gleich", doch „um eine vollständige Neuerfindung zu sein, erfolgte sie zu spät (...) Die Rolle der Phönizier [bzw. Kanaanäer] bestand darin, das Werk ihrer Vorgänger zu vollenden. Frei von jeder bindenden Tradition und geleitet von einem praktischen Ziel" schufen sie auf diese Weise „ein Schriftsystem, das völlig verschieden von seinem Vorbild" war.[4]

Träfe diese Theorie zu, so hätte auch François Champollion recht gehabt, der schon über hundert Jahre zuvor vermutete, dass das ägyptische Alphabet „wenn nicht der direkte Ursprung, so doch wenigstens das methodische Vorbild" der semitischen Buchstabenschrift war.[5] Doch als bewiesen gelten kann diese Theorie, so plausibel sie auch anmutet, bis heute nicht – es handelt sich, ebenso wie bei den anderen Erklärungsversuchen, vielmehr lediglich um ein Modell, wie die Entwicklung verlaufen sein *könnte*.

DAS KEILSCHRIFTALPHABET VON UGARIT

Zusätzlich kompliziert wird die Problematik durch den Umstand, dass neben der altkanaanäischen Schrift im 14. und 13. Jahrhundert v. Chr. noch ein weiteres Konsonantenalphabet existierte – die nach der antiken Handelsstadt Ugarit (dem heutigen Ras Schamra) an der syrischen Mittelmeerküste benannte „ugaritische Schrift". Französische Archäologen entdeckten bei Ausgrabungen an dieser Fundstätte seit 1929 eine große Anzahl von Keilschrifttafeln, die teilweise in dem damals „international" üblichen Akkadisch (vgl. S. 171), teilweise aber auch in einer bis dahin völlig unbekannten Keilschriftart geschrieben waren, deren Entzifferung innerhalb nur eines Jahres gelang. Überraschenderweise handelte es sich um ein Keilschriftalphabet mit nur 27 bzw. 30 verschiedenen Zeichen. Ganz offensichtlich hatten ugaritische Schreiber zu dieser Zeit das Prinzip und den Konsonantenbestand der im südlichen Levanteraum entwickelten protokanaanäischen Schrift übernommen, gleichzeitig aber deren Form radikal abgewandelt, indem sie auf die bei ihnen übliche Keilschriftschreibweise und -technik zurückgriffen. Darin spiegelt sich die erwähnte geopolitisch-kulturelle Situation der Levante wider, in deren südlichem Bereich der ägyptische Einfluss vorherrschte, während der Norden zeitweise stärker mesopotamisch (bzw. hethitisch) geprägt war.

In Ras Schamra fanden sich seit 1949 auch mehrere vermutlich für den Schulgebrauch angefertigte Tontafeln, auf denen die Zeichen des ugaritischen Alphabets in der gleichen Reihenfolge (*'aleph, beth, gimel* usw.) aufgezeichnet waren wie später im phönizischen und den davon abgeleiteten Alphabeten üblich (Abb. unten). Diese kostbaren Fundstücke belegen somit, dass die Buchstabenfolge, die sich bis in unser „ABC" hinein erhalten hat, mindestens seit dem 14. Jahrhundert v. Chr. in ihren Hauptzügen feststand, weshalb man auch von den „ABC-Tafeln von Ugarit" spricht.

'a b g ḫ d h w z ḥ ṭ y k š l
m ḏ n ẓ s ʿ p ṣ q r ṯ
ġ t 'i 'u s_2

^
Sog. ABC-Tafel aus Ugarit an der syrischen Mittelmeerküste mit den 30 Keilschriftzeichen des ugaritischen Konsonantenalphabets – oben die Lautfolge in moderner Umschrift, 14. Jahrhundert v. Chr.

Die in Ras Schamra mittlerweile ans Tageslicht gekommenen über tausend alphabetischen Keilschrifttafeln bezeugen überdies schon für die Mitte des 2. Jahrtausends v. Chr. eine ebenso massenhafte wie vielseitige Nutzung der Buchstabenschrift. Die Tafeln enthalten religiöse Texte ebenso wie Wirtschaftsnotizen, Verwaltungsvermerke wie literarische Niederschriften und verdeutlichen damit ein weiteres Mal, um wie viel breiter und voller unser Bild vom antiken Schriftgebrauch ist, wenn haltbare Schriftträger wie Ton statt vergänglicher Materialien wie Papyrus oder Leder verwendet wurden.

Angesichts der beschriebenen Vielzahl von Buchstabenschriften und der weithin ungeklärten Beziehungen zwischen ihnen lässt sich zusammenfassend wohl nur mit Sicherheit feststellen, dass seit der ersten Hälfte des 2. Jahrtausends v. Chr. fast überall an der östlichen Mittelmeerküste intensive Bemühungen im Gange waren, einfache und leistungsfähige alphabetische Schriftsysteme mit einem kleinen Zeichenbestand zu schaffen. Dabei machte man gewisse formale und technische, vielleicht auch methodische Anleihen bei den großen Schriftsystemen der Zeit – vor allem dem ägyptischen, aber auch dem mesopotamischen. Die Vielgestaltigkeit und regionale Unterschiedlichkeit dieser Bemühungen unterstreicht, dass die Erfindung zu dieser Zeit geradezu „in der Luft lag“, also durch die ökonomischen und kulturellen Verhältnisse in der Region notwendig geworden war. Sie mahnt aber auch zur Vorsicht gegenüber allzu einfachen und einlinigen Entwicklungsmodellen, wie sie vor allem in der älteren Forschung üblich waren. Es hat sich nämlich trotz aller Unsicherheiten zwischenzeitlich herausgestellt, „dass eine geradlinige Entwicklung von den älteren zu den jüngeren Texten (…) keinesfalls anzunehmen ist“, wie der Altorientalist Wolfgang Röllig feststellt. Vielmehr müssen nach seinen Worten „lokale Eigenentwicklungen vorausgesetzt werden, die einerseits auf der Grundlage einer Silbenschrift, andererseits nach dem Prinzip der Alphabetschrift geschaffen worden sind“.[6]

DIE PHÖNIZISCHE SCHRIFT UND IHRE ABKÖMMLINGE

Diese vielfältigen Ansätze und Experimente fanden um die Jahrtausendwende schließlich ihre Vollendung in der klassischen phönizischen Schrift, die vermutlich aus den altkanaanäischen Vorläufern entstand. Erste Belege dieses aus 22 Konsonantenzeichen bestehenden Alphabets finden sich auf einer Reihe von Kleinfunden aus dem 11. Jahrhundert v. Chr., und seit dem 10. Jahrhundert kennt man dann auch längere Inschriften auf Steindenkmälern in der von nun an feststehenden Schreibweise von rechts nach links. Die im Alltag sicher gebräuchlicheren Texte in Tinte auf organischem Material sind auch hier nur spärlich überliefert.

Wie aus den Funden zu erschließen ist, setzte sich diese zunächst nur in Phönizien, auf dem Gebiet des heutigen Libanon und Westsyriens gebräuchliche Schrift bald im ganzen Levanteraum durch und verdrängte die konkurrierenden Systeme, sofern diese nicht bereits von selbst verschwunden wa-

Aramäischer Text in phönizischer Buchstabenschrift auf einem steinernen Denkmal des Königs Kilamuwa von Jadij, 9./8. Jahrhundert v. Chr.

ren. Sie wurde auch von den Israeliten in Palästina und von den Aramäern in Syrien übernommen, die aus ihr im 9. bzw. 8. Jahrhundert v. Chr. die althebräische und die aramäische Schrift entwickelten. Vor allem die letztere sollte sich als überaus fruchtbar und einflussreich erweisen: Sie verbreitete sich als offizielle Verwaltungsschrift des persischen Achämenidenreichs bis nach Afghanistan, Pakistan und Nordwestindien, so dass auch die dort lebenden Völker das alphabetische Prinzip kennen lernten und in der Folgezeit zu eigenen Schriftschöpfungen angeregt wurden – auf diese Einflüsse gehen beispielsweise die frühen indischen Schriften zurück.

Etwa im 2. Jahrhundert v. Chr. übernahmen die im Gebiet südlich des Toten Meeres ansässigen arabischen Nabatäer die aramäische Schrift und gaben sie an andere arabische Stämme weiter. Daraus entstand nach der Zeitwende die arabische Schrift, die sich dann im Zeichen des Islam in der gesamten orientalischen Welt verbreitete und heute zu den großen Weltschriften zählt. Vielleicht schon vor der Wende zum 1. Jahrtausend v. Chr. hatte sich im Westen der Arabischen Halbinsel unter dem Einfluss der Levantekultur eine ältere, die sog. südsemitische Schriftengruppe herausgebildet.

Sämtliche Buchstabenschriften des Orients gingen bzw. gehen also direkt oder indirekt auf die phönizische Schrift zurück. Dass diese zur „Urmutter aller Alphabete“ und zur Urahnin der meisten heute auf der Welt gebräuchlichen Schriften wurde, hängt freilich in noch höherem Maße mit ihrer Übernahme und Weiterentwicklung durch die Griechen zusammen, der auch wir unser Alphabet zu verdanken haben.

FRÜHE ÄGÄISCHE SCHRIFTSYSTEME

In der bronzezeitlichen Welt der Ägäis und Griechenlands existierten schon im 2. Jahrtausend v. Chr. mehrere eigenständige Schriftsysteme – die frühesten unter ihnen waren eine bildhafte Hieroglyphenschrift und das in der Forschung als „Linear A“ bezeichnete, wahrscheinlich silbische System der minoischen Kultur auf Kreta. In der späteren, auf dem Festland und auf Kreta blühenden mykenischen Kultur verwendete man eine „Linear B“ genannte Silbenschrift – sie ist bekannt durch eine Vielzahl von Verwaltungsnotizen auf tausenden kleiner Tontäfelchen. Diese Schriftsysteme gingen jedoch um 1450 (Linear A) bzw. um 1200 v. Chr. (Linear B) zusammen mit den bronzezeitlichen Palastkulturen, die sie hervorgebracht hatten, unter und gerieten in Vergessenheit. Griechenland und die Ägäis tauchten in ein über 300 Jahre andauerndes „dunkles Zeitalter“ ab, das durch eine allgemeine kulturelle Verarmung und den Rückfall in die Schriftlosigkeit gekennzeichnet war – so jedenfalls lautet die traditionelle Auffassung.

Die Minoer und später die Mykener hatten auch den Seehandel im östlichen Mittelmeer beherrscht. Daher entstand durch ihren Niedergang in diesem Raum gleichsam ein Vakuum, in das die Phönizier hineinstießen, die ihre Handelsschifffahrt stark ausweiteten und sich seit Beginn des 1. Jahrtausends v. Chr. als die stärkste Seehandelsmacht im Mittelmeer etablierten. Sie segelten im Westen bis nach Spanien und legten im Laufe der Zeit zahlreiche Häfen, Handelsstützpunkte und Niederlassungen entlang ihrer Fahrtrouten und an den Küsten ihrer Handelspartner an. Die bedeutendste phönizische Gründung war das mächtige Karthago in Nordafrika.

Auf ihren Seereisen und Handelsfahrten führten die Phönizier nicht nur ihre wohlsortierten Warenkontingente, sondern auch ihre Rechnungsbücher und Inventarlisten mit sich, und ihre (zunächst vornehmlich griechischen) Handelspartner lernten durch sie nicht allein orientalische Produkte kennen und schätzen, sondern auch die Vorteile der kaum weniger Aufsehen erregenden und zudem noch leicht zu erlernenden Buchstabenschrift. Doch natürlich reichte ein sporadischer, flüchtiger Kontakt zwischen Kaufleuten kaum zur Vermittlung und Übernahme einer Schrift aus. Der vermutlich im Rahmen der Handelsbeziehungen entstandene Wunsch der Griechen, sich die leistungsfähige Buchstabenschrift selbst verfügbar zu machen, muss also in einem anderen Kontext realisiert worden sein, über den die Forschung jahrzehntelang rätselte.

DIE GRIECHISCHE ÜBERNAHME DES ALPHABETS

Als man in den 1930er Jahren bei Al Mina an der syrischen Küste (unweit des antiken Ugarit) eine kleine Niederlassung griechischer Kaufleute entdeckte, die im späten 9. Jahrhundert v. Chr. gegründet worden war, glaubte man die Lösung gefunden zu haben: Hier, im phönizischen Mutterland, könnten die griechischen Händler im dauernden Kontakt mit ihren semitischen Partnern deren Schrift erlernt und übernommen haben. Doch leider fanden sich bis heute in Al Mina keinerlei Belege frühgriechischer Schrift – die ältesten Zeugnisse stammen vielmehr aus dem griechischen Mutterland selbst sowie aus der Inselwelt der Ägäis.

Archäologische Funde aus neuerer Zeit belegen denn auch, dass sich schon seit der Jahrtausendwende Phönizier – und zwar offenbar vorwiegend Handwerker – dauerhaft im griechisch-ägäischen Bereich niederließen und dort ihre technischen und künstlerischen Fertigkeiten an einheimische Berufskollegen weitergaben. Was liegt näher als der Gedanke, dass sie ihnen im Rahmen dieses dauerhaften Zusammenlebens und -arbeitens auch die Kunst des alphabetischen Lesens und Schreibens vermittelt haben könnten? Wenn dem so war, dann hätten die Griechen die neu gewonnene Errungenschaft allerdings erstaunlich rasch auch in Bereichen außerhalb der Ökonomie genutzt, denn bei den ältesten griechischen Schriftzeugnissen handelte es sich keineswegs um Wirtschaftstexte, sondern um kurze Graffiti auf Keramik (Abb. S. 227), um Weiheinschriften und poetische Fragmente.

Eine Übernahme in Griechenland selbst entspräche auch eher der altgriechischen Überlieferung, die der „Vater der Geschichtsschreibung“, Herodot, im 5. Jahrhundert v. Chr. so zusammenfasste: „Jene mit Kadmos [einem mythischen phönizischen Königssohn] in Hellas eingewanderten Phoiniker haben durch ihre Ansiedlung in Boiotien [der mittelgriechischen Landschaft nordwestlich von Attika] viele Wissenschaften und Künste nach Hellas gebracht, so auch die Schriftzeichen, die die Hellenen, wie ich glaube, bis dahin nicht gekannt hatten. (...) Der hellenische Stamm, der damals ihr hauptsächlicher Nachbar war, waren die Ioner. Sie übernahmen die Buchstaben von den Phoinikern, bildeten sie auch ihrerseits ein wenig um und nannten sie *Phoinikeia*, was recht und billig war, denn die Phoiniker hatten sie ja in Hellas eingeführt.“[7]

Selbstverständlich ist dieser teilweise auf mythologischer Überlieferung beruhende Bericht keine zuverlässige historische Quelle, insbesondere was die Details betrifft. So wird der genaue Ort der griechischen Übernahme des Alphabets wohl bis auf weiteres unbekannt bleiben – einige Forscher nehmen ohnehin an, dass sich diese Übernahme nicht nur ein einziges Mal und an einer einzigen Stelle, sondern mehrfach und unabhängig voneinander in verschiedenen griechisch-phönizischen Kontaktregionen vollzog. Ein Indiz dafür sehen sie in der Tatsache, dass bis ins 4. Jahrhundert v. Chr. keine für ganz Griechenland einheitliche Schrift, sondern – entsprechend der Stadtstaaten-Struktur – mehrere in Einzelheiten unterschiedliche Lokalalphabete existierten.

Ebenso umstritten wie der Ort ist auch der Zeitpunkt, an dem das griechische Alphabet aus dem altsemitischen hervorging. Die erwähnten ältesten frühgriechischen Inschriften stammen aus dem 8. Jahrhundert v. Chr., und so herrschte eine Zeitlang weithin Konsens unter den Forschern, dass in eben diesem, frühestens aber im 9. Jahrhundert die griechische Schrift entstanden sei. In jüngerer Zeit sind jedoch einige Fachleute – ihnen voran der israelische Semitist Joseph Naveh – zu der Auffassung gelangt, dass die Formen der frühesten griechischen Buchstaben eher denjenigen der altkanaanäischen Schrift des ausgehenden 2. Jahrtausends als denen der phönizischen Schrift des beginnenden 1. Jahrtausends v. Chr. ähneln; sie vermuten deshalb, dass die Übernahme des semitischen Alphabets durch die Griechen bereits um 1100 v. Chr. stattgefunden habe. Als weiteres Argument können

^
Eines der ältesten griechischen Schriftzeugnisse auf der sog. Dipylon-Kanne aus Athen, 8. Jahrhundert v. Chr. Die Inschrift lautet: „Wer nun von all den Tänzern am anmutigsten tanzt, der soll dies erhalten".

sie dabei die Tatsache ins Feld führen, dass die frühen griechischen Texte abwechselnd rechts-, links- und wechselläufig, also in ihrer Schreibrichtung ebenso wenig festgelegt waren wie die altkanaanäischen Graffiti. Die entwickelte phönizische Schrift lief dagegen einheitlich von rechts nach links, was die Griechen – hätte sie ihnen als Vorbild gedient – sicherlich mit übernommen hätten. Statt dessen setzte sich bei ihnen im 7. oder 6. Jahrhundert v. Chr. die noch heute für uns verbindliche Schreibrichtung von links nach rechts durch.

Träfen diese Überlegungen zu, dann hätte das auch beträchtliche Konsequenzen für die Bewertung der frühgriechischen Geschichte, denn das postulierte schriftlose, „dunkle“ Zeitalter würde sich dann als bloße Fiktion erweisen oder zumindest in seiner Dauer erheblich zusammenschrumpfen. Navehs Theorie wird freilich vorerst nur von wenigen anderen Fachleuten geteilt – die große Mehrheit hält an dem jüngeren Datum (9. oder 8. Jahrhundert v. Chr.) fest.

KONSONANTEN UND VOKALE

Einig ist man sich hingegen darüber, dass die Griechen die semitischen Buchstaben weitgehend in ihrer bestehenden Form, ihrer festgelegten Reihenfolge und mit ihren semitischen Benennungen übernahmen (Abb. S. 214): *'aleph* wurde so zu *alpha, beth* zu *beta, gimel* zu *gamma, daleth* zu *delta* usw., wobei die griechischen Namen im Gegensatz zu den semitischen keinerlei konkrete Wortbedeutung hatten. Die Zeichenlesungen wurden allerdings dort, wo es nötig schien, dem griechischen Lautstand angepasst, und dabei vollzog man den letzten großen und wichtigen Schritt in der Entwicklungsgeschichte der Schrift: die gleichberechtigte Aufzeichnung der Vokale nämlich. Die Griechen verfuhren dabei so, dass sie einige der 22 phönizischen Zeichen, die für spezifisch semitische, in ihrer eigenen Sprache nicht gebräuchliche Konsonanten standen, zur Schreibung der vokalischen Laute verwendeten, die man in der altsemitischen Schrift ja nicht fixierte.

Dieser für die Schriftgeschichte so bedeutsame Schritt wurde dabei möglicherweise gar nicht bewusst, sondern gleichsam zufällig vollzogen. Viele Forscher vermuten nämlich, dass die für griechische Ohren kaum wahrnehmbaren schwachen Anfangskonsonanten des semitischen *'aleph* oder *he* schlichtweg überhört bzw. ignoriert wurden und die betreffenden Buchstabenzeichen somit gleichsam automatisch den Lautwert des darauffolgenden Vokals (in den genannten Beispielen a bzw. e) erhielten. Die Tragweite dieser Neuerung war jedenfalls enorm, denn dieses konsonantisch-vokalische Buchstabensystem erlaubte es nun erstmals, ausnahmslos alle wichtigen Phoneme der gesprochenen Sprache adäquat wiederzugeben und die Sprache dadurch wirklich lautgetreu aufzuzeichnen.

Die Griechen fügten diesem Alphabet in der Folgezeit noch einige Zusatzbuchstaben für Laute hinzu, die im Semitischen nicht existierten, und zwar in den einzelnen Lokalalphabeten in recht unterschiedlicher Weise. Erst im 4. Jahrhundert v. Chr. setzte sich überall in Griechenland das ionisch-attische Alphabet mit 24 Buchstaben als die klassische gemeingriechische Schrift durch. Sie verbreitete sich zusammen mit anderen Kulturelementen seit 336 v. Chr. im Reich Alexanders des Großen und in der nachfolgenden Epoche des Hellenismus über weite Teile Vorder- und Mittelasiens. Auch im späteren Oströmischen und Byzantinischen Reich wurde griechisch geschrieben. Die im 9. Jahrhundert n. Chr. geschaffene und bis heute zur Schreibung zahlreicher slawischer Sprachen verwendete kyrillische Schrift lehnte sich gleichfalls an eine Entwicklungsform des griechischen Alphabets an.

Im 8. bis 6. Jahrhundert v. Chr. gründeten die Griechen zahlreiche Kolonien und Niederlassungen auch im westlichen Mittelmeerraum – in Südfrankreich und Spanien, besonders aber auf Sizilien und in Süditalien. Von hier aus gaben sie ihre Schrift an verschiedene italische Völker weiter, die sie für die Schreibung ihrer jeweiligen Sprachen umbildeten. Zu diesen zählten auch die Bewohner der mittelitalischen Landschaft Latium, die wohl im späten 7. Jahrhundert v. Chr. das Alphabet übernahmen – allerdings wahrscheinlich nicht von den griechischen Kolonisten selbst, sondern von ihren schon länger griechisch beeinflussten und schriftbesitzenden nördlichen Nachbarn, den Etruskern in der Toskana. Die Latiner formten es zum zunächst 21 Buchstaben umfassenden lateinischen Alphabet um. Dem Aufstieg der in Latium gelegenen Stadt Rom zur führenden Weltmacht der folgenden tausend Jahre war es dann zuzuschreiben, dass diese anfangs rein regionale Schrift eines kleinen italischen Volkes zum beherrschenden Schriftsystem Europas wurde, das auch die Nachfolger und Erben der Römer bewahrten und weiterbildeten und das wir bis heute verwenden.

^
Die älteste bekannte lateinische Steininschrift auf dem Lapis niger (Schwarzer Stein) des Forum Romanum in Rom, um 600 v. Chr.

Im Zeitalter der Entdeckungen und des europäischen Kolonialismus fand das lateinische Alphabet schließlich fast weltweite Verbreitung und wurde den Völkern (bzw. den einheimischen Eliten) der Neuen Welt, Afrikas und Ozeaniens zusammen mit den anderen „Segnungen" der abendländischen Zivilisation übermittelt, oft freilich auch unter brutaler Zerstörung ihrer eigenen Kulturen und Schriftsysteme aufgezwungen (vgl. S. 212). Die fremde Buchstabenschrift kam in der Regel mit der Bibel und den Missionaren ins Land und diente zunächst vorwiegend der Verankerung des christlichen Glaubens und der Kolonialverwaltung. Heute ist das solcherart verbreitete lateinische Alphabet zur weltweit führenden Schrift geworden. Sie wird zur Schreibung zahlloser unterschiedlicher Sprachen verwendet, fungiert als internationale Verkehrsschrift und hat den Sieg des Alphabets über die anderen Schriftsysteme (von denen nur noch die chinesische Wort- und die japanische Wort-Silben-Schrift eine bedeutsame Rolle spielen) vollendet.

DIE DEMOKRATISIERUNG DER SCHREIBKUNST

Welche kulturgeschichtliche Bedeutung und welche gesellschaftlichen Folgen die Entwicklung und Ausbreitung der Buchstabenschrift hatte, wird seit etwa drei Jahrzehnten besonders im angelsächsischen Raum lebhaft und kontrovers diskutiert. Dabei waren und sind die Arbeiten von Forschern wie Eric A. Havelock, Jack Goody (vgl. S. 128 f.) und Walter J. Ong wegweisend.

Einen ganz wesentlichen Aspekt der Problematik haben wir bereits zu Beginn dieses Kapitels erwähnt: die leichte Erlernbarkeit der alphabetischen Schrift, die zwar keine unverzichtbare Voraussetzung für eine allgemeine Schriftkundigkeit der Bevölkerung darstellt, wie die Beispiele des modernen Japan und China lehren, die aber doch die Herausbildung einer solchen all-

Unterrichtsszene auf einer attischen Schale des 5. Jahrhunderts v. Chr.

^
Ein Ostrakon aus dem athenischen Scherbengericht mit dem Namen des Perikles, 5. Jahrhundert v. Chr.

gemeinen Literalität ungeheuer erleichtert und fördert, ja historisch gesehen wohl erst ermöglicht hat. „Die Erfindung des alphabetischen Prinzips brachte die Schriftkenntnis in die Reichweite von jedermann und erlaubte so die Demokratisierung der höheren Kultur“, schrieb der amerikanische Forscher Frank Moore Cross,[8] und sein britischer Kollege Alan R. Millard merkte an: „Mit dem Alphabet (…) wurde das Monopol der Schreiber gebrochen, wenngleich man nicht annehmen sollte, dass sofort jeder zu lesen und zu schreiben begann.“[9]

Das wohl früheste und eindrucksvollste antike Beispiel breit verankerter Literalität bietet das klassische Griechenland und hier besonders die Stadt Athen. Die Fachwelt streitet zwar noch darüber, ab welchem Zeitpunkt eine allgemeine Schreib- und Lesekundigkeit unter der athenischen Bürgerschaft angenommen werden kann – Einigkeit herrscht jedoch darüber, dass sie spätestens seit Ende des 5. Jahrhunderts v. Chr. vorauszusetzen ist. Schulen mit einer größeren Anzahl von Schülern werden in griechischen Quellen schon für die Zeit kurz nach 500 v. Chr. erwähnt, wenngleich es niemals einen kostenlosen öffentlichen Schulunterricht oder gar eine Schulpflicht im modernen Sinne gab. Griechische Vasenbilder zeigen ebenfalls schon seit dem frühen 5. Jahrhundert Unterrichtsszenen (Abb. S. 230), und in den klassischen Dramen und Komödien erscheint gegen Ende des 5. Jahrhunderts der zumeist ländliche Analphabet, der *agrammatos*, als Witzfigur.

Die athenische direkte Demokratie mit ihrer unmittelbaren Mitwirkung und Verantwortlichkeit der Vollbürger, von denen ein großer Teil einmal oder mehrmals im Leben staatliche Funktionen ausübte, setzte eine allgemeine Schreib- und Lesekundigkeit auch geradezu voraus. Gesetze und andere wichtige Verlautbarungen wurden wie selbstverständlich (oft mit dem Vermerk: „damit jeder, der es wünscht, es sehen kann“)[10] als Inschriften in Stein auf öffentlichen Plätzen publik gemacht. Auch eine Einrichtung wie das seit Ende des 6. Jahrhunderts existierende Scherbengericht (*ostrakismos*), mittels dessen ein Politiker für zehn Jahre in die Verbannung geschickt werden konnte, wenn mindestens 6000 Bürger seinen Namen auf eine Tonscherbe einritzten, hätte ohne eine weit verbreitete Literalität nicht funktionieren können (Abb. S. 231). Bei alldem ist freilich immer zu bedenken, dass diese athenische Demokratie sich auf die freien männlichen Vollbürger der Stadt beschränkte und die Frauen, Sklaven und Fremden – mithin die Mehrheit der erwachsenen Bevölkerung – von vorn herein ausgeschlossen und politisch rechtlos blieben. Dennoch dürfte auch unter diesen Bevölkerungsgruppen ein gewisser, sicherlich kleinerer Teil schriftkundig gewesen sein.

Das klassische Griechenland und insbesondere Athen blieb im Hinblick auf die Schriftverbreitung aber innerhalb der antiken Welt vermutlich einzigartig und unerreicht – die dortigen Verhältnisse lassen sich also kaum verallgemeinern. Tatsächlich sind die meisten Fachleute heute der Auffassung, dass die Mehrheit der Bevölkerung in der hellenistischen Welt und im Römischen Reich, wo die meisten Menschen nicht in Städten, sondern auf dem Lande lebten und wo auch die Teilnahme an der Staatsverwaltung und an öffentlichen Entscheidungsprozessen als Motiv für die Schrifterlernung und -verwendung fehlte, weder lesen noch schreiben konnte. Im europäischen Früh- und Hochmittelalter schmolz der Schriftgebrauch sogar wieder für Jahrhunderte auf wenige Inseln der Literalität und der Gelehrsamkeit zusammen – dies waren vor allem die Klöster, in denen man die lateinische Schrift zur Überlieferung und Kopierung der christlichen und antiken Texte benutzte (Abb. S. 233).

Wenngleich also das Alphabet sozusagen die technologischen Voraussetzungen für eine allgemeine Schriftkundigkeit und für die Demokratisierung der Schreibkunst schuf, wurde diese Möglichkeit in der antiken und mittelalterlichen Welt doch nur an wenigen Stellen realisiert, die dafür günstige gesellschaftliche und politische Voraussetzungen boten. Im allgemeinen blieb der Umgang mit der Schrift das Privileg einer gesellschaftlichen Minderheit – einer Minderheit freilich, die beträchtlich größer gewesen sein dürfte als die kleine Gruppe der Berufsschreiber in den altorientalischen Hochkulturen (vgl. S. 198 f.). Zu ihr gehörten neben den Funktionsträgern in Staat, Religion und Gesellschaft sicher auch viele Kaufleute, Händler und Handwerker sowie der größte Teil der gut situierten städtischen Oberschicht, für die es nun zum guten Ton gehörte, gebildet, belesen und kulturell interessiert zu sein.

FORTBESTEHEN MÜNDLICHER TRADITIONEN

Es wäre gleichfalls ein Irrtum, anzunehmen, dass die Entwicklung der leicht verwendbaren Buchstabenschrift automatisch eine Durchdringung des gesamten Alltagslebens mit diesem neuen Medium zur Folge gehabt hätte. Selbst im klassischen Griechenland, dem antiken Paradebeispiel breit verankerter Literalität, blieb die „Verschriftlichung" des Alltags noch in vielerlei Hinsicht begrenzt, wurden auf Mündlichkeit beruhende Traditionen und Institutionen in weiten Bereichen beibehalten. Die Literatur beispielsweise war noch lange Zeit primär für ein Zuhörer- bzw. Theaterpublikum, nicht für

^
Der Heilige Hieronymus mit drei aufgeschlagenen Bibeln, die den ersten Satz des Alten Testaments „Am Anfang schuf Gott Himmel und Erde…“ in hebräischer, griechischer und lateinischer Schrift zeigen. Holzschnitt von Albrecht Dürer (1492).

eine Leserschaft im heutigen Sinne konzipiert, in der Philosophie blieb der Dialog das klassische Mittel der Lehre und der Wahrheitsfindung, und im politischen Bereich fungierte während der Periode der Demokratie die an persönliche Anwesenheit und Diskussion gebundene Volksversammlung als das oberste Entscheidungsorgan. Ein Kulturgeschichtler kann daher, wie es der britische Althistoriker Oswyn Murray formulierte, „Griechenland als eine mündliche oder als eine schriftliche Kultur ansehen, je nachdem, welchen Bereich er untersucht".[11] Dies gilt in noch höherem Maße für die hellenistischen Staaten und das Römische Reich, in denen die Mündlichkeit gegenüber der Schrift ein noch größeres Gewicht bewahrte. Deshalb lassen sich diese Kulturen trotz der Existenz großer und wohlbestückter Bibliotheken, trotz eines umfangreichen Handels mit den damals üblichen „Buch"-Rollen aus Papyrus oder Pergament und trotz einer Vielzahl von Ausbildungsstätten nur mit Einschränkung als wirklich „verschriftete" Kulturen bezeichnen.

Das wahre Zeitalter der literalen Massenkommunikation und des alles durchdringenden Schriftgebrauchs wurde erst eingeläutet durch die Erfindung des Buchdrucks mit beweglichen Lettern durch Johannes Gutenberg und durch die massenhafte industrielle Herstellung des billigen Beschreib- und Bedruckstoffes Papier im Europa des 15. Jahrhunderts. Doch das ist ein völlig neuer Abschnitt in der Geschichte der Kommunikationstechniken, der ein eigenes, dickes Buch füllen würde – das unsere, das nur den Ursprüngen von Sprache und Schrift nachspüren wollte, soll hier, an der Schwelle zur Neuzeit, enden.

Die altgermanischen Runen – ein sagenumwobenes Schriftsystem

Die Aura von Mystik und Magie, die viele der alten Schriften umgibt, kommt in unserem Kulturraum besonders deutlich bei den altgermanischen Runen zum Tragen. Das Werfen von Runenstäben gilt in esoterischen Kreisen – neben astrologischen Studien und dem Legen von Tarot-Karten – bis heute als probates Mittel zur Schicksalsdeutung, zur Erkundung der Zukunft und als Hilfe bei der Entscheidungsfindung, und nicht wenige Anhänger dieser Richtung schwören darauf, dass die Vertiefung in die altgermanischen Zeichen auch zur Selbstfindung und zur Entwicklung eines spirituellen Bewusstseins beitragen könne. Wirklichen Missbrauch mit den Runen trieben während des Dritten Reiches die Nazis, nach deren verquaster „nordischer" Ideologie bekanntlich die ganze Welt am germanischen Wesen genesen sollte und die daher auch das Erlernen der Runenschrift in der SS und in allerlei Heimatbünden als „dem völkischen Wesen zuträglich" propagierten.

Im Gegensatz zu manchen anderen mystischen Bräuchen ist diese Runenverehrung aber kein modernes Phänomen, sondern war bereits im Altertum verbreitet. Schon bei den Germanen selbst galten die kantigen Lettern, deren Name sich von dem altnordischen Wort *rún* = ‚Geheimnis' ableitet, als durch den Gott Odin gegeben, also überirdischen Ursprungs. „Eine Rune male ich, eine von den göttlichen Mäch-

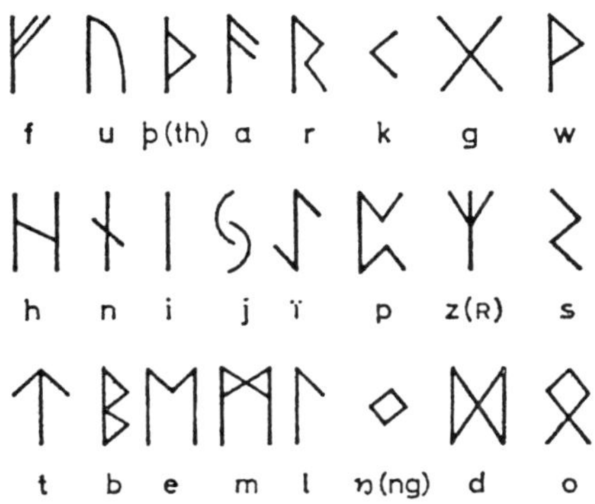

^
Die Runenreihe des älteren Futhark mit 24 Zeichen.

ten stammende“, ist beispielsweise auf einem Inschriftenstein aus dem 6. Jahrhundert n. Chr. zu lesen.[12]

In Wahrheit dürften die geheimnisumwitterten Zeichen um die Zeitwende oder kurz danach unter dem Einfluss eines der italischen Alphabete entstanden sein, mit denen die Germanen bei ihren Wanderungen und an der römischen Reichsgrenze immer wieder in Kontakt kamen. Ob dabei freilich das lateinische, das etruskische oder ein anderes Alphabet als Vorbild diente, ist bis heute nicht abschließend geklärt. Das liegt nicht zuletzt daran, dass die Schöpfer der Runenschrift sich von dem südlichen Vorbild nur ganz allgemein inspirieren liessen, bei der Schaffung des Zeichensystems hingegen sehr eigenständig vorgingen – nur wenige der Runen besitzen eine unmittelbare Ähnlichkeit mit lateinischen oder etruskischen Buchstaben, die meisten von ihnen wurden offenbar völlig unabhängig gestaltet (Abb. oben). Auch die auf mehreren Denkmälern belegte Zeichenfolge orientierte sich keineswegs an dem sonst üblichen „ABC“, sondern begann mit den Buchstaben f, u, th, a, r und k, nach denen die charakteristische Runenreihe auch „Futhark“ genannt wird.

Das „ältere Futhark“ umfasste 24 Zeichen und war vom 1. bis zum 8. Jahrhundert n. Chr. im gesamten norddeutsch-skandinavischen Heimatgebiet der Germanen sowie auf den südöstlichen Wanderwegen der Goten und anderer Gruppen in Gebrauch. Es ist nur in etwa 250 Inschriften auf Stein, Metall oder Horn überliefert, was nicht allein mit den Asymmetrien der archäologischen Fundüberlieferung (vgl. S. 223) zusammenhängen dürfte. Vielmehr weist auch die ausgeprägt lineare, kantige Gestalt der Runen darauf hin, dass sie vorwiegend als Denkmälerschrift für das Einritzen in harte Materialien, nicht als flüssig zu schreibende Alltagsschrift, konzipiert waren. Dem entspricht auch der Charakter der Inschriften: Längere Texte liegen nur selten vor, vielmehr handelt es sich überwiegend um Namensangaben oder kurze Graffiti auf persönlichen Gegenständen wie Schmuckstücken, Amuletten oder Waffen sowie um Gedenkinschriften auf Steindenkmälern (Abb. S. 236).

Ein Teil dieser oft nur wenige Worte umfassenden Schriftzeugnisse enthielt magische Formeln und Zaubersprüche zur Sicherung göttlichen Beistands und zur Abwehr von Unheil oder Grabfrevel, und wenngleich diese „magischen Texte“ keineswegs in der Überzahl waren, wie man lange Zeit annahm, markieren sie doch eine wichtige Facette des altgermanischen Runengebrauchs. Der römische Historiker Tacitus berichtet überdies in seinem 98 n. Chr. erschienenen Werk *Germania* (Kap.10) über ein altgermanisches Losorakel mit Hilfe von Holzstäbchen, in die Zeichen eingeritzt wurden – bei ihnen muss es sich freilich noch nicht um echte Runen gehandelt haben.

Insgesamt lässt der wohl eher spärliche und auch recht spezielle Gebrauch des älteren Futharks kaum auf eine breite

Runenstein in Rök, Östergotland (Schweden).

Schriftkundigkeit und starke Verschriftung des Alltags (vgl. S. 232) in den altgermanischen Völkerschaften schließen. Die überlieferten Zeugnisse deuten vielmehr auf eine nur bei besonderen Anlässen und zu bestimmten Zwecken benutzte „Prunk"- und Sakralschrift hin, die vermutlich auch nur wenige Eingeweihte beherrschten – in den Inschriften findet sich bezeichnenderweise wiederholt der Begriff des „Runenmeisters". Dieser sozial stark eingeschränkte, aber auch in der thematischen Anwendung begrenzte Gebrauch der älteren, „gemeingermanischen" Runen dürfte wesentlich zu der Aura des Geheimnisvollen und Mystischen beigetragen haben, die sie schon im Altertum umgab.

Seit dem 9. Jahrhundert kam dann aber in einem Teil des nordischen Raumes ein „jüngeres Futhark" mit nur noch 16 Buchstaben in Gebrauch, das sich rasch zu einer Alltags- und Gebrauchsschrift breiter Bevölkerungsschichten entwickelte. Dies belegen rund 5000 Schriftzeugnisse, die sich in ganz Skandinavien – mit einem deutlichen Schwerpunkt in Schweden – sowie auf den Ausbreitungswegen der Wikinger gefunden haben; in den anderen ehemals germanischen Gebieten scheint der Runengebrauch hingegen um diese Zeit weitgehend erloschen zu sein. Das thematische Spektrum der skandinavisch-wikingerzeitlichen Ritzinschriften auf Knochen, Holz oder Stein reichte von der flüchtig eingeritzten Geschäftsnotiz über kurze briefliche Mitteilungen bis hin zum feurigen Liebesbekenntnis, zur zornigen Verwünschung oder zum obszönen Graffito.

In Zeiten, da in Europa das Papier noch wenig bekannt und das als bevorzugter Beschreibstoff verwendete Pergament ausgesprochen kostbar und teuer war, boten sich die für das Schreiben auf überall verfügbaren Materialien wie Holz oder Knochen konzipierten Runen geradezu als Volks- und Alltagsschrift an. In dieser Funktion vermochten sie noch jahrhundertelang erfolgreich neben der lateinischen Schrift zu bestehen, die im 11. Jahrhundert mit der Christianisierung nach Skandinavien kam, zunächst aber vorwiegend im kirchlich-religiösen Bereich und auf Pergament Verwendung fand. Erst im 15. Jahrhundert – also etwa anderthalb Jahrtausende nach ihrer Entstehung – gerieten die Runen schließlich auch im größten Teil Skandinaviens außer Gebrauch, wurden aber selbst dann noch in vereinzelten Regionen bis ins 19. Jahrhundert hinein weiter verwendet.

LITERATUR

Das vorliegende Literaturverzeichnis enthält nur eine Auswahl an grundlegenden und leicht zugänglichen Werken. Weitere Literatur zu spezielleren Einzelaspekten findet sich im Anmerkungsteil.

Die Entstehung der Sprache

Bickerton, Derek, Language and species, Chicago 1990.

Borst, Arno, Der Turmbau von Babel. Geschichte der Meinungen über Ursprung und Vielfalt der Sprachen und Völker, 4 Bde., Stuttgart 1957–1961/München 1995.

Budiansky, Stephen, Wenn ein Löwe sprechen könnte. Die Intelligenz der Tiere, Reinbek 2003.

Bussmann, Hadumod, Lexikon der Sprachwissenschaft, Stuttgart 1983.

Cheney, Dorothy L./Seyfarth, Robert M., Wie Affen die Welt sehen, München 1994.

Communication and language (World Archaeology 26, 2/1994)

Crystal, David, Die Cambridge Enzyklopädie der Sprache, Frankfurt a. M. 1992.

Deacon, Terrence, The symbolic species. The co-evolution of language and the human brain, London 1997.

Die Evolution der Sprache (Acta Teilhardiana 12, München 1975).

Die Evolution der Sprachen (Dossier Spektrum der Wissenschaft 1/2000).

Doerfer, Gerhard, Lautgesetz und Zufall. Betrachtungen zum Omnicomparatismus, Innsbruck 1973.

Dunbar, Robin, Klatsch und Tratsch. Wie der Mensch zur Sprache fand, München 1998.

Evolution of language (Special Issue), in: Science 303 (2004), S. 1315–1335.

Fischer, Steven Roger, Eine kleine Geschichte der Sprache, Frankfurt a. M. 2001.

Fouts, Roger/Mills, Stephen T., Unsere nächsten Verwandten. Von Schimpansen lernen, was es heißt, ein Mensch zu sein, München 1998.

Gessinger, Joachim/Rahden, Wolfert von (Hg.), Theorien vom Ursprung der Sprache, 2 Bde., Berlin 1988/89.

Gibson, Kathleen R./Ingold, Tim (Hg.), Tools, language and cognition in human evolution, Cambridge 1993.

Grolier, Eric de (Hg.), Glossogenetics. The origin and evolution of Language, Chur/London 1983.

Hart, Stephen, Von der Sprache der Tiere, München 1997.

Haspelmath, Martin u. a. (Hg.), Language typology and language universals, Bd. 1, Berlin 2001.

Hauser, Marc D., Wilde Intelligenz. Was Tiere wirklich denken, München 2001.

Herbig, Jost, Im Anfang war das Wort. Die Evolution des Menschlichen, München 1984.

Hewes, Gordon W., Language origins. A bibliography, Paris 1975.
Jablonski, Nina G./Aiello, Leslie C. (Hg.), The origin and diversification of language, San Francisco 1998.
Janson, Tore, Eine kurze Geschichte der Sprachen, Heidelberg 2003.
Jones, Steven u. a. (Hg.), The Cambridge encyclopedia of human evolution, Cambridge 1992.
Klix, Friedhart, Erwachendes Denken. Geistige Leistungen aus evolutionspsychologischer Sicht, Heidelberg 1993.
Kuckenburg, Martin, Lag Eden im Neandertal? Auf der Suche nach dem frühen Menschen, München 1997.
Ders., Als der Mensch zum Schöpfer wurde. An den Wurzeln der Kultur, Stuttgart 2001.
Leroi-Gourhan, André, Hand und Wort. Die Evolution von Technik, Sprache und Kunst, Frankfurt a. M. 1980.
Lieberman, Philip, The biology and evolution of language, Cambridge 1984.
Lieberman, Philip, Uniquely human: evolution of speech, thought and selfless behaviour, Cambridge 1991.
Lindauer, Martin, Botschaft ohne Worte. Wie Tiere sich verständigen, München 1990.
Mallory, J. P., In search of the Indo-Europeans, London 1989.
Mengham, Rod, Im Universum der Worte. Über Ursprung, Funktion und Vielfalt menschlicher Sprache, Stuttgart 1995.
Müller, Horst E., Evolution, Kognition und Sprache, Berlin 1987.
Pinker, Steven, Der Sprachinstinkt, München 1996.
Renfrew, Colin, Archaeology and language. The puzzle of Indo-European origins, Cambridge 1988.
Riese, Berthold (Hg.), Verständliche Forschung: Schrift und Sprache, Heidelberg 1994.
Savage-Rumbaugh, E. Sue/Lewin, Roger, Kanzi – der sprechende Schimpanse, München 1995.
Zimmer, Dieter E., So kommt der Mensch zur Sprache, Zürich 1986.

Die Entstehung der Schrift

Barthel, Gustav, Konnte Adam schreiben? Weltgeschichte der Schrift, Köln 1972.
Betrò, Maria Carmela, Heilige Zeichen. 580 ägyptische Hieroglyphen, Wiesbaden 2003.
Campbell, George L., Handbook of scripts and alphabets, London 1997.
Childe, V. Gordon, Stufen der Kultur, Zürich 1952.
Ders., Der Mensch schafft sich selbst, Dresden 1959.
Christin, Anne-Marie, A history of writing. From hieroglyph to multimedia, Paris 2002.
Coe, Michael D., Das Geheimnis der Maya-Schrift, Reinbek 1995.
Coulmas, Florian, Writing systems, Cambridge 2003.
Daniels, Peter T./Bright, William (Hg.), The world's writing systems, New York 1996.
Diringer, David, The alphabet. A key to the history of mankind, London 1968.
Dreyer, Günter, Umm El-Qaab I. Das prädynastische Königsgrab U-j und seine frühen Schriftzeugnisse, Mainz 1998.
Driver, G. R., Semitic writing, 2. Aufl., London 1976.
Düwel, Klaus, Runenkunde, 2. Aufl., Stuttgart 1983.
Early writing systems (World Archaeology 17, 3/1986)
Eggebrecht, Arne (Hg.), Das alte Ägypten, München 1984.
Ekschmitt, Werner, Das Gedächtnis der Völker. Hieroglyphen, Schriften und Schriftfunde, München 1980.
Falkenstein, Adam, Archaische Texte aus Uruk, Berlin/Leipzig 1936.
Faulmann, Carl, Das Buch der Schrift, Wien 1880/Augsburg 1990.
Fazzioli, Edoardo, Gemalte Wörter. 214 chinesische Schriftzeichen, Wiesbaden 2003.
Ferioli, Piera u. a. (Hg.), Archives before writing, Rom 1994.

Fischer, Steven Roger, A history of writing, London 2001.
Ders., A history of reading, London 2003.
Földes-Papp, Károly, Vom Felsbild zum Alphabet, Stuttgart 1966.
Gelb, Ignace J., Von der Keilschrift zum Alphabet. Stuttgart 1958.
Goody, Jack u. a., Entstehung und Folgen der Schriftkultur, Frankfurt a. M. 1986.
Green, M. W./Nissen, Hans J., Zeichenliste der Archaischen Texte aus Uruk, Berlin 1987.
Günther, Hartmut/Ludwig, O. (Hg.), Schrift und Schriftlichkeit. Ein interdisziplinäres Handbuch, Berlin 1994.
Haarmann, Harald, Universalgeschichte der Schrift, Frankfurt a. M. 1990.
Ders., Geschichte der Schrift, München 2002.
Havelock, Eric A., Schriftlichkeit. Das griechische Alphabet als kulturelle Revolution, Weinheim 1990.
Ders., Als die Muse schreiben lernte, Frankfurt a.M. 1992.
Healey, John F., The early alphabet, London 1990.
Hooker, J. T. (Hg.), Reading the past. Ancient writing from cuneiform to the alphabet, London 1990.
Hrouda, Barthel (Hg.), Der Alte Orient, München 1991.
Ifrah, Georges, Universalgeschichte der Zahlen, 2. Aufl., Frankfurt a. M. 1986.
Jean, Georges, Die Geschichte der Schrift, Ravensburg 1991.
Jensen, Hans, Die Schrift in Vergangenheit und Gegenwart, 3. Aufl., Berlin 1969.
Kaplony, Peter, Die Inschriften der ägyptischen Frühzeit, Wiesbaden 1963.
Karlgren, Bernhard, Schrift und Sprache der Chinesen, Berlin 1975.
Kemp, Barry J., Ancient Egypt. Anatomy of a civilization, London 1989.
Kriss-Rettenbeck, Lenz (Hg.), Erziehungs- und Unterrichtsmethoden im historischen Wandel, Bad Heilbrunn 1986.
Kuckenburg, Martin, City, civic, civilization. Frühe Stadt und kulturelle Evolution, in: Dirk Matejovski (Hg.), Modell Metropolis, Bochum 2002.
Lindqvist, Cecilia, Eine Welt aus Zeichen. Über die Chinesen und ihre Schrift, München 1990.
Longhena, Maria, Sprechende Steine. 200 Schriftzeichen der Maya, Wiesbaden 2003.
Dies., Mayas und Azteken. Geschichte und Kultur präkolumbischer Völker in Mittelamerika, Erlangen 1998.
Maisels, Charles Keith, Early civilizations of the Old World. The formative histories of Egypt, the Levant, Mesopotamia, India and China, London 1999.
Mandel, Gabriele, Gezeichnete Schöpfung. Das hebräische Alphabet, Wiesbaden 2003.
Marcus, Joyce, Mesoamerican writing systems, Princeton 1992.
Marshack, Alexander, The roots of civilization. The cognitive beginnings of man's first art, symbol and notation, London 1972/New York 1991.
Menninger, Karl, Zahlwort und Ziffer. Eine Kulturgeschichte der Zahl, 2. Aufl., Göttingen 1958.
Müller-Beck, Hansjürgen u. a. (Hg.), Eiszeitkunst im süddeutsch-schweizerischen Jura, Stuttgart 2001.
Naissance de l'écriture, Paris 1982.
Naveh, Joseph, Early History of the Alphabet, 2. Aufl., Leiden 1987.
Nissen, Hans J., Geschichte Altvorderasiens, München 1999.
Ders. u. a., Frühe Schrift und Techniken der Wirtschaftsverwaltung im alten Vorderen Orient, Berlin 1990.
Ong, Walter J., Oralität und Literalität, Opladen 1987.
Parpola, Asko, Deciphering the Indus script, Cambridge 1994.
Pfohl, Gerhard (Hg.), Das Alphabet. Entstehung und Entwicklung der griechischen Schrift, Darmstadt 1968.
Robinson, Andrew, Die Geschichte der Schrift, Bern 1996.

Sass, Benjamin, The genesis of the alphabet, Wiesbaden 1988.
Scharlau, Birgit/Münzel, Mark, Qellqay. Mündliche Kultur und Schrifttradition bei Indianern Lateinamerikas, Frankfurt a. M. 1986.
Schlott, Adelheid, Schrift und Schreiber im Alten Ägypten, München 1989.
Schmandt-Besserat, Denise, Before writing. From counting to cuneiform, Austin 1992.
Dies., How writing came about, Austin 1996.
Viers, Rina (Hg.), Des signes pictographiques à l'alphabet. La communication écrite en Méditerranée, Paris 2000.
Weule, Karl, Vom Kerbstock zum Alphabet, Stuttgart 1915.
Wiesehöfer, Josef, Das Alphabet und die Folgen in griechischer Zeit, Hagen 1987.
Winn, Shan M. M., Pre-writing in southeastern Europe. The sign system of the Vinča culture, Calgary 1981.
Woodard, Roger D., Greek writing from Knossos to Homer, Oxford 1997.
Zauzich, Karl-Theodor, Hieroglyphen ohne Geheimnis, Mainz 1980.
Ders., Von den Hieroglyphen zum Alphabet, Mainz 2004.

ANMERKUNGEN

Der Ursprung von Sprache und Schrift

1 Vor 15 Jahren erschien die Erstausgabe des vorliegenden Buches unter dem Titel „Die Entstehung von Sprache und Schrift“, Köln 1989.

2 Herodot, Geschichten und Geschichte, Buch 1–4, übers. v. Walter Marg, Zürich/München 1973, S. 121/22.

3 Gordon W. Hewes, Language origins – a bibliography, Paris 1975.

4 Zit. nach Arno Borst, Der Turmbau von Babel, Stuttgart 1957–1961. Bd.1, S. 33, 39 (Ägypten), S. 76 (Enuma elisch), S. 58 f. (Rigveda); Bd.2/1, S. 439, 471 (Germanen/Angelsachsen). Weitere Zitate nach W. S. Allen in: Transactions of the Philological Society 1948, London 1949, S. 37 (Ägypter und Germanen) und nach Ernst Böklen, Die Entstehung der Sprache im Lichte des Mythos, Berlin/Leipzig 1922, S. 55 (Brahma).

5 Die Bibel nach der Übersetzung Martin Luthers, Stuttgart 1985. Altes Testament 3 ff. und 12. Neues Testament 110.

6 Zit. nach Hans Arens, Sprachwissenschaft, 2. Aufl., Freiburg/München 1967, S. 19 f.

7 Zit. nach Ernst Böklen, Die Entstehung der Sprache im Lichte des Mythos, Berlin/Leipzig 1922, S. 147.

8 Zit. nach Hans Arens, Sprachwissenschaft, 2. Aufl., Freiburg/München 1967, S. 120.

9 Ebd.

10 Johann Gottfried Herder, Sprachphilosophische Schriften, hrsg. v. Erich Heintel, Hamburg 1960, S. 31 ff., 85.

11 Max Müller, Vorlesungen über die Wissenschaft der Sprache, Leipzig 1866, S. 345.

12 Zit. nach Hans Arens, Sprachwissenschaft, 2. Aufl., Freiburg/München 1967, S. 388.

13 Zit. nach Dieter E. Zimmer, So kommt der Mensch zur Sprache, Zürich 1988, S. 91.

14 Zit. nach James H. Stam, Inquiries into the origin of language, New York 1976, S. 255 f.

15 Zit. nach Rod Mengham, Im Universum der Worte, Stuttgart 1995, S. 59 f.

16 Marija Gimbutas, The first wave of eurasian steppe pastoralists into copper age Europe, in: Journal of Indo-European Studies 5 (1977) S. 277–338.

17 Colin Renfrew, Archaeology and language. The puzzle of Indo-European origins, London 1987.

18 Vgl zu dieser Ausbreitung des Neolithikums: Martin Kuckenburg, Vom Steinzeitlager zur Keltenstadt, Stuttgart 2000, Kap. 3.

19 Russell D. Gray/Quentin D. Atkinson, Language-tree divergence times support the Anatolian theory of Indo-European origin, in: Nature 426 (2003) S. 435–439.

Grillenzirpen, Vogelgesang und Affengekreisch

1 Zit. nach Günter Tembrock, Biokommunikation, Berlin 1971, S. 7 und Eric H. Lenneberg, Biologische Grundlagen der Sprache, Frankfurt 1972, S. 544 f.
2 René Descartes, Discours de la Méthode (Übers. und hg. v. Lüder Gäbe), Hamburg 1960, S. 77, 95.
3 Max Müller, Vorlesungen über die Wissenschaft der Sprache, Leipzig 1866, S. 12 f.
4 Zit. nach Hester Hastings (Hg.), Abbé Bougeant, Amusement philosophique sur le langage des bêtes, Genf 1954, S. 24, 33 ff.
5 Charles Darwin, Die Abstammung des Menschen, 4. Aufl., Stuttgart 1982, S. 106 f.
6 Zit. nach Gerhard Heberer (Hg.), Der gerechtfertigte Haeckel, Stuttgart 1968, S. 409.
7 Dorothy L. Cheney/Robert M. Seyfarth, Wie Affen die Welt sehen, München/Wien 1994, S. 197.
8 Hadumod Bussmann, Lexikon der Sprachwissenschaft, Stuttgart 1983, S. 278.
9 Zit. nach Jane Goodall, The Chimpanzees of Gombe, Cambridge 1986, S. 11 und Philip Lieberman, The Biology and Evolution of Language, Cambridge 1984, S. 226.
10 Zit. nach Beate Marquardt, Die Sprache des Menschen und ihre biologischen Voraussetzungen, Tübingen 1984, S. 57.
11 Zit. nach Ludwig Noiré, Max Müller und die Sprachphilosophie, Mainz 1879, S. 14.

Sprachorgane, Gehirn und die Entwicklungsgeschichte des Menschen

1 Zit. nach Christian Vogel in: Charles Darwin, Die Abstammung des Menschen, Stuttgart 1982, S. 16.
2 Charles Darwin, Die Abstammung des Menschen, Stuttgart 1982, S. 273.
3 Ebd., S. 201.
4 Zit. nach Christian Vogel in: Charles Darwin, Die Abstammung des Menschen, Stuttgart 1982, S. 17.
5 Ebd., S. 268.
6 Ernst Haeckel, Natürliche Schöpfungsgeschichte, 4.Aufl., Berlin 1873, S. 591.
7 Zu diesen Klischees ausführlich: Martin Kuckenburg, Lag Eden im Neandertal? München 1997.
8 Details zur altmenschlichen Entwicklung in Asien finden sich in: Robert G. Bednarik/Martin Kuckenburg, Nale Tasih – Eine Floßfahrt in die Steinzeit, Stuttgart 2001, Kap. 3.
9 Zu den evolutionsgenetischen Analysen und ihren Tücken siehe Martin Kuckenburg, Lag Eden im Neandertal? München 1997, Kap. 4; ders. und Robert G. Bednarik, Nale Tasih – Eine Floßfahrt in die Steinzeit, Stuttgart 1999, Kap. 2; Martin Kuckenburg, Als der Mensch zum Schöpfer wurde, Stuttgart 2001, Kap. 5.
10 Zu den beiden Modellen siehe ausführlich: Robert G. Bednarik/Martin Kuckenburg, Nale Tasih – Eine Floßfahrt in die Steinzeit, Stuttgart 1999.
11 Details zur ältesten Fleischnutzung finden sich in Martin Kuckenburg, Lag Eden im Neandertal? München 1997, Kap. 7, und in ders., Als der Mensch zum Schöpfer wurde, Stuttgart 2001, Kap. 1.
12 Ralph L. Holloway, Paleoneurological Evidence for Language Origins, in: Stevan A. Harnad u. a. (Hg.), Origins and Evolution of Language and Speech (Annals of the New York Academy of Sciences, vol. 280), New York 1976, S. 339, 346.
13 Davidson Black (Hg.), Fossil Man in China. The Choukoutien Cave Deposits, Peking 1933, S. 96.
14 Marjorie Le May, The Language Capability of Neanderthal Man, in: American Journal of Physical Anthropology 42 (1975), S. 9.
15 Zit. nach Beate Marquardt, Die Sprache des Menschen und ihre biologischen Voraussetzungen, Tübingen 1984, S. 232.

16 Dean Falk in: Current Anthropology 30 (1989), S. 142.
17 Zit. nach Roger Lewin, Die Herkunft des Menschen, Heidelberg 1995, S. 167.
18 Zit. nach E. Lloyd DuBrul/Charles A. Reed, Skeletal Evidence of Speech? In: American Journal of Physical Anthropology 18 (1960), S. 153.
19 Richard F. Kay u. a., The hypoglossal canal and the origin of human vocal behavior, in: Proceedings of the National Academy of Sciences of the USA 95 (1998), S. 5417–5419.
20 David DeGusta u. a., Hypoglossal canal size and hominid speech, in: Proceedings of the National Academy of Sciences of the USA 96 (1999), S. 1800–1804.
21 Philip Lieberman, The Speech of Primates, The Hague/Paris 1972, S. 97.
22 Jeffrey T. Laitman in: Eric de Grolier (Hg.), Glossogenetics. The Origin and Evolution of Language, Chur/London 1983, S. 83.
23 Philip Lieberman, The biology and evolution of language, Cambridge 1984, S. 316.
24 Jeffrey T. Laitman u. a., The basicranium of fossil hominids, in: American Journal of Physical Anthropology 51 (1979), S. 29 f.
25 Philip Lieberman in: Tim Ingold (Hg.), Companion Encyclopedia of Anthropology, London, New York 1994, S. 125.
26 Spektrum der Wissenschaft 6 (1991), S. 100 und „Der Spiegel" 6 (1992), S. 218.
27 B. Arensburg u. a., A middle palaeolithic human hyoid bone, in: Nature 338 (1989), S. 758 ff.
28 Cecilia S. L. Lai u. a., A forkhead-domain gene is mutated in a severe speech and language disorder, in: Nature 413 (2001), S. 519.
29 Wolfgang Enard u. a., Molecular Evolution of FOXP2, a gene involved in speech and language, in: Nature 418 (2002), S. 871.
30 Kommentar des britischen Genetikers David Goldstein, zit. nach Science 297 (2002), S. 1105. Zu den Unsicherheiten solcher Altersabschätzungen siehe Martin Kuckenburg, Lag Eden im Neandertal, München 1997, Kap. 4 und: Robert G. Bednarik/Martin Kuckenburg, Nale Tasih – Eine Floßfahrt in die Steinzeit, Stuttgart 1999, Kap. 2.
31 Steven Pinker, Der Sprachinstinkt, München 1996, S. 346 (Die Übersetzung wurde geringfügig verändert).

Sprachentstehung und die Herausbildung von Technik und Kultur

1 André Leroi-Gourhan, Hand und Wort, Frankfurt 1980, S. 38.
2 Gordon Childe, Is Prehistory Practical? In: Antiquity 7 (1933), S. 412.
3 Gerald Traufetter, Stimmen aus der Steinzeit, in: „Der Spiegel" 43 (2002), S. 221.
4 Interview mit Richard Klein, in: „Der Spiegel" 5 (2003), S. 132.
5 Derek Bickerton, Language and Species, Chicago 1990, S. 174, 196.
6 Interview mit Derek Bickerton, in: „Der Spiegel" 43 (2002), S. 226.
7 Ofer Bar-Yosef/Steven L. Kuhn, The Big Deal about Blades: Laminar Technologies and Human Evolution, in: American Anthropologist 101 (1999), S. 324.
8 John A. Gowlett, Mental Abilities of Early Man, in: Robert Foley (Hg.), Hominid Evolution and Community Ecology, London 1984, S. 176, 185.
9 John A. Gowlett, Auf Adams Spuren, Freiburg 1985, S. 71.
10 Thomas Wynn, Piaget, Stone Tools and the Evolution of Human Intelligence, in: World Archeology 17 (1985), S. 41.
11 Sherwood L. Washburn, The Evolution of Human Behaviour, in: John D. Roslansky (Hg.), The Uniqueness of Man, London 1969, S. 175.
12 A. Irving Hallowell: Self, Society and Culture in Phylogenetic Perspective, in: Sol Tax (Hg.), Evolution after Darwin, vol.2, Chicago 1960, S. 323.
13 Kenneth Oakley, Skill as a Human Possession, in: Charles Singer u. a. (Hg.), A History of Technology, Oxford 1956, S. 17.

14 André Leroi-Gourhan, Hand und Wort. Die Evolution von Technik, Sprache und Kunst, Frankfurt a. M. 1980, S. 149–151.
15 John Gowlett, Auf Adams Spuren, Freiburg 1985, S. 55.
16 Kathleen R. Gibson, Brain Size and the Evolution of Language, in: Marge E. Landsberg, The Genesis of Language. Berlin 1988, S. 159.
17 Für nähere Einzelheiten dazu siehe Martin Kuckenburg, Lag Eden im Neandertal? Düsseldorf, München 1997, Kap. 5.
18 Für nähere Einzelheiten zum Lagerplatz von Bilzingsleben siehe Dietrich Mania, Auf den Spuren der Urmenschen. Die Funde von Bilzingsleben, Berlin/Stuttgart 1990 sowie ders./Adelhelm Dietzel, Begegnung mit dem Urmenschen, Leipzig 1980. Ebenso Martin Kuckenburg, Vom Steinzeitlager zur Keltenstadt, Stuttgart 2000, Kap. 1.
19 Für nähere Einzelheiten zum Fundplatz Boxgrove siehe Mark Roberts/Simon Parfitt, Boxgrove. London 1999. Ebenso Martin Kuckenburg, Als der Mensch zum Schöpfer wurde, Stuttgart 2001, Kap. 2.
20 Für Einzelheiten dazu siehe Robert G. Bednarik/Martin Kuckenburg, Nale Tasih – Eine Floßfahrt in die Steinzeit, Stuttgart 1999.
21 Kenneth Oakley, Skill as a Human Possession, in: Charles Singer u.a. (Hg.), A History of Technology, Oxford 1956, S. 22.
22 Eine genaue Beschreibung der Befunde von Lehringen und Schöningen findet sich in Martin Kuckenburg, Lag Eden im Neandertal? Düsseldorf/München 1997, Kap. 8, und in ders., Als der Mensch zum Schöpfer wurde, Stuttgart 2001, Kap. 2.
23 Eine ausführliche Übersicht über die urgeschichtliche Jagd sowie eine Auseinandersetzung mit der Theorie vom „Raubtier Mensch“ findet sich in Martin Kuckenburg, Lag Eden im Neandertal? Düsseldorf, München 1997, Kap. 7.
24 Robert G. Bednarik, Palaeoart and Archaeological Myths, in: Cambridge Archaeological Journal 2 (1992), S. 33.
25 Für nähere Einzelheiten über die Bilzingslebener Ritzungen und die Debatte darüber vgl. Martin Kuckenburg, Lag Eden im Neandertal? Düsseldorf/München 1997, Kap. 10.
26 Eine genaue Beschreibung der beiden Stücke und der Diskussion um sie findet sich in Martin Kuckenburg, Als der Mensch zum Schöpfer wurde, Stuttgart 2001, Kap. 3. Zur Figur von Tan-Tan speziell: Robert G. Bednarik, A Figurine from the African Acheulian, in: Current Anthropology 44 (2003), S. 405–13.
27 Steven Pinker, Der Sprachinstinkt, München 1996, S. 409 f.

Aktuelle Spekulationen über die „Ursprache“

1 Eine ausführliche Erörterung über die Neandertalerbestattungen findet sich in Martin Kuckenburg, Lag Eden im Neandertal? Düsseldorf/München 1997, Kap. 11.
2 Für einen Überblick über diesen frühen Schmuck siehe ebd., Kap. 10, und ders., Als der Mensch zum Schöpfer wurde, Stuttgart 2001, Kap. 4.
3 Eine Diskussion der Befunde von Krapina und anderer möglicher neandertalerzeitlicher Kultbelege findet sich in Martin Kuckenburg, Lag Eden im Neandertal? Düsseldorf/München 1997, Kap. 11.
4 Doris F. Jonas/David A. Jonas, Das erste Wort – wie die Menschen sprechen lernten, Hamburg 1979, S. 200.
5 Robin Dunbar: Klatsch und Tratsch. Wie der Mensch zur Sprache fand, München 1998, S. 103.
6 Colin Renfrew, Before Babel: Speculations on the Origins of Linguistic Diversity, in: Cambridge Archaeological Journal 1 (1991), S. 21.
7 Gerhard Doerfer, Lautgesetz und Zufall. Betrachtungen zum Omnicomparatismus, Innsbruck 1973, S. 121 f.

Felsbilder und Zählkerben

1 Zit. nach Claudia Klaffke, Mit jedem Greis stirbt eine Bibliothek, in: Aleida Assmann u. a., Schrift und Gedächtnis, Bd. 1, München 1983, S. 222.
2 Eric A. Havelock, Schriftlichkeit. Das griechische Alphabet als kulturelle Revolution, Weinheim 1990, S. 79.
3 Heinz Schlaffer, in: Jack Goody u. a., Entstehung und Folgen der Schriftkultur, Frankfurt a. M. 1986, S. 15.
4 W. M. Flinders Petrie, The formation of the alphabet, London 1912, S. 3.
5 Zit. nach Georges Ifrah, Universalgeschichte der Zahlen, 2. Aufl., Frankfurt a. M. 1986, S. 113.
6 Karel Absolon, Beweise der Fähigkeit des fossilen Menschen zu zählen im mährischen Paläolithikum, in: Artibus Asiae 20 (1957), S. 127, 148.
7 Ebd.
8 Ebd., S. 149.
9 Zit. nach Alexander Marshack, The roots of civilzation, London 1972, S. 36.
10 Ebd., S. 49.
11 Joachim Hahn, Eine menschliche Halbreliefdarstellung aus der Geißenklösterle-Höhle bei Blaubeuren, in: Fundberichte aus Baden-Württemberg 7 (1982), S. 8, 11.
12 Hansjürgen Müller-Beck, in: Ders. u. a. (Hg.), Eiszeitkunst im süddeutsch-schweizerischen Jura, Stuttgart 2001, S. 66–68.
13 Joachim Hahn, in: Hansjürgen Müller-Beck (Hg.), Urgeschichte in Baden-Württemberg, Stuttgart 1983, S. 317.
14 Siehe dazu und zur Nutzung der Bilderhöhlen insgesamt: Martin Kuckenburg, Lag Eden im Neandertal? Düsseldorf/München 1997, Kap. 9.
15 André Leroi-Gourhan, Höhlenkunst in Frankreich, Bergisch-Gladbach 1981, S. 43, 65.
16 Horst Kirchner, Ein archäologischer Beitrag zur Urgeschichte des Schamanismus, in: Anthropos 47 (1952), S. 254.
17 Zit. nach ebd., S. 251.
18 Karl Weule, Vom Kerbstock zum Alphabet, Stuttgart 1915, S. 36.
19 Károly Földes-Papp, Vom Felsbild zum Alphabet, Stuttgart 1966, S. 32.
20 Paolo Graziosi, Die Kunst der Altsteinzeit, Stuttgart 1957, S. 114.
21 Édouard Piette, Les galets coloriés du Mas d'Azil, in: L'Anthropologie 7 (1896), S. 427.
22 Harald Haarmann, Universalgeschichte der Schrift, Frankfurt a. M. 1990, S. 18.
23 David Diringer, The alphabet – a key to the history of mankind, London 1968, S. 4.

Die Schrift

1 Hans Jensen, Die Schrift in Vergangenheit und Gegenwart, 3. Aufl., Berlin 1969, S. 33.
2 André Leroi-Gourhan, Hand und Wort, Frankfurt a. M. 1980, S. 253.
3 I. J. Gelb, Von der Keilschrift zum Alphabet, Stuttgart 1958, S. 188.
4 André Leroi-Gourhan, Hand und Wort, Frankfurt a. M. 1980, S. 261.
5 I. J. Gelb, in: Paul A. Kolers (Hg.), Processing of visible language 2, New York 1980, S. 13.
6 Beide Zitate nach I. J. Gelb, Von der Keilschrift zum Alphabet, Stuttgart 1958, S. 22.
7 Zit. nach Gustav Barthel, Konnte Adam schreiben? Weltgeschichte der Schrift, Köln 1972, S. 13.
8 Zit. nach ebd., S. 19.
9 Zit. nach Florian Coulmas, Über Schrift, Frankfurt a. M. 1982, S. 25.
10 Jack Goody u. a., Entstehung und Folgen der Schriftkultur, Frankfurt a. M. 1986, S. 121.

11 André Leroi-Gourhan, Hand und Wort, Frankfurt a. M. 1980, S. 326.
12 Jack Goody, zit. nach Florian Coulmas, Über Schrift, Frankfurt a. M. 1982, S. 52 Anm. 1.
13 Heinz Schlaffer in: Jack Goody u. a., Entstehung und Folgen der Schriftkultur, Frankfurt a. M. 1986, S. 16.
14 Claudia Klaffke, in: Aleida Assmann u. a. (Hg.), Schrift und Gedächtnis I, München 1983, S. 224.
15 Jack Goody u. a., Entstehung und Folgen der Schriftkultur, Frankfurt a. M. 1986, S. 121.
16 Aleida Assmann u. a. (Hg.), Schrift und Gedächtnis I, München 1983, S. 278.
17 Zit. nach Gustav Barthel, Konnte Adam schreiben? Weltgeschichte der Schrift, Köln 1972, S. 15.
18 Zit. nach ebd., S. 231.
19 Zit. nach Aleida Assmann u. a. (Hg.), Schrift und Gedächtnis I, München 1983, S. 7 f.
20 Zit. nach Gustav Barthel, Konnte Adam schreiben? Weltgeschichte der Schrift, Köln 1972, S. 18.
21 Zit. nach Jack Goody u. a., Entstehung und Folgen der Schriftkultur, Frankfurt a. M. 1986, S. 41.
22 Eine ausführliche Beschreibung der frühstädtischen Gesellschaften des Alten Orients findet sich in: Martin Kuckenburg, City, Civic, Civilization, in: Dirk Matejovski (Hg.), Modell Metropolis. Stadtkulturen – die Zukunft eines Zivilisationsmodells? Bochum 2002, S. 14–32.
23 V. G. Childe, The urban revolution, in: The town planning review, April 1950.

Von der Zählmarke zum Zahlentäfelchen

1 A. Leo Oppenheim, On an operational device in Mesopotamian bureaucracy, in: Journal of Near Eastern Studies 18 (1959), S. 123.
2 Ebd., S. 125.
3 Ebd., S. 126 f.
4 Karl Polanyi, Ökonomie und Gesellschaft, Frankfurt a. M. 1979, S. 265.
5 Pierre Amiet, Il y a 5000 ans les Elamites inventaient l'écriture, in: Archéologia 12 (1966), S. 21, 23.
6 Denise Schmandt-Besserat, Tonmarken und Bilderschrift, in: Das Altertum 31 (1985), S. 78; wortgleich in: dies., Before Writing, Bd. 1, Austin 1992, S. 7 f.
7 Dies., Before Writing, Bd. 1, Austin 1992, S. 10.
8 Dies., From tokens to tablets, in: Visible Language 15 (1981), S. 322.
9 Dies., Before Writing, Bd. 1, Austin 1992, S. 45.
10 V. Gordon Childe, Der Mensch schafft sich selbst, Dresden 1959, S. 71 ff. Vgl. ders., Stufen der Kultur, Zürich 1952, S. 60 ff.
11 Denise Schmandt-Besserat, The emergence of recording, in: American Anthropologist 84 (1982), S. 876.
12 Dies., Before Writing, Bd. 1, Austin 1992, S. 183.
13 Dies., Tonmarken und Bilderschrift, in: Das Altertum 31 (1985), S. 80.
14 Dies., Before Writing, Bd. 1, Austin 1992, S. 168.
15 Pierre Amiet, Archaeological discontinuity and ethnic duality in Elam, in: Antiquity 53 (1979), S. 199.
16 Denise Schmandt-Besserat, Before Writing, Bd. 1, Austin 1992, S. 106 f.
17 Ebd., S. 171.
18 Dies., An archaic recording system and the origin of writing, in: Syro-Mesopotamian Studies 1/2 (1977), S. 27.
19 François Vallat, The most ancient scripts of Iran, in: World archaeology 17 (1986), S. 336.

Die Herausbildung der mesopotamischen Keilschrift

1 Adam Falkenstein, Archaische Texte aus Uruk, Berlin/Leipzig 1936, S. 37.
2 Ebd.
3 Margret W. Green, The construction and implementation of the cuneiform writing system, in: Visible language 15 (1981), S. 358.
4 Peter Damerow u. a., Die Entstehung der Schrift, in: Spektrum der Wissenschaft 2 (1988), S. 78.
5 Hans J. Nissen u. a., Frühe Schrift und Techniken der Wirtschaftsverwaltung im alten Vorderen Orient, Berlin 1990, S. 57.
6 Adam Falkenstein, Archaische Texte aus Uruk, Berlin/Leipzig 1936, S. 65.
7 Hans J. Nissen u. a., Frühe Schrift und Techniken der Wirtschaftsverwaltung im alten Vorderen Orient, Berlin 1990, S. 158.
8 Peter Damerow u. a., Die Entstehung der Schrift, in: Spektrum der Wissenschaft 2 (1988), S. 82.
9 Hans J. Nissen u. a., Frühe Schrift und Techniken der Wirtschaftsverwaltung im alten Vorderen Orient, Berlin 1990, S. 76.
10 Ebd., S. 175.
11 Denise Schmandt-Besserat, The envelopes that bear the first writing, in: Technology and culture 21(1980), S. 317 f.
12 Denise Schmandt-Besserat, Tonmarken und Bilderschrift, in: Das Altertum 31 (1985), S. 79/80.
13 Adam Falkenstein, Archaische Texte aus Uruk, Berlin/Leipzig 1936, S. 25.
14 Denise Schmandt-Besserat, Reckoning before writing, in: Archaeology 32 (1979), S. 31.
15 Piotr Michalowski, Tokenism, in: American anthropologist 95 (1993), S. 997.
16 Denise Schmandt-Besserat, Before writing, Bd. 1, Austin 1992, S. 70.
17 Piotr Michalowski, Tokenism, in: American anthropologist 95 (1993), S. 997.
18 I. J. Gelb, Von der Keilschrift zum Alphabet, Stuttgart 1958, S. 195.
19 Denise Schmandt-Besserat, Before writing, Bd. 1, Austin 1992, S. 7, 198.
20 I. J. Gelb, Von der Keilschrift zum Alphabet, Stuttgart 1958, S. 195.
21 Marvin A. Powell, Three problems in the history of cuneiform writing, in: Visible language 15 (1981), S. 422.
22 Hans J. Nissen, The Archaic texts from Uruk, in: World Archaeology 17 (1986), S. 326.
23 Eduard Mörike, zit. nach Emil Nack, Ägypten und der Vordere Orient im Altertum, Wien 1977, S. 215.

Die ägyptischen Hieroglyphen

1 Alan H. Gardiner, Egyptian Grammar, 3. Aufl., Oxford/London 1964, S. 7.
2 Peter H. Schulze, Auf den Schwingen des Horusfalken. Die Geburt der ägyptischen Hochkultur, Bergisch Gladbach 1980, S. 123.
3 Siegfried Schott, Hieroglyphen – Untersuchungen zum Ursprung der Schrift, Wiesbaden 1950, S. 58.
4 Günter Dreyer, Umm el-Qaab I. Das prädynastische Königsgrab U-j und seine frühen Schriftzeugnisse, Mainz 1998, S. 139.
5 Ebd., S. 85.
6 Ebd., S. 181.
7 Karin Dzionara, Im Reich des Skorpions, in: Frankfurter Rundschau vom 26. 2. 1996.
8 Zit. nach: Andrew Lawler, Writing gets a rewrite, in: Science 292 (2001), S. 2420.
9 Volkhard Windfuhr, Geheimfach geöffnet, in: Der Spiegel 51/1998, S. 194.
10 Für nützliche Hinweise zur altorientalischen Chronologie bin ich Herrn Dr. Peter Paul Vértesalji (Tübingen) zu großem Dank verpflichtet. Siehe zu diesem Thema

auch seine Arbeiten: Review of protodynastic development in Babylonia, in: Mesopotamia 20 (1985), S. 53–105 und: Das Ende der Uruk-Zeit, in: Acta Praehistorica et Archaeologica 20 (1988), S. 9–26. Ein aktueller Aufsatz von Vértesalji zur frühen ägyptischen Chronologie wird in der Internetausgabe der Zeitschrift „British Museum Studies in Ancient Egypt and Sudan" (www.thebritishmuseum.ac.uk/bmsaes) erscheinen.

11 Günter Dreyer, Umm el-Qaab I. Das prädynastische Königsgrab U-j und seine frühen Schriftzeugnisse, Mainz 1998, S. 181 f.

12 Ebd., S. 139.

13 Alexander Scharff, Archäologische Beiträge zur Frage der Entstehung der Hieroglyphenschrift, München 1942, S. 73.

14 Hellmut Brunner, Die altägyptische Schrift, in: Studium Generale 12/1965, S. 757.

15 Hermann Müller-Karpe, Handbuch der Vorgeschichte, Bd. 2, München 1968, S. 331.

16 Günter Dreyer, Umm El-Qaab I. Das prädynastische Königsgrab U-j und seine frühen Schriftzeugnisse, Mainz 1998, S. 89, 181.

17 Wolfgang Schenkel, Wozu die Ägypter eine Schrift brauchten, in: Aleida Assmann u. a. (Hg.), Schrift und Gedächtnis, Bd.1, München 1983, S. 61.

18 André Leroi-Gourhan, Hand und Wort, Frankfurt a. M. 1980, S. 256 f.

Schrift und gesellschaftliche Macht

1 Zit. nach Adam Falkenstein, Die babylonische Schule, in: Saeculum 4/1953, S. 130.

2 Zit. nach ebd., S. 132.

3 Adelheid Schlott, Schrift und Schreiber im Alten Ägypten, München 1989, S. 206.

4 Zit. nach Hellmut Brunner, Altägyptische Erziehung, Wiesbaden 1957, S. 56.

5 Zit. nach Adam Falkenstein, Die babylonische Schule, in: Saeculum 4/1953, S. 129.

6 Zit. nach Samuel Noah Kramer, Schooldays – A Sumerian composition relating to the education of a scribe, in: Journal of the American Oriental Society 69 (1949), S. 206.

7 Zit. nach Adam Falkenstein, Die babylonische Schule, in: Saeculum 4/1953, 463, 127.

8 Zit. nach ebd., S. 130.

9 Zit. nach Hellmut Brunner, Ältägyptische Erziehung, Wiesbaden 1957, S. 24.

10 Zit. nach Adolf Erman, Die Literatur der Ägypter, Leipzig 1923, S. 95.

11 Hans J. Nissen u. a., Frühe Schrift und Techniken der Wirtschaftsverwaltung im alten Vorderen Orient, Berlin 1990, S. 150.

12 Adelheid Schlott, Schrift und Schreiber im Alten Ägypten, München 1989, S. 93.

13 Zit. nach Hellmut Brunner, Die Lehre des Cheti, Hamburg 1944, S. 22 ff.

14 Zit. nach Adolf Erman, Die Literatur der Ägypter, Leipzig 1923, S. 247–250.

15 Zit. nach Hellmut Brunner, Altägyptische Erziehung, Wiesbaden 1957, S. 178.

16 Zit. nach Adolf Erman, Die Literatur der Ägypter, Leipzig 1923, S. 247.

17 Adelheid Schlott, Schrift und Schreiber im Alten Ägypten, München 1989, S. 194.

18 Margret W. Green, The construction and implementation of the cuneiform writing system, in: Visible Language 15 (1981), S. 367.

19 Claude Lévi-Strauss, Traurige Tropen, Frankfurt a.M. 1960, S. 294.

20 I. J. Gelb, Von der Keilschrift zum Alphabet, Stuttgart 1958, S. 198.

Am Ende das Alphabet

1 V. Gordon Childe, Stufen der Kultur, Zürich 1952, S. 223 f.

2 Kurt Sethe, Die neu entdeckte Sinai-Schrift und die Entstehung der semitischen Schrift, Göttingen 1917, S. 449.

3 Alan H. Gardiner, The egyptian origin of the semitic alphabet, in: Journal of Egyptian Archaeology 3 (1916), S. 15.

4 M. A. Mallon, L'origine égyptienne de l'alphabet phénicien, in: Bulletin de l'Institut Francais d'Archéologie Orientale 30 (1931), S. 133–136, 149–151.

5 Zit. nach Kurt Sethe, Der Ursprung des Alphabets, Göttingen 1916, S. 129.

6 Wolfgang Röllig/Günter Mansfeld, Zwei Ostraka vom Tell Kamid el-Loz und die Entstehung des kanaanäischen Alphabets, in: Die Welt des Orients 5 (1970), S. 265.

7 Zit. nach Josef Wiesehöfer, Das Alphabet und die Folgen in griechischer Zeit, Hagen 1987, S. 3 f.

8 Frank Moore Cross, The origin and early evolution of the alphabet, in: Eretz-Israel 8 (1967), S. 12.

9 Alan R. Millard, The infancy of the alphabet, in: World Archaeology 17 (1986), S. 396.

10 Zit. nach Josef Wiesehöfer, Das Alphabet und die Folgen in griechischer Zeit, Hagen 1987, S. 80.

11 Zit. nach ebd., S. 103.

12 Zit. nach Klaus Düwel, Runenkunde, 2. Aufl., Stuttgart 1983, S. 31.

BILDNACHWEIS

AKG-images, Berlin: 13, 94, 132, 134, 169, 186, 192, 236;
Naturkundemuseum, Leipzig: 79, 81;
dpa GmbH, Hamburg: 201;
Ernst-Haeckel-Haus, Jena: 47;
Neandertal-Museum Mettmann: 88
Okapia Bildarchiv, Frankfurt-München: 27, 43, 91;
Seminar für Vorderasiatische Altertumskunde, FU-Berlin: 151, 152;
Scala-Archives, Florenz: 217

Alle weiteren Zeichnungen stammen von Martin Kuckenburg, Tübingen

PERSONEN- UND ORTSREGISTER

ORTSREGISTER